"十四五"高等职业教育城市轨道交通运营管理专业系列教材

中国交通教育研究会城市轨道交通专业课程教材
与资源建设专项课题（GDYB202303）研究成果

“十四五”高等职业教育城市轨道交通运营管理专业系列教材

城市轨道交通车站运作

孟祥虎　王青青　王　琦◎主　编
陈珍萌　李秀真　姜玲芝◎副主编
姬艳飞◎主　审

CHENGSHI GUIDAO JIAOTONG CHEZHAN YUNZUO

中国铁道出版社有限公司
CHINA RAILWAY PUBLISHING HOUSE CO., LTD.

内 容 简 介

本书根据教育部高等职业教育城市轨道交通运营管理专业教学标准，按照“能力本位、工学一体”的改革与发展方向要求，结合当前城市轨道交通企业运营工作实际和职业院校城市轨道交通专业教学实际进行编写。为适应结构化、模块化专业课程教学要求，本书以车站运作真实生产项目、典型工作任务、案例等为载体组织教学模块，以完成“技能训练”任务为目标，是一本强调“以学生为中心”“做中学”的教材。全书共有 10 个模块 32 个学习任务，包括城市轨道交通车站认知、新线开通运营筹备、车站运作基础管理、车站设备设施管理、车站安全管理、车站行车业务管理、车站客运业务处理、车站票务业务管理、车站施工管理、车站综合业务管理等内容。

本书适合作为高等职业教育城市轨道交通运营管理专业教材，也可作为城市轨道交通站务岗位培训或自学用书，还可作为城市轨道交通从业人员的参考书。

图书在版编目(CIP)数据

城市轨道交通车站运作 / 孟祥虎，王青青，王琦主编. -- 北京 : 中国铁道出版社有限公司，2024. 10.
(“十四五”高等职业教育城市轨道交通运营管理专业系列教材). -- ISBN 978-7-113-31497-2

Ⅰ. U239.5

中国国家版本馆 CIP 数据核字第 2024M07F59 号

书　　名：**城市轨道交通车站运作**
作　　者：孟祥虎　王青青　王　琦

策　　划：李志国　　　　**编辑部电话**：(010)83527746
责任编辑：张松涛　徐盼欣
封面设计：刘　颖
责任校对：安海燕
责任印制：赵星辰

出版发行：中国铁道出版社有限公司(100054，北京市西城区右安门西街 8 号)
网　　址：https://www.tdpress.com/51eds/
印　　刷：北京联兴盛业印刷股份有限公司
版　　次：2024 年 10 月第 1 版　2024 年 10 月第 1 次印刷
开　　本：787 mm×1 092 mm 1/16　**印张**：20　**字数**：524 千
书　　号：ISBN 978-7-113-31497-2
定　　价：62.00 元

前言

党的二十大报告指出:“高质量发展是全面建设社会主义现代化国家的首要任务。”“建设现代化产业体系。坚持把发展经济的着力点放在实体经济上,推进新型工业化,加快建设制造强国、质量强国、航天强国、交通强国、网络强国、数字中国。”

城市轨道交通建设是交通强国的重要组成部分。近年来,我国城市轨道交通迅速发展,已成为大中城市重要的公共交通运输方式。中国城市轨道交通协会信息显示,截至2023年底,我国共有55个城市开通运营城市轨道交通线路338条,运营里程11 224.54 km。其中,地铁、轻轨、市域快速轨道运营里程10 222.22 km(以上统计均未含港澳台数据)。从中长期国民经济发展需要来看,城市轨道交通还将持续高质量发展,对从业人员提出了更高的能力和素质要求。

《国家职业教育改革实施方案》(国发〔2019〕4号)、《职业教育提质培优行动计划(2020—2023年)》等文件明确提出要“促进产教融合,校企‘双元’育人”,倡导“使用新型活页式、工作手册式教材并配套开发信息化资源”,明确要求各职业院校深化产教融合、校企合作,强化工学结合、知行合一。要求教材的编写应根据职业院校学生的特点创新教材形态,教材的开发与建设应注重吸收行业发展的新知识、新技术、新工艺、新方法,对接企业生产需求,校企合作开发专业课教材。为了适应城市轨道交通行业的快速发展,贯彻落实上述文件精神,特编写本书。

本书的特色创新包括以下方面:

(1)深化校企合作,企业元素“多元”。城市轨道交通车站运作是城市轨道交通运营管理专业的一门核心课程,课程内容涉及城市轨道交通车站运作过程中从站务员到站长岗位链的典型工作任务。为此,编者多次深入轨道交通企业调研,对标行业标准,借鉴济南、青岛、太原、宁波、合肥、西安等多家城市轨道交通运营企业车站运作的岗位标准、职业规范,融入企业文化,并邀请企业技术骨干参与编写,梳理出了10个模块、32个典型学习任务,增强了教材的专业性、针对性和实用性。

(2)以企业真实任务引导,强化工学结合、知行合一。本书以车站运作真实的案例或工作情境导入,通过完成“技能训练”任务,引导学生在“做中学”,在“做”中体验和融入车站各岗位角色。每个学习任务的“技能训练”均来源于车站运作真实的工作任务或以真实工作任务、技能为目标进行设计,“工学结合、知行合一”,以达成车站运作过程中车站相关岗位的知识、能力与素质学习目标。

(3)理实结合,立德树人,课程思政逐步融入。通过情景教学、案例教学,渗透岗位标准、职业素养。学习、训练岗位职业技能的过程中逐步树立岗位责任意识、安全生产意识,提升综合职业素养，强化职业认同，培育爱岗敬业、服务奉献的职业情怀和担当。

(4)适应教学改革需要，建设融媒体教材。本书配套资源丰富，为适应“互联网＋职业教育”需求，解决车站实际工作专业性强、专业内容多、理解难、实际操作危险因素多、实训设备不足等问题，运用现代信息技术，配套了教学课件、教案、案例、习题、视频等教学资源。同时，以二维码资源的形式提供了大量车站运作过程中的规章、报表、流程、方案、实操视频等资源，支持开展多种教学模式。

本书共有10个模块：模块一为城市轨道交通车站认知，内容包括认知车站的设置与功能、认知车站结构；模块二为新线开通运营筹备，内容包括车站工程介入、车站属地管理权接管、试运行组织及新线开通运营准备；模块三为车站运作基础管理，内容包括认知车站管理模式、演练车站站务岗位一日作业流程、进行车站开关站作业；模块四为车站设备设施管理，内容包括认知车站设备设施、车站设备设施巡视与报修；模块五为车站安全管理，内容包括认识车站安全教育，识别与控制车站危险源，车站消防安全管理，车站防寒、防汛管理，车站应急处置及演练，车站事故/事件调查；模块六为车站行车业务管理，内容包括认知车站基础行车业务、正常情况下办理车站行车组织、非正常情况下进行车站行车组织；模块七为车站客运业务处理，内容包括认识车站乘客服务、处理车站客伤事件及投诉、发布车站信息、处理车站拾遗物品、进行车站客流组织；模块八为车站票务业务管理，内容包括认识车站自动售检票系统运作、认识车站票务运作流程、处理车站票务事务；模块九为车站施工管理，内容包括申报与审批车站施工计划、办理车站站台门清洗施工作业；模块十为车站综合业务管理，内容包括认识车站6S管理、管理车站考勤。

本书由济南工程职业技术学院孟祥虎、济南工程职业技术学院王青青、济南轨道交通集团第一运营有限公司王琦任主编，济南轨道交通集团第一运营有限公司陈珍萌、济南工程职业技术学院李秀真、济南工程职业技术学院姜玲芝任副主编，青岛地铁运营有限公司王亮、济南工程职业技术学院孟亭婷、济南工程职业技术学院赵慧、济南工程职业技术学院杨向飞参与编写。全书由青岛地铁运营有限公司姬艳飞担任主审。具体编写分工如下：孟祥虎负责全书框架和编写思路的设计及统稿定稿工作，并编写模块三，模块五的任务一、任务五、任务六，模块十；王青青负责编写模块一的任务二，模块五的任务二、任务三，模块六的任务一、任务二；李秀真负责编写模块四的任务二，模块六的任务三，模块九的任务二；姜玲芝负责编写模块七的任务一、任务三、任务四，模块八的任务二；王亮负责编写模块二；孟亭婷负责编写模块七的任务二、任务五，模块八的任务一、任务三；赵慧负责编写模块五的任务四、模块九的任务一；杨向飞负责编写模块一的任务一，模块四的任务一；王琦、陈珍萌参与了本书编写及技术支持等工作。

本书的编写得到了山东交通学院陈聪聪、太原中铁轨道交通建设运营有限公司裴庆峰等高校及运营企业专家、技术骨干的大力支持，在此表示衷心的感谢。

由于编者水平有限，书中难免有疏漏和不妥之处，敬请各位读者批评指正，以求不断改进和提高。

编　者

2024年4月

目　录

模块一　城市轨道交通车站认知 …… 1

任务一　认知车站的设置与功能 …… 2

任务二　认知车站结构 …… 8

模块二　新线开通运营筹备 …… 17

任务一　车站工程介入 …… 18

任务二　车站属地管理权接管 …… 22

任务三　试运行组织 …… 26

任务四　新线开通运营准备 …… 32

模块三　车站运作基础管理 …… 37

任务一　认知车站管理模式 …… 37

任务二　演练车站站务岗位一日作业流程 …… 43

任务三　进行车站开关站作业 …… 52

模块四　车站设备设施管理 …… 59

任务一　认知车站设备设施 …… 60

任务二　车站设备设施巡视与报修 …… 70

模块五　车站安全管理 …… 81

任务一　认识车站安全教育 …… 82

任务二　识别与控制车站危险源 …… 88

任务三　车站消防安全管理 …… 97

任务四　车站防寒、防汛管理 …… 112

任务五　车站应急处置及演练 …… 123

任务六　车站事故/事件调查 …… 131

模块六　车站行车业务管理 …… 138

任务一　认知车站基础行车业务 …… 139
任务二　正常情况下办理车站行车作业 …… 157
任务三　非正常情况下进行车站行车组织 …… 166

模块七　车站客运业务处理 …… 179

任务一　认识车站乘客服务 …… 180
任务二　处理车站客伤事件及投诉 …… 187
任务三　发布车站信息 …… 200
任务四　处理车站拾遗物品 …… 210
任务五　进行车站客流组织 …… 219

模块八　车站票务业务管理 …… 233

任务一　认识车站自动售检票系统运作 …… 234
任务二　认识车站票务运作流程 …… 243
任务三　处理车站票务事务 …… 253

模块九　车站施工管理 …… 265

任务一　申报与审批车站施工计划 …… 266
任务二　办理车站站台门清洗施工作业 …… 277

模块十　车站综合业务管理 …… 286

任务一　认识车站 6S 管理 …… 286
任务二　管理车站考勤 …… 299

参考文献 …… 312

模块一

城市轨道交通车站认知

车站是城市轨道交通系统的重要组成部分，是客流集散的场所，具有供乘客乘降、换乘及列车折返、临时待避等功能，以满足安全、迅速、便捷地运送乘客的要求。同时，车站是地铁运营设备集中设置的场所，主要包括线路、通信、信号、环控、自动售检票、自动扶梯及电梯、低压配电及照明、给排水及消防、火灾自动报警等系统。因此，车站作为运营企业与服务对象的主要联系环节，在城市轨道交通运输生产中起着重要的作用。

思维导图

- 城市轨道交通车站认知
  - 任务一　认知车站的设置与功能
    - 城市轨道交通车站的设置
      - 城市轨道交通车站的概念
      - 车站设置原则
        - 适用性原则
        - 协调性原则
        - 便利性原则
        - 经济性原则
      - 车站规模及设计
        - 车站规模
        - 车站设计
    - 城市轨道交通车站的功能
      - 城市轨道交通车站功能概述
      - 城市轨道交通车站的分类
        - 按车站与地面的相对位置分类
        - 按车站与运营性质分类
        - 按状态形式分类
        - 按车站是否具有站控功能分类
        - 按车站客流量分类
        - 按车站埋深分类
      - 城市轨道交通车站的换乘方式
        - 同站台换乘
        - 阶梯换乘
        - 站厅换乘
        - 通道换乘
        - 站外换乘
  - 任务二　认知车站结构
    - 车站结构组成
      - 公共区
        - 付费区
        - 非付费区
      - 车站运营管理及设备用房区
        - 运营管理用房
        - 设备用房
        - 辅助用房
    - 车站总体布局
      - 车站布置原则
      - 出入口设计
      - 通道设计
      - 站厅设计
      - 站台设计
      - 附属设施的设计

任务一 认知车站的设置与功能

情景导入

某城市轨道交通 2 号线是一条全自动运行地铁线路，该线路于 2021 年 3 月 26 日开通运营，共设置 19 座车站，其中地下站 17 座、地面站 1 座、高架站 1 座，A 站为该市轨道交通 2 号线和 3 号线的换乘车站。轨道交通 2 号线开通运营前，公司对 2 号线全体员工进行培训，使员工熟悉 2 号线车站设置的特点、车站类型，做好运营保障工作。

学习目标

知识目标

1. 理解轨道交通车站的设置原则；
2. 掌握城市轨道交通车站的类型并熟悉每种车站类型的特点。

能力目标

能够清晰辨别城市轨道交通车站的类型。

素养目标

具有服务乘客的意识。

任务描述

车站是城市轨道交通系统最重要的组成部分，车站的设置、规模等，不仅影响运营效益，而且关系到城市的运转。车站工作人员应能熟知车站类型并掌握车站的功能，以便高效为乘客服务。

任务分析

作为车站工作人员，首先要熟悉车站设置、车站规模及设计，然后能对车站进行分类，最后根据车站结构、功能画出车站线路图。

相关知识

一、城市轨道交通车站的设置

（一）城市轨道交通车站的概念

城市轨道交通车站是客流的节点，是乘客出行的基地，乘客上、下车以及相关的作业都是在车站进行的，同时它也是列车到发、通过、折返、临时停车的地点。

（二）车站设置原则

1. 适用性原则

车站选址要综合考虑该地区的地下管线、工程地质、水文地质条件、地面建筑物的拆迁及改造的可能性等情况；设计应能满足远期客流集散量和运营管理的需要，应具有良好的外部环境条件，最大限度地吸引乘客；要满足客流高峰时所需的各种面积及楼梯通道等宽度要求及设备用房和管理用房的要求。

2. 协调性原则

城市轨道交通站点一般都会聚集大量的人流、商流，使地铁沿线片区发展成为城市副中心，促成城市空间新格局。为了协调城市的远期发展规划，地铁站点的选址应与周围环境相协调，如与城市景观、地面建筑规划相协调。

3. 便利性原则

车站站位应尽可能地靠近人口密集区和商业区，最大限度地方便乘客出行，使多数乘客步行距离最短。车站布局还须考虑与其他公共交通有方便换乘条件，将旅游景点、游乐中心、住宅密集区、办公密集区等与车站相通，使车站建筑具有合理、完善、流畅使用功能。

4. 经济性原则

不同站点位置的地质条件、施工方式以及车站设计方案都有所不同，地铁车站的设计应尽可能地在满足乘客出行需求、保证施工技术条件的状况下，与物业开发相结合，使土地的利用最充分，提高地铁建设的经济意义，从而创造更大的经济效益。

（三）车站规模及设计

1. 车站规模

车站规模主要指车站站台外轮廓尺寸、层数及用房面积的大小等。车站规模主要根据本站远期预测高峰客流量、设备用房的需要、行车管理及该地区远期发展规划等因素综合确定，其中客流量大小是一个重要因素。

车站规模一般分为三个等级：

（1）A 级：适用于客流量大、地处大型客流集散点以及地理位置十分重要的地区，如大型交通枢纽中心及位置重要的政治中心地区。

（2）B 级：适用于客流量较大的地区，如中型交通枢纽中心、较大的居住区。

（3）C 级：适用于客流量较小、地处郊区的各站。

2. 车站设计

车站设计必须满足客流需求，保证乘降安全、疏散迅速、布置紧凑、便于管理，并具有良好的通风、照明、卫生、防灾等设施，为乘客提供舒适的乘车环境。

二、城市轨道交通车站的功能

（一）城市轨道交通车站功能概述

车站具有供列车停车、折返、检修、临时待避及乘客集散、候车、上下车、换乘等功能，同时又是城市轨道交通运营设备的集中设置地，需满足安全、迅速、方便地组织乘客进出站的运营要求。

（二）城市轨道交通车站的分类

轨道交通车站根据其用途的不同发挥着不同的运营功能，因此也有着不同的分类。

1. 按车站与地面的相对位置分类

按照车站与地面的相对位置划分，城市轨道交通车站可以分为地下站、高架站和地面站，如图 1-1-1 所示。

（a）地下站　　（b）高架站　　（c）地面站

图 1-1-1　城市轨道交通车站按车站与地面位置分类

2. 按车站运营性质分类

按车站运营性质划分，城市轨道交通车站可以分为中间站、折返站、始终点站，如图 1-1-2 所示。

(1)中间站。中间站是城市轨道交通线路中最常见的一种基本站型，仅供乘客上下车之用，其功能简单，是地铁路网中数量最多的车站，如图 1-1-2 中的 B 站、C 站等。

(2)折返站。折返站即区域站，指“之”字形改变列车运行方向并可会让列车的车站，它是设在两种不同行车密度交界处的车站，站内设有折返线及设备。应根据客流量大小合理地组织列车运行，可在两个折返站之间的区段上增加或减少行车密度。折返站可分为站前、站后和站前站后混合设置等折返形式，如图 1-1-2 中的 I 站。

(3)始终点站。始终点站是设在线路两端的车站，就列车上、下行而言，终点站也是起点站(或称始发站)；终点站设有可供列车全部折返的折返线和设备，也可供列车临时停留检修。如线路远期延长后，则此终点站变为中间站或折返站，如图 1-1-2 中的 A 站。

3. 按站台形式分类

按站台形式，车站一般可分为岛式站台车站、侧式站台车站和岛侧混合式站台车站。

(1)岛式站台车站。岛式站台位于上、下行行车线路之间，具有岛式站台的车站称为岛式站台车站(简称岛式车站)，如图 1-1-3 所示。岛式车站是常用的一种车站形式。岛式车站具有站台面积利用率高、能灵活调剂客流、乘客中途改变乘车方向方便、车站管理集中、站台空间宽阔等优点，因此常用于客流量较大的车站。但是，由于站台面积受到限制，会造成改扩建困难。

(2)侧式站台车站。侧式站台位于上、下行行车线路的两侧，侧式站台上行与下行的乘客分别在各自的站台上、下车，具有侧式站台的车站称为侧式站台车站(简称侧式车站)，如图 1-1-4 所示。侧式车站也是常用的一种车站形式。侧式车站站台上、下行乘客可避免相互干扰，正线和站线间不设喇叭口，造价低，改建容易，但是站台面积利用率低，不可调剂客流，中途改变乘车方向须经地道或天桥，车站管理分散。侧式站台空间不及岛式宽阔，因此，侧式站台多用于两个方向客流量较均匀(或流量不大)的车站及高架车站。

(3)岛侧混合式站台车站。将岛式站台及侧式站台同设在一个车站内，具有这种站台形式的车站称为岛侧混合式站台车站，简称岛侧混合式车站，如图 1-1-5 所示。岛侧混合式车站主要用于两侧站台换乘或列车折返。岛侧混合式站台可布置成一岛一侧式或一岛两侧式。

4. 按车站是否具有站控功能分类

按车站是否具有站控功能，车站可分为设备集中站和非设备集中站。

(1)设备集中站是指对本站或对本联锁区内的信号联锁设备具有集中控制功能的车站，通常为有道岔车站。

(2)设备非集中站是指不具有对本站的信号联锁设备的控制功能的车站，通常为无道岔车站或有道岔但无控制功能的车站。

5. 按车站客流量分类

按照车站客流量划分，城市轨道交通车站可以分为大型车站、中型车站和小型车站。

(1)大型车站。大型车站的高峰小时客流量达 3 万人次以上。

(2)中型车站。中型车站的高峰小时客流量为 2 万～3 万人次。

(3)小型车站。小型车站的高峰小时客流量在 2 万人次以下。

6. 按车站埋深分类

地下车站按车站埋深可以分为浅埋车站、中埋车站和深埋车站。

(1)浅埋车站的线路轨道面至地表距离小于 15 m，一般采用明挖法或盖挖法施工。

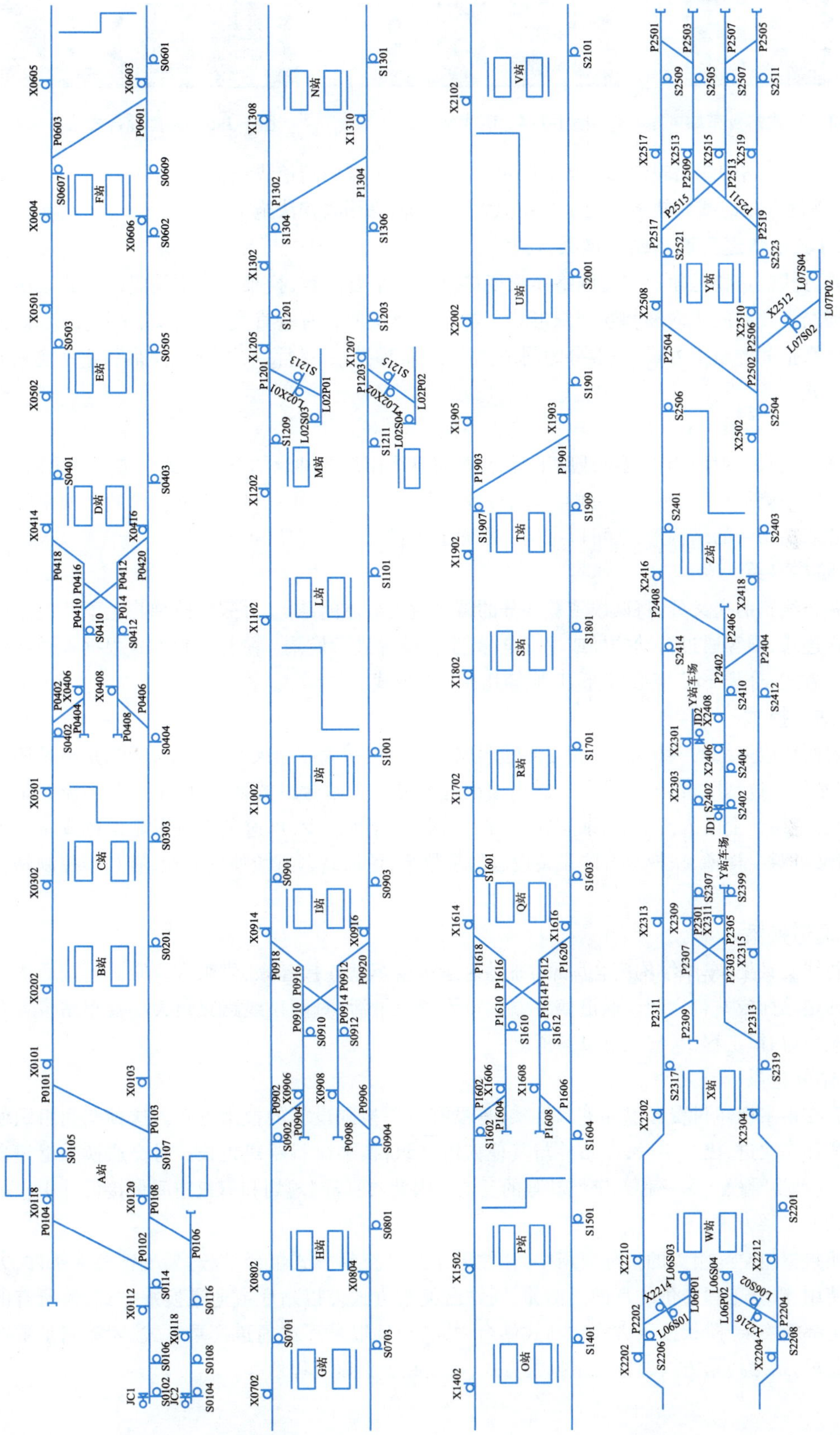

图 1-1-2　城市轨道交通车站按运营性质分类

图 1-1-3　岛式站台车站

图 1-1-4　侧式站台车站

图 1-1-5　岛侧混合式站台车站

(2)中埋车站的线路轨道面至地表距离为 15～25 m,采用暗挖法施工。

(3)深埋车站的线路轨道面至地表距离大于 25 m,采用暗挖法施工。

(三)城市轨道交通车站的换乘方式

换乘方式的选择是轨道交通网络换乘衔接组织的主要内容,换乘车站空间组织方式取决于轨道交通交汇线路的走向和相互交织形式。常见的交织形式有垂直交叉、斜交、平行交织等,但归纳到换乘空间的组织方式,一般分为同站台换乘、阶梯换乘、站厅换乘、通道换乘和站外换乘五种基本形式。

1. 同站台换乘

同站台换乘一般适用于两条线路平行交织,而且采用岛式站台的车站形式。乘客换乘时,由岛式站台的一侧下车,在站台另一侧上车,即完成了转线换乘,换乘极为方便。同站台换乘的基本布局是双岛站台的结构形式,可以在同一平面上布置,也可以双层布置。

2. 阶梯换乘

在两条线路的交叉处,将两线重叠部分的结构做成整体的结点,并采用阶梯将上下两座车站站台直接连通,乘客通过自动扶梯或垂直电梯、步行楼梯进行换乘。阶梯换乘方式根据不同线路车站交叉方式,分为“十”字形、T 形、L 形等几种布置形式。

3. 站厅换乘

设置两线或多线的共用站厅,相互连通形成统一的换乘大厅。乘客下车后,无论是出站还是换乘,都必须经过站厅,再根据导向标志出站或进入另一个站台继续乘车;由于下车客流到站厅分流,减少了站台上的人流交织,乘客在站台上的滞留时间减少,可避免因行车延误造成站台拥挤,同时又可减少楼梯、扶梯等升降设备设施的总数量,增加站台有效使用面积,有利于控制站台宽度规模。

4. 通道换乘

在两线交叉处,车站结构完全脱开,通过通道将两车站连接起来,供乘客换乘。连接通道一般设于两站站厅或站台之间。通道换乘方式布置较为灵活,对两条线路交角大小及车站位置有较大适应性,预留工程少,甚至可以不预留。

5. 站外换乘

乘客在换乘枢纽付费区以外进行换乘,是没有专用换乘设施的换乘方式。这种空间组织使得乘客增加一次进、出站手续,在站外与其他人流交织,换乘步行距离也长。对交通换乘枢纽自身而言,这种换乘模式是一种系统性缺陷的反映。因此,在线网规划和枢纽空间衔接设计中应尽量避免站外换乘方式。

在换乘枢纽空间组织的实际应用中,往往采用几种空间方式组合,以达到改善换乘条件、方便乘客使用、降低工程造价的目的。例如,同站台换乘方式辅以站厅或通道换乘方式,使所有的换乘方向都能换乘;阶梯换乘方式在岛式站台中,必须辅以站厅或通道换乘方式,才能满足乘客换乘的要求;站厅换乘方式辅以通道换乘方式,可以减少预留工程量等。

技能训练

说明车站选址特点并辨别车站类型

一、任务条件

车站基本情况：

某城市轨道交通 2 号线是一条全自动运行地铁线路，该线路于 2021 年 3 月 26 日开通初期运营，共设置 19 座车站。

二、任务实施

1. 请回答下列引导问题。

(1)城市轨道交通车站的设置应遵循哪些原则？

____

____

(2)城市轨道交通车站的类型有哪些？不同类型的车站各自又有怎样的特点？

____

____

2. 根据以上任务条件，请对所在城市轨道交通 2 号线路的车站进行调研(或网上搜集资料)，说明车站选址特点、辨别车站类型并画出线路图，填入表 1-1-1。表格不够可自行增加。

表 1-1-1　车站调研写实表

调研地点：____________　调研人：____________　班级：____________

车站编号	站名	车站类型			选址特点	线路图
		按车站与地面的相对位置分类	按车站运营性质分类	按站台形式分类		
1						
2						
3						
4						
5						
6						
⋮						

任务评价

本任务完成后,请根据表 1-1-2 进行任务评价。

表 1-1-2　任务评价表

序号	评价内容	评价标准	分数	评分记录		
				学生自评	组间互评	教师评分
1	完成车站设置情况	车站设置原则及特点介绍准确无误	25			
2	完成辨别车站类型情况	车站类型辨别准确无误	25			
3	完成车站换乘方式认知情况	车站换乘方式介绍准确无误	25			
4	完成绘制线路图情况	线路图绘制准确无误	25			
总分			100			

巩固与练习

一、选择题

1. 按照车站与地面的相对位置划分,城市轨道交通车站可以分为(　　)。

A. 地上站　　B. 地下站　　C. 高架站　　D. 地面站

2. 按站台形式,车站一般可分为(　　)。

A. 岛式站台　　B. 侧式站台　　C. 岛侧混合式站台　　D. 中间站台

二、填空题

1. 城市轨道交通车站按运营性质可以分为__________、__________、__________。

2. 根据乘客换乘的客流组织方式,可将车站换乘方式分为__________、__________、________、________和__________。

三、简答题

1. 城市轨道交通车站设置原则有哪些?
2. 简述城市轨道交通的概念及分类。
3. 换乘方式有哪几种? 简述其特点。

任务二　认知车站结构

情景导入

轨道交通 2 号线开通运营前,A 站对全体员工进行培训,使员工熟悉车站结构以及各部分的设置原则。

学习目标

知识目标

1. 掌握车站结构组成;
2. 了解车站部分结构的设计规范。

能力目标

1. 能够看懂车站平面设计图;

2. 能够根据各结构的设计原则对具体的车站结构进行分析。

素养目标

培养学生科学严谨的工作态度。

任务描述

车站是客流集散的场所，也是地铁运营设备集中设置的场所，车站员工应掌握车站的结构组成，各结构的设计原则，才能更好地做好车站服务工作。

任务分析

作为地铁车站员工，熟悉车站整体结构布置对于顺利开展工作、提供优质服务至关重要。首先应掌握车站布局，了解车站的出入口、站台、站厅、设备用房等位置布局；同时，学习车站结构设计，有助于在遇到各类突发事件时能够迅速反应，引导乘客安全疏散，保证乘客安全。

相关知识

一、车站结构组成

车站站内分为公共区和运营管理及设备用房区两部分。

（一）公共区

公共区是供乘客通行、购票、候车等的区域，分为付费区和非付费区两部分。

1. 付费区

付费区是指乘客购票后凭车票方可进入的区域，是乘客乘车前的经由、候车区域，包括站厅（一部分）、站台区域及相关楼梯、扶梯等。

2. 非付费区

非付费区是供乘客通行、购票等的公共区域，包括站厅（一部分）、通道、出入口等区域，乘客可以在非付费区自由通行，无须付费。付费区与非付费区通常以自动检票机、站厅栏杆为界，如图 1-2-1 所示。通道、楼梯和自动扶梯将出入口、站厅与站台连接起来。

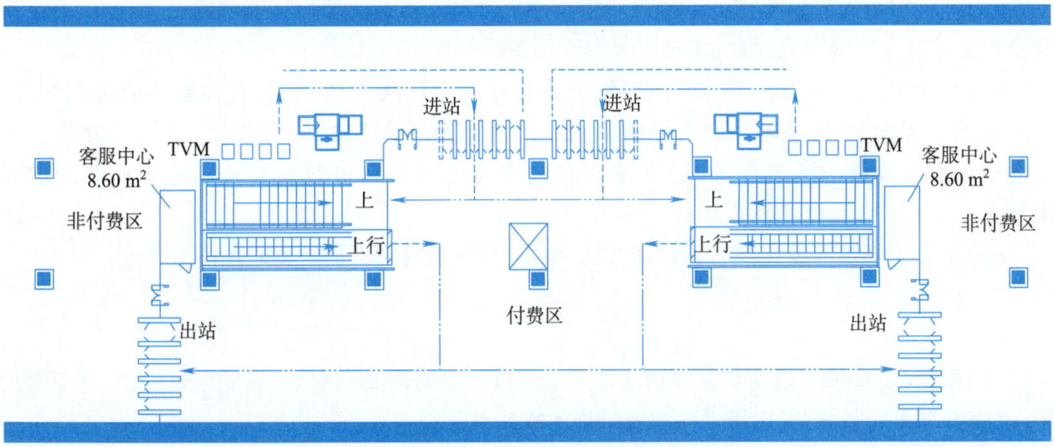

图 1-2-1　常见车站站厅平面布置示意图

车站出入口和通道是客流集散的必经地，乘客必须经过出入口和通道才能进出车站，实现其乘坐列车的目的;车站管理也通过出入口和通道的设置来实现与外界的物理分隔。

出入口是乘客进出车站的通道,出入口位置应满足城市规划及交通要求,选择人流集中的地点;应尽量与城市过街地道相结合,与地下商场、公共建筑楼群相连通,以便乘客和过街行人通行。

车站的出入口、站厅、站台之间以通道连通,通道可以由步行道、楼梯、自动扶梯等构成。

站厅主要功能为集散乘客、售检票、服务,设置管理与设备用房,一般情况下地下一层为站厅层,高架站、地面站地上一层为站厅层。

站台主要供乘客乘降,集散客流,作短暂的停留候车。

(二)车站运营管理及设备用房区

车站运营管理及设备用房区包括运营管理用房、设备用房和辅助用房。

1. 运营管理用房

运营管理用房包括站长室、行车值班室、业务室、广播室、会议室和公安保卫室等。

2. 设备用房

设备用房包括通风与空调房、变电所、控制室等。

3. 辅助用房

辅助用房包括卫生间、茶水间等。

车站运营管理及设备用房区应根据运营管理需要设置,在不同车站只配置必要房间,尽可能减少用房面积,以降低车站投资。

二、车站总体布局

车站总体布局包括车站中心的位置(站位)、车站外轮廓的范围以及出入口、风亭的确定等,它是车站设计的关键环节。

1. 车站布置原则

(1)站厅层布置应分区明确,依据出入口的位置和数量、楼梯与扶梯的位置和数量、售检票系统的位置和数量以及换乘要求对客流进行合理的组织,避免和减少进出站客流的交叉,合理布置管理、设备用房,应满足各系统的工艺要求。

(2)站台层布置需以车站上下行远期超高峰小时设计客流量来计算站台宽度,根据线路走向及换乘要求确定站台形式,根据车站需要布置设备或管理用房区。

(3)车站出入口应设置于道路两边红线以外或城市广场周边,需具有标志性或可识别性,以利于吸引客流、方便乘客。有条件的出入口可考虑地面人行过街的功能。出入口规模应满足远期预测客流量的通过能力,并考虑与其他交通的换乘和接驳大型公共建筑所引起的客流量。

(4)车站主要服务设施应包括自动扶梯、电梯、售票机、检票机、空调通风设施等。

2. 出入口设计

1)出入口类型

(1)敞口式:口部不设顶盖及维护墙体的出入口。为人员安全考虑,周围应设围栏,并应考虑风沙、雨雪等天气影响,考虑排水措施及踏步冰冻防滑等措施。

(2)半封闭式:口部设有顶盖、周围无封闭维护墙体的出入口。

(3)全封闭式:口部设有顶盖及封闭维护墙体的出入口。此类出入口有利于车站内部环境的清洁,便于运营管理。

2)车站出入口位置

《地铁设计规范》(GB 50157—2013)规定:车站出入口布置应与主客流的方向相一致,宜与过街天桥、过街地道、地下街、邻近公共建筑物相结合或连通,统一规划,同步或分期实施。如兼作过街地道或天桥时,其通道宽度及其站厅相应部位应计入过街客流量,同时考虑地铁夜间停运时的隔离措施。

设于道路两侧的出入口宜平行或垂直于道路红线,一般情况下,距道路红线的距离应按当地规划部门要求确定。当出入口开向城市主干道时,应有一定面积的集散场地。

实际设计中,出入口的位置与地铁车站站位有关。由于多数车站采用跨路口设置且“十”字交叉路口为人流密集流线较为复杂的地带。若车站在城市中心区域,周边商业圈较成熟,在设计中还要注意与周边商业的结合。

3)地铁车站出入口数量和宽度

《地铁设计规范》规定:车站出入口数量应根据吸引与疏散客流的要求设置,但不得少于两个。每个出入口宽度应按远期分向设计客流乘以 1.1 ~ 1.25 不均匀系数计算确定。出入口的最小宽度一般不小于 2.5 m。考虑到紧急情况下,乘客可能不会有序地进行逃生,所以,对某些站点出入口在设计宽度上再适当加宽,实际出入口宽度还应根据平面布置等实际情况确定。

出入口作为一个开放的空间,地下车站出入口的地面标高应高出室外地面,并应满足当地防洪要求,必须设置防洪和防台风设施,避免地面积水涌入车站,对车站人员和设备设施安全构成威胁。在出入口处宜设置平台,平台高度以高于地面三个台阶为宜,即 450 mm 左右。

3. 通道设计

(1)地下出入口通道长度不宜超过 100 m,超过时应采取能满足消防疏散要求的措施。有条件时宜设自动人行道。

(2)地下出入口通道力求短、直,通道的弯折不宜超过三处,弯折角度宜大于 90°。

(3)设置必要的照明和通风设施,设置排水沟,处理雨水和墙体渗水等。

(4)通道内宜安装一定数量的摄像头,便于工作人员掌握客流通行情况,并设一定数量和类别的导向标志引导乘客出行。

4. 站厅设计

站厅公共区布置应满足功能分区要求,尽量避免进、出站及换乘人流路线之间的相互干扰。

检票口(机)宜垂直于人流方向布置。付费区内应设补票亭。检票口(机)处宜设监票亭。条件合适时,可考虑监票、补票合一设置。售票处距出入通道口和进站检票处的距离不小于 5 m,出站检票处距梯口的距离不小于 8 m。

车站控制室位置,要便于对售、检票口(机)、人行楼梯和自动扶梯部位的观察,其地面宜高于站厅地面 450 ~ 600 mm。

5. 站台设计

1)站台长度

站台长度由列车长度决定,以线路远期最大编组列车的长度加列车停车误差来计算。站台上的人行楼梯和自动扶梯沿纵向均匀设置,同时满足站台计算长度内任一点距最近梯口或通道口的距离不得大于 50 m,其通过能力满足事故疏散时间不大于 6 min 的验算。

设置在站台层两端的设备和管理用房,必要时可伸入站台计算长度内,但不应超过半节车厢长度,且不得侵入侧站台计算宽度,并应满足距梯口的距离不小于 8 m。

2)站台宽度

站台宽度根据高峰时段候车客流及上、下车客流综合计算,并考虑站台上占据有效面积的柱子和楼梯、扶梯等设施，得出满足客流需求的有效宽度。《地铁设计规范》规定，岛式站台最小宽度应不小于8 m，侧式站台（长向范围内设梯）的侧站台最小宽度应不小于2.5 m。

6. 附属设施的设计

1）通风亭及冷却塔

地下车站按通风、空调工艺要求设活塞风井、进风井和排风井。在满足功能前提下，根据地面建筑的现状或规划要求，风井可集中或分散布置。地面风亭的设置应尽量与地面建筑相结合。对于单建的风亭，如城市环境有特殊要求时，可采用敞口低风井，风井底部应有排水设施，风口最低高度应满足防淹要求，开口处应有安全装置。风井的周边应绿化。

单建或与建筑物合建的风亭其口部距其他建筑物距离应不小于5 m。当风亭设于路边时，风亭开口底距地面的高度应不小于2 m。

对于采用集中式空调系统的地下车站设在地面的冷却塔，其造型、色彩、位置应尽量符合城市规划、景观及环保要求。对于有特殊要求的地段，冷却塔可采用下沉式或全地下式，但必须满足工艺要求。

2）电缆槽和排水管网的布置

电缆槽、给排水路径要结合市政配套的管网敷设，与市政配套衔接的位置在规划阶段明确。雨水、污水分流体系也应在规划阶段明确，以利于工程建设和使用、维修。消防管网和消防栓位置布置要结合站区规划，既不影响建筑立面，又方便使用。在站区范围内尚未规划时，电缆槽（强电、弱电）、给排水（生产生活用水、消防用水、雨水、污水）管网的建设宜遵循就近原则，平行或垂直线路方向布设，为未来的站区规划提供有利条件。

笔记栏

技能训练

车站结构认知

一、任务条件

车站基本情况：

（1）A 站立体结构示意图如图 1-2-2 所示。

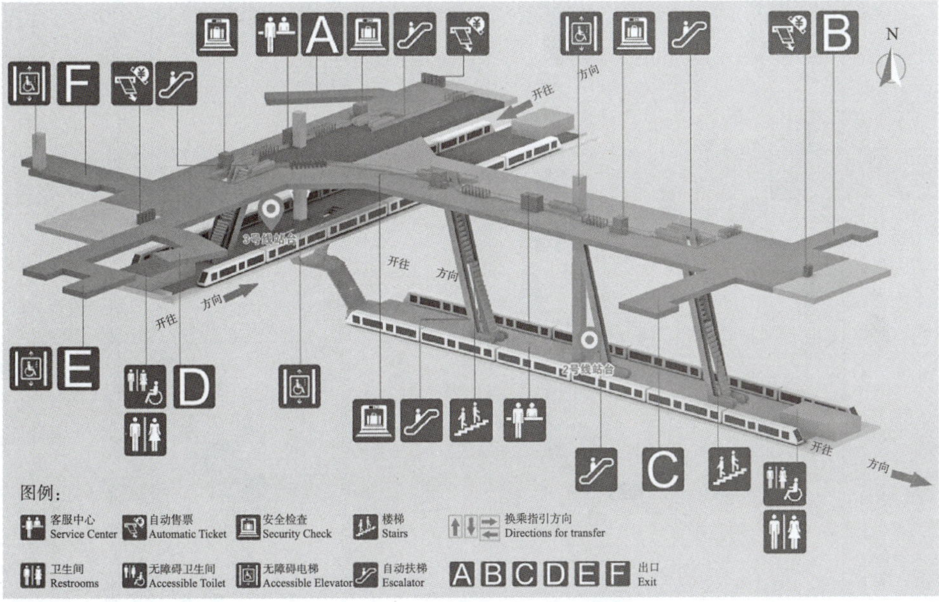

图 1-2-2　A 站立体结构示意图

（2）B 站站内平面示意图如图 1-2-3 所示。

二、任务实施

1. 请回答下列引导问题。

（1）城市轨道交通车站的结构组成主要有哪几部分？

____

（2）车站出入口的设置有哪些原则？

____

（3）站台长度由__________决定，以______________________来计算。

（4）《地铁设计规范》规定，岛式站台最小宽度应不小于______m，侧式站台（长向范围内设梯）的侧站台最小宽度应不小于________m。

2. 请根据图 1-2-2 所示 A 站立体结构示意图，指出车站各结构名称（包括车站类型、出入口的数量、站台形式、换乘方式等）。

3. 请识读图 1-2-3 所示 B 站站内平面示意图，说出各车站结构部分的划分和每一部分结构的主要设备设施布置情况。

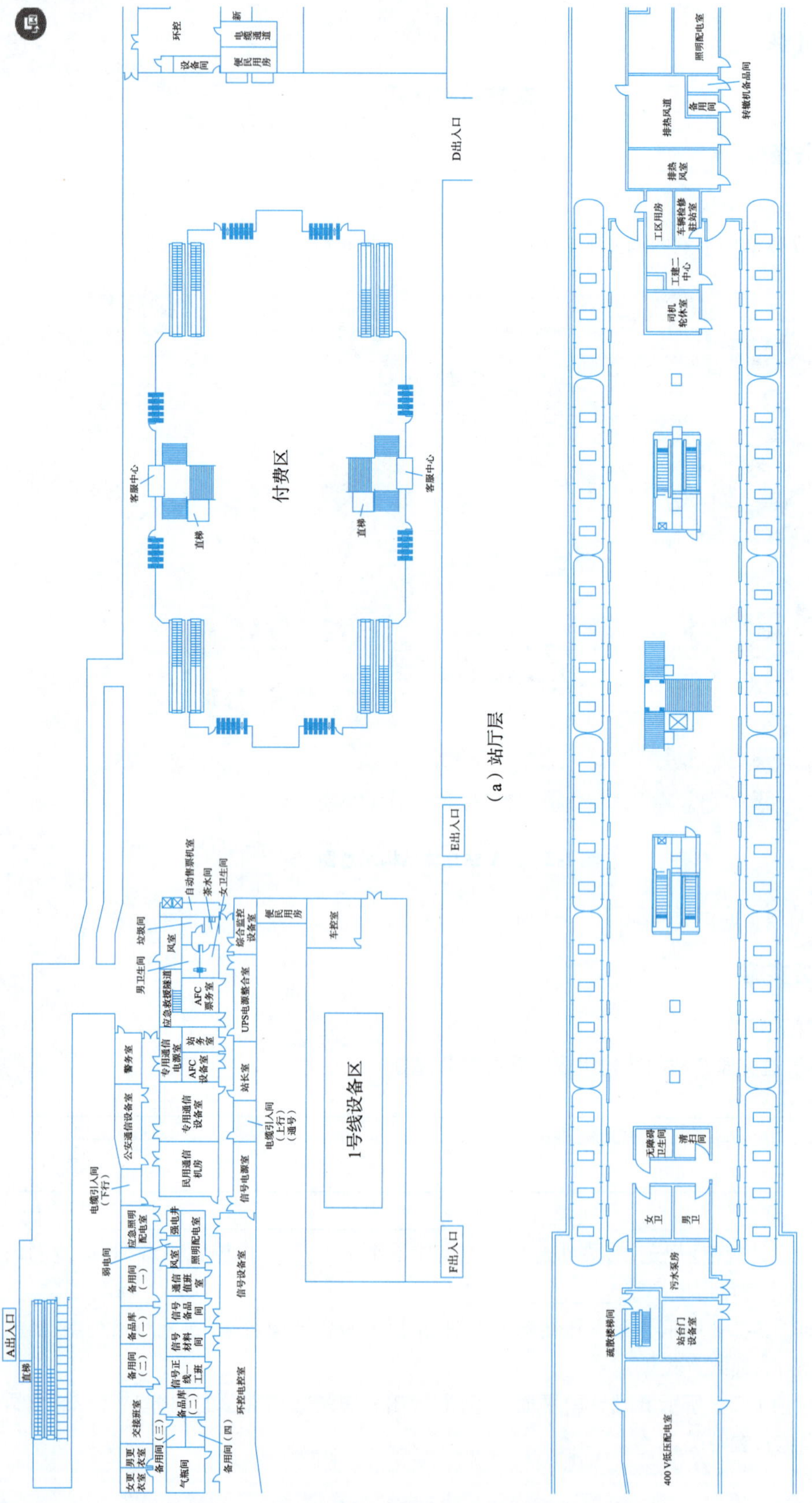

图 1-2-3　B站站内平面示意图

4. 根据以上任务条件，请对所在城市轨道交通高架站、地面站或地下站任一车站结构进行实地调研，将调研的结果填入表 1-2-1。

表 1-2-1　车站结构调研写实表

调研车站：__________　　　　调研人：__________

编号	车站结构		结构描述	结构照片
1	出入口设置	出入口的类型与位置		
2		出入口的数量		
3		出入口的宽度		
4	通道设置	通道长度及特点		
5	站厅设置	站厅设备设施情况及布局图		
6	站台设置	站台类型		
7		站台长度		
8		站台宽度		
9	附属建筑设置	风亭、冷却塔的设置位置		

任务评价

本任务完成后，请根据表 1-2-2 进行任务评价。

表 1-2-2　任务评价表

序号	评价内容	评价标准	分数	评分记录		
				学生自评	组间互评	教师评分
1	车站结构识图	熟练辨识车站各层级结构以及各部分的作用、功能	40			
2	车站总体布局设计	能够根据车站结构设计规范，简单分析或说明实地车站结构设计依据或情况	40			
3	学生考勤情况	无迟到、早退、旷课	10			
4	工作态度	态度认真、团队合作、任务完成质量良好（字迹工整、计算正确）	10			
总分			100			

巩固与练习

一、选择题

1. （　　）是指乘客购票后凭车票方可进入的区域，是乘客乘车前的经由、候车区域，包括站厅（一部分）、站台区域及相关楼梯、扶梯等。

A. 公共区　　B. 付费区　　C. 设备区　　D. 非付费区

2. 车站出入口数量应根据吸引与疏散客流的要求设置，但不得少于（　　）个。

A. 1　　B. 2　　C. 3　　D. 4

3. 售票处距出入通道口和进站检票处的距离不小于______m，出站检票处距梯口的距离不小于______m。(　　)

A. 3，5　　B. 5，5　　C. 5，8　　D. 8，5

4. 对于采用集中式空调系统的地下车站设在地面的(　　)，其造型、色彩、位置应尽量符合城市规划、景观及环保要求。

A. 冷却塔　　B. 风亭　　C. 出入口　　D. 排水管网

二、填空题

1. 公共区是供乘客通行、购票、候车等的区域，分为__________和__________两部分。

2. 当出入口开向城市主干道时，应有一定面积的__________。

3. 检票口(机)宜________(平行/垂直)于人流方向布置。

4. 《地铁设计规范》规定，岛式站台最小宽度应不小于______m，侧式站台(长向范围内设梯)的侧站台最小宽度应不小于________m。

三、判断题

1. 车站运营管理及设备用房区包括运营管理用房、设备用房和辅助用房。(　　)

2. 站台层布置应分区明确，依据出入口的位置和数量、楼梯与扶梯的位置和数量、售检票系统的位置和数量以及换乘要求对客流进行合理的组织，避免和减少进出站客流的交叉。(　　)

3. 地下出入口通道长度不宜超过150 m，超过时应采取能满足消防疏散要求的措施。(　　)

4. 站台长度由列车长度决定，以线路远期最大编组列车的长度加列车停车误差来计算。(　　)

模块二 新线开通运营筹备

地铁运营单位为保证新线顺利开通，提前介入地铁新线建设，参与新线车站前期设计，审核车站房间、装修、服务设备等施工图纸。从使用功能、操作方式、乘客服务等方面，结合既有线路发现的问题，提出运营需求；组织运营人员介入工程实施，通过开展现场参建、对接设备生产制造商、介入设备安装、单体调试，查线核图及功能验证，全程参与动调、综合联调等工作，促进运营人员提前熟悉、掌握各专业设备系统，加强人机磨合，提高人员业务技能水平，并在参建过程中核查是否满足运营需求，及时发现和提出建设过程中存在的问题。根据工程建设进度，全程参与工程实施阶段的各项验收，完成三权接管，组织开展试运行、初期运营前安全评估，完成线路车站开通前准备工作。

思维导图

- 新线开通运营筹备
  - 任务一 车站工程介入
    - 工程介入的概念
    - 术语和定义
    - 工程实施阶段介入的内容
      - 按工程实施阶段介入阶段划分
      - 按工程介入人员的工作划分
      - 对介入人员的要求
      - 站务人员工程介入具体工作
    - 动调、综合联调保障
      - 动车调试
      - 综合联调
    - 下站人员安全管理
  - 任务二 车站属地管理权接管
    - 车站属地管理权的概念
    - 术语和定义
    - 接管工作流程
      - 交接对接
      - 编制接管实施方案
      - 项目接管实施
      - 项目整体接管
    - 接管后工作安排
  - 任务三 试运行组织
    - 试运行的概念
    - 试运行的原则及目的
    - 试运行时间
    - 试运行前提条件
    - 试运行指标要求
    - 贯通试运行要求
    - 试运行筹备
    - 试运行前安全大检查
    - 试运行站务组织
  - 任务四 新线开通运营准备
    - 初期运营前安全评估的概念
    - 初期运营前安全评估预检查
      - 前提条件
      - 预检查工作安排
      - 现场检查安排
      - 预检查内容
    - 初期运营前安全评估
      - 前提条件
      - 评估时间
      - 现场检查 评估内容 评估成果
    - 新线开通试乘组织

任务一 车站工程介入

情景导入

A 站是轨道交通 2 号线的一座规划的地铁车站，地铁车站从设计到建设，运营人员需要提前进行工程介入，以保证车站满足运营需要。地铁车站建设工程介入工作的内容系统而庞大，是保障地铁新线建设、开通筹备必不可少的重要环节。

学习目标

知识目标

1. 了解工程介入的概念；
2. 了解工程介入的内容和要求。

能力目标

1. 具有工程介入人员的专业能力；
2. 具有工程介入人员的进入施工期车站的安全防护能力；
3. 具有车站设计、建设、运营三个阶段事务关联支持的概念。

素养目标

培养对事物发展的系统思维。

任务描述

城市轨道交通车站工程介入是确保车站未来运营人机界面使用安全、高效、顺畅的重要措施。提前参与并影响工程设计和施工过程，可以促使建设单位能够充分考虑运营需求，优化设计方案，确保施工质量和进度，为车站设计及后续顺利运营奠定坚实基础。

任务分析

城市轨道交通车站的工程介入是一个复杂而重要的过程，需要介入人员了解地铁新线建设工程介入阶段整体概念，知悉站务专业需要具备的专业知识和实践经验要素，掌握站务专业工程介入主要查线核图内容，现场参建安全注意事项及重点工作内容，针对发现问题及时反馈并跟进整改闭环，全面、细致地完成工程介入阶段各项工作，确保车站建设的顺利进行和高效运营。

相关知识

一、工程介入的概念

城市轨道交通车站工程介入是指在轨道交通项目建设的各个阶段，特别是在设计和施工阶段，运营单位为确保车站未来的运营安全、高效和顺畅，提前参与并影响相关工程设计和施工的过程。

二、术语和定义

（1）工程实施阶段：是指工程从土建施工、设备生产制造、设备安装及单系统调试、动车调试（后续简称动调）、综合联调、验收、试运行到开通运营前全过程实施阶段。

（2）现场参建：是指在工程进入实施阶段后，运营单位安排人员下现场参与土建施工、设备生产制造、设备安装调试、验收等建设工作。

（3）建设问题：是指开通前运营参建发现的参建问题、开通运营时仍未完成整改的建设遗留问题以及质保期内(原则上为线路初期运营后2年)在设备设施使用与维护检修过程中新发现的,由前期建设原因引起的设计、施工问题的总称。质保范围内的设备设施故障和质量缺陷除外。

(4)查线核图:是指核查施工图是否符合设计及用户需求书要求,核查施工单位是否按图施工,核查施工质量是否符合相关规范要求等。

(5)功能验证:是指对设备系统的各项功能进行测试验证,核查是否达到合同及运营要求。

(6)三权:是指轨行区调度指挥权、设备使用权、属地管理权。

三、工程实施阶段介入的内容

1. 按工程实施阶段介入阶段划分

(1)前期设计阶段:参与车站的总体设计、初步设计以及施工图设计的讨论和审查。使用及接口专业从使用功能、操作方式、乘客服务等方面,结合既有线发现的问题,合理提出运营需求,包括车站布局、设备配置、通风照明、安全设施等方面。初步设计阶段重点关注车站土建结构形式、出入口设置、站内设备布置、客流预测及客流组织流线布置等。

(2)工程实施阶段:与建设管理单位对接,提出运营参建需求。组织有经验的运营人员按照施工图纸对照运营需求,开展现场参建,发现问题及时提出整改建议,跟进闭环整改。跟进设备安装,收集设备安装计划和单系统调试方案,按照车站设备专业明确参与调试的牵头人员全过程参与单体调试,发现问题做好记录,闭环管理。

(3)动调及综合联调阶段:提前对接建设管理单位,收集、审核动车调试方案、计划,提出运营参建需求。拟定车站综合联调期间工作方案,全程参与综合联调工作,对发现的问题做好记录,并逐项开展复测确认结果,及时与建设管理单位对接,协调解决联调发现的问题。

(4)工程验收阶段:运营公司安排相关专业人员全程参与工程实施阶段的各项验收,包括检验批验收、隐蔽工程验收、分部分项验收、设备开箱验收、封样验收、单位(子单位)工程验收、专项验收、项目工程验收、竣工验收等。

(5)三权接管阶段:根据新线施工建设进度计划,编制运营公司三权接管总体工作计划。站务部门作为车站属地接管部门应编制车站属地接管计划,编发属地接管实施方案,按照计划推进属地管理权接管工作。完成车站属地管理权接管后及时签订移交(接管)备忘录。

2. 按工程介入人员的工作划分

(1)制订工程介入计划:根据车站建设的实际情况,制订详细的工程介入计划,明确介入的目标、内容、时间和人员等。

(2)组织图文审查和现场介入:按照计划组织运营筹备人员进行图文审查和现场介入工作,确保介入的全面性和有效性。介入人员需要仔细审核车站的设计、施工和装修图纸,确保它们符合车站运营的实际需求和标准。

(3)现场实地熟悉环境:介入人员需要到车站现场进行实地勘察,了解车站内、外的环境,包括建筑结构、设备布局、安全通道等。

(4)跟进施工进展:介入人员需要跟踪车站的施工进度,及时发现并解决影响运营安全、效率和质量的问题。

(5)提出意见和建议:基于实地了解和审查,介入人员需要从完善运营功能的角度出发,提出改进意见和建议。

(6)跟进整改工程问题:对发现的问题进行记录、分析,提出整改措施,并跟踪整改的落实情况,确保问题得到及时解决。

(7)完善相关规章文本和演练方案:根据实地了解和审查结果,修订完善车站运营的相关规章文本和演练方案,为后续的车站运营做好准备。

3. 对介入人员的要求

(1)专业知识:介入人员需要具备扎实的城市轨道交通车站运营知识,包括车站设计、设备配置、运营管理等方面的专业知识。

（2）实践经验：介入人员应具备一定的工程实践经验，能够准确判断和处理车站建设过程中的各种问题。

（3）沟通协调能力：介入人员需要具备良好的沟通和协调能力，能够与施工单位、设计单位等相关方进行有效的沟通和协作。

4. 站务人员工程介入具体工作

对照《地铁设计规范》《公共信息图形符号　第1部分：通用符号》《城市道路和建筑物无障碍设计规范》，从使用角度出发，开展服务界面、车站导向设计、盲道设计、车站建筑站务用房规划等图纸审核，重点查看车站客服中心布置位置是否合理，安检点位设计是否阻碍乘客走行路线，车站导向是否明显、指示是否明确，车站盲道设计是否连续、合理，车站站务用房是否满足运营需求；车控室中综合后备盘（integrated backup panel，IBP 盘）盘面设计是否合理，综合监控相关计算机屏幕是否按照要求进行布置，IBP 盘线路图上下行方向是否与列车自动监控系统（automatic train supervision，ATS）保持一致，车控室观察窗高度是否高于车控室办公桌高度 20 cm 以上，不易被乘客发现。具体检查问题，车站参建核查问题对照表请参见二维码资源。

车站参建核查问题对照表

四、动调、综合联调保障

1. 动车调试

动车调试是指由动车调试主管单位组建一套完善的动车调试管理体系，在城市轨道交通项目建设收尾阶段与项目投入运营之前的间隙，对动车调试区域进行授权临管，在此期间将整个线路管理区域施工、调试纳入集中、统一管理，做到使用权、指挥权、管理权“三权管理”；同时，根据各专业提出的测试计划，综合分配时间、空间资源，提供安全、可靠、高效的试验环境；统筹、合理安排动车调试和区域内剩余土建、装修、设备安装调试工程。

动车调试在很短的时间内（一般不多于 5 个月）综合利用线路、车辆、各系统设备，列车在设计允许速度条件下运行，检验线路、接触轨（接触网）设备稳定性、可靠性是否达到设计要求，对各种限界进行检查，对牵引供电系统设备的安全运行进行试验，对信号、通信、车辆、安全门等各系统安全可靠运行进行调试。

动车调试一般分为三种：一是供电系统冷、热滑试验；二是车辆 2 000 km 运行试验；三是信号及其关联系统（车辆、线路、站台门等）动车调试。

2. 综合联调

综合联调是指轨道交通在试运行前、各专业系统单体调试后，对各系统之间的接口进行检验，使整个系统满足试运行、试运营要求的联调联试过程。综合联调时间与动车调试时间在互不影响的情况下存在部分重合。综合联调也是试运营基本条件评审、开通试运营的重要依据。

动调、综合联调期间站务人员进入车站开展现场参建、配合开展行车组织、设备调试工作。通过主动参与，能够提前了解车站运作、行车组织、设备功能及操作，为线路开通试运行打下基础。动调及综合联调期间，站务人员作业按照“新线动调期间车站管理规定”开展实施。“新线动调期间车站管理规定”请参见二维码资源。

新线动调期间车站管理规定

五、下站人员安全管理

工程介入期间，对下站人员，需制定安全管理方案，其中内容包括但不限于以下内容：下站人员需完成三级安全教育培训，签订“下现场安全责任书”，参见二维码资源。制定下现场工作流程、具体安全管理要求，并提出劳防用品穿戴要求等。可通过学习各地铁公司具体措施了解安全管理要求。

下现场安全责任书

技能训练

调研车站工程介入工作

一、任务条件

调研城轨“订单班”企业或本城市轨道交通新线建设车站。

二、任务实施

（1）进行调研前，请先概括回答下列引导问题。

①车站工程介入人员工作内容主要包括____________、____________、____________、____________。

②动车调试一般分为三种：具备一定的____________、____________、____________。

（2）请调研地铁车站的车站工程介入工作，填写表 2-1-1。

表 2-1-1 A 站车站工程介入工作调研表

调研人		调研地点	
时 间		调研对象	
车站工程介入人员、岗位			
工程介入的内容和要求			
工程介入过程中发现的问题			
解决措施或结果			

任务评价

本任务完成后，请根据表 2-1-2 进行任务评价。

表 2-1-2 任务评价表

序号	评价内容	评价标准	分数	评分记录		
				学生自评	组间互评	教师评分
1	调研准备	知识及资料准备充分	20			
2	调研表	调研内容全面、有价值	40			
3	调研过程	态度认真、团队合作、任务完成质量良好	20			
4	学生考勤情况	无迟到、早退、旷课	20			
总分			100			

巩固与练习

一、选择题

1. 按工程实施阶段介入阶段划分，可分为（　　）。

A. 前期设计阶段　　B. 工程实施阶段　　C. 动调及综合联调阶段
D. 工程验收阶段　　E. 三权接管阶段

2. 工程介入对运营单位的要求包括(　　)。

A. 提前规划　　B. 充分沟通　　C. 严格把关　　D. 团队协作

二、填空题

1. 动调、综合联调期间站务人员进入车站开展________、配合开展________________工作。

2. 下站人员需完成____________教育培训,并考试合格。

3. 下站人员劳动防护用品具有"三证一标",即____合格证、生产许可证、安全鉴定证、____标志。

三、判断题

1. 现场参建是指在工程进入设计阶段后,运营安排人员下现场参与土建施工、设备生产制造、设备安装调试、验收等建设工作。(　　)

2. 工程介入人员,每次下站各小组不得少于两人。(　　)

任务二　车站属地管理权接管

情景导入

轨道交通2号线地铁土建、装修作业基本结束,设备安装、调试基本完成,新线车站各硬件设施已经完备,此时运营人员需要从建设单位等相关单位把地铁车站属地管理权接管,运营单位从建设管理单位等移交单位接管调度指挥权、属地管理权、设备使用权的过程为三权接管,其中站务专业负责车站属地管理权接管。而完成属地管理权接管,就如"新房"验收一样,需要开展相关工作和办理手续。

学习目标

知识目标

1. 了解车站属地管理权接管的概念;
2. 了解车站属地管理权接管相关知识和要求。

能力目标

1. 能够掌握车站属地管理权接管关键要点;
2. 具备组织车站属地管理权接管的能力。

素养目标

培养组织、协调能力。

任务描述

新线地铁车站随着土建、装修作业基本结束,设备安装、调试基本完成,此时运营人员需要从建设管理单位等移交单位接管属地管理权,新的地铁车站属地管理权限正式纳入运营公司管理。

任务分析

根据工程建设进度及运营公司统一部署,站务部统一牵头制定"车站属地管理权接管方案"。

方案内容应包含接管原则、成立管理接管小组、接管条件、接管范围、接管前工作安排、接管工作安排、接管后工作安排相关工作。

相关知识

一、车站属地管理权的概念

运营单位对车站和车站附属建筑等区域进行属地管理,对进入接管区域的各类人员按相关规定实施管理的权限。

二、术语和定义

(1)三权接管:运营单位从建设管理单位等移交单位接管调度指挥权、属地管理权、设备使用权的过程。

(2)调度指挥权:运营单位对正线、辅助线、车辆基地(车辆段、停车场)的轨行区进行行车调度指挥,对全线供电系统和环控系统进行监控和指挥的权限。

(3)属地管理权:运营单位对控制中心、车辆基地(车辆段、停车场)、主变电站(开闭所)、区间变电所、车站和区间等区域进行属地管理,对进入接管区域的各类人员按相关规定实施管理的权限。

(4)设备使用权:运营单位对结构、房建、轨道、变电、接触轨、通信、信号、机电、自动售检票系统(automatic fare collection,AFC)、车辆等设备进行使用,对已接管设备进行操作、使用及维护等管理的权限。

三、接管工作流程

1. 交接对接

地铁运营单位与建设单位对接,确定接管条件、接管时间等重要事项,制订运营公司三权接管工作计划,明确接管内容、范围、时间、责任部门等总体工作安排。站务部门根据运营公司整体工作安排,结合建设实际情况,具体安排车站属地接管工作。

2. 编制接管实施方案

站务部根据运营公司三权接管工作计划,在车站属地接管工作开始一个月前,编发“新线车站属地管理权接管方案”,可参见二维码资源。

新线车站属地管理权接管方案

3. 项目接管实施

站务部组织新线车站接管前按照车站属地接管条件(详见“新线车站属地管理权接管方案”)提前完成现场排查,针对排查问题及时反馈建设单位。属地管理权接管前组织建设单位完成整改,做好接管前人员准备、物资准备、规章准备、内容核查、后勤准备工作,确认具备接管条件或交接各方达成一致意见后,各方签订移交(接管)备忘录,移交(接管)备忘录自各方签字之日起生效。站务部组织人员在接管区域门口等显著位置张贴“接管工作令”,属地接管当日通过办公自动化(office automation,OA)系统、企业微信等多种形式将接管时间、内容、范围等信息通知运营公司各领导、各部门、单位,做好内部信息传达。

4. 项目整体接管

新建线路初期运营安全评估后,运营公司组织内部相关部门梳理接管情况及存在问题与建设公司对接,各方达成一致意见后,在开通初期运营前,与建设管理单位签订运营接管协议,明确双方职责、交接情况、问题处理、保修要求等事宜,正式接管线路调度指挥权、设备使用权、属地管理权。

四、接管后工作安排

车站属地管理权正式接管后,站务员工代表运营公司行使属地管理权,接管范围内的所有设备安装调试、维修施工以及生产运作均按运营公司规章制度进行管理。具体工作开展详见“新线车站属地管理权接管方案”。

笔记栏

技能训练

调研车站属地接管工作

一、任务条件

调研城轨“订单班”企业或本城市轨道交通新线建设车站。

二、任务实施

(1)进行调研前,请先概括回答下列引导问题。

①三权接管是指运营单位从建设管理单位等移交单位接管__________权、__________权、__________权的过程。

②接管工作流程包含__________、__________、__________、__________。

(2)请调研地铁车站的车站属地接管工作,填写表2-2-1。

表2-2-1　______站车站属地接管工作调研表

调研人		调研地点	
时　间		调研对象	
车站属地接管人员、岗位			
车站属地接管的内容和要求			
车站属地接管过程中发现的问题			
解决措施或结果			

任务评价

本任务完成后,请根据表2-2-2进行任务评价。

表2-2-2　任务评价表

序号	评价内容	评价标准	分数	评分记录		
				学生自评	组间互评	教师评分
1	调研准备	知识及资料准备充分	20			
2	调研表	调研内容全面、有价值	40			
3	调研过程	态度认真、团队合作、任务完成质量良好	20			
4	学生考勤情况	无迟到、早退、旷课	20			
总分			100			

巩固与练习

一、选择题

1. 调度指挥权是指运营单位对(　　)的轨行区进行行车调度指挥的权限。

A. 正线　　　　　　　　　　　　　B. 辅助线
C. 车辆基地(车辆段、停车场)　　　D. 控制中心

2. 运营单位对(　　)区域及车站和区间等区域进行属地管理。
A. 控制中心　　　　　　　　　　　B. 车辆基地(车辆段、停车场)
C. 主变电站(开闭所)　　　　　　　D. 区间变电所

二、填空题

1. 设备使用权是指运营单位对________、______、______、变电、接触轨、通信、信号、机电、AFC、车辆等设备进行使用,对已接管设备进行操作、使用及维护等管理的权限。

2. 在车站属地接管工作开始______前,编发“新线车站属地管理权接管方案”。

三、判断题

1. 车站属地管理权接管后,站务部组织人员在接管区域门口等显著位置张贴“接管工作令”。(　　)

2. 车站属地管理权正式接管后,运行控制中心(operation control center,OCC)代表运营公司行使属地管理权。(　　)

任务三　试运行组织

情景导入

试运行是指城市轨道交通工程冷、热滑试验成功,与行车有关的系统联调基本结束,通过不载客列车运行,对运营组织管理和设施设备系统的可用性、安全性和可靠性进行检验的过程。地铁新线工程土建、装修作业基本结束,设备安装、调试基本完成,此时车站要开通运营,还需试运行组织这一重要环节。

学习目标

知识目标

1. 了解试运行的概念;
2. 了解试运行原则和目的。

能力目标

1. 具有清晰描述试运行组织各阶段工作内容的能力;
2. 能够开展试运行车站调研。

素养目标

培养系统性思维及组织能力。

任务描述

为做好新线车站开通运营准备工作,组织新线车站分阶段开展试运行工作。通过组织不载客列车运行,对运营组织管理和设施设备系统的可用性、安全性和可靠性进行检验,做好正式开通运营准备。

任务分析

试运行组织工作是新线正式开通运营前，最后对设备系统功能、人机配合、应急处置检验的过程，此过程需要系统筹划、仔细准备、认真验证，以确保新线开通平稳。

相关知识

一、试运行的概念

城市轨道交通工程冷、热滑试验成功，与行车有关的系统联调基本结束，通过不载客列车运行，对运营组织管理和设施设备系统的可用性、安全性和可靠性进行检验。

二、试运行的原则及目的

(1)运营单位作为运营筹备主体，是拟开通线路的试运行组织实施单位。

(2)线路建设单位作为工程建设主体，是拟开通线路的试运行保障单位。

(3)运营单位、线路建设单位应通过按列车运行图行车、增进系统联调，提升工程建设及设施设备运行质量，不断完善运营制度及操作规程，增强人机、设备系统磨合等工作，全面促进工程建设、运营筹备等各方面达到初期运营条件。

(4)运营单位、线路建设单位应通过试运行对设备功能和系统安全可靠性进行验证，主要包括：

①完成设备各项能力测试及可靠性测试，验证设备各项功能是否达到设计要求和运营需求；

②发现影响运营安全和客运服务的设备设施缺陷并完成整改；

③对无法整改且对运营安全无重大影响的设备设施缺陷，制定补救措施；

④其他必要项目。

(5)运营单位应通过试运行对运营组织及运营人员进行验证，主要包括：

①验证运营组织架构、运营规章制度的可操作性和合理性；

②验证运营应急管理制度、应急预案及处置方案、应急联动机制的可操作性和合理性，检验应急救援队伍建设、应急物资配置情况；

③验证运营人员对设备设施功能、规章制度、岗位作业技能的掌握程度，验证培训效果；

④完成运营组织及运营人员方面问题整改、优化完善，提高运营组织效率、应急处置能力和员工岗位作业技能；

⑤其他必要项目。

三、试运行时间

试运行时间不少于3个月，其中按照开通运营时列车运行图连续组织行车20日以上。对因施工原因造成试运行计划中断的，原则上应顺延补齐时长。

四、试运行前提条件

(1)投入试运行及进入试运行各阶段均应以试运行安全为前提。

(2)试运行前,工程建设、运营筹备等方面应满足本企业“城市轨道交通试运行基本条件”要求,通过项目工程验收,且运营单位应完成调度指挥权,以及变电、接触轨、轨道设备使用权单项接管后,方可开展试运行。

五、试运行指标要求

(1)上线列车指标,试运行结束前初期运营上线列车每列在线运行里程不少于2 000 km。

(2)驾驶员里程指标,试运行结束前列车驾驶员驾驶里程不少于5 000 km,其中在本线上的里程不少于1 000 km。

(3)第一、二、三阶段指标,列车运行图兑现率、列车正点率、列车服务可靠度、列车退出正线运行故障率、车辆系统故障率等五项指标,原则上参照《城市轨道交通初期运营前安全评估技术规范　第1部分:地铁和轻轨》(交办运〔2019〕17号)连续组织行车20日以上关键指标要求,其他信号系统、供电系统、站台门故障率、受设施设备系统磨合,暂不做具体要求,具体指标如下:

①列车运行图兑现率不低于98.5%;

②列车正点率不低于98%;

③列车服务可靠度不低于2.5万列公里/次;

④列车退出正线运行故障率不高于0.5次/万列公里;

⑤车辆系统故障率不高于5次/万列公里。

(4)第四阶段指标,按照《城市轨道交通初期运营前安全评估技术规范 第1部分:地铁和轻轨》开通运营时列车运行图连续组织行车20日以上关键指标执行:

①列车运行图兑现率不低于98.5%;

②列车正点率不低于98%;

③列车服务可靠度不低于2.5万列公里/次;

④列车退出正线运行故障率不高于0.5次/万列公里;

⑤车辆系统故障率不高于5次/万列公里;

⑥信号系统故障率不高于1次/万列公里;

⑦供电系统故障率不高于0.2次/万列公里;

⑧站台门故障率不高于1次/万次。

六、贯通试运行要求

(1)对于分段开通线路、贯通运营的延伸线工程项目,应按全线运行图开展贯通试运行。

(2)贯通试运行指标除供电系统故障率、站台门故障率按延伸区段统计外,其余关键指标应按全线统计。

(3)对于贯通试运行,应通过设置大小交路、备用车交替上线等形式做好各阶段行车组织工作。同时,运营单位会同线路建设单位从试运行行车组织、施工组织、运营组织、联调测试等方面,共同制定专项保障方案,做好与既有运营线路管理措施,确保不影响既有线路运营。

(4)当贯通试运行区段出现故障影响行车时,应通过调整试运行区段运行组织、组织备用车上线、提前组织列车折返等形式,优先保障载客运营区段正常行车。

七、试运行筹备

(1)试运行前1.5个月,线路建设单位和运营单位应分别对照本企业“城市轨道交通试运行基本条件”,从工程建设和试运行筹备等方面持续开展对标核查,确保及时满足条件要求。发现问题及时组织整改,原则上试运行前一周完成影响试运行问题整改销项。对于试运行前确实无法按时完成整改的问题,应制订详细整改计划并落实临时防护措施,确保满足试运行开展条件。

(2)运营单位应于试运行前1个月完成试运行工作方案编发,明确试运行区域和时间、工作目标、阶段划分及各阶段前提条件、工作安排、组织机构及职责、保障机制等内容。站务专业应对照编发本企业“地铁新线试运行站务组织方案”,行车组织、试运行组织、日常运作、施工管理、端门管理、试运行演练、应急处置及信息汇报等工作。

八、试运行前安全大检查

(1)试运行前1个月内,运营单位应组织安全质量部和线路建设单位,并邀请市交通运输局参与,开展试运行前安全大检查。

(2)运营单位应提前编发安全大检查实施方案,明确组织机构及责任分工,检查区域、时间、乘车安排,检查项目和标准,检查要求等内容。检查范围应全面覆盖正线(含折返线)、车站、车辆段、停车场、控制中心、连通通道等区域。

(3)检查过程中应重点对影响行车、人身安全的隐患进行排查,包含但不限于线路安全条件、各专业设备设施运行和使用安全条件、库房安全设施和警示标志配置情况等,应加大对隐蔽区域及检查盲区的检查,针对换乘站还应重点关注连接区域、连通区域、共用设备房间的警示标志配置及设备吊装口防护措施落实,以及隔离封闭等情况。

(4)检查中发现的运营类和建设类安全问题分别由运营单位和线路建设单位确定整改责任人、整改时限,研究制定解决措施,于试运行前完成整改。对于试运行前无法完成整改的问题,应制定临时防护措施,确保满足试运行开展条件。

九、试运行站务组织

(1)试运行初期,车站开展班组运作,提前熟悉车站设备,具体按照本企业“地铁新线试运行站务组织方案”执行。试运行最后阶段组织进行跑票演练,确保票务设备能正常使用。

(2)日常应加强常用出入口、车站疏散通道、轨行区围蔽点、小站台等区域的日常巡视,并根据设备设施投用情况,及时将与站务组织有关的已投用设备设施纳入每日试运行前检查流程。

(3)试运行期间,运营单位应组织完成车站铁马、伸缩带、警示牌、取阅架等客服物资的配发,换乘线路导向标志、贴纸内容更新,车站、列车广播录制和验收,车站员工服务技巧培训等客运服务准备工作。

(4)试运行期间,运营单位应完成车站备用金、票卡的配发及定额发票的调配,确保票务备品备件到位。

(5)对于分段开通线路,运营单位应根据试运行行车组织安排做好载客运营区段和试运行区段衔接站清客和客流引导，避免乘客随列车进入试运行区段。

笔记栏

技能训练

调研车站试运行工作

一、任务条件

调研城轨“订单班”企业或本城市轨道交通新线建设车站。

二、任务实施

（1）进行调研前，请先概括回答下列引导问题。

①试运行是指城市轨道交通工程冷、热滑试验成功，与行车有关的系统联调基本结束，通过________，对运营组织管理和设施设备系统的________、________和________进行检验。

②试运行时间不少于________，其中按照开通运营时列车运行图连续组织行车____日以上。对因施工原因造成试运行计划中断的，原则上应顺延补齐时长。

（2）请调研地铁车站试运行工作，填写表2-3-1。

表 2-3-1　________站车站试运行工作调研表

调研人		调研地点	
时　间		调研对象	
车站试运行人员、岗位			
试运行的内容和要求			
试运行过程中发现的问题			
解决措施或结果			

任务评价

本任务完成后，请根据表2-3-2进行任务评价。

表 2-3-2　任务评价表

序号	评价内容	评价标准	分数	评分记录		
				学生自评	组间互评	教师评分
1	调研准备	知识及资料准备充分	20			
2	调研表	调研内容全面、有价值	40			
3	调研过程	态度认真、团队合作、任务完成质量良好	20			
4	学生考勤情况	无迟到、早退、旷课	20			
总分			100			

巩固与练习

一、选择题

1. 试运行上线列车指标，试运行结束前初期运营上线列车每列在线运行里程不少于（　　）km。

A. 1 000　　B. 2 000　　C. 3 000　　D. 4 000

2. 试运行期间站务专业日常应加强(　　)区域的日常巡视。

A. 常用出入口　　B. 车站疏散通道　　C. 轨行区围蔽点　　D. 小站台

二、填空题

1. 试运行前______月，线路建设单位和运营单位应分别对照《城市轨道交通试运营基本条件》(GB/T 30013—2013)，从工程建设和试运行筹备等方面持续开展对标核查，确保及时满足条件要求。发现问题及时组织整改，原则上试运行前______完成影响试运行问题整改销项。

2. 试运行前____月内，运营单位应组织安全质量部和线路建设单位，并邀请______参与，开展试运行前安全大检查。

三、判断题

1. 运营单位作为运营筹备主体，是拟开通线路的试运行组织实施单位。　　(　　)

2. 线路建设单位作为工程建设主体，是拟开通线路的试运行组织单位。　　(　　)

任务四 新线开通运营准备

情景导入

城市轨道交通工程整体系统的可用性、安全性和可靠性经试运行检验合格，按规定竣工验收合格，新线开通运营前，需要通过初期运营前安全评估。初期运营前安全评估工作是新建线路初期运营前确认城市轨道交通线路是否具备安全运营条件、能否投入初期运营的评估，意义重大。

学习目标

知识目标

1. 了解新线开通运营准备工作内容；
2. 了解安全评估工作的含义。

能力目标

1. 能够描述初期运营前安全评估预检查、正式评估检查内容；
2. 能够描述新线开通运营准备工作内容。

素养目标

培养系统管理思维、沟通能力。

任务描述

试运行结束后，城市轨道交通工程整体系统可用性、安全性和可靠性经过验证，车站具备初期开通条件，在车站开通前组织通过安全评估、试乘工作最后验证，为新线试运营开通做好准备。可研究编制试乘保障方案，提前做好谋划。

任务分析

安全评估工作涉及试运行期间各类台账、演练记录。人员业务技能需要达到运营标准要求。车站试乘要提前做好站内卫生保洁、各类告示张贴、试乘期间人员点位保障安排等工作。

相关知识

一、初期运营前安全评估的概念

城市轨道交通新建线路初期运营前，确认城市轨道交通线路是否具备安全运营条件，能否投入初期运营的评估。

二、初期运营前安全评估预检查

1. 前提条件

（1）线路工程建设基本完成，主要设备设施投入使用；

（2）运营工作人员入驻线路现场，试运行各项指标稳定；

（3）市交通运输局确定新线工程项目初期运营前安全评估第三方机构，由该机构开展预检查工作。

2. 预检查工作安排

地铁公司对接市交通运输局和第三方评估机构，确定预检查时间。预检查一般定于初期运营前安全评估前一个月开展，以预留充足时间进行问题整改落实工作。

3. 现场检查安排

（1）由建设单位根据专家组要求，结合专家分组情况，确定现场检查路线，现场检查原则上应覆盖线路工程全部车站、场段、变电所等区域；

（2）运营单位做好列车运行组织、请销点等工作，如检查路线涉及既有线路，应确保不影响既有线路正常运营；

（3）各单位做好现场迎检工作，及时解答专家疑惑，整改发现的问题。

4. 预检查内容

（1）线路工程建设情况；

（2）专项验收、综合联调情况；

（3）试运行情况、系统测试检验准备情况；

（4）运营筹备、入驻、接管情况。

三、初期运营前安全评估

1. 前提条件

（1）试运行关键指标达到要求，且试运行期间发现的安全隐患和较大质量问题已完成整改；

（2）按规定通过专项验收并经竣工验收合格，且验收发现的影响运营安全和基本服务质量的问题已完成整改；

（3）有甩项工程的，甩项工程不得影响初期运营安全和基本服务水平，并有明确范围和计划完成时间；

（4）按照规定划定城市轨道交通工程项目保护区，根据土建工程验收资料勘界后制定保护区平面图，在具备条件的保护区设置提示或者警示标志；

（5）运营单位满足规定的条件，具备安全运营、养护维修和应急处置能力；

（6）预检查发现的问题已完成整改。

2. 评估时间

（1）建设单位会同安全质量部对接市交通运输局和第三方评估机构，确定初期运营前安全评估时间；

（2）根据线路初期运营节点倒排，初期运营前安全评估一般定于初期运营前 20～30 天开展，以预留充足时间进行问题整改落实工作；

（3）线路工程竣工验收合格后，方可开展初期运营前安全评估。

3. 现场检查

（1）由建设单位根据专家组要求，结合专家分组情况，确定现场检查路线，现场检查原则上应覆盖线路工程全部车站、场段、变电所等区域；

（2）运营单位做好列车运行组织、请销点等工作，如检查路线涉及既有线路，应确保不影响线路正常运营；

（3）各单位做好现场迎检工作，及时解答专家疑惑，整改发现的问题。

4. 评估内容

（1）线路工程建设情况，包括全部车站、区间、场段、变电所；

（2）机电设备系统、综合联调、专项验收、系统测试情况；

（3）试运行、运营组织、人员配备、公交衔接情况；

（4）运营筹备、入驻、接管情况。

5. 评估成果

（1）第三方评估单位出具线路工程初期运营前安全评估专家组意见，并向市交通运输局报送初期运营前安全评估报告。评估期间发现的问题分为三类：初期运营前必须完成的整改项（A 类问题）、初期运营期间需完成的整改项（B 类问题）、今后建设中须注意的问题（C 类问题）。

（2）建设单位会同运营单位等责任单位完成全部 A 类问题的整改工作，形成初期运营前安全评估意见落实报告，报第三方评估单位审核。

（3）第三方评估单位审核确认后，向市交通运输局报送整改函审报告，确认线路工程是否具备初期运营条件。

（4）市交通运输局向城市人民政府报告评估情况，并办理初期运营手续。

四、新线开通试乘组织

安全评估完成后，经安全评估专家组向市交通局报告线路通过初期运营安全评估结果“合格”后，地铁运营单位组织开展新线试乘活动，试乘活动一般为 2 天，试乘活动开展期间车站运作比照正式开通期间运作要求。试乘结束后，车站按照正式运作组织开展作业。地铁集团根据市政府统一部署安排合适日期完成线路初期运营开通。

笔记栏

技能训练

调研车站新线开通运营准备

一、任务条件

调研城轨“订单班”企业或本城市轨道交通新线建设车站。

二、任务实施

(1)进行调研前,请先概括回答下列引导问题。

①初期运营前安全评估是指城市轨道交通新建线路初期运营前,确认城市轨道交通线路是否具备＿＿＿＿＿条件,能否投入初期运营的评估。

②初期运营前安全评估一般定于初期运营前＿＿＿＿天开展,以预留充足时间进行问题整改落实工作。

(2)请调研地铁车站的车站开通运营准备工作,填写调研表,见表2-4-1。

表2-4-1　××××站车站新线开通运营准备工作调研表

调研人		调研地点	
时　间		调研对象	
车站开通运营准备人员、岗位			
开通运营准备的内容和要求			
开通运营准备中发现的问题			
解决措施或结果			

任务评价

本任务完成后,请根据表2-4-2进行任务评价。

表2-4-2　任务评价表

序号	评价内容	评价标准	分数	评分记录		
				学生自评	组间互评	教师评分
1	调研准备	知识及资料准备充分	20			
2	调研表	调研内容全面、有价值	40			
3	调研过程	态度认真、团队合作、任务完成质量良好	20			
4	学生考勤情况	无迟到、早退、旷课	20			
总分			100			

巩固与练习

一、选择题

1. 初期运营前安全评估前试运行关键指标达到要求,且试运行期间发现(　　)和较大质量问题已完成整改。

A. 安全隐患　　B. 装修错误　　C. 地板不平　　D. 洗手间水流较小

2. 初期运营前安全评估线路工程建设情况，包括场所(　　)。

A. 全部车站　　B. 区间充分沟通　　C. 场段　　D. 变电所

二、填空题

1. 初期运营前安全评估有甩项工程的，甩项工程不得影响初期________和__________，并有明确范围和计划完成时间。

2. 初期运营前安全评估运营单位满足规定的条件，具备________、__________和__________能力。

三、判断题

1. 市交通运输局确定新线工程项目初期运营前安全评估，由该市交通局负责检查工作。(　　)

2. 初期运营前安全评估预检查一般定于初期运营前安全评估前一个月开展，以预留充足时间进行问题整改落实工作。(　　)

模块三

车站运作基础管理

城市轨道交通高度集中、统一指挥、逐级负责的特点，决定了车站管理要遵循严格的规章制度、工作流程。车站管理具有非常明晰的组织架构和管理权限。在此基础上，车站各岗位按照岗位职责和岗位一日作业流程有序地进行车站运营工作。

本模块通过对车站管理模式、车站站务岗位一日作业流程和车站开关站作业的认知和相关岗位技能的训练，了解车站相关管理制度，掌握车站运作基础管理技能。提高学习者车站管理业务水平。

思维导图

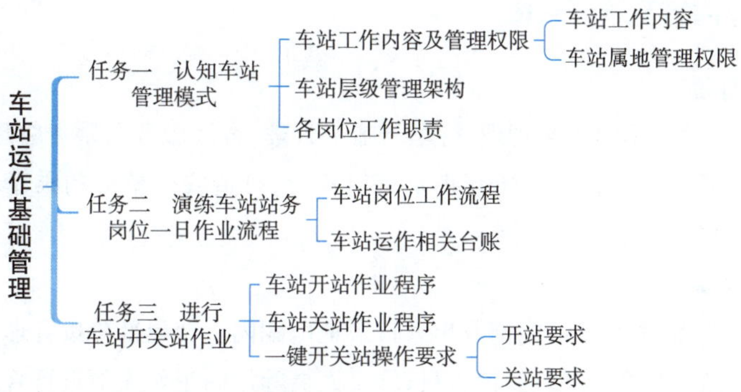

任务一　认知车站管理模式

情景导入

地铁2号线将于2021年3月26日开通试运营，为做好运营前准备工作，2月1日开始，运营公司2中心组织全线各站内部培训工作。A站首先组织全站员工进行车站管理权限、组织架构与岗位职责的学习与考核。

学习目标

知识目标

1. 熟悉车站管理权限、组织架构；
2. 熟悉车站员工本岗位的岗位职责；
3. 了解车站其他相关岗位的岗位职责。

能力目标

1. 具有清晰描述车站组织架构及信息汇报流程的能力；
2. 具有清晰描述车站站务相关岗位的岗位职责的能力。

素养目标

培养车站员工的岗位责任意识，以及城轨企业高度集中、统一指挥、逐级负责的意识。

任务描述

地铁新线投入运营前，车站需做好岗前培训工作，要求每一位车站员工熟知车站的管理模式、组织架构和岗位职责。确保投入运营后，车站各岗位职责清晰、管理有序。

任务分析

为了达到岗前培训效果，车站对员工进行岗位职责理论培训的同时，组织开展岗位达标理论考核，为此，车站每个岗位员工均需熟知本岗位职责及相关技能。

相关知识

一、车站工作内容及管理权限

1. 车站工作内容

车站工作内容包括车站的安全管理、行车与施工管理、客运服务及票务管理、综合业务管理，进行车站员工日常培训工作，员工队伍管理及班组建设，打造安全整洁的乘车环境，维持良好的乘车秩序，为乘客提供优质服务。

2. 车站属地管理权限

(1)车站管理地域范围为车站内部及出入口属地范围内。合建部分按管理协议划定。

(2)对车站的保洁、安检、保安、商铺人员、施工人员等站内工作人员进行管理。

(3)车站成立综合治理小组，由站长担任组长定期召开车站综合治理会，协调处理各项事务，落实属地管理工作。

(4)站长、值班站长在紧急情况下，可调动车站保洁、安检、保安、驻站维修人员、在车站范围内的所有其他工作人员，参与车站应急处理。

二、车站层级管理架构

车站管理实行层级管理，逐级负责制。不同地铁公司，车站的管理架构根据本公司管理特点及人力资源管理实际情况设置。例如：

青岛地铁车站管理架构由上至下的顺序依次为：站区长→副站区长→站区长助理→值班站长→值班员→站务员。

合肥地铁车站管理架构由上至下的顺序依次为：区域站站长→区域站副站长→专工→值班站长→值班员→站务员。

济南地铁、太原地铁车站管理架构由上至下的顺序依次为：站长→值班站长→值班员→站务员与保安员等。

虽然不同地铁公司可能在层级管理架构上、职责分工上有所不同，但基本上是基于站长、值班站长、值班员、站务员这一基本层级。本书以此层级进行介绍。层级管理架构如图3-1-1所示。

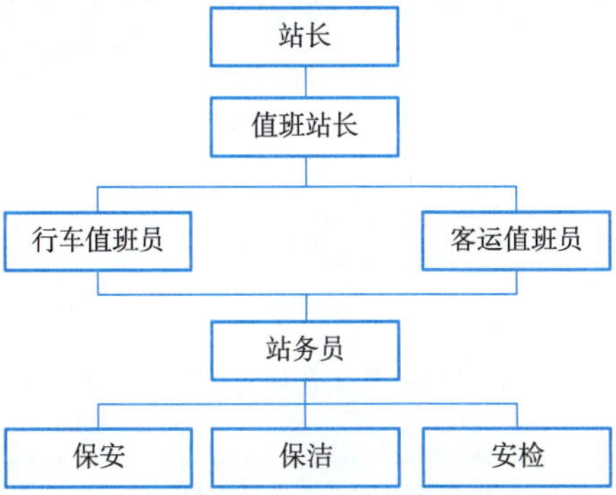

图3-1-1　层级管理架构

信息汇报实行逐级汇报，由下至上顺序依次为：站务员→值班员→值班站长→站长。

三、各岗位工作职责

各岗位工作职责见表3-1-1。

表3-1-1　各岗位工作职责

岗位	工作职责
值班站长	（1）严格执行公司、中心各项规章制度； （2）服从站长领导，组织本班员工开展工作，对本班工作全面负责； （3）负责本班生产安全工作，严格执行各项规章制度，加强班中安全检查，及时发现隐患和问题，制定和落实整改措施，并做记录和上报； （4）负责车站班组管理，落实各项工作计划； （5）负责本班人员包括委外人员、站内商铺的管理，对值班员、站务员工作进行监督指导； （6）负责本班运营组织工作，服从OCC指挥，执行行车调度员命令； （7）负责本班服务工作，加强员工服务标准，组织处理好乘客事务，为乘客提供优质服务； （8）负责本班票务工作，严格执行票务规章制度，按规定开展票务检查，具体负责本班的票卡、现金、票据、票务备品及票务钥匙的安全，开展本班票务报表、台账的审核工作，保管部分票务备用钥匙，安排票务巡查工作，确保本班票务收益安全、运作顺畅； （9）负责开展当班员工培训演练工作，落实问题闭环整改； （10）负责本班突发事件的处置，在车站发生异常情况或突发事件时，及时启动预案，控制局面，减少和避免人员伤亡及财产损失，尽快恢复运营； （11）负责本班文件处理，组织员工学习相关文件，并根据文件要求开展相关工作； （12）负责落实车站绩效考勤、物资管理、综治管理等日常工作，并做好交接班； （13）完成上级布置的其他工作
行车值班员	（1）严格执行公司各项规章制度，在值班站长的领导下开展工作，并对当班站务员的工作进行监督指导； （2）负责本班行车组织工作，按有关规定操作和监控行车设备； （3）负责本班施工登记及施工安全等工作； （4）负责监控本班工作中的各项设备设施状况，发现故障及异常情况及时按有关程序处理； （5）负责行车备品备件的保管、交接及故障报修； （6）向值班站长汇报本班行车设备、设施运作情况和各岗位工作情况； （7）发生异常情况，及时处理并上报； （8）完成上级布置的其他工作

续表

岗位	工作职责
客运值班员	(1)严格执行公司各项规章制度,在值班站长的领导下开展工作,并对当班站务员的工作进行监督指导; (2)负责本班票务、客运运作工作,组织站务员开展票务及客运服务工作; (3)负责处理当班票务事务及乘客事务; (4)负责本班票务室内的卫生、安全、设备以及备品的管理; (5)负责巡视 AFC 设备运行情况,配合 AFC 设备故障处理,负责 AFC 设备的补币补票以及钱箱票箱更换等工作; (6)负责保管车站的票卡、现金、票务备品、报表、票据、票务钥匙等; (7)负责本班的设备收益清点、票务结算、票卡清点等工作,并按要求完成本班票务报表; (8)负责车站票款的解行; (9)负责票卡、报表的接收、上交工作; (10)负责落实车站客运服务设备、导向标志、客流情况巡视工作; (11)完成上级布置的其他工作
客服中心岗	(1)严格执行公司各项规章制度,按规定时间开关售票窗口。 (2)负责当班客服中心的兑零、售票、问询等工作,处理乘客票务事务; (3)负责票务报表填写和当日票款收益结算; (4)负责正常情况下客服中心内的票款安全、环境卫生、边门管理; (5)负责突发情况下的现场票款安全、应急信息汇报及乘客疏散引导工作; (6)完成上级布置的其他工作
厅巡岗	(1)严格执行公司各项规章制度,进行站厅巡视,发现设备故障及时上报故障信息; (2)负责乘客引导解释工作,指引乘客到客服中心进行车票处理,特别注意帮助老、幼、病、残、孕和有困难乘客; (3)协助值班站长进行客伤、治安、安全事件处理; (4)协助值班站长做好客流组织、巡视服务工作; (5)留意站厅乘客购票的情况,发现排长队或大客流时及时报车控室,协助值班站长、值班员做好客流组织工作; (6)协助客运值班员进行出站闸机票箱的更换工作,协助开展更换钱箱、清点钱箱的工作; (7)负责顶替客服中心岗、站台岗休息; (8)完成上级布置的其他工作
站台岗	(1)严格执行公司各项规章制度,按照规定巡视、立岗,对站台安全负责,引导乘客排队候车、维持好候车秩序; (2)负责站台区域的行车安全及客运组织工作; (3)按站台岗接发列车的标准和要求进行接发列车、关注候车乘客动态,发现异常情况及时处理; (4)监控乘客上下车的状态,关注站台门与车门情况,防止夹人夹物; (5)处理在接发列车过程中发生的突发事件,遇到危及行车的情况,及时按压紧停按钮并通知司机,及时汇报车控室 (6)需要清客时,按规定进行清客工作

笔记栏

技能训练

演练车站各岗位一日作业流程

一、任务条件

为做好运营前准备工作，A站组织全站员工进行车站管理权限、组织架构与岗位职责学习与考核。要求每人熟记本岗位的岗位职责，并填写考核表。

二、任务实施

（1）填写考核表前，请先概括回答下列引导问题。

①车站工作内容包括车站的______管理、__________管理、__________管理、________管理，进行车站员工日常培训工作，员工队伍管理及______建设，打造安全整洁的______环境，维持良好的______秩序，为乘客提供__________。

②车站属地管理权限：车站管理地域范围为______________________________。对车站的____等站内工作人员进行管理。

③请图示不同地铁公司管理架构。

（2）车站不同岗位分别填写本岗位的岗位职责考核表，见表3-1-2。

表3-1-2　A站岗位职责考核表

<table>
<tr><td>姓　名</td><td></td><td>岗位班组</td><td></td></tr>
<tr><td>时　间</td><td></td><td>考核成绩</td><td></td></tr>
<tr><td>考核岗位</td><td colspan="3"></td></tr>
<tr><td>本岗上级岗位</td><td colspan="3"></td></tr>
<tr><td>本岗下级岗位</td><td colspan="3"></td></tr>
<tr><td>本岗管理权限</td><td colspan="3"></td></tr>
<tr><td>信息汇报流程</td><td colspan="3"></td></tr>
<tr><td>本岗主要业务</td><td colspan="3">客运业务：

行车业务：

其他业务：</td></tr>
<tr><td>技能点概述</td><td colspan="3">会操作__________________　会操作__________________
会使用__________________　会使用__________________</td></tr>
<tr><td>考核人点评</td><td colspan="3"></td></tr>
</table>

(3)有条件的情况下,到本地地铁企业调研,了解其车站组织架构及各岗位职责等,并在校内模拟演练。

任务评价

本任务完成后,请根据表 3-1-3 进行任务评价。

表 3-1-3　任务评价表

序号	评价内容	评价标准	分数	评分记录		
				学生自评	组间互评	教师评分
1	站台岗岗位职责	岗位职责描述清晰,无漏项	10			
2	厅巡岗岗位职责	岗位职责描述清晰,无漏项	10			
3	客服中心岗岗位职责	岗位职责描述清晰,无漏项	10			
4	客值岗位职责	岗位职责描述清晰,无漏项	10			
5	行值岗位职责	岗位职责描述清晰,无漏项	10			
6	值班站长岗位职责	岗位职责描述清晰,无漏项	20			
7	工作态度	态度认真、团队合作、任务质量	20			
8	学生考勤情况	无迟到、早退、旷课	10			
总分			100			

巩固与练习

一、选择题

1. 站台岗的主要工作包括(　　)。

A. 按照规定巡视、立岗,对站台安全负责

B. 关注站台门与车门情况

C. 按规定进行清客工作

D. 遇到危及行车的情况,及时按压紧停按钮

2. 客运值班员的主要工作不包括(　　)。

A. 负责本班票务、客运运作工作

B. 负责票卡、报表的接收、上交工作

C. 负责落实车站客运服务设备、导向标志、客流情况巡视工作

D. 负责启动客运应急预案

二、填空题

1. 车站工作内容包括车站的____管理、______与______管理、客运服务及票务管理、综合事务管理,进行车站员工日常培训工作,员工队伍管理及班组建设。

2. 车站管理实行层级管理,______负责制。

3. 信息汇报实行逐级汇报,由下至上顺序依次为:站务员→________→______→站长。

4. ________________服从站长领导,组织本班员工开展工作,对本班工作全面负责。

5. ________负责本班突发事件的处置,在车站发生异常情况或突发事件时,及时______,控制局面,减少和避免人员伤亡及财产损失,尽快恢复运营。

6. ________负责本班________组织工作,按有关规定操作和监控行车设备。

7. ________负责当班客服中心的兑零、售票、问询等工作,处理乘客票务事务。

8. 厅巡岗协助________做好客流组织、巡视服务工作。

三、判断题

1. 车站管理地域范围为车站出入口内范围。 (　　)

2. 站长、值班站长在紧急情况下,可调动在车站范围内的所有工作人员,参与车站应急处理。 (　　)

任务二　演练车站站务岗位一日作业流程

情景导入

2024 年 4 月 1 日,运营公司培训部安排其他地铁委培学员周发、谭林 2 人,到 A 站跟岗培训。4 月 5 日车站安全教育及相关培训结束后,2 人于 4 月 8 开始车站各岗位跟岗实习。车站各岗位班制均为四班两运转(白夜休休)制。

学习目标

知识目标

1. 熟悉车站各岗位一日作业流程;
2. 认知车站一日工作中各种报表。

能力目标

1. 具有在各岗位实习前清晰描述车站各岗位作业流程的能力;
2. 具有读懂车站岗位一日作业流程中相关报表的能力。

素养目标

培养车站员工应具备的岗位安全意识、责任意识及为乘客服务意识。

任务描述

委培学员周发、谭林按计划在 2 号线 A 站跟岗实习,跟岗计划为:两人分别跟岗丁班、甲班 12 个班次,跟岗岗位顺序为:站台岗、厅巡岗、客服中心岗、客运值班员(简称客值)、行车值班员(简称行值)、值班站长(简称值站)。

任务分析

为了达到跟岗实习效果,委培学员周发、谭林上岗前应学习相关岗位的一日作业流程,跟岗过程中,按一日作业流程熟悉需完成的工作任务,学习相关岗位技能。

相关知识

一、车站岗位工作流程

由于不同城市轨道交通车站运作管理的模式不同,各岗位班制的不同,车站运作过程中各岗位作业流程也稍有差异，但其总体职责基本相似。归纳某地铁车站岗位工作流程，见表 3-2-1。

表 3-2-1 车站岗位工作流程

<table>
<tr><th rowspan="2">序号</th><th rowspan="2">岗位</th><th colspan="2">工作流程</th></tr>
<tr><th>白班</th><th>夜班</th></tr>
<tr><td>1</td><td>值班站长</td><td>(1)按时签到并领用备品，参加晨会，与夜班值站交接，确保掌握上一班情况，并跟进夜班未完成的事项，向本班员工以及委外人员布置工作并根据当班工作进行安全预想(对没有参加晨会的员工要单独进行布置)；
(2)检查值班员交接情况，各类台账填写情况，在“综合日志”上登记；
(3)处理新下发的文件，落实相关工作；
(4)检查各岗位在岗作业情况；
(5)按巡视要求对各岗位作业情况及各出入口、站厅、站台情况进行巡视，做好记录；
(6)指导、监督车站各岗位员工执行规章制度，有序开展行车、安全、票务、服务、培训、综合等专业工作；
(7)填写相关台账及巡站记录，检查车站各岗位相关备品及台账填写情况，梳理本班工作情况，做好交接班准备；
(8)组织召开晚交接班会，与夜班值站做好交接</td><td>(1)按时签到并领用备品，参加晚交接班会，与白班值站交接；确保掌握上一班情况，并跟进白班未完成的事项，向本班员工以及委外人员布置工作并根据当班工作进行安全预想；
(2)检查相关备品及各类台账填写情况，在“综合日志”上登记；
(3)对重要问题要持续关注、跟进，查看本班施工计划，向行值强调施工重点和注意事项；
(4)按巡视要求对各岗位作业情况及各出入口、站厅、站台情况进行巡视，做好记录；
(5)指导、监督车站各岗位员工执行规章制度，有序开展行车安全、票务服务、培训综合等专业工作，签阅近期文件，学习会议精神，处理下发的文件，落实相关工作；
(6)做好末班车客流组织及收票工作，监督关站情况，并填写相关台账；
(7)进行自动售票机(ticket vending machine，TVM)钱箱更换、清点工作，并与客值共同清点补币备用金；
(8)审核当天报表，检查车控室环境卫生及物品摆放；
(9)监督值班员(行车)按规定办理车站施工登记、销点作业；
(10)接行值通知，核对施工登记、作业令，配合施工摆放红闪灯；
(11)核对施工完成情况，配合施工撤除红闪灯，确认线路出清情况；
(12)做好运营前检查工作，与行值一起，配合行车调度员检查线路出清情况；确认站台门、电(扶)梯、卷帘门及 AFC 设备等设备状态；
(13)按开站程序开站，对车站范围内进行全面巡视。首班载客列车到站前 15 min 完成车站全部出入口、扶梯和电梯的开启，巡视当班员工上岗情况；
(14)填写相关台账及巡站记录，检查车站各岗位相关备品及台账填写情况，梳理本班工作情况，做好交接班准备；
(15)当班无客运值班员时，还需执行客运值班员工作流程；
(16)组织召开晨会</td></tr>
</table>

续表

序号	岗位	工作流程	
		白班	夜班
1	值班站长	交接事项： (1)检查、清点钥匙、备品等；(2)认真查阅“综合日志”；(3)检查“车站巡视记录本”、“消防安全巡查记录本”、“拾遗物品登记簿”等台账并做好交接；(4)检查文件、通知，核实、交清交班值站完成或未完成的工作；(5)完成交接后接班人要在“综合日志”上签名，签名后如出现因交接不清的问题时由接班值站负责	
2	行车值班员	(1)按时签到，参加晨会，与夜班行车值班员交接，检查所有钥匙、行车备品柜内物品、车控室内设备是否良好，填写相关交接台账，及时登录个人相关账号，详细阅读“行车日志”，相关重要文件、通知以及本班须完成工作，查阅上个班的“车站施工登记本”“设备设施故障报修登记本”“车站调度命令登记本”，了解清楚上个班的故障、施工和调度命令发布的情况； (2)监控各岗位工作情况，按有关规定操作和监控行车设备，监控相应广播播放； (3)监控车站出入口及电扶梯等重要部位，列车进出车站时监控列车运行状态、站台乘客上下车情况及站台工作人员情况； (4)定期查看综合监控设备运行状态及车站计算机(station computer，SC)系统客流情况； (5)监控行车设备，全盘掌控车站各岗位人员动态及客流情况，做到合理调配，填写当班相关台账； (6)梳理本班工作情况，清点行车备品及车站钥匙，整理车控室内务，梳理交班重点事项，准备交接	(1)按时签到，参加交接班会，与白班行值做好交接，检查所有钥匙、行车备品柜内物品、车控室内设备是否良好，填写相关交接台账，及时登录个人相关账号，详细阅读“行车日志”，相关重要文件、通知以及本班须完成工作，查阅上个班的“车站施工登记本”“设备设施故障报修登记本”“车站调度命令登记本”，了解清楚上个班的故障、施工和调度命令发布的情况以及涉及本站本班的施工计划； (2)监控各岗位工作情况，按有关规定操作和监控行车设备，做好广播监听工作； (3)定期查看综合监控设备运行状态及SC客流情况； (4)末班车前根据不同时段播放不同列车服务广播，提醒监督站务员做好末班车服务工作； (5)监督车站关站情况； (6)核对施工计划，按规定办理施工请销点，并根据施工作业需要，通知值站设置/撤出红闪灯防护，按照规定办理施工作业； (7)与值站相互监控做好运营前的检查工作； (8)按开站程序，开启站内照明、AFC设备； (9)梳理本班工作情况，清点行车备品及车站钥匙，整理车控室内务，梳理交班重点事项，做好交接前的准备工作； (10)与白班行值做好交接
3	客运值班员	(1)按时签到，参加晨会；与夜班客值交接，检查票务室票务备品及钥匙情况；检查夜班台账填写情况；根据交接班本检查票款、备用金及库存车票、发票情况； (2)翻阅新下发的票务通知，掌握本班工作重点； (3)为白班客服中心岗配票； (4)监控客服中心岗交接； (5)为上一班客服中心岗结账； (6)审核上日票务报表并按规定提交； (7)定期检查客服中心工作情况，并处理站厅乘客事务； (8)进行车站解行工作； (9)定期巡视AFC设备状态，并配合专业人员维修AFC设备； (10)顶替其他岗位用餐后自己用餐；	(1)按时签到，参加晚班交接班会；与白班客值交接，检查票务室票务备品及票务钥匙情况；检查白班台账填写情况；根据交接班本检查票款、备用金及库存车票情况； (2)翻阅新下发的票务通知，掌握本班工作重点； (3)为夜班客服中心岗配票； (4)监控客服中心岗交接； (5)与上一班客服中心岗结账； (6)定期巡视AFC设备状态，检查客服中心工作情况，并处理站厅乘客事务； (7)末班车前检查末班车广播播放情况，并对乘客进行提醒； (8)与夜班客服中心岗结账，回收客服中心岗的

续表

<table>
<tr><th rowspan="2">序号</th><th rowspan="2">岗位</th><th colspan="2">工作流程</th></tr>
<tr><th>白班</th><th>夜班</th></tr>
<tr><td>3</td><td>客运值班员</td><td>(11)根据客流需要,在不影响乘客正常使用的情况下,逐台更换设备钱箱、票箱;
(12)做好高峰期乘客服务工作;
(13)整理所有钱、票、备品及票务室内务,准备交接;
(14)与夜班客值做好交接</td><td>客服中心钥匙,做好记录;
(9)与值站或客服中心岗更换 TVM 钱箱并清点;
(10)填写当日报表,与值站共同在票务室监控下清点解行钱款、补币备用金;
(11)休息;
(12)与值站为所有 TVM 补币补票;
(13)为夜班客服中心岗及早班客服中心岗配票;
(14)监控客服中心岗上岗;
(15)做好高峰期乘客服务工作;
(16)整理所有钱、票、备品及票务室内务,准备交接;
(17)与白班客值做好交接</td></tr>
<tr><td>4</td><td>客服中心岗站务员</td><td>(1)按时签到,参加晨会,到车控室了解当天工作注意事项和有关重要通知内容后到票务室配票,做好上岗前的准备,领取对讲机在“综合日志”上登记;
(2)检查票务设备、备品的状态、数量(如验钞机、点币机等)、人工售票机(booking office machine,BOM)登录情况,核对与“客服中心交接班本”内的备品数量是否一致并签名确认;
(3)检查客服中心卫生,确保客服中心附近的铁马和立柱等服务设备设施的整洁有序,如发现来历不明的现金、票卡及时上报;
(4)当报表、硬币、车票数量不够时,提前向客值或车控室报告,做好工作预想;
(5)开窗服务,严格按售票作业程序“一收、二唱、三操作、四找零”执行;
(6)客服中心门须保持锁闭,不能随意让非当班人员进入;如非当班员工或其他人员进入客服中心须得到当班值站及以上人员同意,由值班员及以上人员陪同方可进出;
(7)售票结束与接班岗位进行票务备品、票务钥匙、对讲设备、卫生的交接,交接完毕,将本班的报表、车票、所有现金收拾好,并双人护送至票务室;
(8)按结账程序进行结账后,到车控室听从值站安排,协助其他工作或学习文件</td><td>(1)按时签到参加交接班会,了解当天工作注意事项和通知后,领取对讲机在“综合日志”上登记到票务室配票;
(2)上岗后的工作流程与白班的一致;
(3)在最后一趟载客列车到站前5 min 停止对该方向乘客的兑零售票工作,摆放相关的停止服务告示牌,提醒车控室及时播放末班车广播及该方向线路停止服务的广播;
(4)主动做好乘客服务工作,发现有乘客购买已停止服务方向的车票或进闸乘车的要及时劝阻;
(5)列车服务结束,确认全部乘客已出站后退出 BOM,摆好“暂停服务”牌,整理好客服中心内务;将所有的车票、现金整理好拿回票务室;
(6)协助客值完成钱票的清点工作;
(7)学习签阅当天文件后休息;
(8)首班载客列车到站前 10 min,领齐备用金、车票等备品到岗;
(9)开窗服务;
(10)与白班客服中心岗进行票务备品、票务钥匙、对讲设备、卫生的交接;
(11)整理本班的报表、车票、现金,并双人护送至票务室;
(12)与白班客值结账,下班</td></tr>
<tr><td>5</td><td>厅巡岗站务员</td><td>(1)按时签到参加交接班,了解当天工作注意事项和学习有关通知内容;
(2)相关钥匙及备品:扶梯钥匙、边门钥匙在“车站钥匙/卡/物资借用登记本”上登记;领取对讲机,在“综合日志”上登记;
(3)上岗后,立即对各出入口、站厅、站台、风亭等重</td><td>(1)按时签到参加交接班,领取对讲机,在“综合日志”上登记;接班后巡视站厅、站台、出入口等重要部位一次,之后每两小时巡视一次;
(2)其他与白班厅巡岗工作内容一致;
(3)最后一班载客列车开出前 5 min,做好购票/进站乘客的引导工作;</td></tr>
</table>

续表

序号	岗位	工作流程	
		白班	夜班
5	厅巡岗站务员	要部位巡视一遍，之后每两小时巡视一次，按巡视制度对车站的各项设施进行巡视并向车控室汇报； (4)引导乘客购票，正确操作AFC设备，注意AFC设备故障情况，发现问题及时报车控室，通知AFC维修人员到站维修并在故障设备前放置“暂停服务”提醒牌； (5)协助客值更换出站检票机票箱等； (6)到车控室听从值站安排，协助其他工作或学习文件	(4)协助客值完成钱票的清点工作； (5)下班前，必须将扶梯钥匙、边门钥匙、对讲机等交还车控室，并在相应台账上签还
6	站台岗站务员	(1)按时签到，参加晨会学习相关文件内容后，至站台与夜班站务员(站台岗)交接，了解上个班的运作情况，检查钥匙、备品及线路情况并报告车控室； (2)负责站台列车接发、监督乘客安全乘车，解答乘客问题； (3)负责监控站台电扶梯、乘客信息系统(passenger information system，PIS)、站台门等设备设施状态。发现异常及时处理并报车控室； (4)在站台时，必须严格执行有关规定，发现危及行车安全事件及时采取措施	(1)按时签到，参加交接班会学习相关文件内容后，至站台与白班站务员(站台岗)交接，了解上个班的运作情况，检查钥匙、备品及线路情况并报告车控室； (2)按照白班工作内容开展工作； (3)末班车过后，确认站台无乘客滞留，到车控室交还相关钥匙及备品

二、车站运作相关台账

车站日常运作中，需要及时填记各种报表，以下报表的样表请参考对应的二维码教学资源；

(1)“综合日志”(见二维码教学资源)。

(2)“车站巡视记录本”(见二维码教学资源)。

(3)“消防安全巡查记录”(见二维码教学资源)。

综合日志　　车站巡视记录本　　消防安全巡查记录

(4)“拾遗物品登记簿”(见二维码教学资源)。

(5)“行车日志”(见二维码教学资源)。

(6)“车站施工登记本”(见二维码教学资源)。

拾遗物品登记簿　　行车日志　　车站施工登记本

(7)“设备设施故障报修登记本”(见二维码教学资源)。

(8)“车站调度命令登记本”(见二维码教学资源)。

(9)“车站钥匙/卡/物资借用登记本”(见二维码教学资源)。

设备设施故障报修登记本　　车站调度命令登记本　　车站钥匙/卡/物资借用登记本

笔记栏

技能训练

演练车站各岗位一日作业流程

一、任务条件

委培学员周发、谭林在车站跟岗。跟岗岗位顺序：周发为站台岗、厅巡岗、行车值班员（行值）、值班站长（值站）。谭林为客服中心岗、客运值班员（客值）、值班站长。每个岗位跟岗结束后，车站要求每人写出跟岗岗位工作写实，填写跟岗写实表。4 月 8 日，周发跟岗丁班（白班），谭林跟岗甲班（夜班），车站岗位班制为白夜休休制。

二、任务实施

（1）填写实习写实表前，请先概括回答下列引导问题。

①站台岗白班主要工作有：____
____
____。

②厅巡岗白班主要工作有：____
____
____。

③客服中心岗夜班主要工作有：____
____
____。

④客运值班员夜班主要工作有：____
____
____。

⑤行车值班员白班主要工作有：____
____
____。

⑥行车值班员夜班主要工作有：____
____
____。

⑦值班站长白班主要工作有：____
____
____。

⑧值班站长夜班主要工作有：____
____
____。

（2）周发、谭林两人每班跟岗结束后，完成岗位写实，填写工作写实表，见表 3-2-2。

表 3-2-2　B 站跟岗实习工作写实表

<table>
<tr><td>跟岗班组</td><td></td><td colspan="2">跟岗班次</td><td colspan="2">白班(　时　分至　时　分)
夜班(　时　分至　时　分)</td><td rowspan="2">注意事项</td></tr>
<tr><td>跟岗人</td><td colspan="2"></td><td colspan="2">带岗师傅</td><td></td></tr>
<tr><td>时间顺序
(××时××分)</td><td colspan="2">工作内容写实</td><td colspan="3">作业标准摘录</td><td></td></tr>
<tr><td></td><td colspan="2"></td><td colspan="3"></td><td></td></tr>
<tr><td></td><td colspan="2"></td><td colspan="3"></td><td></td></tr>
<tr><td></td><td colspan="2"></td><td colspan="3"></td><td></td></tr>
<tr><td></td><td colspan="2"></td><td colspan="3"></td><td></td></tr>
<tr><td></td><td colspan="2"></td><td colspan="3"></td><td></td></tr>
<tr><td></td><td colspan="2"></td><td colspan="3"></td><td></td></tr>
<tr><td></td><td colspan="2"></td><td colspan="3"></td><td></td></tr>
<tr><td></td><td colspan="2"></td><td colspan="3"></td><td></td></tr>
<tr><td></td><td colspan="2"></td><td colspan="3"></td><td></td></tr>
<tr><td></td><td colspan="2"></td><td colspan="3"></td><td></td></tr>
<tr><td></td><td colspan="2"></td><td colspan="3"></td><td></td></tr>
<tr><td></td><td colspan="2"></td><td colspan="3"></td><td></td></tr>
<tr><td></td><td colspan="2"></td><td colspan="3"></td><td></td></tr>
<tr><td></td><td colspan="2"></td><td colspan="3"></td><td></td></tr>
<tr><td colspan="7">当班值班站长：　　　　　　　　站长审核：</td></tr>
</table>

根据校内实训条件，模拟车站各岗位按车站一日作业流程模拟演练。

任务评价

本任务完成后，请根据表 3-2-3 进行任务评价。

表 3-2-3　任务评价表

序号	评价内容	评价标准	分数	评分记录		
				学生自评	组间互评	教师评分
1	站台岗或厅巡岗白班作业流程	重点作业完整，无缺项，描述准确，时间节点清晰	10			
2	站台岗或厅巡岗夜班作业流程	重点作业完整，无缺项，描述准确，时间节点清晰	10			
3	客值或客服中心岗白班作业流程	重点作业完整，无缺项，描述准确，时间节点清晰	10			
4	客值或客服中心岗夜班作业流程	重点作业完整，无缺项，描述准确，时间节点清晰	10			
5	行车值班员白班作业流程	重点作业完整，无缺项，描述准确，时间节点清晰	10			
6	行车值班员夜班作业流程	重点作业完整，无缺项，描述准确，时间节点清晰	10			
7	值班站长白班作业流程	重点作业完整，无缺项，描述准确，时间节点清晰	10			
8	值班站长夜班作业流程	重点作业完整，无缺项，描述准确，时间节点清晰	10			
9	学生考勤情况	无迟到、早退、旷课	10			
10	工作态度	态度认真、团队合作、任务完成质量良好	10			
总分			100			

巩固与练习

一、选择题

1. 行车值班员填写的台账包括(　　)。

A. 行车日志　　B. 车站施工登记本

C. 车站调度命令登记本　　D. 车站巡视记录本

2. (　　)负责按开站程序，开启站内照明、AFC 设备。

A. 值班站长　　B. 行车值班员　　C. 厅巡岗　　D. 站台岗

二、填空题

1. ＿＿＿＿＿＿＿需定期查看综合监控设备运行状态及＿＿＿客流情况。

2. 客服中心岗在最后一趟载客列车到站前 5 min 停止对该方向乘客的＿＿＿＿＿＿工作，摆放相关的＿＿＿＿＿＿告示牌，提醒车控室及时播放＿＿＿＿＿广播及该方向线路停止服务的广播。

3. 站台岗负责站台列车＿＿＿＿、监督＿＿＿＿安全乘车，解答乘客问题。

4. 站台岗负责监控站台电扶梯、＿＿＿＿、＿＿＿＿等设备设施状态。发现异常及时处理并报车控室。

三、判断题

1. 客服中心岗售票结束与接班岗位进行票务备品、票务钥匙、对讲设备、卫生的交接，交接完毕，将本班的报表、车票、所有现金收拾好，并双人护送至票务室。 （ ）

2. 行值核对施工计划，按规定办理施工请销点，并根据施工作业需要设置/撤出红闪灯防护。 （ ）

任务三 进行车站开关站作业

情景导入

当城市被唤醒，第一位乘客走进车站时，车站站务人员早已开始了一天的工作。他们按照车站开站作业程序的时间节点和作业要求，开启车站，迎来又一个繁忙的一天。人来人往，车流穿梭。当一天的喧嚣再次归于平静，末班车的尾灯消失在隧道中，值班站长巡视车站，确认车站关站作业完成。就这样，车站作为城市轨道交通运营的基层生产单位，每天都在按照一定的规律运转着。

学习目标

知识目标

1. 熟悉车站开关站作业项目内容；
2. 熟悉车站开关站作业流程。

能力目标

1. 具有清晰描述车站各岗位开关站作业项目和时间节点的能力；
2. 具有在车站开关站作业过程中操作相关设备的能力。

素养目标

培养车站站务人员的工作责任意识、标准化作业意识和时间观念。

任务描述

2024 年 5 月 10 日，运营公司 3 中心组织对 A 站开关站作业进行考核。完成计划考核任务，落实标准化作业要求，提升岗位作业质量。

任务分析

为了顺利地完成开关站作业，车站各岗位，应熟知本站开关站的作业程序，按照时间节点要求和作业标准，完成本站的开关站作业。

相关知识

不同城市轨道交通车站的开关站程序有所不同，除有的城市地铁车站有一键开关站功能外。车站开关站的作业内容基本相同，不同点体现在时间节点和作业分工的不同。以下为总结、汇总后的地铁公司的开关站程序，供参考学习。

一、车站开站作业程序

车站开站作业程序见表 3-3-1。

表 3-3-1　车站开站作业程序

序号	时间	责任人	内容
1	首班不载客列车出场前 30 min(或规定时间)	行车值班员/值班站长	完成运营前检查工作
2	首班不载客列车出段(场)前 15 min	行车值班员	将运营前检查情况汇报行车调度员
3	轨道车到站前	行车值班员	检查轨行区照明(应急照明除外)按时间表开启
4	首班载客列车到达前 45 min	值班站长	值班站长确认设备状态良好、PIS 显示内容无误
5		行车值班员	开启车站广播、PIS。在 SC 开启 AFC 设备,确认服务状态。 确认环控系统已开启并检查运行情况,发现异常,及时汇报维修调度员
6		客运值班员/厅巡岗/值班站长	完成 TVM 补票工作并现场检查车站 AFC 设备状态
7	首班载客列车到站前 30 min	值班站长	值站点名确认到岗情况,检查员工仪容仪表、精神面貌等,做好工作安排
8		客运值班员	完成客服中心岗配票工作
9		客服中心岗	完成配票工作。 领齐客服中心门钥匙、边门钥匙、售票盒、对讲机等备品
10		其他岗位	到达车控室前,整理仪容仪表,调整精神面貌
11	首班载客列车到站前 15 min	站台岗	领齐备品到岗。并完成站台巡视工作,确认站台设备设施状态
12		行车值班员	检查打开照明,并确认开启 AFC 设备
13		厅巡岗	完成开启及检查垂直电梯、电扶梯的工作
14		客服中心岗	到达客服中心并开启 BOM,开窗售票
15		行车值班员	各岗位员工到岗并完成开站作业后汇报行值,行值确认人员到岗、设备实施运行等情况具备正常运营条件
16		值班站长(或其他站务人员)	待人员到岗、站内设备设施开启后,值班站长(或其他站务人员)完成开启并检查出入口卷帘门
17	根据车站实际情况执行	行车值班员	执行一键开站程序,确保首班列车到站前 10 min 完成出入口开启
18	首班列车到站前 10 min	值班站长	行车值班员执行一键开站后,巡视全站

二、车站关站作业程序

车站关站作业程序见表 3-3-2。

表 3-3-2　车站关站作业程序

序号	时间	责任人	内容
1	本站末班车开出前 10 min	行车值班员	按照“本站末班车时间”提前 10 min 播放“末班车提示广播”
2		值班站长	检查行车值班员是否播放“末班车提示广播”

续表

序号	时间	责任人	内容
3	本站末班车开出前 5 min	行车值班员	关闭 TVM、进站检票机,并确认关闭状态,通知停止售票和兑零工作,并做好广播
4		值班站长	确认播放“停止服务广播”
5	本站末班车开出前	站台岗	进行检查,确认站台乘客均已上车,无异常情况
6	本站末班车开出后	值班站长	换乘站根据列车运行计划、乘客换乘所需时间,及时关闭换乘通道,防止乘客误入。 确认站内无乘客滞留,巡视全站。 确认自动扶梯、电梯、照明、AFC 设备全部关闭,安排人员关闭车站出入口
7		行车值班员	关闭车站工作照明,在 SC 上关闭出站检票机。 执行一键关站程序(具备一键开关站的车站)
8		客运值班员	巡视站厅、出入口、垂直电梯等区域,确保无人员物品滞留。关闭车站电扶梯、垂直电梯。关闭车站出入口
9		站台岗	巡视站台区域,确认乘客全部出清无滞留
10		客服中心岗	收拾票、款,整理客服中心备品卫生,注销 BOM,回票务室等待结算
11	邻线车站末班车开出前 3 min	客值、站务员(售票岗)	换乘车站客值、站务员(售票岗)在邻线车站末班车开出前 3 min 关闭换乘通道,并做好乘客引导和解释工作
12	停止服务后	客运值班员(无客运值班员车站为值班站长)	与客服中心岗结算

三、一键开关站操作要求

1. 开站要求

(1)开站过程中车站根据本站实际开站时间,提前进行操作。

(2)在操作卷帘门开启时,必须确认所有岗位人员已到岗,设备无异常情况。

(3)在开站过程中,设备未自动开启时,值班站长现场把控,通过综合监控或现场手动方式开启。

(4)在操作电扶梯开启后现场检查电扶梯状态,发现电扶梯异响、扶手带与梯级速度不匹配等情况要及时停梯,并及时报修。

2. 关站要求

(1)车站开始执行一键关站程序前,需对全站进行巡视,确认站内无人员滞留,通过视频确认卷帘门下方无异物或人员,电扶梯无人员乘坐。

(2)在关站过程中,设备未自动关闭时,值班站长现场把控,通过综合监控或现场手动方式关闭。

(3)出入口无视频监控的,经现场确认后,逐个关闭出入口。

(4)关站过程中行车值班员做好监控,防止在关站过程中外来人员进入车站。关站完毕后值班站长、客运值班员或站务员要共同确认无人员在关站过程中进入车站。

(5)在卷帘门关闭过程中,如发现异常情况应及时终止。

技能训练

车站开关站作业流程考评

一、任务条件

2024 年 5 月 10 日，运营公司 3 中心组织对 A 站开关站作业进行考核。完成计划考核任务，落实标准化作业要求，提升岗位作业质量。

实训条件应具备：车控室 IBP 盘、车站 ATS、车站广播、车站综合监控设备、车站 AFC 设备、站台门、客服中心、电扶梯等设备。

二、任务实施

（1）完成开站任务前，请先回答下列引导问题。

①行车值班员开站主要工作有：____。

②客运值班员开站主要工作有：____。

③值班站长开站主要工作有：____。

④站台岗开站主要工作有：____。

⑤客服中心岗开站主要工作有：____。

（2）根据学校具备的实训条件，开展车站开关站作业演练。在具有相关设备的条件下，需按开关站流程进行并操作相关设备。在不具备相关设备的情况下，可开展模拟演练。开关站作业流程可填写演练写实表，见表 3-3-3 和表 3-3-4。

表 3-3-3　车站开站作业演练写实表

时间节点	作业内容				
	值班站长	行车值班员	客运值班员	站台岗	客服中心岗

表 3-3-4　车站关站作业演练写实表

时间节点	作业内容				
	值班站长	行车值班员	客运值班员	站台岗	客服中心岗

(3)根据开站作业演练过程,填写各岗位开站作业流程实操评估表,见表 3-3-5。

表 3-3-5　开站作业流程实操评估表

姓名:________　　工号:________　　岗位:________　　日期:________

内容	详细步骤			评分标准	扣分明细
	时间节点	责任人	作业内容		
开站作业流程					

考评员________________　　实操成绩________________

(4)完成关站任务前,请先回答下列引导问题。

①行车值班员关站主要工作有：____。

②客运值班员关站主要工作有：____。

③值班站长关站主要工作有：____。

④站台岗关站主要工作有：____。

⑤客服中心岗关站主要工作有：____。

(5)根据关站作业演练过程,填写各岗位关站作业流程实操评估表,见表3-3-6。

表3-3-6　关站作业流程实操评估表

姓名：________　　工号：________　　岗位：________　　日期：________

内容	详细步骤			评分标准	扣分明细
	时间节点	责任人	作业内容		
关站作业流程					

考评员________________　　实操成绩________________

任务评价

本任务完成后,请根据表3-3-7进行任务评价。

表 3-3-7　任务评价表

序号	评价内容	评价标准	分数	评分记录		
				学生自评	组间互评	教师评分
1	开站作业写实表	时间节点正确，各岗位开站作业内容正确、齐全	20			
2	开站作业演练	开站作业流程、设备操作正确；符合标准化作业要求	20			
3	关站作业写实表	时间节点正确，各岗位关站作业内容正确、齐全	20			
4	关站作业演练	关站作业流程、设备操作正确；符合标准化作业要求	20			
5	工作态度	态度认真、团队合作、任务完成质量良好	10			
6	学生考勤情况	无迟到、早退、旷课	10			
总分			100			

巩固与练习

一、选择题

1. (　　)完成配票工作。

A. 首班不载客列车出场前 30 min　　B. 首班不载客列车出场前 15 min

C. 首班载客列车到站前 30 min　　D. 首班载客列车到站前 15 min

2. 完成运营前检查工作由(　　)负责。

A. 值班站长　　B. 行车值班员　　C. 厅巡岗　　D. 站台岗

二、填空题

1. 首班载客列车到站前 15 min，__________检查打开照明，并确认开启 AFC 设备。

2. 待人员到岗、站内设备设施开启后，________(或其他站务人员)完成开启并检查出入口________。

3. 本站末班车开出前 5 min，__________关闭 TVM、进站检票机，并确认关闭状态，通知停止售票和兑零工作，并做好________。

4. ______________________站台岗巡视站台区域，确认乘客全部出清无滞留。

三、判断题

1. 一键开关站操作，在开站过程中，设备未自动开启时，值班站长现场把控，通过综合监控或现场手动方式开启。(　　)

2. 车站开始执行一键关站程序前，需对全站进行巡视，确认站内无人员滞留，通过视频确认卷帘门下方无异物或人员，电扶梯无人员乘坐。(　　)

模块四

车站设备设施管理

车站是轨道交通设备设施的集中设置地，有客运设备、安全设备、消防设施等，这些设备在车站运作中发挥着重要作用，有些直接为乘客提供服务，有些间接提供服务。车站员工需要掌握车站设备设施的位置、类型、功能和巡视要点等，在发现设备设施出现故障时，及时进行报修。

思维导图

- 车站设备设施管理
  - 任务一　认知车站设备设施
    - 客运设备
      - 垂直电梯
      - 自动扶梯
      - 乘客信息与广播系统
      - 自动售检票设备
      - 站台门
    - 安全设备
      - 低压配电系统
      - 车站照明系统
      - 给排水系统
      - 火灾自动报警系统
      - 暖通空调系统
    - 客运服务标志
      - 安全标志
      - 导向标志
      - 位置标志
      - 综合信息标志
      - 无障碍标志
    - 消防设施
      - 消防栓
      - 灭火器
    - 其他设施
      - 盲道
      - 临时票亭
      - 公共卫生间
      - 银行柜员机
      - 乘客座椅
  - 任务二　车站设备设施巡视与报修
    - 车站巡视与检查制度
      - 巡视范围
      - 巡视要求
      - 巡视方式
      - 巡视内容
      - 巡视周期及巡视要点
      - 填写巡视台账的要求
    - 车站设备设施故障报修与处理
      - 车站设备设施故障分类
      - 故障报告及处理流程

任务一 认知车站设备设施

情景导入

赵二是A站见习值班站长，孙一是A站见习客运值班员，丁二站长按照计划对赵二、孙一进行本站主要设备设施培训及认知，使其能够熟悉本站各类设备设施。

学习目标

知识目标

1. 掌握车站设备设施的具体功能及分类；
2. 掌握车站设备设施的布置位置、数量。

能力目标

1. 能够描述车站主要设备设施的功能、类型；
2. 具备清晰描述车站主要设备设施的设置位置。

素养目标

培养认真、细致、精益求精的职业素养。

任务描述

车站设备设施是城市轨道交通车站安全、高效运营的保障，车站工作人员应能熟知本站主要设备设施的布局要求、设置特点并掌握主要设备设施的功能，以便在后续工作中高效使用。

任务分析

车站是轨道交通设备设施的集中设置地，为保证运营生产中充分、高效地运用设备，尤其要对新员工做好车站主要设备设施功能、位置等的培训。

相关知识

一、客运设备

1. 垂直电梯

在多层结构的轨道交通车站里，由于乘客需要垂直距离的移动，一些特殊乘客就需要使用垂直电梯，如伤残人士、老年人和携带大件行李的乘客。

车站垂直电梯按乘客进出站流线设置在出入口、站厅层和站台层，原则上每个车站至少有一个出入口必须设置一台垂直电梯，便于特殊乘客进出。设置在站厅的垂直电梯如图4-1-1所示。

车站的垂直电梯轿厢内设置有连通车站综合控制室的通话装置或报警按钮，便于在紧急情况下与外部保持联络，如图4-1-2所示。

2. 自动扶梯

自动扶梯是带有循环运行梯级，向上或向下倾斜运送乘客的固定电力驱动设备。在地铁车站中，自动扶梯的用途主要是解决乘客的快速疏解，即列车到达后，将大量的乘客从候车站台向地面站厅疏解。

图 4-1-1　车站垂直电梯

图 4-1-2　车站垂直电梯内的通话装置和报警按钮

车站出入口若不受提升高度的限制，均应设置上、下行自动扶梯。站厅与站台间应设上、下行自动扶梯，如图 4-1-3 所示。

自动扶梯一般在右下侧设有“急停”按钮（高差较大的自动扶梯在中部也设有“急停”按钮），如图 4-1-4 所示，一旦在自动扶梯运行中发生乘客失足摔倒或其他紧急情况，应立即按下“急停”按钮，使自动扶梯停止运行，并采取相应的救护措施。

图 4-1-3　车站自动扶梯

图 4-1-4　自动扶梯“急停”按钮

3. 乘客信息与广播系统

乘客信息系统是为了方便乘客候车、乘车，让乘客通过显示屏及时了解列车的运行动态及注意事项，有序候车和乘车。

在正常情况下，乘客信息系统可提供列车时间信息、政府公告、出行参考、广告等实时多媒体信息。在火灾、列车运行阻塞及恐怖袭击等非正常情况下，乘客信息系统提供动态紧急疏散指示。

广播（public address，PA）系统是城市轨道交通运营和行车组织时所需的重要设备，它的主要作用是，在运营中对乘客广播“离站、线路换乘、时间表变更、列车误点、安全状况”等；播放音乐以改善候车环境；平时进行防灾广播，在突发紧急情况时进行抢险救灾广播，指挥事故抢险，提高应急响应能力；日常运营时，对运营人员进行广播，发布有关通知信息，组织协同配合。

4. 自动售检票设备

1) 自动售票机

自动售票机设于车站非付费区。自动售票机的基本功能是通过乘客的自助式操作完成自动售票。自助售票的基本过程包括购票选择、接收购票资金、自动出票及找零等，有必要时还可以打印充值凭证。自动售票机既可以接收硬币和纸币购买单程IC票卡，也具有对一卡通或城市轨道交通专用储值车票进行充值的功能。自动售票机如图4-1-5所示。自动售票机纸币钱箱、硬币钱箱、票箱的更换方法参见二维码资源。

自动售票机更换纸币钱箱　　自动售票机更换硬币钱箱　　自动售票机更换票箱

图4-1-5　自动售票机

2) 自动检票机(闸机)

自动检票机是自动售检票系统中的检票设备，安装在车站付费区和非付费区的分界处，用于乘客自助检票通行，能自动计算乘车费用并扣费。在国内，自动检票机的设计符合乘客右手持票的习惯。自动检票机按阻挡方式分为拍打门式(见图4-1-6)、三杆式(见图4-1-7)和扇门式(见图4-1-8)；按功能不同可分为进站检票机、出站检票机、双向检票机。不论何种类型的自动检票机，一般从安全方面考虑，在紧急情况或断电时，自动检票机的通行阻挡都能自动解除，以便乘客快速通行。

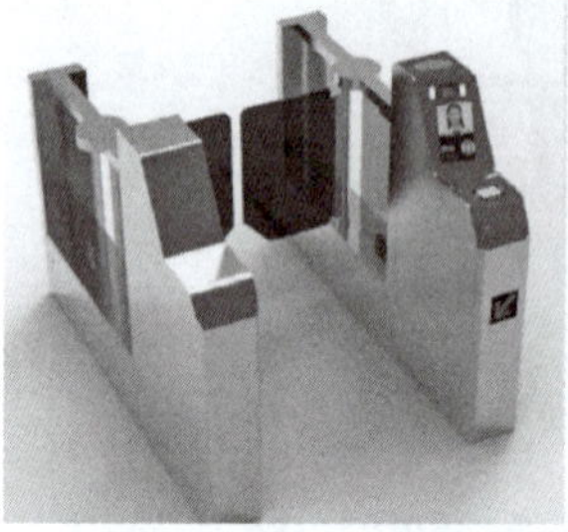

图4-1-6　拍打门式

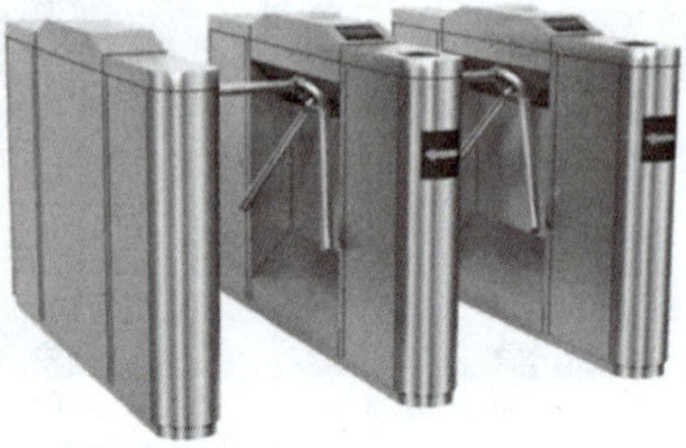

图4-1-7　三杆式

图4-1-8　扇门式

自动检票机主要用于监控乘客的通行行为和正确扣取乘客的车费。进站检票机在乘客的车票上记录入站地点；出站检票机在乘客的车票上正确扣取车费，同时对单程票进行回收；双向检票机同时具备进站检票机和出站检票机的功能，也可以通过软件设置将其设为某一种单向检票机使用。

5. 站台门

城市轨道交通站台门系统，安装于地铁、轻轨等城市轨道交通车站站台边缘，将行车的轨道区与站台候车区隔开，设有与列车门相对应、可多级控制开启与关闭滑动门的连续屏障，如图4-1-9所示。

二、安全设备

1. 低压配电系统

城市轨道交通供电系统的根本作用是为城市轨道交通运营提供动力能源。电源一般取自城市电网,高压电通过输送或变换,以适当的电压等级供给设备,以保电源的供应。

(a)全高站台门

(b)半高站台门

图 4-1-9　站台门

2. 车站照明系统

车站照明系统采用 380 V 三相五线制、220 V 单相三相制方式供电。车站照明系统大致包括站台、站厅公共区的一般照明、节电照明、事故照明广告照明;出入口的疏散诱导指示照明、一般照明与事故照明;电缆廊道的一般照明及区间隧道的一般照明、事故照明。

3. 给排水系统

城市轨道交通车站给排水系统的功能是满足车站的生产、生活和消防用水对水量、水质和水压的要求,保证车站和车辆段排水通畅,为城市轨道交通安全运营提供服务,同时对生活污水和生产污水进行收集和处理,使其达到排放标准。

车站给排水系统由给水系统和排水系统两部分组成。其中,给水系统包括生产、生活给水系统和消防给水系统;排水系统包括污水系统、废水系统、雨水系统。

4. 火灾自动报警系统

火灾自动报警系统(automatic fire alarm system,FAS)通过现场的火灾探测器,实现火灾早期预警和通报的功能,并通过联动控制消防设施,启动有关防火、灭火、防烟。排烟装置,或通过环境与设备监控系统,综合监控系统配合联动控制防烟、排烟装置,以便组织人员撤离,防止火灾发展和蔓延,及时控制和扑灭火灾。

5. 暖通空调系统

目前,我国的车站暖通空调系统一般采用站台门式系统或闭式系统。站台门式系统将车站暖通空调分成两个独立系统,分别为车站通风空调系统与隧道通风系统。

车站暖通空调系统主要由以下四部分组成:

(1)车站大系统:车站公共区部分(站厅、站台、人行通道)的空调、通风(兼排烟)系统。

(2)车站小系统:车站管理用房及设备用房的空调、通风(兼排烟)系统。

(3)隧道通风系统:区间隧道机械通风(兼排烟)及活塞风系统。

(4)车站空调水系统:车站制冷空调循环水系统。水系统为车站公共区及车站设备管理用房空调器提供冷源,空调系统通过冷冻水循环、制冷剂循环、冷却水循环把室内的热量传到室外。

三、客运服务标志

客运服务标志主要用于给乘客提供必要的导向、提示和警示信息，以方便乘客出行，利于车站的客运组织和行车安全。

客运服务标志包括安全标志、导向标志、位置标志、综合信息标志、无障碍标志，形成完整的客运服务标志系统。标志由图形、文字和箭头组合而成，应做到规范、协调、清晰、明确、易懂、易辨、易记。完整的客运服务标志系统能引导乘客自助完成乘坐轨道交通的全部过程，使乘客出行方便快捷，同时也减少了服务人员的工作量。

1. 安全标志

安全标志通过颜色与几何形状的组合表达通用的安全信息，并且通过附加图形符号表达特定安全信息，颜色一般为黄色，如图 4-1-10 所示。

图 4-1-10 安全标志

2. 导向标志

导向标志由图形标志和文字标志与箭头符号组合形成，用于指示通往预期目的地路线的公共信息，如图 4-1-11 所示。

3. 位置标志

位置标志由图形标志和文字标志形成，用于标明服务设施或服务功能所在位置的公共信息，如图 4-1-12 所示。

图 4-1-11 卫生间导向标志

图 4-1-12 母婴室位置标志

4. 综合信息标志

综合信息标志由图、表、文字构成，用于表达与服务有关的公共信息，如图 4-1-13 所示。

图 4-1-13 车站首末班车信息标志

5. 无障碍标志

无障碍标志由专为轮椅使用者（老年人、肢体残疾人、伤病人等）、视觉障碍者使用的图形符号、文字（包括盲文）和有关设备设施等构成，用于提供导向、位置、综合信息服务。

四、消防设施

车站除了消防系统中的自动气体灭火系统外，在车站站厅、站台、设备区、隧道区间按规定布设了一定数量的消火栓和灭火器，还有应急情况下使用的其他消防设施。

1. 消火栓

消火栓包括消防卷盘、水枪阀门、消防软管（或水带）、控制阀门等。消防卷盘主要为车站发生微小火灾时使用。消防卷盘操作由两人配合完成，一人进行灭火操作，另一人进行控制水源操作。

2. 灭火器

火灾根据引发的燃烧物分为A、B、C三类。其中A类火灾指普通固体可燃物燃烧引起的火灾；B类火灾指油脂及一切可燃液体燃烧引起的火灾；C类火灾指可燃气体燃烧引起的火灾。

车站使用的灭火器主要是干粉灭火器和二氧化碳灭火器。车站干粉灭火器以4 kg装的为主，可灭A、B、C类火灾，灭火有效距离为3 ~4 m；而二氧化碳灭火器以3 kg装为主，适用于扑救600 V以下的带电电器、贵重设备、图书资料、仪器仪表等的初起火灾。

五、其他设施

1. 盲道

车站范围内（出入口和通道、站厅、站台）按国际标准设有盲道，用来引导视障人士使用站内设施及搭乘轨道交通，如图4-1-14所示。

2. 临时票亭

临时票亭主要用于出售预制单程票，如图4-1-15所示。在大客流时段，有可能自动售票机前排队过长，为了提高售票速度、让乘客尽快进站上车，需要设临时票亭。

图4-1-14　站厅盲道

图4-1-15　临时票亭

3. 公共卫生间

供乘客使用的公共卫生间及残障人士的专用卫生间一般设置在公共区非付费区，如图4-1-16所示。

4. 银行柜员机

银行柜员机设置在车站站厅非付费区，可以为乘客提供取款、存款、转账等业务，如图4-1-17所示。

图4-1-16　公共卫生间

5. 乘客座椅

乘客座椅设置在站台候车区域，一般靠柱子或墙壁处设置，以避免影响站台通行和疏散，如图 4-1-18 所示。

图 4-1-17　银行柜员机

图 4-1-18　乘客座椅

笔记栏

技能训练

认知 A 站相关设备设施

一、任务条件

车站基本情况：A 站为地铁 2 号线和 3 号线的换乘车站，车站立体结构示意图如图 4-1-19 所示。该站为地下三层岛式车站，地下一层为 2 号线、3 号线共用站厅层，整体呈 T 字形分布。南北向站厅层中间为 3 号线公共区，两侧为 3 号线设备及管理用房。东西向站厅层中间为 2 号线公共区，东侧为 2 号线设备及管理用房。地下二层为 3 号线站台层，整体呈南北布置，中间为公共区，两侧为设备用房。地下三层为 2 号线站台层，整体层东西布置，中间为公共区，两侧为设备用房。

车站共 6 个出入口，其中 2 号线设置 2 个，3 号线设置 4 个。

二、任务实施

(1)请回答下列引导问题。

①城市轨道交通车站的主要设备种类有哪些？

____

____

②车站相关设备所处位置和区域：______________________

____

____。

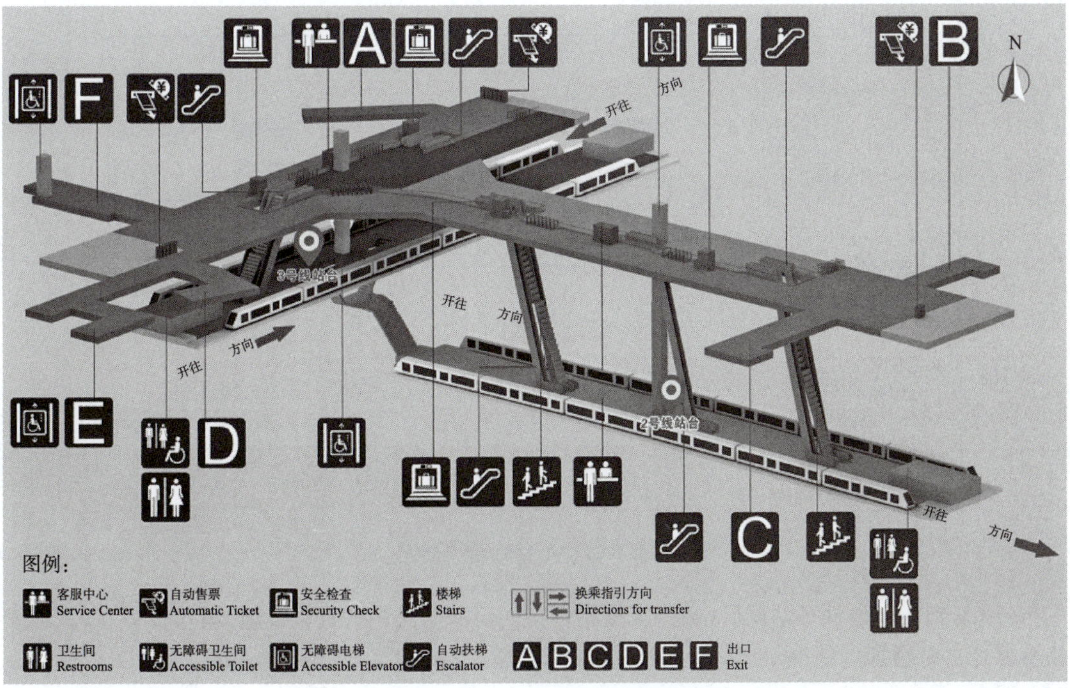

图 4-1-19 A 站立体结构示意图

(2)根据以上任务条件,在车站站厅平面图(见图 4-1-20)、站台平面图(见图 4-1-21)中布置 A 站设备设施。

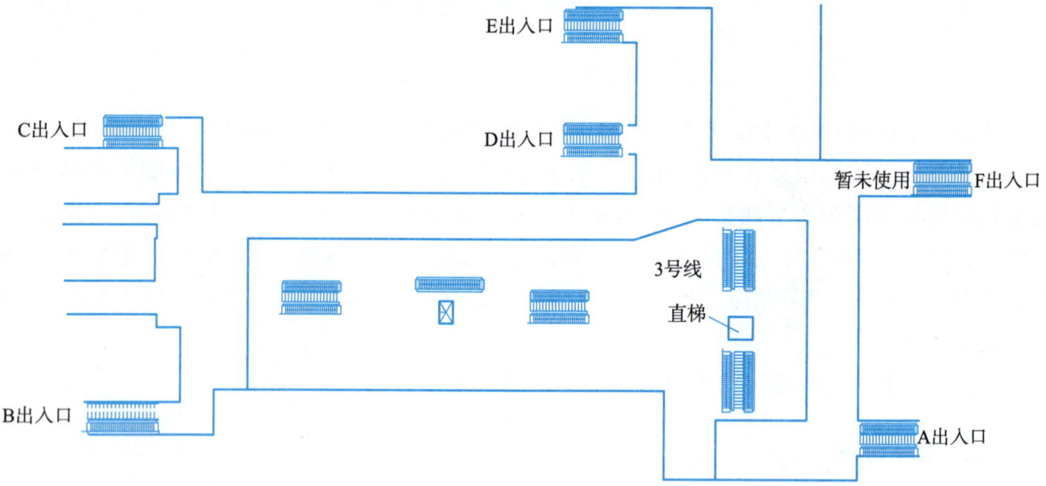

图 4-1-20　A 站站厅平面图

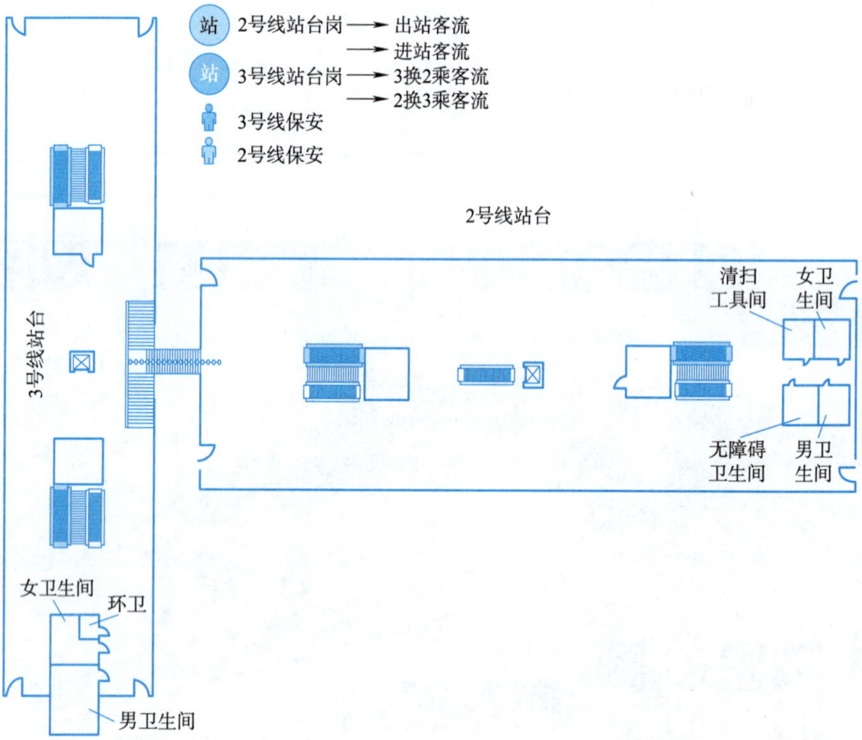

图 4-1-21　A 站站台平面图

(3)请到一个地铁车站调研(或网上搜集资料),认知车站内的设备设施,填入表 4-1-1。若表格不够可自行增加。

表 4-1-1　车站设备设施

调研地点		调研人		班级	
车站区域	序号	设备	设施	现场图片	备注
站厅(非付费区)	1				
	2				
	3				
站厅(付费区)	1				
	2				
	3				
站台区	1				
	2				
	3				
设备区(车控室)	1				
	2				
设备区(其他)	1				
	2				

任务评价

本任务完成后,请根据表 4-1-2 进行任务评价。

表 4-1-2　任务评价表

序号	评价内容	评价标准	分数	评分记录		
				学生自评	组间互评	教师评分
1	完成客运设备认知情况	客运设备名称识读准确无误	20			
2	完成安全设备认知情况	安全设备名称识读准确无误	20			
3	完成客运服务标志认知情况	客运服务标志名称识读准确无误	20			
4	完成消防设施认知情况	消防设施名称识读准确无误	20			
5	完成其他设施认知情况	其他设施名称识读准确无误	20			
总分			100			

巩固与练习

一、选择题

1. (　　)的设置给车站站台上候车的乘客提供了良好的安全保障和空气环境。

A. 站台门　B. 自动售检票设备　C. 电梯　D. 照明系统

2. 在轨道交通车站客运服务标志中,安全标志的颜色一般为(　　)。

A. 红色　B. 绿色　C. 黄色　D. 白色

3. 自动售票机安装于车站(　　),通过乘客的自助式操作完成自动售票。

A. 付费区　B. 付费区和非付费区之间

C. 非付费区　D. 公共区域

4. 自动检票机根据阻挡装置的类型可以分为(　　)三种。

A. 三杆式检票机　B. 双向检票机　C. 扇门式检票机　D. 拍打门式检票机

5. 车站主要的客运服务标志有(　　)。

A. 安全标志　B. 导向标志　C. 位置标志

D. 综合信息标志　E. 无障碍标志

二、填空题

1. 自动扶梯一般在右下侧设有＿＿＿＿＿＿＿＿,一旦在自动扶梯运行中发生乘客失足摔倒或其他紧急情况,应立即按下。

2. ＿＿＿＿＿＿＿＿是为了方便乘客候车、乘车,让乘客通过显示屏及时了解列车的运行动态及注意事项,有序候车和乘车。

3. 车站给排水系统由＿＿＿＿＿＿＿＿和＿＿＿＿＿＿＿＿两部分组成。

三、简答题

简述车站设备设施主要类型及功能。

任务二　车站设备设施巡视与报修

情景导入

A 站是泉城轨道交通 2 号线、3 号线的一座地铁换乘站,赵一为本站早班值班站长,按照车站巡视要求,赵一与本班组人员进行车站设备设施的巡视与检查,如发现设备设施故障,需及时进行报修与处理。

学习目标

知识目标

1. 熟悉车站设备设施的巡视与检查制度;
2. 掌握车站设备设施故障报修及处理的流程。

能力目标

1. 能按照要求对车站设备设施进行巡视与检查;
2. 能及时对车站设备设施故障进行报修与处理。

素养目标

1. 培养学生安全第一的意识;
2. 培养学生规范操作的意识。

任务描述

A 站值班站长赵一早班当班期间,对本站设备设施进行巡视,如果发现设备故障,及时对设备设施进行报修与处理。

任务分析

值班站长需要按照要求对本站设备设施进行巡视与检查。在本任务的实施过程中,车站值班站长赵一需要按照车站巡视与检查制度对本站范围内的设备设施进行巡视与检查，将相关情况记录在“车站巡视记录本”及“消防安全巡查记录本”上；同时对巡视过程中发现的设备设施故障按照故障级别，依据故障报修及处理流程，填写“设备设施故障报修登记本”进行上报。

相关知识

一、车站巡视与检查制度

1. 巡视范围

(1)站长:责任区域内车站所辖范围各处；

(2)值班站长:站内所辖各处，包括设备区、管理用房、站厅、站台、出入口(含通道，下同)、客服中心等；

(3)客运值班员:客服中心、站厅、站台、出入口；

(4)厅巡岗:站厅、出入口；

(5)站台岗:站台；

(6)售票岗:客服中心周边。

2. 巡视要求

(1)认真:巡视人必须以认真负责的态度去巡视所管辖的范围；

(2)细致:从细微处着手，做到防微杜渐；

(3)周全:岗位内的设备、设施、人员等都必须检查；

(4)及时:巡视及时、汇报及时、记录及时、处理及时。

3. 巡视方式

(1)现场巡视:各车站负责管理区域的巡视工作，主要对车站的各出入口、通道、重点区域、人流较少及闭路电视(closed-circuit television, CCTV)系统监控不到的盲区等位置进行重点巡视；

(2)CCTV 巡视:各车站由值班人员通过 CCTV 查看各出入口、通道及各重点区域，并做好记录，原则上对规定区域的查看周期为 1 次/h。

4. 巡视内容

(1)设备设施外表卫生；

(2)标识标贴、宣传画、横幅、导向信息等状态，不得有破损、卷边、褪色、信息错误等现象；

(3)设备设施状态及运作；

(4)车站范围内的施工作业情况；

(5)地铁设施防护情况；

(6)安全隐患排查；

(7)其他对车站运营安全、客服质量有影响的情况。

5. 巡视周期及巡视要点

以国内某地铁为例，分为运营期间与非运营期间进行巡视。

1)运营期间

(1)值班站长原则上每 2 小时巡视车站一次，夜班从运营开始起每 2 小时巡视一次，白班从接班开始每2小时巡视一次。相关情况记录在“车站巡视记录本”和“消防安全巡查记录本”上，且接班前必须巡视一次。如遇信号故障、下区间处理应急情况等特殊情况不能按时巡视的需在记录本上注明原因，特殊情况不能按时巡视的需记录原因。

(2)行车值班员将监控调至站台、电梯、扶梯、闸机等关键区域，关注乘客情况，发现异常及时报值班站长。

(3)客运值班员原则上每两小时巡视车站一次，巡视相关 AFC 设备状态、客服中心岗作业情况，发现异常及时处理，并做好相关信息记录。

(4)原则上厅巡岗每1小时巡视出入口、站厅一次，重点关注出入口设备设施状态、治安情况，发现异常立即报车控室行车值班员，行车值班员将巡视情况做好相应台账记录。

(5)客服中心岗兼负厅巡岗时，在没有乘客票务处理的情况下，必须进行巡视，发现异常立即报车控室，行车值班员做好相应台账记录。

(6)站台岗接发车间隙来回巡视站台，站台岗交接时接岗人员必须先巡视一遍再接岗。

2)非运营期间

(1)在站内，车站各岗位员工每2小时巡视一遍站厅、站台公共区、设备区等，保安按每2小时一次进行常规巡视。

(2)值班站长在关站后及开站前均须对站内公共区、设备区全面巡视。关站后，原则上不对出入口门外巡视，行车值班员将监控调至出入口处，特殊情况开启出入口门时须告知行车值班员。

(3)巡视人员须持对讲机，巡视前、巡视后及时通知行车值班员，并注意做好个人人身安全的防护。行车值班员做好巡视情况记录，对巡视员工的情况做好跟踪。

(4)巡视时发现不能解决的问题，须及时通知行车值班员，由行车值班员安排处理，严禁与外部人员发生冲突导致事件升级。

(5)对巡视过程中发现的可疑人员以及可疑物品及时进行跟进，发现有安全隐患时及时上报车控室。

除了规定的巡视周期外，在恶劣天气等特殊情况下，各车站应加强巡视密度。

6. 填写巡视台账的要求

如实填写巡视台账，发现问题须详细记录、做好跟进，并签名确认。车站巡视记录中包括“车站巡视记录本”和“消防安全巡查记录本”。

各岗位人员巡视时，如发现问题与异常情况，能够立即处理的立即做出处理，不能立即处理的报车控室，车控室按相应流程报修与汇报。巡视人员在“车站巡视记录本”上做好相应记录。

二、车站设备设施故障报修与处理

1. 车站设备设施故障分类

1)按专业分类

根据管辖部门的不同，将设备、设施故障按专业分类，并对应 OCC 当值调度班组[行车调度员、电力调度员、环控(乘客)调度员、设备维修调度员，以下分别简称行调、电调、环调(乘客调)、维调]、各部门生产调度(含通号工务部生产调度、机电部生产调度、企划法务部信息管理岗、客运部相关专业技术岗等)。具体划分见表4-2-1。

表 4-2-1 设备设施故障分类接口表

所属部门	所属中心	故障分类	各部门调度	OCC 调度
机电部	机电	门梯	机电部生产调度	环调
		风水电		
		有源导向标志		
		广告灯箱		
		热水器		
		茶水炉		
	供电	电力监控		电调
		变电		
		接触网		
	自动化	FAS		环调
		环境与设备监控系统(building automation system,BAS)		
		综合监控		
		门禁		
通号工务部	工建	轨道	通号工务部生产调度	维调
		房建		
		无源导向标志		
	通号	通信		维调
		信号		行调
	AFC	AFC 专业		维调
		安检		
客运部	站务	无源导向标志(张贴类辅助标志)	客运部相关专业技术岗	维调
调度票务部	控制中心	运营信息发布系统 施工调度系统 检维修系统	企划法务部信息管理岗	

2)按故障等级分类

根据车站设备、设施的故障情况,分为一类故障和二类故障。

(1)一类故障:设备、设施发生的故障,直接或间接影响地铁列车正常运行、危及乘客和员工的人身安全,或者直接降低行车和客运服务水平,对运营、服务质量有影响的故障。

①行车类,如供电、信号、轨道、调度电话、站台门、车站及隧道结构、轨行区积水及结构漏水、轨行区广告灯箱因故危及行车安全等直接影响正线行车或即将影响行车的故障。

②客运服务类,如电梯困人、设备设施着火等直接危及乘客及员工的人身安全;单个车站及以上的 AFC 系统或清分系统故障、PIS 站级系统全部退出服务或显示错误、车站照明系统公共区照明大面积失电、站台门系统(单个或多个站台门)退出服务、车站设备设施损坏导致出入口封闭、安检设备故障、服务热线话务系统故障等影响地铁客运服务的故障。

(2)二类故障:设备设施发生的故障,可马上修复或通过临时处理恢复正常,对行车和客运服务不造成影响的故障。

①客运服务类，如电扶梯故障、个别闸机或自动售票机退出服务、个别 PIS 退出服务、部分照明或疏散指示灯失电等常见故障，经临时处理后可马上恢复正常。

②正线设备设施类，如正线车站及区间房建设施、装修装饰、通风设备、给排水设备、低压供电设备、FAS 设备、自动化设备［综合监控系统（integrated supervisory control system，ISCS）、BAS、门禁］、通信设备（CCTV、PIS、广播）等常见故障。

设备设施故障等级分类接口表

根据管辖部门的不同，将设备、设施故障按等级分类，并对应专业。设备设施故障等级分类接口表相关内容参见二维码资源。

2. 故障报告及处理流程

1）现场人员可直接判断故障级别时

设备设施故障报修登记本的填写

（1）本专业现场人员发现设备、设施故障属于一类故障时，立即报告本部门生产调度，本部门生产调度按专业类别将故障情况报 OCC，并组织专业人员进行处理。非本专业现场人员发现设备、设施故障属于一类故障时，立即向属地车站汇报，车站填写“设备设施故障报修登记本”后，按专业类别将故障情况报 OCC，OCC 将故障信息通报相关部门生产调度。设备设施故障报修登记本的填写样例参见二维码资源。

一类故障报修及处理流程

一类故障报修及处理流程见二维码资源。

（2）现场非本专业人员发现设备、设施故障属于二类故障时，向属地车站报告，车站填写“设备设施故障报修登记本”后，由行车值班员按专业类别将故障情况报相关部门生产调度。本专业现场人员发现设备、设施故障属于二类故障时，向本部门生产调度报告，各相关部门生产调度及时组织专业人员现场确认及处理，视故障影响报 OCC。

二类故障报修及处理流程

二类故障报修及处理流程见二维码资源。

2）现场人员无法直接判断故障级别时

现场人员发现设备、设施故障但无法直接判断故障等级时，应报属地车站或 OCC，由 OCC 当值调度班组确认故障等级后，组织相关部门生产调度安排专业人员进行处理。

（1）经 OCC 当值调度班组确认，属一类故障的，相关部门生产调度应按一类故障中各相关处理流程进行故障处理。

（2）经 OCC 当值调度班组确认，属二类故障的，相关部门生产调度应按二类故障中各相关处理流程进行故障处理。

3）故障设备、设施管辖部门不明时

现场人员无法直接判断故障设备、设施的管辖部门时，如故障发生在正线，由 OCC 维调指派部门生产调度安排专业人员负责组织处理。

笔记栏

技能训练

技能训练一　车站设备设施的巡视与检查

一、任务条件

(1)A 站基本情况:见任务 1 车站基本情况,A 站立体结构示意图如图 4-2-1 所示。

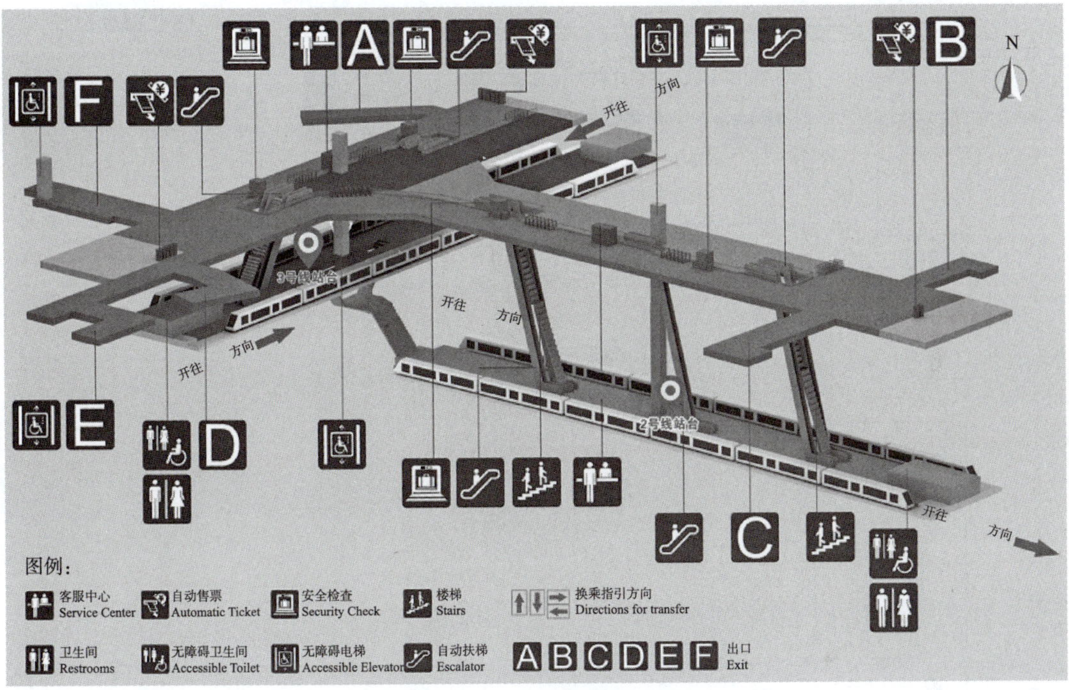

图 4-2-1　A 站立体结构示意图

(2)2023 年 12 月 21 日早上 5:17,A 站值班站长赵一对 A 站进行巡视。

二、任务实施

(1)请回答下列引导问题。

①简述车站值班站长的巡视范围。

____

____

②车站巡视的方式有哪几种?

____

____

③简述车站巡视的要求。

____

____

④车站值班站长对车站设备设施巡视的相关情况记录在______________________________

______________________________。

(2)根据以上任务条件,在A站的站厅平面图(见图4-2-2)、站台平面图(见图4-2-3)中画出值班站长赵一巡视A站设备设施的线路图。

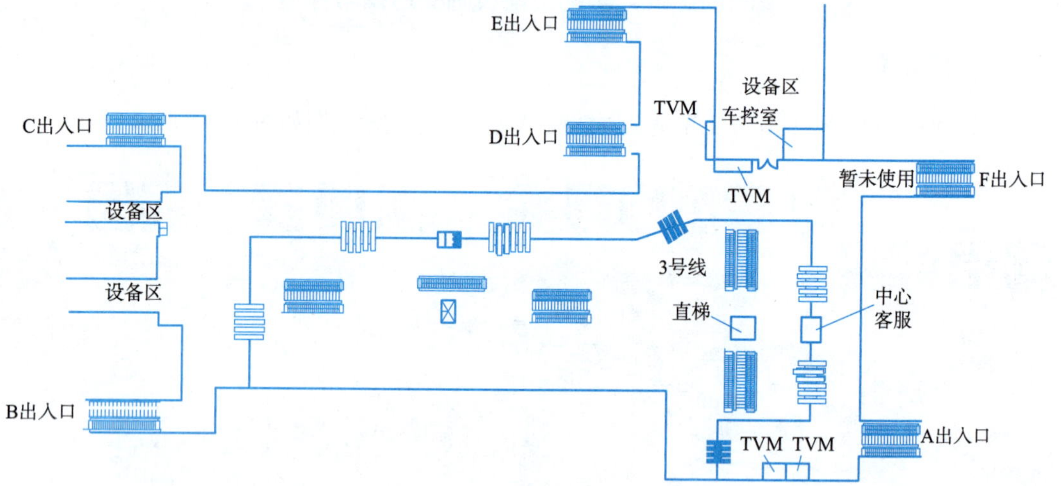

图4-2-2　A站站厅平面图

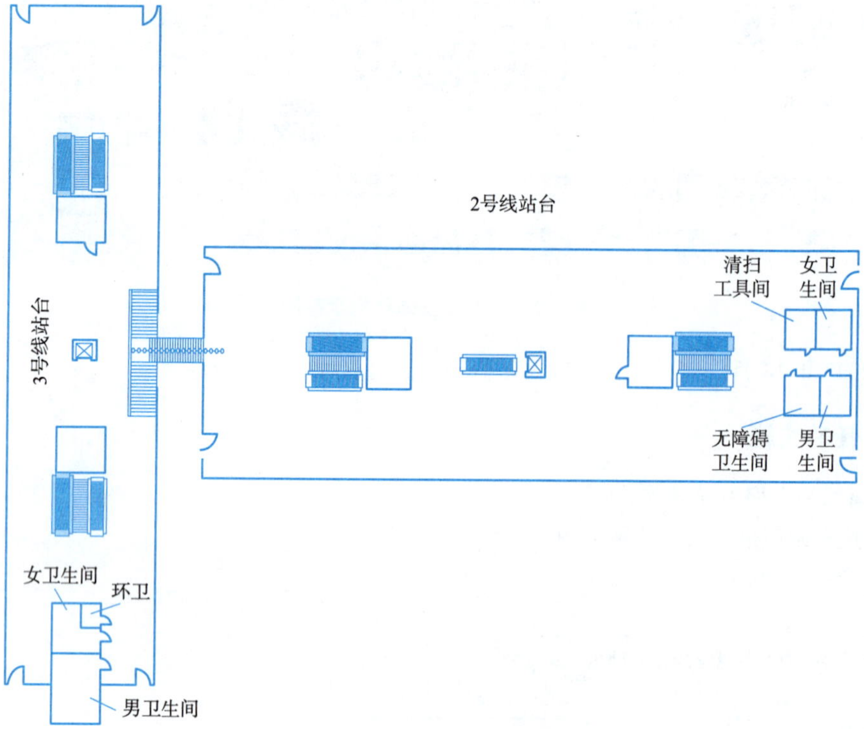

图4-2-3　A站站台平面图

(3)5:17,A站值班站长赵一根据上述任务中所画的巡视线路图对本站进行巡视,在巡视车站站厅时发现某处出现渗漏水,微型消防站内的灭火器及消防面具使用后未摆放到位的情况。同时,教师在实训室内随机设置故障点,请学生根据巡视情况填写“车站巡视记录本”(表4-2-2)和“消防安全巡查记录本”(表4-2-3)。

表 4-2-2　车站巡视记录本

______年____月____日　　　　　　值班站长：________　　　　　　巡视员：________

检查内容		要　求	检查时间及情况						发现问题及跟进措施
			21:00 —23:00	23:00 —01:00	01:00 —03:00	03:00 —05:00	05:00 —07:00	07:00 —09:00	
公共区	站台乘客服务情况	（1）售检验票口乘客有序排列，无乘客排长队； （2）售票员按规定唱票、验票； （3）工作人员严格检查、防止乘客逃票、漏检现象； （4）各岗位严格执行乘客服务管理要求相关规定							
公共区	自动售票机	（1）机壳无损伤；外观清洁； （2）出票口、投币口、钥匙孔无杂物堵塞； （3）TVM 功能正常（若故障，需放置暂停服务牌）							
公共区	自助取票机	（1）机壳无损伤，外观清洁； （2）功能正常（若故障，需放置暂停服务牌）							
公共区	闸机（automatic gate machine，AGM）	（1）机壳无损伤，外观清洁； （2）AGM 功能正常（若故障，需放置暂停服务牌）； （3）出入票口、钥匙孔无杂物堵塞							
公共区	PIS 设备	条屏、液晶显示屏功能正常							
公共区	广告牌、广告灯箱、导向牌、不锈钢隔栏，出入口公告栏	（1）广告牌、广告灯箱正常； （2）导向牌指示方向、指示内容正确、清晰、完整； （3）卫生状况好，公告栏、画框无破损，画面完好、平整							
公共区	地面、墙、柱	地面干净、无积水、杂物；墙、柱清洁完好							
公共区	电扶梯、电梯	（1）扶梯/电梯正常工作，无异常声音和异味，扶手带、毛刷无脱落，运行方向正确； （2）电梯、扶梯梯级、台阶干净							
公共区	垃圾桶	垃圾桶未满，表面干净、无异味							
公共区	站台端门	处于关闭状态，警示标志清晰完好							
公共区	站台、站厅照明	照明正常							
公共区	员工通道门	处于关闭状态							
出入口	出入口（5 m 内）	地面清洁、无闲杂人员逗留、无人群拥挤、无障碍物							

续表

检查内容		要　求	检查时间及情况						发现问题及跟进措施
			21:00—23:00	23:00—01:00	01:00—03:00	03:00—05:00	05:00—07:00	07:00—09:00	
工作区域	员工交班室、站务室	物品摆放整齐,室内卫生状况良好							
	车控室	无非工作人员,物品摆放整齐,室内卫生状况良好							
	客服心、票务室	(1)无非工作人员,门为锁闭状态; (2)备品摆放有序、卫生状况良好							
	清扫间、卫生间	卫生状况良好、无异味、无易燃品							
仪容仪表	仪表着装	员工按规定着装,仪容仪表端庄大方							

表 4-2-3　消防安全巡查记录本

巡查内容	巡查时间	巡查情况
用火、用电有无违章情况		
安全出口、疏散通道是否畅通,安全疏散指示标志、应急照明是否完好		
消防设施、器材和消防安全标志是否在位、完整		
常闭式防火门是否处于关闭状态,防火卷帘下是否堆放物品影响使用		
消防安全重点部位人员在岗情况		
其他消防安全情况		
其他情况		
巡查人员签名		
主管人员签名		
备注:		

注:1. 情况正常打"√",存在问题打"×",并在巡查情况栏中写明存在问题。
2. 对发现的问题要及时处置,无法处置的要立即报告。
3. 此表为每日防火巡查记录表。

技能训练二　车站设备设施故障报修及处理

一、任务条件

2023 年 12 月 21 日,A 站值班站长赵一在 5:17 巡视车站站厅时发现某处出现渗漏水,经判断未对行车和客运服务造成影响。本站值班员钱一于 5:45 将故障上报,维修人员孙山于 6:17 到达车站对渗漏水进行维修,26 min 后故障修复。

二、任务实施

(1)请回答下列引导问题。

①根据车站设备、设施的故障情况,故障类型分为__________和__________。

其中,一级故障主要包括哪些类型?

____

____

二级故障主要包括哪些类型?

____

____

②本专业现场人员发现设备、设施故障属于一类故障时,立即报告__________。

非本专业现场人员发现设备、设施故障属于一类故障时,立即向__________汇报。

③本专业现场人员发现设备、设施故障属于二类故障时,向__________报告。

非本专业现场人员发现设备、设施故障属于二类故障时,向__________报告。

④现场人员发现设备、设施故障但无法直接判断故障等级时,应报__________。

⑤现场人员无法直接判断故障设备、设施的管辖部门时,应如何处理?

____

____

⑥对比设备设施故障等级分类接口表,上述任务中的故障属于__________级故障。根据表 4-2-1 内容,上述故障归口于__________部门调度,属于 OCC 调度中的__________调度。

(2)根据任务条件,填写"设备设施故障报修登记本"(见表 4-2-4),并上报。

表 4-2-4　设备设施故障报修登记本

登记						注销				备注
日期	时间	故障现象	故障代码	接收人	报修人	维修人员到达时间及签名	值班员签名	设备修复时间及签名	值班员签名	

任务评价

本任务完成后,请根据表 4-2-5 进行任务评价。

表 4-2-5　任务评价表

序号	评价内容	评价标准	分数	评分记录		
				学生自评	组间互评	教师评分
1	车站巡视记录本的填写	表格填写完整、正确(漏项、错项每项 -5 分)	25			
2	消防安全巡查记录本的填写	表格填写完整、正确(漏项、错项每项 -5 分)	20			

续表

序号	评价内容	评价标准	分数	评分记录		
				学生自评	组间互评	教师评分
3	设备设施故障报修登记表的填写	流程正确，无误（漏项、错项每项 -5 分）	15			
4	考勤情况	无迟到、早退、旷课	20			
5	工作态度	态度认真、团队合作、任务完成质量良好	20			
总分			100			

巩固与练习

一、选择题

1. 车站巡视的要求有（　　）。

A. 认真　　B. 细致　　C. 周到　　D. 及时

2. 电扶梯故障、个别闸机或自动售票机退出服务、个别 PIS 退出服务、部分照明或疏散指示灯失电等常见故障属于（　　）。

A. 一类故障　　B. 二类故障　　C. 三级故障　　D. 四级故障

3. 本专业现场人员发现设备、设施故障属于一类故障时，立即报告（　　）。

A. 值班站长　　B. 站长　　C. OCC　　D. 本部门生产调度

二、判断题

1. 车站巡视过程中应如实填写巡视台账，发现问题须详细记录、做好跟进并签名确认。（　　）

2. 巡视时发现不能解决的问题，须及时通知 OCC。（　　）

3. 一类故障由班组各调每周分别对管辖范围内的故障处理情况进行跟踪统计，各相关部门生产调度配合。（　　）

4. 现场非本专业人员发现设备、设施故障属于二类故障时，向属地车站报告。（　　）

5. 各部门生产调度接收到故障信息后，立即组织专业人员进行设备修复工作。如故障不能及时处理则直接通知车站值班站长。（　　）

三、简答题

根据设备设施的故障情况，故障类型有哪几种？

模块五

车站安全管理

“安全”永远是城市轨道交通企业运营生产的主题，其重要性不言而喻。为做好车站的安全工作，车站安全管理工作尤其重要，为此，车站从安全教育与培训、车站危险源识别与控制等基础工作到车站消防安全、防寒防汛安全等具体的安全管理要求，都有明确的规定。同时，要“防患于未然”，做好车站日常应急处置演练。当车站不可避免地发生了事故/事件时，不仅能够做好应急处理工作，事后还要严格按照“四不放过”的原则进行事故的调查处理。

思维导图

- 车站安全管理
  - 任务一 认识车站安全教育
    - 安全教育培训要求
    - 安全教育培训实施
      - 三级安全教育
      - 转（返）岗安全教育
      - “四新”安全教育
      - 特种作业、特种设备作业人员安全教育
      - 其他
    - 车站安全教育
      - 每班安全教育
      - 专项安全教育
      - 新员工安全教育
    - 班组级安全教育PPT
  - 任务二 识别与控制车站危险源
    - 相关定义
    - 危险源识别
      - 危险源识别及风险评价时机
      - 危险源识别范围
      - 危险源识别的状态、时态和类型
      - 危险源识别方法
    - 危险源风险评价
    - 危险源控制
      - 策划目标
      - 方法与措施
      - 危险源控制措施
      - 危险源检查、改进与更新
  - 任务三 车站消防安全管理
    - 安全消防组织架构
    - 车站消防安全重点部位
    - 车站消防工作
      - 消防安全教育制度
      - 义务消防队管理制度
      - 消防安全检查制度
      - 防火巡查
      - 消防设施（器材）管理
    - 车站消防设备设施、装备及器材的使用
      - 消防安全四懂四会
      - 消防安全四个能力
      - 灭火器的检查与使用
      - 消防栓的作用
      - 空气呼吸器的使用
      - 消防战斗服的穿戴
      - 手动报警按钮的使用
  - 任务四 车站防寒、防汛管理
    - 车站防寒管理
      - 危害及影响
      - 严重程度
      - 防寒处置原则及措施
      - 车站防寒设施设备
      - 防寒应急处置程序
      - 注意事项
    - 车站防汛管理
      - 风险分析
      - 对运营的影响
      - 防汛处置原则及措施
      - 信息报告流程
      - 车站防汛设施设备
      - 防汛应急处置程序
      - 注意事项
  - 任务五 车站应急处置及演练
    - 车站应急处置
      - 应急处理基本原则
      - 突发事件应急处理
      - 车站应急信息报告制度
      - 车站应急队伍管理
      - 车站应急物资
    - 车站应急处置及演练管理
  - 任务六 车站事故/事件调查
    - 运营事故处理规则
      - 基本原则
      - 事故/事件分类
      - 现场处置
      - 现场管理
      - 调查处理程序与责任判定
    - 车站事故/事件处理及配合调查程序
      - 事件应急处置
      - 调查程序
      - 事件分析报告案例

任务一 认识车站安全教育

情景导入

丁一是3号线A站站长。4月1日，公司2024届运营专业订单班新入职员工5人到车站报到。丁站长对新入职员工进行班组级安全教育，准备PPT，并组织培训及安全教育考试，完成安全教育材料归档。

刘文是此次新入职员工，经过车站安全培训后，参加安全教育考试。

学习目标

知识目标

1. 了解需进行安全教育培训的情况；
2. 熟悉三级安全教育的规定；
3. 了解车站安全教育培训的形式；
4. 了解车站安全教育培训存档相关材料。

能力目标

1. 具有根据车站情况进行安全教育培训的能力；
2. 具有根据车站情况制作培训PPT的能力；
3. 增强新员工事故预防及应急处理能力；
4. 能通过车站级安全教育考试。

素养目标

具有安全生产的意识。

任务描述

安全教育培训工作是车站安全生产的基础，地铁运营公司对安全教育培训工作有明确的规定，如学时的要求、负责部门及培训内容的要求。车站站长是车站级（班组级）安全教育的组织者，车站安全教育的途径和形式也有多种。

对新入职员工、转岗员工、复岗员工，车站须进行车站班组级安全教育。由车站站长或分管安全的值班站长负责实施，员工必须经过车站班组级安全教育并考试合格后方能上岗工作。

任务分析

车站要做好车站级安全教育培训工作，就要针对不同的培训对象，如新入职员工、转岗（返岗）员工、特种作业人员、其他如临时用工、实习人员、外来参观人员等进入生产现场人员等，按车站级安全教育要求开展安全教育工作。车站站长或安全教育培训负责人应能够按规定格式及内容制作PPT并开展培训，制作试卷，组织考试。同时为员工建立“个人安全档案”。

相关知识

安全教育培训工作是运营公司抓生产、保安全的重要手段，是常规管理工作的重要组成部分。通过安全教育培训，使员工掌握安全生产知识，提高安全生产技能，增强事故预防及应急处理能力，自觉遵守国家安全生产法律法规、运营公司安全管理制度和安全技术操作规程，实现安全文明生产，防止伤亡事故发生。

一、安全教育培训要求

安全教育培训是为了提高全员的安全生产意识，达到安全生产的目的，教育培训内容应包含安全生产法规教育、安全生产基本知识教育、安全操作技能教育。对于安全生产管理人员和特种作业、特种设备作业人员要经过专门培训，考试合格取得证书后，持证上岗。

地铁运营公司对不同人员安全培训教育学时有明确规定，以某地铁公司为例：

(1)运营公司主要负责人、分管安全生产的负责人或者安全总监以及安全生产管理人员初次安全教育培训时间不少于32学时，每年接受安全教育培训时间不少于16学时，由安全技术部组织实施。

(2)班组人员每年接受安全教育培训不少于20学时。

(3)其他人员每年接受安全教育培训时间不少于8学时。

安全教育培训要按计划实施，如实记录培训时间、课程内容、参加人员、学时以及考核结果等情况，遵循“谁组织，谁存档”的原则，按年度归集存档。

建立健全员工安全培训档案，实行一人一档，明确专人管理。档案内容应包括“员工安全教育卡”(见表5-1-1)及相应的安全教育考试试卷等。

表5-1-1　员工安全教育卡

姓名 工号	张三 ××××××	性别	男	出生年月	1989.11	员工本人 电子版照片
部门	客运部	岗位	值班员	入职时间	2013.06.16	

入职安全教育记录

级别	教育时间	学时	授课人	考试成绩	补考成绩	本人签字
公司级	2013.06.20	4	×××	91	无	本人手签
部门/中心级	2013.06.25	8	×××	70	80	本人手签
班组级	2013.06.26 2013.06.27	12	×××	85	无	本人手签

安全教育记录

教育原因	教育时间	组织部门	主要培训内容	学时	授课人	考试成绩	补考成绩	本人签字
转岗/车辆调至D站	2015.8.15	站务一中心	中心级安全教育PPT	2	×××	90	无	本人手签
转岗/车辆调至D站	2015.8.16	D站	班组级安全教育PPT	2	×××	85	无	本人手签
转岗/D转至F	2016.8.5	F站	班组级安全教育PPT	4	×××	90	无	本人手签
转岗/F转至A	2017.6.5	站务二中心	中心级安全教育PPT	2	×××	85	无	本人手签
转岗/F转至A	2017.6.6	A站	班组级安全教育PPT	2	×××	82	无	本人手签
转岗/值班员 晋升值班站长	2018.4.2	A站	班组级安全教育PPT	4	×××	82	无	本人手签
离岗/6个月以上	2018.11.2	站务二中心	中心级安全教育PPT	2	×××	89	无	本人手签
返岗离岗/6个月以上	2018.11.3	A站	班组级安全教育PPT	6	×××	95	无	本人手签
转岗/A转 至站务三中心	2019.2.8	站务三中心	中心级安全教育PPT	4	×××	89	无	本人手签

续表

教育原因	教育时间	组织部门	主要培训内容	学时	授课人	考试成绩	补考成绩	本人签字
转岗/站务三中心至部门	2020.2.10	客运部	部门级安全教育 PPT	4	×××	89	无	本人手签
注:此表存放于员工安全培训档案,本表单保存期限为永久。								

注:此表格内正体内容可打印或手写,斜体内容必须由员工本人手写。

二、安全教育培训实施(以某地铁公司为例)

1. 三级安全教育

新员工上岗前必须进行三级安全教育。三级安全教育是指公司级、部门/中心级、班组级。全部考试合格后方可上岗操作,并如实填写“员工安全教育卡”。

(1)一级安全教育由人力资源部牵头,安全技术部负责实施。一级安全教育主要是对新入职的员工在没有分配到工作岗位之前,必须进行的安全教育。培训时间不少于4学时,培训的主要内容应包括国家安全生产(消防)法律法规、安全生产基本知识、公司安全生产规章制度、应急知识、从业人员安全生产权利和义务及典型事故案例等。

(2)二级安全教育由各部门/中心负责实施,对分配到部门/中心的员工进行的安全生产教育。培训时间不少于8学时,培训的主要内容应包括岗位风险及危险因素、所从事工种可能遭受的职业伤害和伤亡事故、所从事工种的安全职责与操作技能、自救互救(疏散和现场紧急情况)的处理、安全设备设施(个人防护用品)的正确使用和维护、本部门/中心安全规章制度、相关应急预案、预防事故和职业危害的措施及应注意的安全事项、有关事故案例以及其他需要培训的内容。

(3)三级安全教育是由班组负责,由车站站长或分管安全的值班站长负责实施,对分配到班组的员工进行的安全生产教育。培训时间不少于12学时。

2. 转(返)岗安全教育

(1)调整班组或岗位的,应重新接受班组级安全教育,安全教育培训不少于4学时。

(2)调整部门/中心的,应重新接受部门/中心级和班组级安全教育,安全教育培训不少于4学时。

(3)离岗6个月以上返岗的,应当接受部门/中心级和班组级安全教育,安全教育培训不少于8学时。

(4)转(返)岗安全教育情况参照二、三级安全教育内容,如实填写“员工安全教育卡”。

3. “四新”安全教育

(1)因采用“新工艺、新技术、新设备、新材料”(以下简称“四新”)操作规程及岗位危险源发生变化的,要进行专门的安全教育和培训。

(2)“四新”安全教育应由部门/中心专业技术人员组织授课,安全教育培训时间不少于8学时。培训的主要内容应包括安全操作规程,危险有害因素、相应安全防控措施以及应急处置方法等。

(3)“四新”安全教育应根据开展情况,如实填写“员工安全教育卡”。

4. 特种作业、特种设备作业人员安全教育

从事特种作业、特种设备作业以及有国家规定职业资格准入要求的作业人员,相关部门应按国家有关规定加强对作业人员的安全教育和培训。

5. 其他

(1)使用被派遣劳动者的部门,应当纳入本部门人员统一管理,对被派遣劳动者进行岗位安全操作规程和安全操作技能的培训。

(2)临时用工、实习人员、外来参观人员等进入生产现场,归口管理部门和属地部门应当做好安全告知或必要的安全培训并如实记录。

三、车站安全教育

车站安全教育培训分为每班安全教育、专项安全教育、新员工安全教育。

1. 每班安全教育

(1)教育形式:班前会(晨会)。

(2)教育频次:每班。

(3)教育内容。

① 根据交接班内容向班组成员说明上一班组的安全生产情况、未完成事宜、发现的安全隐患,要求相关岗位落实监控措施。

② 传达上级安全工作安排,说明本班次工作内容,结合车站班组岗位人员状态,进行针对性的布置。

③ 提醒各岗位严格遵守规章制度,严格履行岗位安全职责,提示重点作业安全注意事项。

④ 进行安全操作规定、安全规章条款等的教育和提问。

(4)教育记录:“值班站长当班情况登记表”(或综合日志等)。

2. 专项安全教育

(1)教育形式:安全讲座及安全考试。

(2)教育频次:每年至少进行一次安全生产法律法规、安全规章的专项安全教育及考试。

(3)教育内容。

① 安全生产法律法规:通过有关安全生产方针政策、法律法规的宣传教育,提高员工法治观念,提升员工遵纪守法意识,使员工懂法、守法。

② 安全规章:通过对应岗位、工作项目进行安全生产责任制、安全管理规定、安全操作规程等的教育,提升员工安全意识和安全知识,掌握安全生产工作的依据和准则。

③ 事规:通过对重点条款、新增条款、变更条款的讲解分析,使员工明确事故的定性、分类和导致事故发生的不安全因素,掌握本岗位安全防范重点,落实各项事故预防措施。

④ 消防安全教育:通过消防安全职责、车站电器安全管理规定、仓库管理规定、春季冬季防火重点、消防器材使用及易燃易爆物品查堵等内容的教育,提高员工对消防安全工作的重视。

⑤ 治安安全教育:通过公司有关文件、车站票款安全管理规定、个人物品管理规定、拣拾物品管理规定等内容的教育,提升员工治安防范意识。

⑥ 业务培训:通过突发事件处置预案、车站客运组织方案、抢险器材使用方法、急救知识等业务培训,使员工掌握本岗处置程序,提升处置能力。

(4)教育记录:“车站会议记录本”、考试答卷。

3. 新员工安全教育

(1)车站须对新入职员工、转岗员工、复岗员工进行车站班组级安全教育。

车站班组级安全教育由车站站长组织进行,员工必须经过车站班组级安全教育并考试合格后方能上岗工作。同时为员工建立“个人安全档案”,“个人安全档案”需放置以下材料:“员工三级安全教育登记卡”、安全生产承诺书、安全生产责任状、班组级安全教育试卷、签到表、培训实施记录表、成绩汇总表、劳动防护用品领用记录卡。

(2)教育内容。新员工安全教育的主要内容应包括:车站安全生产状况和特点、车站班组岗位设置和工作内容、车站班组安全管理制度(如安全生产责任制、各项安全管理规定)、岗位作业特点和安全防范重点、岗位安全操作规程(可指定专业岗位员工进行)、车站客运组织方案和突发事件处置预案、抢险器材使用和分布、劳动防护用品的正确使用、车站存在的危险源和监控措施、车站班组安全管理项目(如安全教育、检查、活动)等,对员工进行安全规章制度、设备操作规程、设备维护标准、检修程序的培训。

四、班组级安全教育 PPT

班组级安全教育 PPT 应按照以下章节及内容建立。在开展班组级安全教育时,应带领员工对车站情况进行现场察看。PPT 具体如下:

第一部分:车站概况,主要包含车站性质、位置、结构及周边情况;应急疏散集合口、公交接驳口、消防疏散通道等。

第二部分:消防安全,主要包含“四懂四会”、灭火器检查与使用、消火栓操作、手动报警按钮操作、正压式空气呼吸器使用、过滤式空气呼吸器使用等。

第三部分:下现场安全,主要包含安全标志、下现场安全准备等。

第四部分:行车设备,主要包含车站行车设备相关照片、人工准备进路指导书、运营前检查作业指导书等。

第五部分:日常安全,主要包含人身安全、职业卫生安全等。

第六部分:部门规章制度。

第七部分:客运部风险数据库。

第八部分:安全事故案例。

第九部分:安全生产责任,主要包含站长、值班站长、值班员、站务员的安全生产责任。

笔记栏

技能训练

技能训练一　编制 A 站安全教育培训 PPT

一、任务条件

(1)4 月 1 日,新入职员工 5 人到车站报到。丁站长准备安全培训 PPT 对新入职员工进行班组级安全教育培训。

(2)编制人:A 站站长丁一。

二、任务实施

(1)开展安全教育培训前,请先回答下列引导问题。

①三级安全教育是指________级、________级、________级。

②一级安全教育由人力资源部牵头,__________负责实施;二级安全教育由__________负责实施;三级安全教育是由______负责,由__________或分管安全的值班站长负责实施。

③班组级安全教育 PPT 应按照以下章节及内容建立。

第一部分:______________　第二部分:______________　第三部分:______________

第四部分:______________　第五部分:______________　第六部分:______________

第七部分:______________　第八部分:______________　第九部分:______________

(2)编制 A 站安全教育培训 PPT。(根据现有资料或到企业调研,收集某一车站材料,完成此任务)

(3)展示 A 站安全教育培训课件,对比教师提供的培训课件范本,总结优点及不足。

(4)根据编制的安全教育培训课件,模拟进行安全教育培训。

技能训练二　安全教育考试

一、任务条件

(1)考试参加人:刘文等新入职员工 5 人,经过车站安全培训后,参加安全教育考试。

(2)组织人:A 站站长丁一。

(3)安全培训考试试卷一份。

(4)完成安全教育材料归档。

二、任务实施

(1)开展安全教育考试前,请先回答下列引导问题。

①培训的主要内容应包括:

____

____

②“个人安全档案”需放置以下材料:

____

____

(2)完成安全考试。安全教育考试试题,见二维码资源。

安全教育考试试题

(3)答题后,请参考教师提供安全教育考试答案。

任务评价

本任务完成后,请根据表5-1-2进行任务评价。

表5-1-2　任务评价表

序号	评价内容	评价标准	分数	评分记录		
				学生自评	组间互评	教师评分
1	编制安全教育培训PPT	课件项目齐全、内容丰富完整	20			
2	课件培训	能够完成安全培训、讲解专业、全面	20			
3	安全考试	安全考试合格(80分以上)、优秀(95分以上)	20			
4	考勤情况	无迟到、早退、旷课	20			
5	工作态度	态度认真、团队合作、任务完成质量良好	20			
总分			100			

巩固与练习

一、选择题

1. “四新”安全教育,“四新”是指(　　)。

A. 新工艺　　B. 新技术　　C. 新设备　　D. 新材料

2. 班组人员每年接受安全教育培训不少于(　　)学时。

A. 10　　B. 20　　C. 40　　D. 60

二、填空题

1. 教育培训内容应包含安全生产法规教育、________________教育、________________教育。

2. 安全教育培训要按计划实施,如实记录培训时间、课程内容、参加人员、学时以及考核结果等情况,遵循“____________,____________”的原则,按年度归集存档。

3. 车站安全教育培训形式分为:每班安全教育、________安全教育、________安全教育。

4. 新员工上岗前必须进行三级安全教育。三级安全教育是指公司级、________、________。

三、判断题

1. 对新入职员工、转岗员工、复岗员工仅进行车站班组级安全教育。(　　)

2. 班组级的三级安全教育仅是车站安全教育培训的一种形式。(　　)

3. 国家安全生产(消防)法律法规的教育应在一级安全教育中进行。(　　)

任务二　识别与控制车站危险源

情景导入

运营事故的发生可能涉及多种因素,包括设备设施故障、人员操作失误、乘客自身行为不当、不良天气条件等。为了确保车站安全运营，地铁1号线决定集中组织车站开展危险源识别与风险评价工作，以更好地了解目前车站运营过程中存在的安全风险，并采取相应的措施来预防和控制这些风险。此次集中开展危险源识别与风险评价工作主要从以下几个方面进行：

系统性识别→数据收集与分析→定性与定量评估→专家评审→风险矩阵分析→制定风险控制措施→明确责任主体→定期监测与评估。

通过集中开展危险源识别与风险评价工作，更加准确地了解车站运营中的安全风险，并采取有效措施进行预防和控制，从而降低运营事故的发生率，确保乘客的出行安全。

学习目标

知识目标

1. 掌握危险源相关定义；
2. 熟悉危险源识别及风险评价的时机；
3. 熟悉危险源识别的类型和识别方法；
4. 掌握危险源的控制措施。

能力目标

1. 能够准确辨识各类危险源；
2. 能够正确判断危险源等级；
3. 会根据危险源的等级提出有效的控制措施。

素养目标

1. 培养学生的危险辨识意识；
2. 培养学生在危险源辨识中认真严谨、规范操作的工作态度。

任务描述

车站危险源识别与控制核心在于预防和控制危险源，通过系统地识别和控制潜在的危险源，降低事故发生的概率和影响程度，从而保障乘客和员工的生命财产安全。通过对车站运营过程中的各个环节和因素进行全面分析，识别出所有潜在的危险源。对识别出的危险源进行风险评估，明确危险源的风险程度和优先级，为后续的控制措施提供依据。根据危险源的风险评估结果，制定具体的控制措施。在实施控制措施后，对危险源进行持续监控和评估，确保控制措施的有效性。

任务分析

车站危险源识别与控制任务分析是一个持续的过程，需要不断关注车站的安全状况，及时发现并控制潜在的危险源，以确保车站的安全运营。首先，需要对车站进行全面的危险源识别。危险源可能来自各个方面，如设备故障、人为操作失误、环境因素等。在识别出危险源后，需要对它们进行风险评估。通过风险评估，确定需要重点控制的危险源。并针对识别出的危险源，应根据危险源的性质和风险评估结果制定具体的控制措施。在实施控制措施后，需要对其进行监控和评估，以确保其有效性。

相关知识

一、相关定义

(1)危险源。危险源是可能造成人员伤害、职业病、财产损失、作业环境破坏或其组合的根本原因或状态。一般分为两类:第一类是指可能导致意外释放的能量或危险物质;第二类是指导致能量或危险物质约束或限制措施破坏或失效的各种因素。危险源的实质是具有潜在危险的源点或部位,是爆发事故的源头,是能量、危险物质集中的核心。危险源可能存在事故隐患,也可能不存在事故隐患。

(2)危险源识别。确认危险源的存在并确定其特性的过程。

(3)事件:造成或可能造成事故的事情。

(4)事故:造成死亡、职业病、伤害、财产损失或其他损失的意外事件。

(5)风险:特定危险事件发生的可能性与后果的组合。

(6)风险评价:评价风险程度并确定风险是否可容许的全过程。

(7)职业健康与安全:影响或可能影响运营公司场所内所有人员,包括员工、委外人员、访问者和乘客等其他人员的安全和健康的条件和因素。

(8)事故隐患:是指作业场所、设备及设施的不安全状态,人的不安全行为和管理上的缺陷。事故隐患本质是有危险的、不安全的、有缺陷的“状态”。

(9)系统性识别:对整个地铁车站的运营过程进行系统性识别,包括车站设施、设备、人员操作、乘客行为、环境因素等各个方面。

(10)数据收集与分析:收集过去发生的客伤事故数据,进行深入分析,找出事故发生的规律和原因,为危险源识别提供数据支持。

(11)定性与定量评估:对识别出的危险源进行定性和定量评估,确定其可能导致客伤事故的概率、影响程度和风险等级。

(12)专家评审:邀请安全专家、行业专家等进行评审,对危险源和风险等级进行确认和补充。

(13)风险矩阵分析:利用风险矩阵对危险源进行排序,确定优先控制的危险源和风险点。

(14)制定风险控制措施:根据风险评价结果,制定相应的风险控制措施,包括预防、减轻、转移和应对等各个方面。

(15)明确责任主体:明确各项风险控制措施的责任主体和执行部门,确保措施的有效实施。

(16)定期监测与评估:对风险控制措施的实施效果进行定期监测和评估,及时调整和完善措施,确保风险得到有效控制。

二、危险源识别

1. 危险源识别及风险评价时机

(1)新线开通运营前。

(2)相关的法律、法规、标准和其他要求发生变化。

(3)新、改、扩建涉及行车、客运、人身、消防安全的项目及行车、维修改变方式实施之前。

(4)发生事故之后或分公司认为有必要时。

(5)分公司定期对危险源进行重新识别和评价。

2. 危险源识别范围

危险源识别范围包括分公司所有的活动、所有的设备设施、所有的人员，具体如下：

(1)所有活动，包括行车、客运、设施设备维护、生产物资采购等与运营生产有关的各项活动。

(2)所有人员，包括员工、乘客、委外人员、劳务人员及其他进入分公司范围内的人员。

(3)分公司所有设施设备。

(4)带入分公司范围内的设备。

(5)分公司的建筑物、构筑物。

(6)分公司涉及的存在危险性的材料。

(7)职业健康与安全相关的作业方法、规章制度等。

(8)环境，包括分公司所处的自然及社会环境。

(9)其他需要识别的范围。

3. 危险源识别的状态、时态和类型

危险源识别时要考虑三种状态、三种时态及六种类型。具体如下：

1)三种状态

(1)正常状态：日常管理活动及服务提供活动。

(2)异常状态：有计划但不是经常发生的活动。

(3)紧急状态：可预见性，可能会导致灾难性后果的活动。

2)三种时态

(1)过去：过去在分公司的某些活动中，或曾在轨道交通某些活动中存在的危险源或发生过事故。

(2)现在：现在正在从事的有危险源的活动。

(3)将来：在可以预见的将来还会存在的有危险源的活动。

3)六种类型

(1)物理性危险源。

(2)化学性危险源。

(3)生物性危险源。

(4)心理、生理性危险源。

(5)行为性危险源。

(6)其他类型危险源。

危险源的类别清单见二维码资源。

4. 危险源识别方法

危险源的类别清单

在危险源识别的过程当中应当充分发挥团队的力量，可以穿插使用直接经验法、系统安全分析法等方法。

1)直接经验法

采用查询资料、现场观察、人员访谈、发调查表等方式，对危险源进行分析。主要分为以下两种：

(1)对照经验法：对照有关标准、检查表或依靠分析人员的观察分析能力，直观凭经验和判断能力对危险源进行分析。

(2)类比方法:利用相同或相似作业条件的经验和统计资料来类推、分析危险源。

2)系统安全分析法

(1)事件树(event tree,ETA)是一种从初始原因事件起,分析各环节事件“成功(正常)”或“失败(失效)”的发展变化过程,并预测各种可能结果的方法,即时序逻辑分析判断方法。应用这种方法对系统各环节事件进行分析,可辨识出系统的危险源。

(2)事故树(fault tree,FTA)是一种根据系统可能发生的或已经发生的事故结果,去寻找与事故发生有关的原因、条件和规律。通过过程分析,辨识出系统中导致事故的有关危险源。

辨识的重点是生产服务活动及所涉及的各环节,包括员工、乘客、设备设施的操作维护、涉及的危险材料、危险的作业方法,危险的作业环境等。

危险事件/事故发生可能性分值

三、危险源风险评价

危险源识别后,对每个识别出的危险源都应进行危险等级的风险评价,评价每一危险源引起事件的可能性(L)及一旦发生事件的严重程度(S),综合 L 及 S 的评价结果,判定每一危险源的危险值($R=LS$)。对于危险源可能造成的事故后果的严重程度按照“就高不就低”原则进行评价。危险源事件/事故发生可能性(L)、危险源事件/事故可能的后果(S)的取值分别见二维码资源。

危险源事件/事故可能的后果分值

根据计算出的危险值(R),将风险等级分为四级:

(1)Ⅰ级:重大风险(高度危险)。

(2)Ⅱ级:较大风险(中度危险)。

(3)Ⅲ级:一般风险(一般危险)。

(4)Ⅳ级:低风险(轻微危险)。

四、危险源控制

1. 策划目标

(1)根除危险因素。

(2)限制和减少危险因素。

(3)隔离、屏蔽和联锁。

(4)故障安全措施。

(5)安全规程。

(6)安全标志、安全警示。

2. 方法与措施

(1)制定目标、指标、管理方案。

(2)制定管理程序。

(3)培训与教育。

(4)制定应急方案。

(5)加强现场监督与检查。

(6)保持现有措施。

3. 危险源控制措施

危险源控制措施的选择原则是根据风险评估结果——风险等级的不同以及成本效益的原则

选择适合的、充分的控制措施。

在确定控制措施或考虑变更现有控制措施时，应按如下顺序考虑降低风险：

（1）消除。

（2）替代。

（3）工程控制措施。

（4）标志、警告和（或）管理控制措施。

（5）个体防护装备。

各处室、中心应按照危险源控制原则，针对每一危险源制定相应的控制措施，采取有效手段降低或消除风险。在危险源管控过程中，如发现新增危险源应及时采取控制措施，并在“危险源识别、评价表”中登记；发现具备结案条件的危险源应及时结案，并在“危险源识别、评价表”中注明结案原因。危险源的识别、评价及控制流程如图5-2-1所示。

各处室、中心对本部门内重大危险源应制定具体的管理方案，并针对重大危险源控制措施制定相应的应急预案，列入年度应急预案演练计划，安全监察处对上述重大危险源的管控执行情况进行督查。

不同等级的危险源选择控制措施见表5-2-1。

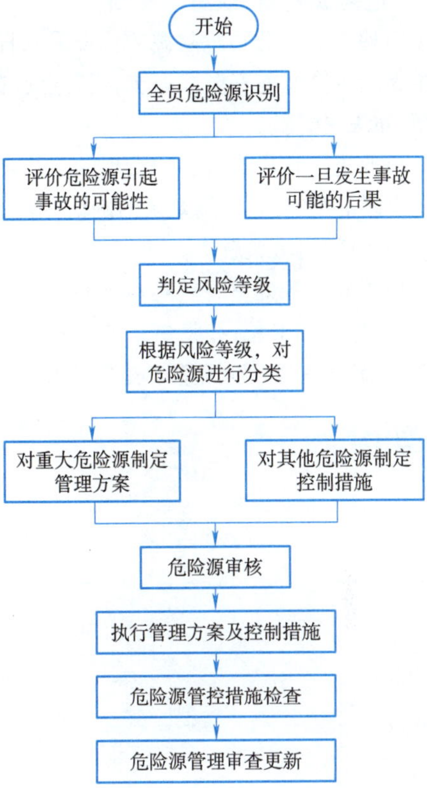

图5-2-1　危险源的识别、评价及控制流程

表5-2-1　不同等级的危险源选择控制措施

危险等级	危险值（R）	危险程度	控制措施
Ⅰ级	$R>60$	重大风险（高度危险）	（1）不能继续作业或暂停相关部分的运作； （2）制定重大危险源管理方案，进行可视化管理； （3）制定改进目标及措施并对其评估，降低风险度； （4）制定专项应急预案； （5）建立专项档案，加大检查力度； （6）加强员工安全教育
Ⅱ级	$40<R\leqslant60$	较大风险（中度危险）	（1）建立目标及控制措施； （2）建立运作控制程序，定期检查、测量、评估； （3）降低风险级别，风险没有得到降低期间，应确保现有应急措施可靠、有效； （4）考虑现有技术、财务方面要求，认为该类风险目前无法降低时，要维持现有的风险控制水平，避免危险值升高
Ⅲ级	$15<R\leqslant40$	一般风险（一般危险）	（1）完善操作规程并采取适当的控制措施； （2）加强监测、检查； （3）加强员工的培训工作
Ⅳ级	$R\leqslant15$	低风险（轻微危险）	（1）维持和完善现有风险控制措施。 （2）无须采取额外控制措施

4. 危险源检查、改进与更新

(1)检查。分公司危险源的检查采取日常安全检查、月/季度安全检查、重大节假日(指国庆节、春节,下同)节前安全检查、专项安全检查等形式,检查组织方式和检查频率参照“安全生产检查管理办法”执行。

(2)改进。在检查过程中发现的不符合项目,应立即启动纠正预防机制,即分析原因、制定纠正措施、评审及实施、实施效果的确认。若确因条件限制,责任部门不能解决该不符合事项,应及时上报上级部门协调解决。

(3)更新。各处室每年对本处室危险源至少进行一次年度评价,对原有危险源清单进行核实、补充、整理和汇总,并将更新的“危险源识别、评价表”报送至安全监察处,但须在备注栏注明“是否新增”“是否级别调整”“是否结案”。

笔记栏

技能训练

危险源识别、评价表

一、任务条件

为了确保车站安全运营，地铁 1 号线决定集中组织车站开展危险源识别与风险评价工作，以更好地了解目前车站运营过程中存在的安全风险，并采取相应的措施来预防和控制这些风险。王会明为 1 号线 A 站站长，根据本次危险源识别与风险评价工作要求，组织本站全员对车站危险源进行系统性识别和评估，并将开展情况在表 5-2-2“危险源识别、评价表”中登记。

表 5-2-2　危险源识别、评价表

序号	活动/过程/区域	危险源名称	可能导致的事故/事件	风险评价				危险源控制责任人	已采取的控制措施	检查频次	备注		
				可能性(L)	严重程度(S)	危险值(R)	风险等级				是否新增	是否级别调整	是否结案/结案原因
编制：					审核：						批准：		

注：结案的危险源在备注中写明结案原因，必要时提供评价附件。

二、任务实施

(1)完成任务前，请先回答以下引导问题：

①危险源包括__________、__________、__________、__________、__________和__________六种类型。

② 危险源识别后，对每个识别出的危险源都应进行危险等级的风险评价，评价每一危险源引起事件的可能性(L)及一旦发生事件的严重程度(S)，综合 L 及 S 的评价结果，判定每一危险源的危险值($R=$__________)。

③ 对于危险源可能造成的事故后果的严重程度按照“__________”原则进行评价。

④ 风险等级__________、__________、__________和__________四类。

⑤ 在确定危险源控制措施或考虑变更现有控制措施时，应按什么顺序考虑降低风险？

____

(2)请根据所在院校实训条件或进行车站调研，对车站开展的危险源识别和评价情况，完成表 5-2-2“危险源识别、评价表”记录。

任务评价

本任务完成后,请根据表 5-2-3 进行任务评价。

表 5-2-3　任务评价表

序号	评价内容	评价标准	分数	评分记录		
				学生自评	组间互评	教师评分
1	危险源的识别	对车站危险源识别的全面性	30			
2	风险评价	为识别出的危险源等级评定的准确度	20			
3	危险源控制措施	对于各等级危险源提出的控制措施的合理性	30			
4	学生考勤情况	无迟到、早退、旷课	10			
5	工作态度	态度认真、团队合作、任务完成质量良好	10			
总分			100			

巩固与练习

一、选择题

1. (　　)是指造成死亡、职业病、伤害、财产损失或其他损失的意外事件。

A. 危险源　　B. 事故　　C. 事件　　D. 风险

2. 危险源的三种状态不包括(　　)。

A. 正常状态　　B. 异常状态　　C. 故障状态　　D. 紧急状态

3. 下列不属于物理性危险和危害因素的是(　　)。

A. 设备、设施缺陷　　B. 运动物危害

C. 标志缺陷　　D. 易燃易爆物质

4. 将风险等级分为四级,其中不包括(　　)。

A. Ⅰ级:重大风险(高度危险)　　B. Ⅱ级:较大风险(中度危险)

C. Ⅲ级:一般风险(一般危险)　　D. Ⅳ级:无风险(无危险)

二、填空题

1. ____________是可能造成人员伤害、职业病、财产损失、作业环境破坏或其组合的根本原因或状态。

2. ____________是一种根据系统可能发生的或已经发生的事故结果,去寻找与事故发生有关的原因、条件和规律。

3. 对于危险源可能造成的事故后果的严重程度按照______________原则进行评价。

4. 在危险源管控过程中,如发现新增危险源应及时采取控制措施,并在__________________中登记。

三、判断题

1. 危险源的实质是具有潜在危险的源点或部位,是爆发事故的源头,是能量、危险物质集中

的核心。危险源可能存在事故隐患,也可能不存在事故隐患。 ( )

2. 事故隐患是指作业场所、设备及设施的不安全状态、人的不安全行为和管理上的缺陷。 ( )

3. 危险源识别后,对每个识别出的危险源都应进行危险等级的风险评价,评价每一危险源引起事件的可能性(L)及一旦发生事件的严重程度(S),综合 L 及 S 的评价结果,判定每一危险源的危险值($R=L/S$)。 ( )

4. 危险源的检查采取日常安全检查、月/季度安全检查、重大节假日节前安全检查、专项安全检查等形式,检查组织方式和检查频率参照"安全生产检查管理办法"执行。 ( )

任务三 车站消防安全管理

情景导入

车站站长或值班站长是地铁车站消防安全的直接责任人,车站站长或值班站长应每月至少组织一次车站防火检查,及时发现和整改火灾隐患。2023 年 12 月 5 日,张鹏为 A 站白班值班站长,根据车站防火巡查规定,当班期间,值班站长对车站每两小时进行一次防火巡查。许靖为 A 站夜班值班站长,按要求今日当班期间应组织开展每月车站防火检查工作。利用夜间运营结束时间,组织车站员工对消防设备设施的运行状态、消防通道和安全出口的畅通情况、消防器材的配置和有效期等进行全面、细致检查,在检查完成后,对车站消防设备、设施进行重新加封,并做好登记记录。对于发现的问题和隐患要及时拍照或记录,并通知相关部门进行整改。

学习目标

知识目标

1. 掌握车站消防组织架构;
2. 清楚车站消防安全重点部位;
3. 熟悉车站消防安全工作;
4. 掌握车站消防设备设施、装备及器材的使用方法。

能力目标

1. 能够准确辨识车站消防安全重点部位;
2. 能够根据车站消防管理制度完成车站消防各项工作;
3. 会使用车站消防设备设施、装备及器材。

素养目标

1. 培养学生的消防安全意识;
2. 培养学生在消防作业过程中认真严谨、遵章守纪、规范操作的工作态度。

任务描述

车站是人员密集、流动性大的场所,一旦发生火灾,后果将不堪设想。因此,车站消防工作需要得到充分的重视和有效的管理。车站消防工作需要从制度、设施、培训、巡查、应急预案等多方面入手，全面加强消防安全管理，确保车站的消防安全。

任务分析

车站消防工作首先应建立完善的消防安全制度，明确员工的消防安全职责和工作流程；其次，车站应定期开展消防安全培训，提高员工的消防安全意识和技能；再次，车站应加强消防安全巡查，定期对车站内的消防设施、电气线路、易燃易爆物品等进行检查，及时发现和处理火灾隐患；最后，车站应加强消防设施建设，如灭火器、消火栓、火灾自动报警系统等，并定期进行维护和检查，确保其正常运行。

相关知识

一、安全消防组织架构

消防安全工作必须贯彻“预防为主、防消结合”的方针，坚持属地管理原则，按照“谁主管，谁负责；谁使用，谁负责”的原则落实逐级消防安全责任制。地铁常见的安全消防组织架构如图 5-3-1 所示。

安全技术部是运营分公司消防安全归口管理部门，负责运营分公司消防安全的日常管理工作，对各部门的消防安全负有检查、监督和指导职能；安全技术部设专职的消防安全管理人员，各部门设专职或兼职的消防安全管理人员，负责本部门日常消防安全管理工作。根据消防法规的有关规定，运营分公司成立志愿消防队，各部门应根据需要成立志愿消防分队，运营分公司志愿消防队由各志愿消防分队组成，各志愿消防分队负责分公司范围内的防火、灭火及火灾应急救援工作。

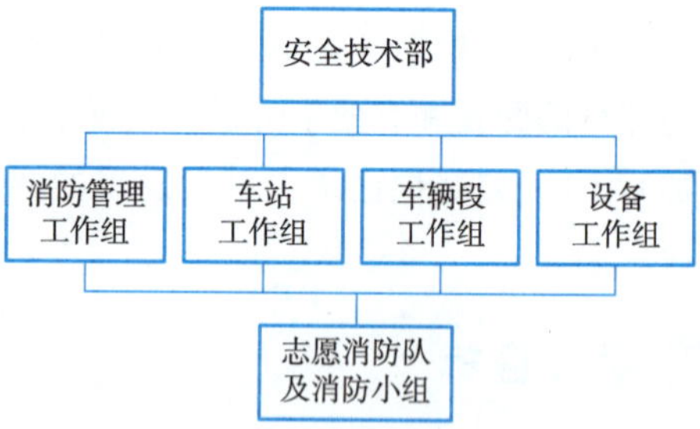

图 5-3-1　安全消防组织架构

志愿消防队员编制为车站、控制中心、仓库按在岗人数的 100% 建队，其他按 20% 建队（人数不满 5 人，则全员参加）。各部门应根据本部门特点确定志愿消防分队的支数，每支志愿消防分队设队长、副队长各一名。站长为车站消防第一负责人，车站建立志愿消防小组，值班站长为组长，组员包括本班站务人员及驻站工班人员；根据公司要求，车站每月至少两次对本站所有消防器材进行点检，并对存在问题及时向中心、部门提报；车站负责委外人员消防培训，并定期检查车站用电安全。

车站志愿消防小组的职责：

（1）负责车站消防、灭火工作。

（2）志愿消防小组应当加强灭火、疏散逃生技能训练，熟悉灭火设备的性能和操作方法，参加实地演练，不断提高业务素质，提高扑救火灾和人群疏散组织能力。

（3）车站应加强培训并定期组织火灾预案演练，以提高志愿消防小组应急处置能力。

（4）车控室值班人员要持建（构）筑物消防员初级上岗证上岗，熟悉消防设备，并熟练掌握火警处置及启动消防设施设备的程序和方法。

（5）志愿消防小组组员发现发生火灾时，应立即执行应急处理程序，及时报警，迅速扑救火灾，及时疏散人员。驻站工班人员在发生消防火灾时，要服从志愿消防小组管理，积极开展消防灭火工作。

（6）火灾扑灭后，志愿消防小组应当保护现场，配合事故调查，协助公安消防机构调查火灾原因。

二、车站消防安全重点部位

消防安全重点场所及部位是指容易发生火灾或一旦发生火灾可能严重危及人身和财产安全以及对消防安全有重大影响的部位。

车站消防安全重点部位具体如下：车站出入口、站厅、站台的公共区、车站控制室、办公区及设备区的高低压室、蓄电池室、环控电控室、通信设备室、信号设备室、安全门控制室等。

三、车站消防工作

1. 消防安全教育制度

运营分公司所有员工，在岗前安全教育和日常安全教育时应包含消防安全培训的内容，具体培训形式参照"安全培训教育管理办法"。消防安全宣传教育和培训应当包括以下内容：

（1）有关消防法规、消防安全制度和保障消防安全的操作规程。

（2）本处室（中心）、本岗位的火灾危险性和防火措施。

（3）有关消防设施的性能、灭火器材的使用方法。

（4）报火警、扑救初起火灾以及自救逃生的知识和技能。

车站员工的消防安全培训应当至少每半年进行一次，培训的内容还应当包括组织、引导在场群众疏散的知识和技能。车站在运营期间应当通过张贴图画、广播及站厅站台 PIS 等方式向公众宣传防火、灭火、疏散逃生等常识。

消防安全责任人、消防安全管理人、专（兼）职消防管理人员、消防控制室的值班（操作）人员接受专门的消防安全培训，消防控制室的值班（操作）人员应当持证上岗并填写值班记录。

2. 义务消防队管理制度

根据消防法规的有关规定，运营分公司建立义务消防队，实行"统一领导、分级管理"的原则。

运营分公司义务消防队是群众性的不脱产的消防队伍，贯彻"预防为主，防消结合"的方针，切实做好公司范围内的防火、灭火工作，并积极协同公安消防队扑救火灾。运营分公司义务消防队下辖设备维修处、车辆处、调度票务处、客运处、物资处义务消防中队，负责本处室消防责任范围内的防火、灭火以及应急救援工作。

各车站设义务消防分队，队长由各车站站长担任，各车站义务消防分队由客运处义务消防中队负责管理，负责沿线各站的防火、灭火及应急救援工作。各级义务消防队组织机构应包括：灭火行动组、通信联络组、疏散引导组、安全防护救护组，按照正常当班每班人员不少于 5 人组建。如人数不够 5 人，则应全员参加。

3. 消防安全检查制度

1）消防安全检查的内容

（1）易燃易爆危险物品及其他重要物资的生产、使用、存储、运输过程中的防火安全情况。

(2)用火用电情况及其他火源管理情况。

(3)建筑物的平面布局、耐火等级和水源道路情况。

(4)火灾隐患整改情况。

(5)消防组织和防火规章制度的建立和执行情况。

(6)消防设施、设备、器材配备和完好情况。

(7)员工的安全思想情况。

(8)消防通道安全疏散情况。

2)消防安全检查的形式

(1)一般检查。按照岗位防火责任制的要求,以班组长、站长、安全员为主,对所在的班组、车站防火情况进行检查,通常以班前、班后和交接班时为检查重点。

(2)夜间检查。由防火责任人(或指定的专人)和保安队员检查电源、火源,注意有无异常情况,及时堵塞漏洞,消除隐患。

(3)定期检查。根据季节的不同特点和重大节假日的要求,由中心及以上领导参加,除了对所有处室进行检查外,应对消防安全重点部位进行重点检查,解决平时检查中难以解决的重大问题。

运营结束后车站应对运营场所进行检查,消除遗留火种,由值班站长负责组织;防火检查应当填写检查记录表,检查人员及被检查部门责任人应在检查记录上签字;各中心对查出的火灾隐患,必须及时整改,暂时不能整改的要采取防范措施,制订整改计划上报安全监察处。

4. 防火巡查

1)防火巡查的主要内容

(1)消防设施、器材和消防安全标志是否被移动、是否完整。

(2)灭火器压力是否正常、是否到达维修及报废期限、瓶体及部件是否受损或缺失。

(3)有无违章用火用电现象。

(4)安全出口、疏散通道是否畅通,安全疏散指示标志、应急照明是否完好。

(5)消防重点部位人员在岗情况。

(6)防火门状态,防火卷帘门有无被杂物阻塞。

(7)其他需要巡查的内容。

2)防火巡查要求

(1)车站在运营期间每两小时进行一次防火巡查,非运营期间对车站进行检查,消除遗留火种;其他消防重点部位每日进行一次防火巡查。

(2)在巡查中发现的隐患应当立即进行整改,对无法整改的应及时向部门负责人和安全技术部汇报。

(3)防火巡查应当填写巡查记录,巡查人员及主管人员应在巡查记录上签字。

5. 消防设施(器材)管理

1)消防设备设施、装备及器材

消防设备设施、装备及器材见表5-3-1。

表 5-3-1 消防设备设施、装备及器材

序号	消防设备设施	消防装备	消防器材
1	火灾自动报警系统(FAS)	消防头盔	过滤式自救呼吸器
2	气体灭火系统	消防战斗服	灭火器
3	自动喷淋系统	消防手套	灭火器箱
4	防排烟系统	消防腰带	
5	给排水系统	消防靴	
6	IBP 盘	发光导向线	
7	室外及区间消火栓	消防板斧	
8	室内消火栓	消防腰斧	
9	水泵接合器	毛巾	
10	疏散导向	直流喷雾水枪	
11	防火门	防火毯	
12	防火卷帘	防爆手电筒	
13	挡烟垂帘	空气呼吸器	
14	电源线路护管及开关	过滤式自救呼吸器	

2)消防设施(器材)日常管理办法

(1)检查内容。

①火灾自动报警系统(FAS):控制盘、联动盘(箱)和工作站是否在位、完好无缺;检查控制盘和工作站的显示情况,判断系统是否在正常运行,是否有故障或报警信息。

②气体灭火系统:控制盘、手/自动开关、紧急启动按钮及紧急止喷按钮是否在位且完整,控制面板显示情况是否在正常运行,是否有报警信息,气瓶间内设备是否在位、完整,钢瓶气压是否正常,电磁阀及机械启动器是否处于正常位置。

③消火栓:消火栓封条是否完好。消火栓封条有效期一个月,封条到期后必须开封检查箱内设施,确认完好后重新贴上封条。若封条破坏或没有,则打开消火栓检查箱内设备是否在位、完整,确认完好后贴上封条。

④疏散导向:安全出口、疏散通道是否畅通,紧急疏散门疏散方向是否畅通,安全疏散指示标志、应急照明是否在位、完好。

⑤防火门是否能够关闭和开启,是否在规定的开闭状态,应在位、完整,门体、框无异常,闭门器无损坏,门锁完好,关闭严密。在日常使用中,各部门应正确使用防火门,严禁用脚踢门、用手推车撞门等行为;不得用物件顶住防火门门体,使门不能正常关闭;应保持门体的整洁,不得在门体上张贴公告、通知、警告等。

⑥灭火器:灭火器是否在有效期内、气压指示是否在正常范围内。

⑦防毒面具:防毒面具是否在位、完整有效。

⑧呼吸器:呼吸器是否在位、完整,气体压力是否正常。

⑨自动喷淋系统:安装牢固,不被遮挡。

⑩室内消防管固定卡:安装牢固,不脱漆锈蚀。

⑪防火卷帘:无障碍物影响使用,无变形,无损坏。

(2)检查周期。

部门定期对管辖范围内的消防设施检查,每月不少于一次,车站、变电所、电客车等消防重点部位消防器材的检查每半月不少于一次。车务部对车站呼吸器、防毒面具等防护器具检查,每月不少于一次。

(3)检查记录。

①消防设施检查必须填写防火检查记录。

②定期对消防设施日常检查记录进行检查。班组负责人每周抽查一次,车间每半月抽检一次,部门每月抽检一次,安全技术部至少每季度抽查一次,每次检查必须做好记录。

③所有日常检查记录保存时间不得少于10年,发现重大问题或整改的记录应该整理后永久保存。

3)消防设施(器材)维修保养

运营分公司消防设备设施由设备归属部门统筹管理,呼救器、个人防护装备、灭火毯、多功能撬棒、消防斧、手提式防爆强光照明灯、防毒面具、消防装备存放柜资产归属使用部门,日常实行"谁使用、谁负责"的原则;自动消防设施(火灾自动报警系统、气体灭火系统、自动喷淋系统等)维修保养应委托有资质的单位实施,每年一次对自动消防设施进行全面的检查测试,并出具检测报告,存档备查;疏散导向、防火门、防火卷帘、消火栓、消防水泵等消防设备的维修保养由维修部门组织进行。

各部门按照有关规定对管辖范围内的消防器材进行日常检查、维护保养及报废更换;对灭火器、防毒面具应当建立档案资料,记明配置类型、数量、设置位置、检查维修单位(人员)、更换时间等有关情况;各部门对管辖范围内的消防设施(器材)至少每季度一次进行清洁。

四、车站消防设备设施、装备及器材的使用

1. 消防安全四懂四会

1)四懂

(1)懂得火灾危险性。

(2)懂得预防措施。

(3)懂得扑救方法。

(4)懂得逃生方法。

2)四会

(1)会报火警。

(2)会使用灭火器材。

(3)会扑救初起火灾。

(4)会组织疏散、逃生。

2. 消防安全四个能力

1)检查消除火灾隐患能力

查用火用电,禁违章操作;查通道出口,禁堵塞封闭;查设施器材,禁损坏挪用;查重点部位,

禁失控漏管品。

2)组织扑救初起火灾能力

发现火灾后,起火部位员工 1 min 内形成第一灭火力量;火灾确认后,单位 3 min 内形成第二灭火力量。

3)组织疏散人员逃生能力

熟悉疏散通道熟悉安全出口,掌握疏散程序掌握逃生技能。

4)消防宣传教育培训能力

有消防宣传人员,有消防宣传标志,有全员培训机制,掌握消防安全常识。

3. 灭火器的检查与使用

地铁车站常配置的灭火器有手提式干粉灭火器和二氧化碳灭火器,如图 5-3-2 所示。

(a) 干粉灭火器　　(b) 二氧化碳灭火器

图 5-3-2　手提式灭火器

手提式干粉灭火器适用于扑灭固体物质、液体或气体以及带电设备的初期火灾。干粉灭火器具有灭火效果好、成本低、使用方便等优点,因此在地铁车站中被广泛使用。

手提式二氧化碳灭火器主要用于扑灭贵重设备、档案资料、仪器仪表、600 V 以下电气设备及油类的初期火灾。它具有灭火不留痕迹、不造成污染的特点。但需要注意的是,二氧化碳灭火器不适用于扑灭金属钾、钠、镁、铝等物质的火灾。

1)灭火器的检查

为保持灭火器的良好状态,在日常检查中应注意以下几项:

(1)铅封是否完好。

(2)压力是否正常(压力表指针指向绿色区域,说明灭火器处于正常状态;压力表指针指向红色区域,表示压力不够,说明需要补充驱动气体;压力表指针指向黄色区域,说明罐体内压力偏高,应进行维护,但不影响使用)。

(3)喷嘴是否掉落。

(4)软管是否开裂。

(5)是否在有效期内。

(6)其他零部件损坏的情况。

2)干粉灭火器的使用方法(参见二维码资源)

干粉灭火器的使用

(1)提起灭火器:手提灭火器的提把,迅速赶到着火处。

(2)颠倒灭火器:将灭火器上下颠倒几次,使干粉松动,确保在使用时筒内干粉松动能够顺利流出,如图 5-3-3 所示。

(3)拔掉保险销:拔掉灭火器上的保险销,这通常是一个铅封或塑料保险销,直接用手拉住拉环,使劲向外拉就可以将其拔掉。

(4)准备喷射:一只手握住压把,另一只手抓好喷管,将灭火器竖直放置。在喷射前,要确保自己站在上风向,距离火焰根部约 3 m 的位置。

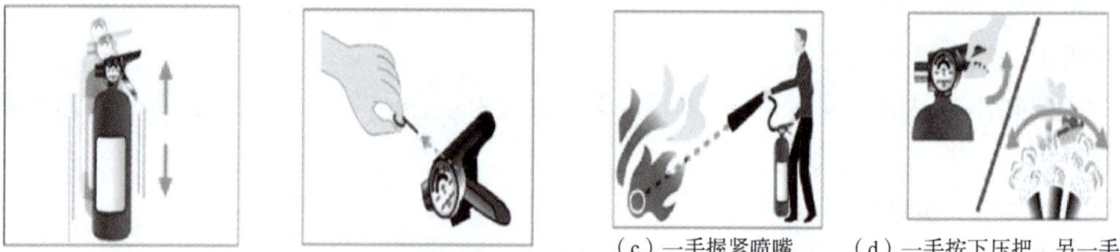

（a）将灭火器上下摇动几下 （b）拔出保险销 （c）一手握紧喷嘴，对准火源根部 （d）一手按下压把，另一手持喷嘴向火源根部左右扫射

图 5-3-3 干粉灭火器的操作方法

（5）喷射干粉：用力压下压把，干粉便会从喷管里面喷出。在喷射时，要对准火焰的根部，由近及远，向前平推，左右扫射，尽量使干粉灭火剂均匀地喷洒在燃烧物表面，直至火被扑灭。

（6）灭火后处理：干粉灭火器的冷却作用较小，因此在灭火后一定要防止复燃。同时，要注意清理现场，将散落的干粉清理干净。

3）二氧化碳灭火器的使用方法（见图 5-3-4）

（1）携带灭火器到达火源附近，距离火源 3 ~ 5 m。

（2）除去灭火器上的铅封，并拔出保险销。

（3）一手握住喇叭筒根部的手柄，另一只手紧握压把。

（4）对准火焰根部，左右扫射，由近及远喷射灭火剂。

（5）注意不要直接接触喷射口的外壁和金属连线管，以防冻伤。

（6）灭火后，迅速离开现场，以防窒息。

需要注意的是，二氧化碳灭火器不适用于扑救轻金属燃烧的火灾，且在使用时要注意通风，避免吸入过多的二氧化碳气体。此外，定期检查灭火器，确保其正常工作，及时更换过期或损坏的灭火器。

（a）提起灭火器 （b）拔下保险销 （c）用力压下手柄 （d）对准火源根部扫射

图 5-3-4 二氧化碳灭火器的操作方法

4. 消火栓的使用

消防卷盘主要为车站发生微小火灾时使用。本操作需要两人配合完成，甲进行灭火操作，乙进行控制水源操作。消防软管如图 5-3-5 所示，消防水带如图 5-3-6 所示。

1）软管操作步骤

（1）打开消防箱箱门。

（2）将软管卷盘转到 90°的位置，拉出软管至着火地点。

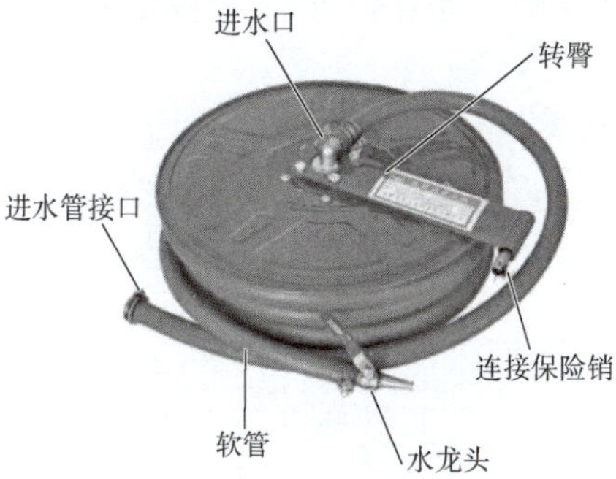

图 5-3-5　消防软管

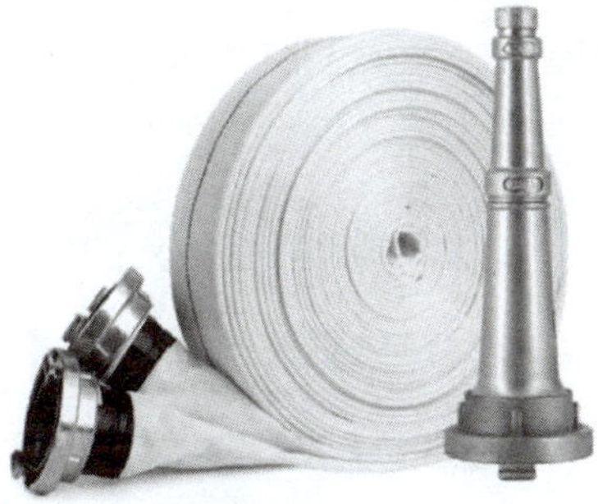

图 5-3-6　消防水带

(3)甲打开消防软管上的水枪阀门,准备就绪后通知守候在消防箱边的乙。

(4)乙打开卷盘上的控制阀门进行供水,同时询问甲水量、水压是否足够。

(5)如果水压不够,乙应该按下消防栓按钮启动电动蝶阀确保供水。

(6)灭火完毕,应将供水控制阀门关闭,将软管内的余水排净。

(7)按照打开的逆序将软管绕到卷盘上。

(8)灭火完毕,应通知机电车间人员进行检修。

2)水带的操作方法(见二维码资源)

(1)打开消火栓箱门,取出水带。

(2)抛水带:右手成虎口形握住水带的两个接头,拇指第一关节扣压水带内圈,其他四指扣压水带外圈。同时,左手拇指和四指分别插入水带两头接口内,并握紧两个水带头。

水带的操作方法

(3)两手协力托住水带,用力向正前方抛出,左手握住水带头向上抽拉,使水带向正前方摊开。

(4)接水带:右手将水带接头与消火栓接头对接,并顺时针转动至卡紧为止。

(5)接水枪:拿起另一端接头,一手拿着水枪向着火部位冲去,将水枪头接上水带接口。

(6)灭火人员接好水枪后并握紧,站稳后用胳膊肘夹紧水带,示意另一人缓缓打开水阀。

(7)另一人缓慢打开消火栓水阀,在完全打开后立即跑至水枪处协助把持水枪。

(8)观察水枪出水压力情况。如果压力不够,应马上按下消防栓按钮启动电动蝶阀增加水压。

(9)灭火完毕后应晾干水带,然后卷好放回原处。

5. 空气呼吸器的使用

空气呼吸器(见图 5-3-7)佩戴步骤:“一看压力,二听哨,三背气瓶,四戴罩。瓶阀朝下,底朝上;面罩松紧要正好,开总阀、插气管,呼吸顺畅抢分秒。”在佩戴空气呼吸器前首先要对呼吸器开箱检查,同时要掌握空气呼吸器使用注意事项,避免误操作导致意外的发生。

1)空气呼吸器开箱检查

(1)检查压力表是否回零。

(2)检查气瓶压力:开启瓶阀,压力低于 28 MPa 不能使用。

(3)检查报警哨:关闭气瓶阀,按下供需阀的 BY-PASS(黄色钮)按钮,慢慢放气,观察压力表,低于 5 MPa 时(红色区)报警哨响,说明正常。

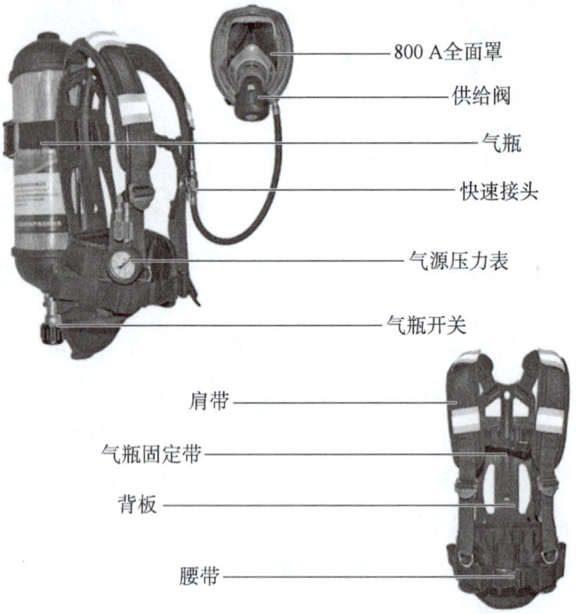

图 5-3-7　空气呼吸器

(4)如果报警哨不发声或不在规定范围内,必须维修才能使用。因佩戴好正压式空气呼吸器后,无法检测气瓶压力是否够用,靠报警器哨声提醒气瓶压力大小。使用前的检查、准备工作。

(5)检查全面罩的镜片、系带、环状密封、呼气阀、吸气阀是否完好,有无缺件和供给阀的连接位置是否正确,连接是否牢固。全面罩的镜片及其他部分要清洁、明亮和无污物。检查全面罩与面部贴合是否良好并气密,方法是:关闭空气瓶开关,深吸数次,将空气呼吸器管路系统的余留气体吸尽。全面罩内保持负压,在大气压作用下全面罩应向人体面部移动,感觉呼吸困难,证明全面罩和呼气阀有良好的气密性。

(6)空气瓶的固定是否牢固,和减压器连接是否牢固、气密。背带、腰带是否完好,有无断裂处等。

2)佩戴使用

(1)佩戴时,将背托在人体背部(空气瓶瓶底在上,开关在下方),根据身材调节好肩带、腰带并系紧,以合身、牢靠、舒适为宜。

(2)将供给阀的转换开关置于关闭位置,戴上面罩,调节头套松紧至面罩与脸部紧密贴合。

(3)打开空气瓶开关,逆时针拧动三圈以上,打开供给阀,进行 2~3 次深呼吸,应感觉舒畅。屏气或呼气时,供给阀应停止供气,无“咝咝”的响声。用手按压供给阀的杠杆,检查其开启或关闭是否灵活。一切正常时,将面罩系带收紧,收紧程度以既要保证气密又感觉舒适为宜,之后即可进入操作区。

(4)撤离现场到达安全处所后,将面罩系带松开,摘下面罩,并关闭供给阀。

(5)将气瓶开关阀门顺时针拧动直至完全闭合,打开供给阀排空余气,从身上卸下呼吸器。

6. 消防战斗服的穿戴

1)准备工作

在开始穿戴消防战斗服(见图 5-3-8)之前,首先要确保消防战斗服是完好无损的,没有破损、老化或污染等情况。同时,还要检查消防战斗服上的各种附件,如呼吸器、头盔、手套、靴子等,是否齐全且功能正常。

2)穿戴步骤(参见二维码资源)

(1)穿消防裤。消防裤是消防战斗服的重要组成部分,它能够有效保护消防人员的腿部免受火焰和高温的伤害。在穿消防裤时,要注意将裤子拉至腰部,并确保裤腿完全覆盖住鞋子,以避免火焰或高温物质侵入鞋内。

(2)穿消防上衣。消防上衣是消防战斗服的主要组成部分,它采用特殊的防火材料制成,能够有效抵御火焰和高温的侵袭。在穿消防上衣时,要注意将衣服拉链或扣子完全扣好,并将衣摆用消防腰带扎紧,以避免火焰或有害物质从衣摆处侵入。

(3)佩戴头盔。头盔是保护消防人员头部安全的重要装备,它能够抵御坠落物、碰撞等外部冲击。在佩戴头盔时,要注意调整头盔的松紧度,使其紧贴头部且舒适,同时还要确保通过头盔的面罩能够清晰看到外部环境。

图 5-3-8　消防战斗服

消防战斗服的穿戴

(4)穿消防靴。消防靴是保护消防人员脚部安全的重要装备,它能够抵御火焰、高温和有害物质的侵害。在穿消防靴时,要注意将靴子拉至小腿处,并确保靴子与裤子之间无缝隙,以避免火焰或有害物质侵入。

(5)佩戴手套和呼吸器。手套能够保护消防人员的手部免受火焰和高温的伤害,而呼吸器则能够提供清洁的空气,保护消防人员的呼吸系统。在佩戴手套和呼吸器时,要注意确保其紧贴皮肤且密封性良好,以避免有害物质侵入。

3)检查与调整

在完成消防战斗服的穿戴后,还需要进行一次全面的检查与调整。首先要检查消防战斗服的各个部分是否穿戴正确、紧固牢靠；其次要调整消防战斗服的松紧度，使其既能够方便活动又能够提供良好的防护效果；最后要检查呼吸器、头盔等附件的功能是否正常。

7. 手动报警按钮的使用

1）手动报警按钮指示灯的含义

正常监视状态：LED（light-emitting diode，发光二极管）灯绿灯周期性地闪亮。

报警状态：LED 灯红灯常亮。

故障状态：LED 灯常灭或闪亮无规律。

2）手动报警按钮的操作

手动报警按钮（见图 5-3-9）采用按压报警方式，当现场人员确认发生火灾后按下手动报警按钮上的有机玻璃片即可向火灾报警控制器发出报警信号，启动相应火灾模式联动。

图 5-3-9　手动报警按钮

笔记栏

技能训练

技能训练一　车站防火巡查

一、任务条件

2023 年 12 月 5 日，张鹏为 A 站白班值班站长，根据车站防火巡查规定，当班期间，值班站长对车站进行防火巡查。

二、任务实施

(1)完成车站防火巡查前，请先回答以下引导问题：

①消防安全检查的形式有＿＿＿＿＿＿、＿＿＿＿＿＿、＿＿＿＿＿＿。

②车站在运营期间每＿＿＿小时进行一次防火巡查。

③非运营期间对车站进行检查，消除遗留火种，由＿＿＿＿＿负责组织。

④防火巡查应当填写巡查记录，巡查人员及主管人员应在巡查记录上＿＿＿＿＿。

(2)请根据车站防火巡查重点内容和巡查要求，结合所在学校的实训设备条件，分小组进行一次车站防火巡查演练，并完成表 5-3-2。

表 5-3-2　防火巡查记录表

巡查内容	巡查时间						
	时　分	时　分	时　分	时　分	时　分	时　分	时　分
用火用电							
安全出口							
疏散通道							
安全疏散指示标志							
应急照明							
消防设施							
器材和消防安全标志							
防火门和防火卷帘门							
消防重点部位人员在岗情况							
其他情况							
巡查人员签名							
主管人员签名							
备注：							

注：1. 此表由当班值班站长填写、车站站长定时进行核查并签名确认。情况正常打"√"，存在问题应写明。

2. 当班值班站长对车站每 2 小时进行一次防火巡查，有重大政治或其他活动时，应加大巡视频次，检查完如实填写巡查情况，填写时应简明、扼要。对发现的问题要及时处置，无法处置的要立即报告。

3. 巡查人员应当及时纠正违章行为，妥善处置火灾危险，无法当场处置的，应当立即上报，并注明具体情况，发现初起火灾应当立即报警并及时扑救。

技能训练二　车站消防器材的检查与使用

一、任务条件

2023 年 12 月 5 日，许靖为 A 站夜班值班站长，根据车站防火巡查规定，今日当班期间应组织开展每月车站防火检查工作。利用夜间运营结束时间，组织车站员工对消防设备设施的运行状态、消防通道和安全出口的畅通情况、消防器材的配置和有效期等进行检查，并组织本班组员工进行消防战斗服穿戴演练，提高员工的消防安全意识和应对能力。

二、任务实施

（1）完成任务前，请先回答以下引导问题：

①灭火器的压力表指针指向绿色区域，说明灭火器处于________状态；压力表指针指向红色区域，表示__________；压力表指针指向黄色区域，说明________________，应进行维护，但不影响使用。

②部门定期对管辖范围内的消防设施检查，________不少于一次，车站、变电所、电客车等消防重点部位消防器材的检查每______不少于一次。车务部对车站呼吸器、防毒面具等防护器具检查，________不少于一次。

③简述干粉灭火器的使用方法。

（2）请根据灭火器点检标准，对所在学校实训中心灭火器进行点检，并将点检结果填写在表 5-3-3 中。请根据所在学校实训条件选择一种灭火器，进行模拟采用灭火器进行灭火演练。

表 5-3-3　灭火器点检记录

检查日期	外观、状态检查							检查人	检查标准
	铭牌	橡胶管	铅销	有效 期	压力	瓶体	箱体		
年　月　日									（1）灭火器的铭牌朝外、无残缺、保持清晰。 （2）灭火器铭牌上关于灭火剂、驱动气体的种类、充装压力、总质量、灭火级别、制造厂名和生产日期或维修日期等标志及操作说明齐全。 （3）灭火器的瓶体无明显机械损伤、锈蚀面积不超过瓶体面积 1/3。 （4）灭火器喷射软管完好，无明显龟裂。 （5）灭火器的铅封、保险销等保险装置未损坏或遗失，手把压把无变形、脱扣。 （6）灭火器的压力在工作压力范围内。 （7）灭火器周围无障碍物、遮挡、拴系等影响取用的现象。 （8）灭火器箱自锁装置完好，箱内干燥、清洁
年　月　日									
年　月　日									
年　月　日									
年　月　日									
年　月　日									
年　月　日									
年　月　日									
年　月　日									
年　月　日									
年　月　日									
年　月　日									
备注：每半月检查 1 次，正常打“√”，异常打“×”。									

(3)请根据消防战斗服的穿戴标准,计时 2 min 完成消防战斗服的穿戴。

(4)根据所在学校实训中心具体情况或所在城市某一地铁车站,尝试找出实训中心或车站火灾手动报警按钮的位置,并简要总结说明手动报警按钮的位置设置大致情况。

任务评价

本任务完成后,请根据表 5-3-4 进行任务评价。

表 5-3-4 任务评价表

序号	评价内容	评价标准	分数	评分记录		
				学生自评	组间互评	教师评分
1	车站消防巡查	熟练完成车站重点部位的日常消防巡查工作内容	30			
2	车站消防器材的检查	能够按检查标准正确检查车站消防器材	20			
3	消防设备设施、器材的使用	会使用车站消防器材、设备及设施	30			
4	学生考勤情况	无迟到、早退、旷课	10			
5	工作态度	态度认真、团队合作、任务完成质量良好(字迹工整、计算正确)	10			
总分			100			

巩固与练习

一、选择题

1. (　　)是运营分公司消防安全归口管理部门,负责运营分公司消防安全的日常管理工作,对各部门的消防安全负有检查、监督和指导职能。

A. 安全技术部　　B. 控制中心　　C. 志愿消防队　　D. 客运处

2. 运营结束后车站应对运营场所进行检查,消除遗留火种,由(　　)负责组织。

A. 站长　　B. 值班站长　　C. 行车值班员　　D. 客运值班员

3. 消防安全四会不包括(　　)。

A. 会报火警　　B. 会使用灭火器材　　C. 会扑救初起火灾　　D. 会预防措施

4. 车站员工的消防安全培训应当至少每(　　)进行一次,培训的内容还应当包括组织、引导在场群众疏散的知识和技能。

A. 每周　　B. 月　　C. 半年　　D. 年

二、填空题

1. 志愿消防队员编制为车站、控制中心、仓库按在岗人数的________% 建队,其他按 20% 建队(人数不满______人,则全员参加)。

2. 消防安全工作必须贯彻“____________、____________”的方针,坚持属地管理的原则,按照“谁主管,谁负责;谁使用,谁负责”的原则落实逐级消防安全责任制。

3. 消防安全四个能力是指________________能力、组织扑救初起火灾能力、组织疏散人员逃生能力和消防宣传教育培训能力。

4. ________________灭火器主要用于扑灭贵重设备、档案资料、仪器仪表、600 V 以下电气设备及油类的初期火灾。

三、判断题

1. 根据消防法规的有关规定，运营分公司建立义务消防队，实行"统一领导、统一管理"的原则。（　）

2. 手动报警按钮处于报警状态时，指示灯 LED 灯常灭或闪亮无规律。（　）

3. 空气呼吸器佩戴步骤："一看压力，二听哨，三背气瓶，四戴罩。瓶阀朝下，底朝上；面罩松紧要正好，开总阀、插气管，呼吸顺畅抢分秒。"（　）

4. 二氧化碳灭火器不适用于扑灭金属钾、钠、镁、铝等物质的火灾。（　）

任务四 车站防寒、防汛管理

情景导入

20××年，××省遭遇历史罕见特大暴雨，发生严重洪涝灾害。特别是××市特大暴雨，造成重大人员伤亡和财产损失。此次强降雨，××地铁5号线××停车场及其周边区域发生严重积水现象，在×××站和××路站间隧道内列车因水淹无法动车，导致12人经抢救无效死亡。

20××年，××地铁××线××站至×××站上行区间，因大雪造成的轨滑导致前车信号降级，紧急制动停车；后车因所在区段位于下坡地段，未能有效制动，造成与前车追尾。此次事故导致102人受伤。

因此，地铁车站汲取防寒、防汛事故教训，需定期组织车站工作人员根据应急预案进行防寒、防汛演练。确保生产安全，防患于未然。

学习目标

知识目标

1. 熟记车站防汛、防寒应急处理程序；
2. 掌握本岗位在应急处理中的职责；
3. 熟悉应急处置原则。

能力目标

1. 能够准确判断车站防汛、防寒的关键点；
2. 具备正确使用防汛、防寒器材的能力；
3. 具备正确及时进行信息汇报的能力。
4. 具备车站应对寒潮和汛期的应急处置能力。

素质目标

1. 培养学生服务乘客的意识；
2. 培养学生安全第一的意识；
3. 培养学生临危不乱的心理素质。

任务描述

A 站为地下车站，汛期务必加强防范。防汛关键点在于出入口防积水倒灌，发现险情后，值班站长要根据实际情况按照应急预案合理安排工作人员进行现场处理，车站工作人员务必根据应急预案合理、正确使用防汛器材，做好防汛工作；各岗位应熟记汇报流程，准确、清晰地做好上传下达工作。

另外，当寒潮期间，车站工作人员要加强巡视，发现险情后及时报告车控室。值班站长根据实际情况安排人员采取合理处置措施。行车值班员、客运值班员等根据值班站长安排，采相应措施保证行车安全和客运安全，合理安排行车和客运工作。

任务分析

根据防寒防汛事件的严重程度和发展态势，应急响应应设定为不同级别，值班站长要根据不同级别的险情，合理进行应急管理；行车值班员通过 CCTV 监控及现场汇报，做好续报工作，并依行车调度员指令，配合调整运营方案；客运值班员要加强出入口巡视，发现险情，及时处置，并做好便民措施和安全提示。

相关知识

一、车站防寒管理

1. 危害及影响

寒潮、暴雪等恶劣天气气象出现时，轨道交通运营组织及行车安全可能会受到严重影响。对车站正常运营的设施设备及乘客造成一定影响，主要表现如下：

(1)寒潮、低温、霜冻可能造成的危害。

①对钢轨的韧性造成影响，容易发生断裂现象；

②车场和车站员工、司机及施工作业人员(尤其在户外作业)容易造成手部冻伤。

(2)暴雪、道路/接触网结冰可能造成的危害。

①因暴雪、道路结冰的影响导致线路钢轨湿滑、道岔卡滞，影响轮轨关系；

②列车空转滑行；

③站外地面积雪和乘客带入的残雪容易导致人员滑倒摔伤；

④户外施工作业人员受暴雪影响，行走不便，作业困难，容易摔伤。

(3)冰雹可能造成的危害。

①因受冰雹袭击导致场段、车站、高架区间的设备设施受到破坏；

②因受冰雹袭击导致在露天外运营的列车受损，甚至对驾驶室人员造成伤害；

③户外施工作业人员受影响，行走不便，冰雹袭击时，对人员造成伤害。

2. 严重程度

按照恶劣天气对行车组织的影响程度，事件分为五级：

Ⅰ级(重大级)：指对运营影响重大，极可能造成行车设备、设施损坏，影响正常运营的事件。

重大级恶劣天气包括暴雪红色预警。

Ⅱ级(较大级):指对运营影响较大,有可能造成行车设备、设施损坏,影响恶劣天气应急预案正常运营的事件。较大级恶劣天气包括暴雪橙色预警。

Ⅲ级(一般级):指对运营影响一般,一般不会造成行车设备、设施损坏,影响正常运营的事件。一般级恶劣天气包括暴雪黄色预警。

Ⅳ级(较小级):指对运营影响较小,一般不会造成行车设备、设施损坏,影响正常运营较小的事件。较小级恶劣天气包括暴雪蓝色预警。

Ⅴ级:指对运营影响小或无影响,但需积极应对,随时关注,以防影响扩大而升级的事件,包括大风各级预警、大雾红色预警、冰雹红色预警、道路结冰各级预警。

3. 防寒处置原则及措施

1)防寒处置原则

坚持"高度集中,统一指挥,逐级负责,先通后复"的原则,确保抢险救援工作反应及时,措施果断、有序、可控、快速,减小事件影响,尽快恢复运营生产。

坚持"先救人,后救物;先全面,后局部"的原则,优先组织人员疏散、伤员救助,同时兼顾重点设备和环境的保护,将损失降至最低限度。

2)防寒措施

(1)成立防寒应急机构。

防寒应急机构在站长领导下,包括当班值班站长、值班员、站务员、保安、保洁、安检、工班人员等。

(2)健全防寒工作措施。

①在车站出入口和候车区域安装玻璃挡风板和保温板,有效防止冷风侵扰。

②增加候车区域的座椅坐垫数量,提供更多的座位给乘客休息。

③定期检查暖气设施和供暖管道,发现问题及时处理。

④增加车站工作人员的数量,提供更好的服务。

4. 车站防寒设施设备

为应对寒冷天气带来的影响,地铁车站必须配备防寒防冻的设施设备,如警示牌、防滑垫、保暖门帘、吹雪机等,如图5-4-1~图5-4-4所示。

图5-4-1 "小心地滑"警示牌

图5-4-2 防滑垫

图 5-4-3　保暖门帘

图 5-4-4　吹雪机

另外,车站需常备防寒物资,物资清单见表 5-4-1。

表 5-4-1　车站常备防寒物资清单

部门(中心)	车站名称	物资名称	单位	数量	存放地点	管理责任人	是否到位
客运部站务二中心	××	大扫把	把	4	备品库	××	是
客运部站务二中心	××	圆锹	把	4	备品库	××	是
客运部站务二中心	××	推雪铲	个	8	备品库	××	是
客运部站务二中心	××	防滑垫	块	43	备品库	××	是
客运部站务二中心	××	雨靴	双	8	备品库	××	是
客运部站务二中心	××	橙色雨衣	件	8	备品库	××	是
客运部站务二中心	××	融雪剂	袋	5	备品库	××	是
客运部站务二中心	××	水桶	个	6	备品库	××	是
客运部站务二中心	××	水盆	个	7	备品库	××	是

5. 防寒应急处置程序(以某地铁公司为例)

车站防寒应急处置程序参见二维码资源。主要包括以下内容:

车站防寒应急处置程序

(1)应急响应:包括Ⅴ级响应、Ⅳ级响应、Ⅲ级响应、Ⅱ级响应、Ⅰ级响应。

(2)信息报告流程及内容。

①信息报告流程如图 5-4-5 所示。

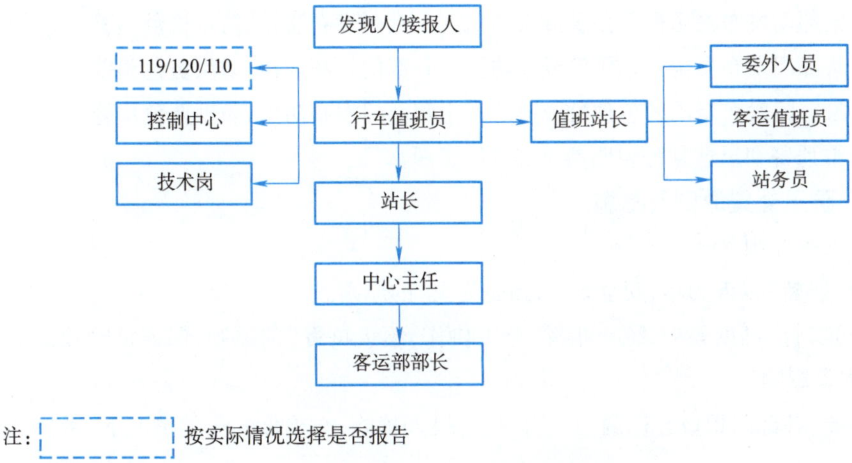

图 5-4-5　信息报告流程

②信息报告内容，包括呈报人的单位、姓名、职位及联络电话号码；恶劣天气来临的时间、恶劣程度及现象；影响范围（线路、车站、上下行线、公里标等）；现场已采取的相关应急措施。

③注意事项。

（3）应急处置中各岗位职责及应急程序。

（4）响应终止。

6. 注意事项

（1）站长及时关注清扫工具，防滑、防寒物资的储备和使用情况，根据需要及时提前申请补充，确保正常使用。

（2）雪情就是命令，在下雪期间车站各岗位人员必须保持通信联络畅通。

（3）下雪期间保洁员应指派专人定点清扫、巡视出入口及邻近责任区，并做好小雪的持续清扫。

（4）行值每半小时用球机巡视出入口一次，并关注车站出入口状况。值班站长和客运值班员做好车站防滑情况巡视并及时排除隐患。密切关注低温情况下相关设备的运作情况，及时跟进汇报。

二、车站防汛管理

1. 风险分析

城市轨道交通的车站和隧道大都处于地面标高以下，一方面受到洪涝灾害积水回灌危害，另一方面受到岩土介质中地下水渗透浸泡危害。地下水或地表水进入地铁车站和隧道内，可以使装修材料霉变，电气线路、通信、信号元件受潮浸水损坏失灵，造成事故。洪涝灌入地下车站，可能造成人员伤害、设备损坏、地铁局部或全线停止运营；因雨水导致钢轨湿滑，影响轮轨关系，导致列车空转滑行；车站站台或站厅积水，影响乘客人身安全；大量乘客长时间滞留车站，影响车站运作，排水不畅造成水淹道床、轨道，影响正常行车。

2. 对运营的影响

按照汛情对运营的影响程度，分为四级：

Ⅰ级：市气象部门发布暴雨红色预警或市防汛主管部门发布防汛、防洪红色预警。

Ⅱ级：市气象部门发布暴雨橙色预警或市防汛主管部门发布防汛、防洪橙色预警。

Ⅲ级：市气象部门发布暴雨黄色预警或市防汛主管部门发布防汛、防洪黄色预警。

Ⅳ级：市气象部门发布暴雨蓝色预警或市防汛主管部门发布防汛、防洪蓝色预警。

暴雨预警和汛情预警说明参见二维码资源。

暴雨预警和汛情预警说明

3. 防汛处置原则及措施

1）处置原则

（1）坚持“以人为本，安全第一，预防为主”的原则。

（2）实行“高度集中，统一指挥，分工协作，逐级负责”的原则，保证抢险救援工作安全、有序，减少灾害影响。

（3）根据需要，各部门积极合理调动人力、物力投入抢险，在确保安全的情况下，尽快开通线路，恢复运营。

2）防汛措施

（1）成立防洪应急机构。

应急机构与车站管理框架相同。

（2）健全防汛工作措施。

①建立健全洪水预报警报系统。

②检查各种防洪工程设施和维修情况，了解工程防洪能力，及时解决存在问题，确定度汛措施，制定防御不同类型洪水方案，包括超标准洪水紧急措施。

③对防汛骨干人员，进行防汛知识和抢险技术培训，提高防守能力。

④备足防汛料物。此外，在汛情紧急情况下，防汛指挥机构有权在其管辖范围内调用所需物资、设备和人员，事后归还或给予适当补偿。

3）防汛措施启动时机（以某一地铁地下车站为例）

当遇到突发强降雨、台风等极端情况时，应按照“先处置后续报”的原则，及时果断采取清客、关站、停运等应急措施后，并第一时间向控制中心汇报。

当市发布暴雨红色预警时，按照市相关部门要求或根据暴雨对运营车站、线路影响，经分析研判，申请对相关车站、线路组织关闭、停运。

当市发布暴雨红色以下级别预警时，按照以下原则执行：

（1）关闭出入口：当积水漫至地下车站出入口小广场，车站立即启动防洪挡板、关闭本出入口，并报控制中心，控制中心将相关情况报公司领导。

（2）关闭车站：当车站不能满足两个出入口供乘客正常进出时，车站立即组织关闭本站，并报控制中心，控制中心根据实际情况组织小交路运行或越站，并将相关情况报公司领导。

（3）单线路停运：当出现以下任一情况，对地下车站、区间构成倒灌风险时，控制中心组织本线路停运，并将相关情况报公司领导。

①积水漫至地下车站出入口台阶红色警戒线；

②积水漫至地下车站应急疏散通道台阶红色警戒线；

③积水漫至地下车站地面直梯台阶红色警戒线；

④积水漫至风亭/井漫水线下 15 cm；

⑤出入段/场线可能发生倒灌险情；

⑥在建连接部位可能发生倒灌险情。

（4）线网停运：当线网各条线路均满足单线路停运条件，对线网构成倒灌风险时，控制中心组织全线网停运，并将相关情况报公司领导。

当发生雨水倒灌车站时，车站引导乘客避让危险区域，及时疏散乘客至安全出入口；相关设备进行断电时。雨水倒灌车站设备断电应急处置流程参见二维码资源。

雨水倒灌车站设备断电应急处置流程

积水水位接近站台层挡烟垂壁高度时，对站内所有设备断电，站内人员全部撤离。

物业联通口内有积水时，及时将在建工程连接通道处的人防门关闭并摆放沙袋进行防护，同时通知控制中心，控制中心组织本线路停运。

当积水构成倒灌疏散通道、设备区风井风险时，车站确认疏散通道人防门处于关闭状态，组织值守人员关闭设备区风井处人防门。

汛情导致轨行区积水没至轨底:加强对轨行区巡视,发现异常情况及时上报。

汛情导致轨行区积水没至轨腰:加强对轨行区巡视,做好非正常情况下行车组织准备工作(退行、清客、扣停、紧急疏散等)。

汛情导致轨行区积水没过轨面:对站台轨行区不间断巡视,如行调中断行车,采用扣车、退行、多停、紧急疏散等方式调整列车运行时,按照相关场景要求安排各岗位开展工作;轨行区积水由区间漫至站台区域,立即向行调申请停运。

4. 信息报告流程

1)汇报流程

发生汛情时,汇报流程参照图 5-4-5。

2)信息通报内容

(1)报告人及关系人姓名、部门、职务、联系方式。

(2)发生时间(时、分)。

(3)发生地点(场、站、区间、股道、百米标等)。

(4)列车车次(或车体号)。

(5)事件概况、对运营的影响及初判原因。

(6)人员伤亡情况及车辆、供电、线路等设备损坏情况。

(7)是否需要救援及需要救援的内容。

(8)其他需要说明的内容及要求。

3)注意事项

(1)信息汇报应遵循“先快报、后续报”“快报现象、慎报原因”的原则进行。

(2)建立车站应急抢险队伍建设,应急抢险人员需全天 24 小时保持手机畅通。

(3)做好防洪备品的应急储备,当数量不足时,及时上报补齐。××站防汛物资清单参见二维码资源。××站排水泵排水能力表参见二维码资源。

××站防汛物资清单

××站排水泵排水能力表

(4)突发应急情况下,如防汛应急处置时关闭出入口或关站决策人为站长或值班站长,按照“先处置、后续报”,关闭后立即上报控制中心。

5. 车站防汛设施设备

为应对汛期,地铁车站长期配备各种防汛设备设施,如防汛专用沙袋、救生船、挡水板等,如图 5-4-6 ~ 图 5-4-11 所示。

图 5-4-6　防汛专用沙袋

图 5-4-7　救生船

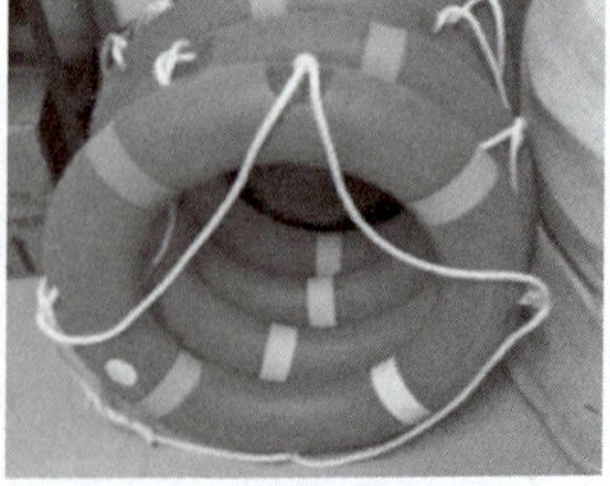

图 5-4-8 救生圈

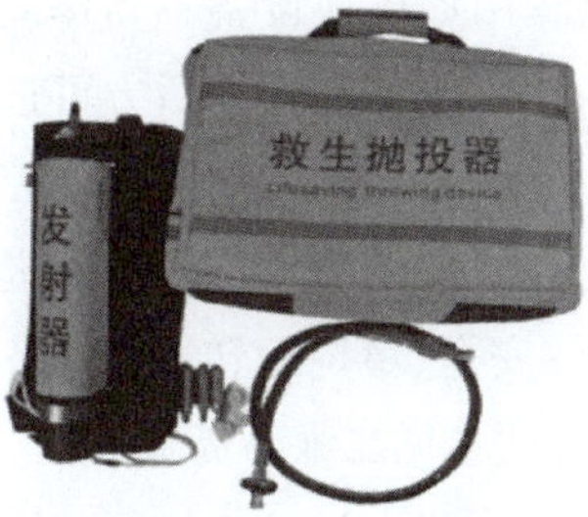

图 5-4-9　救生抛投器

图 5-4-10　挡水板

图 5-4-11　防淹门

另外，车站需常备防汛物资，主要包括水桶、水盆、刮水板、防滑垫、雨靴、防水彩条布、防雨布（含绳子）、吸水膨胀袋、橙色雨衣、平推大拖布、沙袋、电动防洪挡板、拼装防洪挡板、救生衣、防汛物资箱、T 形井盖钩子、绝缘手套。

车站常备防汛物资清单参见二维码资源。

车站常备防汛物资清单

6. 防汛应急处置程序（以某地铁公司为例）

车站防汛应急处置程序参见二维码资源。主要包括以下内容：

（1）应急响应。

（2）应急处置中各岗位职责及应急程序。

（3）响应终止。

车站防汛应急处置程序

7. 注意事项

（1）防汛抢险人员必须穿戴好个人劳保用品执行防汛任务，严格遵守各种抢险设备的操作规程，发现安全隐患应立即停止作业，并采取必要应对措施，防止意外发生。

（2）加强信息通报，发现突发事件立即报告控制中心当值调度班组。

（3）电气设备要做好防触电工作，车站漏雨影响到照明、广告灯箱、PIS 等电源设备的使用，应在第一时间切断电源，对于无法断电的设备，应及时与相关部门、专业联系，避免因漏雨引发次生灾害。在降雨、雷电天气时，员工注意自身用电安全。

（4）将防洪防汛作为车站演练重点项目，旨在提高员工的防洪防汛安全意识和恶劣天气下的应急响应联动能力。

（5）车站在降雨期间要强化对无雨棚出入口、疏散通道、风井、与车站有连接的在建待建工程和在建待建换乘通道等易发生倒灌地点的巡视，提前将物资摆放到邻近位置，一旦发生险情及时进行抢险；要及时安排保洁人员清理积水，采取“放置警示牌、广播、引导”等方式，做好乘客提醒工作。

（6）防洪防汛物资的摆放遵循就近原则，避免出现将挡板（非电动防洪挡板）存放在轨行区设备房内，确保车站能够在突发应急情况下快速搬运至所需位置，以便能够做到响应迅速、反应及时。车站切实做好防洪防汛物资的日常检查与管理工作，定期对防洪防汛物资进行梳理，完善台账记录，要求储放到位，责任到人，加强对防洪防汛物资的管理。要求各班组成员对物资数量、存放地点、使用方法清楚掌握。

（7）使用防洪挡板前须先打开防洪挡板两侧的导轨扣板，扣板未取下时严禁进行操作；操作设备前须检查导轨槽内无异物后方可进行操作；门体上升与下降时，两侧 30 cm 范围内禁止有人员停留；设备升降过程中不允许任何人员从设备上方跨越；操作过程中如出现设备不动作或报警，须由专业人员进行处理；设备挡水完成后须及时清理沟槽异物，确认沟槽无异物后方可进行下降操作；设备在不使用时，控制盒内总电源开关须处于关闭状态；设备使用完成后，须确保控制盒外侧石材门处于关闭状态，防止非授权人员进行操作。日常要定期对电动防洪挡板设备进行升降测试，安排专业人员定期对设备进行维护和检修，确保设备能够安全、稳定运转。若设备发生故障后，非专业人员禁止对设备进行拆解检修。防洪挡板的使用方法参见二维码资源。

防洪挡板使用方法

（8）当雨水发生倒灌等情况时，车站员工在必要情况下前往积水超过身体腰部区域时（如地势低洼处、在建工程附近等）必须穿戴救生衣，注意正确穿戴：将救生衣口哨袋朝外穿在身上；双手拉紧前领缚带，缚好颈带；将下缚带在身体正面交叉缚牢；穿妥后检查每一处是否缚牢；在救生衣内携带一枚口哨，便于特殊情况下呼救使用。

笔记栏

技能训练

技能训练一　车站防寒应急处置

一、任务条件

(1)天气情况:气温 -12 ~ -5 ℃,小雪转暴雪,道路结冰橙色预警。

(2)车站情况:站外出入口地面出现积雪并开始结冰,站内地面湿滑。

(3)值班人员:值班站长郑二,行车值班员李一、客运值班员王一。

二、任务实施

(1)请回答下列引导问题。

①按照恶劣天气对行车组织的影响程度,严重程度分为五级分别是____________、__________、__________、__________和__________;当前任务的情况属于__________级。

②针对上述情况,各岗位进行信息汇报时,报告内容要包括____________________和____________________等。

③出入口出现冰冻时,可以采取的措施是____________和____________。

(2)请根据车站当前状况结合应急预案完成表 5-4-2。

表 5-4-2　各岗位应急措施

岗位	采取措施	注意事项
行车值班员	1.	
	2.	
	…	
客运值班员	1.	
	2.	
	…	
值班站长	1.	
	2.	
	…	
…		

技能训练二　车站防汛应急处置

一、任务条件

(1)天气情况:25 ~ 32 ℃,大到暴雨,市防汛主管部门发布防汛、防洪橙色预警。

(2)车站情况:本站为地下车站,车站前小广场出现积水,站内湿滑。

(3)值班人员:值班站长郑二,行车值班员李一、客运值班员王一。

二、任务实施

(1)完成防汛设施设置以前请回答下列引导问题。

①按照恶劣天气对运营的影响程度，严重程度分为四级分别是__________、__________、__________和__________；当前任务的情况属于__________级。

②请根据当前状况设置防滑垫，防滑垫应铺设在__________位置。

③请根据当前状况判断，还应在图5-4-12__________处设置防汛沙袋和挡水板。

图5-4-12　地下站出入口

(2)请根据车站当前状况结合应急预案完成表5-4-3。

表5-4-3　各岗位应急措施

岗位	采取措施	注意事项
行车值班员	1. 2. …	
客运值班员	1. 2. …	
值班站长	1. 2. …	
…		

巩固与练习

一、选择题

1. 以下(　　)属于防寒应急机构的组成人员。

A. 值班站长　　B. 客运值班员　　C. 安检人员　　D. 保洁人员

2. 以下属于防寒报告的内容的是(　　)。

A. 呈报人的单位　　B. 影响范围　　C. 已经采取的措施　　D. 恶劣天气现象

3. 以下属于常备防汛物资的是(　　)

A. 挡水板　　B. 吹雪机　　C. 救生圈　　D. 水桶

二、填空题

1. 在防寒应急处置中信息汇报应遵循“先快报、______”；“快报现象、________”的原则进行。

2. 防汛应急处置时关闭出入口或关站决策人为______________，按照“先处置、后续报”，关闭后立即上报控制中心。

3. 按照汛情对运营的影响程度，分为____级，Ⅰ级预警为______色。

4. 当车站不能满足____个出入口供乘客正常进出时，车站立即组织关闭本站，并报控制中心。

三、判断题

1. 防寒抢险应急预案中，行车值班员通知应急抢险小组成员到站支援，通知抢险人员的原则遵循离站距离“由远及近”进行通知。(　　)

2. 防洪防汛物资的摆放遵循统一存放原则，挡板等要存放在轨行区设备房内。(　　)

3. 防汛抢险人员必须穿戴好个人劳保用品执行防汛任务，严格遵守各种抢险设备的操作规程，发现安全隐患应立即停止作业，并采取必要应对措施，防止意外发生。(　　)

4. 在汛情紧急情况下，防汛指挥机构有权在其管辖范围内调用所需物资、设备和人员，事后归还或给予适当补偿。(　　)

任务五 车站应急处置及演练

情景导入

2024年2月21日星期三，按照运营公司二中心计划，A站在运营结束后组织开展车站突发事件应急处置演练。

学习目标

知识目标

1. 掌握车站应急处置的原则；
2. 熟悉车站突发事件应急处理的概念；
3. 熟悉车站突发事件应急处理的情况。

能力目标

1. 具有车站突发事件应急处理情况下的信息汇报能力；
2. 具有车站突发事件时的车站各岗位应急处理的能力；
3. 具备组织开展本站应急演练的能力。

素养目标

1. 具有处理车站突发事件时各岗位应急联动时的团队合作的意识。
2. 具有处理车站突发事件时的良好心理素质。
3. 具有处理车站突发事件时的岗位责任意识。

任务描述

车站根据二中心演练计划，组织车站进行车站突发应急事件演练。演练的内容主要是行车、客运、消防等突发事件，有关设备、设施（线路、信号、通信、AFC、FAS设备等）在运营期间发生故障等情况下的车站处置流程。

任务分析

车站人员要积极参与突发事件处置演练，切实树立“防患于未然，消危于即临，控制于初起”的理念，使车站突发事件处置演练做到经常化、规范化、制度化，使突发事件处置工作做到“管理有规，行动有章，训练有素”，从而在应对突发事件时，能够迅速启动预案，有效控制局面，防止事态扩大和次生灾害的发生。

班组演练由当班值班站长组织进行，由站长做好监督。车站在开展班组级演练前，应对该演练相关的规章文本进行培训，演练结束后须对演练过程中存在的问题及需跟进的项目进行总结，形成演练报告，存档备查。

相关知识

一、车站应急处置

1. 应急处理基本原则

（1）处理突发事件、事故、故障时必须执行高度集中、统一指挥的原则，参与应急处理的各岗位都应紧急行动,迅速开展应对工作。

(2)各类意外情况及突发事件危及员工、乘客生命安全时,车站坚持"先救人,后救物;先全面,后局部"的原则,优先组织人员疏散、伤员抢救,同时兼顾重点设备和环境的保护,将损失降至最低限度。

(3)车站在第一时间处理各类意外情况及突发事件的同时,应及时上报;应急信息的报告参照应急信息报告的规定执行。

(4)车站保持与OCC的联系,执行OCC指令,随时通报现场信息,必要时请求支援。

(5)员工在应急事件处理过程中应兼顾现场的保护工作,以利于公安、消防和事件调查部门的现场取证。

知识链接

(1)地铁:是指承担城市公共客运的城市轨道交通系统,包括地上形式和地下形式。

(2)地铁设施:是指为保障地铁系统正常安全运营而设置的隧道、轨道、高架路(含桥梁)、车站(含出入口、通道)、通风亭、车辆、车站设施、车辆段、机电设备、供电系统、通信信号系统和其他附属设施、设备。

(3)突发事件:是指突然发生,造成或者可能造成人员伤亡、财产损失、地铁环境破坏,影响和威胁地铁运营安全,有社会影响的涉及公共安全的紧急事件。

(4)行车事故:在地铁范围内,行车作业中造成人员伤亡、设备损坏、经济损失、影响正常行车或危及行车安全的,均构成行车事故。

(5)设备故障:由于地铁设备设施(系统)丧失其规定性能的状态,造成人员受伤、设备受损、行车受阻或危及行车安全。

(6)可疑物品:可能发生危及地铁设备设施安全、人身安全的物品(包括不明物品、无人看管的包裹等)。

2. 突发事件应急处理

部分车站应急处置程序

各地铁公司车站突发事件的类型、情况,基本相同,但不同地铁公司的突发事件应急处理程序因设备条件、管理模式的不同,也不尽相同。以某一地铁公司车站为例,主要有以下情况。部分车站应急处置程序参见二维码资源,可参考用于技能训练。

(1)站台门故障的应急处理。

①三个及以下站台门无法关闭应急处置程序。

②三个及以下站台门无法打开应急处置程序。

③整站站台门、单侧、三个以上站台门无法关闭应急处置程序。

④整站站台门、单侧、三个以上站台门无法打开应急处置程序。

⑤站台门玻璃破碎应急处置程序。

(2)信号设备故障应急处理。

①中央 ATS 故障应急处置程序。

②道岔显示故障应急处置程序。

③ 计轴区段显示异常光带应急处置程序。

(3)自动售检票设备大面积故障的应急处理。

(4)接触网异常应急处理。

(5)电梯困人应急处理。

(6)车站可疑物品应急处理。

(7)车站火灾应急处理。

①车站设备房间(有气体保护房间)火灾应急处置程序。

②车站设备房间(无气体保护房间)及车站公共区(含出入口)火灾应急处置程序。

③列车在站台火灾(包括列车在区间火灾运行到车站)应急处置程序。

④列车在区间火灾(停滞在区间)/隧道火灾应急处置程序。

(8)车站水灾应急处理。

(9)车站乘客疏散应急处理。

(10)区间乘客疏散应急处理。

①区间Ⅰ级乘客疏散应急处理程序。

②区间Ⅱ级乘客疏散应急处理程序。

(11)车站停电应急处理。

(12)道床伤亡事故应急处理。

①列车在车站撞人/轧人处置流程。

②列车在区间撞人/轧人处置流程。

(13)车站客流组织应急处理。

(14)公交接驳应急处理。

3. 车站应急信息报告制度

车站发生异常情况,车站工作人员除按照公司应急信息上报流程(业务线/生产线)进行信息上报以外,还需将信息及时进行中心(部门)内部报告。以某地铁公司为例,其内部流程如下:

1)信息报告原则

信息汇报应遵循及时性和持续性原则,做好信息初报、续报、终报。车站当班值班站长/站长为信息报告责任人。

2)应急信息具体汇报要求

(1)效率要求:事件发生5 min内车站须做好信息快报,事件处理中或处理结束做好续报和终报工作。

(2)信息报告的主要内容:事件发生的时间、地点;造成的初步影响;现场处置的简单经过及临时采取的措施;事件原因的初步判断等。

3)应急信息上报途径

(1)车站日常应急信息上报,由车站站长向中心汇报,中心值班人员/专业工程师进行信息接收及回复,视情况报相关职能部门。

(2)车站重大应急信息上报。

车站重大应急信息上报有行政线和值班线两条路径,由站长通过电话形式进行汇报。重大信息包括:

①安全:消防安全(如车站火灾)、疫情防控、公共安全、防汛防洪(如出入口雨水倒灌)、恶劣天气等事件;

②行车:行车施工类事件(道岔失表、列车脱轨等);

③票务:各类AFC大面积故障事件;

④客运:突发大客流、公交接驳、客伤等事件。

报告途径:行政线/值班线流程。

行政线：当事人→行车值班员（值班站长）→站长→车间主任（副主任）→经理（副经理）；

值班线：车站→中心值班人员→中心值班领导→经理（副经理）。

知识链接

业务线/生产线：发现人员→属地（车站人员）→调度（行调/电环调/维修调度/乘客信息调度）→应急值班室→值班领导。

4）信息上报要求

（1）全天时间段内车站发生重大突发事件时，行政线、值班线两条信息上报路径都必须通过电话形式上报，中心应急人员不可联系车控室及值班站长，不可占用车站通信资源（指业务线/生产线的通信），可以通过其余（行政线/值班线）两条上报路径了解情况。

（2）站务中心站长、工程师及以上人员必须保持手机24小时处于开机状态，并实时关注手机的应急信息。

（3）除按规定第一时间将信息汇报外，还应包括事件处理的阶段性汇报。

（4）应急信息原则上逐级进行汇报，如遇电话无法接通或发生重大紧急情况时，所有人员可直接越级进行汇报。

（5）23:00—次日07:00时间段，所有应急信息必须以电话形式上报，确保应急信息上报到位。

4. 车站应急队伍管理

1）应急队伍架构

各车站站长组织本站员工建立车站应急支援队伍，分为两个梯队，要求在接到支援信息后分别在30 min和60 min内到达车站。

2）支援机制

（1）本站支援。车站发生突发情况需启动本站支援的，由站长启动本站支援。

（2）邻站支援。车站发生突发情况需启动邻站支援的，车间负责人/车间工程师安排相邻车站当班空余人员支援。

（3）跨车间支援。车站发生突发情况需启动跨车间支援的，由车间负责人沟通或中心经理安排。

（4）线路支援。车站发生突发情况需启动线路支援的，由中心经理启动中心应急支援队伍，安排中心专业工程师、站长支援。

（5）跨站支援必须确保本站当班人员满足运营条件为前提，方可进行支援。

5. 车站应急物资

车站配备安全应急物资有安全防护类、警戒救护类、防汛防雪类、应急工具类、微消类共五大类。

二、车站应急处置及演练管理

车站根据中心本年度演练方案（内含演练计划）开展演练工作，根据要求做好演练记录存档。

（1）车站应急处置流程及内容按照相关突发事件的应急预案和现场处置方案执行。

（2）车站按照演练计划开展应急演练工作，站长/值站负责组织开展本站应急演练，各岗位人员需担任相应角色、开展相应工作。演练完成后须总结和分析存在的问题，形成演练相关资料。

（3）车站在开展班组级演练前，应对该演练相关的规章文本进行培训，并将参演人员签到、演练过程、演练问题整改培训情况记录在“车站应急演练记录本”（包括应急预案及现场处置方案培训记录表；演练签到表；演练过程记录表；应急演练问题整改培训表）。

技能训练

技能训练一　车站突发事件应急演练

一、任务条件

(1)车站应急处置程序,参考标准见本任务二维码资源。

(2)按车站岗位设置进行演练。一班岗位设置:值班站长、行车值班员、客运值班员、站台岗、客服中心岗各一人。其他辅助人员,如行车调度员、站长等两或三人。

(3)根据本校实训演练条件选择车站应急情境开展模拟演练。

二、任务实施

(1)开展应急演练前,请先回答下列引导问题。

①突发事件危及员工、乘客生命安全时,车站坚持________________的原则,优先组织人员疏散、伤员抢救,同时兼顾重点设备和环境的保护,将损失降至最低限度。

②车站突发事件通常有哪些情况?

____

____

(2)根据车站应急演练情况,按时间顺序,编制应急演练方案或填写车站突发事件应急处理演练写实表,见表5-5-1。

表5-5-1　车站突发事件应急处理演练写实表

应急情况		
时间顺序(时分秒)	岗位	应急处理作业内容

说明:1. 若表格空格不够,可自行编制表格。
2. 处置过程中各岗位信息汇报与传递,需使用标准用语。

技能训练二　车站突发事件应急演练组织与管理

一、任务条件

(1)“车站应急演练记录本”。

(2)车站应急处理演练方案(技能训练一)。

二、任务实施

（1）开展应急演练前，请先回答下列引导问题。

①车站在开展班组级演练前，应进行________________________工作。

②车站突发事件演练前后需在“车站应急演练记录本”记录哪些内容？

____

____

（2）请根据计划准备（技能训练一）的车站应急处理演练方案。开展应急演练，并填写“车站应急演练记录本”（见表5-5-2～表5-5-5）。

表5-5-2　应急预案及现场处置方案培训记录表

<table>
<tr><td colspan="2">日期：</td><td colspan="2">时间：</td><td colspan="2">地点：</td></tr>
<tr><td colspan="2">课时（小时）：</td><td colspan="2">授课人签到：</td><td colspan="2">记录人：</td></tr>
<tr><td colspan="6">课程名称：</td></tr>
<tr><td colspan="6">培训人员签到：</td></tr>
<tr><td>培训内容</td><td colspan="5"></td></tr>
<tr><td>考核要求</td><td colspan="2">□笔试　□抽问　□实际操作　□其他</td><td>授课效果评价</td><td colspan="2">□优　□良　□中　□差</td></tr>
<tr><td rowspan="3">培训抽问</td><td colspan="3">抽问问题</td><td>抽问人员</td><td>抽问效果</td></tr>
<tr><td colspan="3"></td><td></td><td>□优　□良
□中　□差</td></tr>
<tr><td colspan="3"></td><td></td><td>□优　□良
□中　□差</td></tr>
<tr><td>备注</td><td colspan="5"></td></tr>
</table>

表5-5-3　演练签到表

<table>
<tr><td colspan="2">演练日期</td><td colspan="2"></td><td>演练地点</td><td></td></tr>
<tr><td colspan="2">演练名称</td><td colspan="4"></td></tr>
<tr><td>序号</td><td>姓名</td><td>部门</td><td colspan="2">演练角色</td><td>备注</td></tr>
<tr><td>1</td><td></td><td></td><td colspan="2"></td><td></td></tr>
<tr><td>2</td><td></td><td></td><td colspan="2"></td><td></td></tr>
<tr><td>3</td><td></td><td></td><td colspan="2"></td><td></td></tr>
<tr><td>4</td><td></td><td></td><td colspan="2"></td><td></td></tr>
<tr><td>5</td><td></td><td></td><td colspan="2"></td><td></td></tr>
<tr><td>6</td><td></td><td></td><td colspan="2"></td><td></td></tr>
<tr><td>7</td><td></td><td></td><td colspan="2"></td><td></td></tr>
<tr><td>8</td><td></td><td></td><td colspan="2"></td><td></td></tr>
</table>

表 5-5-4　演练过程记录表

<table>
<tr><td>演练名称</td><td colspan="5"></td></tr>
<tr><td>日期</td><td></td><td>地点</td><td colspan="3"></td></tr>
<tr><td>班组/车站</td><td></td><td>负责人</td><td></td><td>记录人</td><td></td></tr>
<tr><td>参加人员</td><td colspan="5"></td></tr>
<tr><td>内容</td><td colspan="5">一、演练场景

二、演练简要经过

三、演练出现的问题

四、整改措施

五、演练照片</td></tr>
</table>

表 5-5-5　应急演练问题整改培训表

<table>
<tr><td colspan="3">日期：</td><td colspan="3">时间：</td><td colspan="2">地点：</td></tr>
<tr><td colspan="3">课时(小时)：</td><td colspan="3">授课人签到：</td><td colspan="2">记录人：</td></tr>
<tr><td colspan="8">整改培训问题：</td></tr>
<tr><td colspan="8">人员签到：</td></tr>
<tr><td>培训内容</td><td colspan="7"></td></tr>
<tr><td>考核要求</td><td colspan="3">□笔试　□抽问　□实际操作　□其他</td><td>授课效果评价</td><td colspan="3">□优　□良　□中　□差</td></tr>
<tr><td rowspan="3">培训抽问</td><td colspan="4">抽问问题</td><td>抽问人员</td><td colspan="2">抽问效果</td></tr>
<tr><td colspan="4"></td><td></td><td colspan="2">□优　□良
□中　□差</td></tr>
<tr><td colspan="4"></td><td></td><td colspan="2">□优　□良
□中　□差</td></tr>
<tr><td>备注</td><td colspan="7"></td></tr>
</table>

任务评价

本任务完成后，请根据表 5-5-6 进行任务评价。

表 5-5-6　任务评价表

序号	评价内容	评价标准	分数	评分记录		
				学生自评	组间互评	教师评分
1	车站突发事件应急处理演练写实表	应急处理方案编制合理，各岗位应急处置得当，内容翔实，用语标准	30			
2	车站突发事件应急演练组织与管理	培训记录表、演练签到表等填写认真；演练过程记录规范、全面	30			
3	应急演练问题	准确总结应急演练问题，整改措施得当	10			
4	学生考勤情况	迟到-5 分、早退-5 分、旷课-10 分	10			
5	工作态度	态度认真、团队合作、任务完成质量良好	20			
总分			100			

巩固与练习

一、选择题

1. 车站发生应急情况，车站行车值班员第一时间按(　　)进行上报。

A. 业务线　　B. 行政线　　C. 值班线　　D. 公务线

2. 站台门故障的应急处理主要包括(　　)。

A. 三个及以下站台门无法关闭应急处置

B. 三个及以下站台门无法打开应急处置

C. 整站站台门、单侧、三个以上站台门无法关闭应急处置

D. 整站站台门、单侧、三个以上站台门无法打开应急处置

二、填空题

1. ＿＿＿＿＿＿负责车站保持与 OCC 的联系，执行 OCC 指令，随时通报现场信息，必要时请求支援。

2. 突发事件是指突然发生，造成或者可能造成＿＿＿＿＿、＿＿＿＿＿＿、地铁环境破坏，影响和威胁地铁运营安全，有社会影响的涉及公共安全的紧急事件。

3. 信息汇报应遵循＿＿＿性和＿＿＿性原则，做好信息初报、续报、终报。车站当班＿＿＿/＿＿＿为信息报告责任人。

4. 车站配备安全应急物资有安全防护类、警戒救护类、＿＿＿＿＿类、＿＿＿＿＿类、微消类共五大类。

三、判断题

1. 全天时间段内车站发生重大突发事件时，信息上报路径都必须通过电话形式上报，中心应急人员可通过各种方式联系车控室及值班站长了解情况。　(　　)

2. 员工在应急处理过程中应兼顾现场的保护工作，以利于公安、消防和事件调查部门的现场取证。（　　）

3. 可能发生危及地铁设备设施安全、人身安全的物品（包括不明物品、无人看管的包裹等）均为可疑物品。（　　）

4. 各类 AFC 故障事件属重大信息情况。（　　）

5. 列车在区间火灾（停滞在区间）不属于车站应急处置程序。（　　）

6. 发生应急情况，跨站支援时，本站立即组织人员进行支援。（　　）

任务六　车站事故/事件调查

情景导入

2024 年 3 月 2 日 20 时 10 分，A 站一名约 70 岁老年男性乘客走行至站厅 A 端进站闸机时踩到积水滑倒，值班站长、客运值班员到达现场为乘客清理伤口等处理工作，20 时 20 分，乘客离开车站。事后，车站按“四不放过”的原则，对此起事件做了调查，撰写调查分析报告，并按规定进行了处理。

学习目标

知识目标

1. 掌握运营事故处理的基本原则；
2. 了解事故/事件的分类、调查处理与责任判定的规定；
3. 熟悉车站事故/事件处理及配合调查程序。

能力目标

1. 具有车站事故/事件发生后，现场处置和管理的能力；
2. 会写事情经过或分析报告。

素养目标

1. 具有预防车站事故/事件发生的责任心；
2. 具有处理车站事故/事件的原则性。

任务描述

在车站日常运作过程中，可能会发生一些事故/事件，如客伤、站台门夹人夹物等，甚至发生造成更严重损失的事故。车站不仅要能够按照事故/事件应急处理程序进行应急现场处置，在事后，车站站长或值班站长，还应能够写出分析报告，以便分析原因、划定责任。做到“四不放过”，防患于未然。

任务分析

车站站务人员要能够在事故/事件发生时的正确应急处置及事后的调查处理，就必须熟知地铁公司的运营事故处理规则、应急处理程序及事情经过或事件分析报告的撰写要求。通常这是车站站长、当班值班站长应具备的基本业务能力。

相关知识

在城市轨道交通运营生产的过程中，可能发生一些事故/事件，对运营事故/事件的应急处理及事故/事件报告、调查和处理等，运营公司都有明确的规定进行规范。车站应根据职责范围，做好事故/事件报告、调查和处理。

一、运营事故处理规则

1. 基本原则

（1）发生运营事故/事件时，运营公司内部任何部门和个人，在“高度集中、统一指挥”的原则下，均有上报信息和尽快处理故障或事故/事件的责任和义务，各岗位员工要严格按运营公司“应急信息报告规定”逐级即时上报信息，并按“先通后复”的原则，快报告、快处理、快开通，积极采取措施，尽快抢救伤员和恢复运营，尽量减少损失。

（2）事故/事件调查处理部门应本着客观、公正的态度对事故/事件进行及时调查、取证和处理工作。

（3）事故/事件的处理应以事实为依据，以规章为准绳，按照“四不放过”原则，认真调查分析，查明原因，分清责任，吸取教训，制定对策，防止同类事故/事件再次发生。

（4）根据事故/事件性质和情节，对事故/事件责任者予以批评教育、经济处罚、行政处分直至追究法律责任。

（5）对事故/事件分析处理拖延、推脱责任、姑息纵容、隐瞒不报或不如实反映事故/事件情况者，根据情节轻重给予批评教育或行政处分。

2. 事故分类

按照事故的损失及对运营生产造成的影响和危害程度，事故分为特别重大事故、重大事故、较大事故、一般事故和事故苗头。一般事故又分为一般事故 A 类、一般事故 B 类、一般事故 C 类、一般事故 D 类和一般事故 E 类。

事故苗头：凡在运营生产中，因违反规章制度、违反劳动纪律或其他原因造成设备损坏、影响正常行车、危及行车安全或者虽未造成损失，但违章行为性质严重，经安全管理部门认定为事件苗头的安全事件。

其他危及运营生产安全的情况，不符合以上条件，运营公司安委会认为有必要时，可对事故/事件进行定性，同时，有权对已定性事故/事件进行重新认定。

某地铁公司具体事故分类参见二维码资源。

某地铁公司具体事故/事件分类

3. 现场处置

发生事故/事件，现场处置组负责指挥抢救伤员，做好救援准备工作，查看现场，保存可疑物证，尽快恢复线路，查找事故/事件见证人，做好记录。

在现场处置组人员到达现场前，现场抢险指挥由临时现场指挥负责，临时现场指挥按以下办法自然产生：

(1)事故/事件发生在区间时，涉及列车的由司机担任，相邻车站值班站长/站长到达事故现场后，由值班站长/站长担任；

(2)事故/事件发生在车站范围时，由值班站长/站长担任；

(3)事故/事件发生在车辆段时，由车场调度员担任；

(4)事故/事件发生在变电所时，由就近供电中心人员担任；

(5)未直接影响到行车组织、客运服务及线路施工的，由设备设施管辖责任部门/中心的现场负责人担任。

4. 现场管理

(1)事故/事件发生后，任何部门和个人应当妥善保护事故/事件现场及相关证据，必要时可挽留事故见证人，记录见证人联系方式；任何部门和个人不得故意破坏现场、毁灭证据，发生人员伤亡事故时，应及时拨打急救电话，并报告驻站民警。

(2)因抢救人员、防止事故/事件扩大等原因，需要移动现场证物时，应作出明显标志，并拍摄或绘制现场简图，做好书面记录，妥善保存现场重要痕迹、物证。

(3)临时现场指挥/现场指挥人员应组织保护事故/事件现场，必要时采取隔离措施（隔离带、隔离屏障等）封锁现场。

(4)临时现场指挥/现场指挥应安排人员维持和控制现场秩序，及时疏导围观乘客或群众，远离事故/事件地点。

(5)临时现场指挥/现场指挥应指定人员负责现场的监控，严格控制进入现场的人员，严禁无关人员进入现场。

5. 调查处理程序与责任判定

事故/事件发生后，需依据调查处理程序的要求开展调查及责任判定，调查处理程序中明确了调查处理权限、调查处理原则、事故/事件调查的过程、材料及调查报告要求等。在责任判定的规定中明确了责任判定的原则、责任划分等。

以某地铁公司为例，调查处理程序与责任判定的要求参见二维码资源。

调查处理程序与责任判定的要求

二、车站事故/事件处理及配合调查程序

1. 事件应急处置

(1)发生应急突发事件后，按照应急处置流程第一时间至现场进行处置。

(2)必要情况下（大多以处理乘客相关事务）处置人员充分利用视频记录仪、录音笔、手机等设备固定相关证据。

(3)事件发生后，按照“先快报、后续报”的原则，及时将事件信息按要求及时上报，根据处置进度做好续报，处置完成后进行该事件整体终报。

2. 调查程序

(1)事件处理完成后，第一时间留存现场视频监控、通话设备录音、视频记录仪及录音笔等相关影像音频文件。

×××站×月××日
乘客摔倒分析报告

(2)事后车站召开事件分析会,形成详细事情经过,结合处置过程,班组内部及时分析存在问题及相应整改措施,并形成初版事件分析报告。

3. 事件分析报告案例

××站×月××日乘客摔倒分析报告见二维码资源。

笔记栏

技能训练

技能训练一　完成A站3月2日下行3-4站台门车门夹物分析报告

一、任务条件

1. 事件经过

2024年3月2日09:00:00，A站下行00911次列车关门作业时一名乘客手持手提袋从3-4站台门处抢上，站台门夹住乘客手提袋后启动防夹功能，弹开三次保持常开状态，对应4-7车门夹住手提袋拉手后未启动防夹。站台岗按压紧停后操作“站台开门”开启车门，取出手提袋后按压“站台关门”关闭车门，手动推合站台门，关闭后操作LCB“手动关”，报行值取消紧停，站台岗操作“站台发车”后列车发车，比照运营时刻表本站晚发135 s，终到未晚点。

2. 当值人员

值班站长：张三(5120001)

行车值班员：李四(2120002)

客运值班员：王五(2120003)

头端站台岗：赵六(5120004)

尾端站台岗：薛七(5120005)

二、任务实施

(1)完成分析报告前，请先回答下列引导问题。

①发生运营事故/事件时，按____________的原则，快____、快____、快____，积极采取措施，尽快抢救伤员和____________，尽量减少__________。

②事故/事件的处理应以____为依据，以____为准绳，按照________原则，认真调查分析，查明原因，分清责任，吸取教训，制定对策，防止同类事故/事件再次发生。

③因抢救人员、防止事故/事件扩大等原因，需要移动现场证物时，应作出________，并拍摄或绘制现场简图，做好书面记录，妥善保存现场重要________、__________。

(2)根据已知事件经过，进行过程模拟演练并分析，完成事件分析报告。见表5-6-1。

表5-6-1　A站3月2日下行3-4站台门车门夹物分析报告

一、事件概况	(简要描述事件基本情况，包含时间、地点、关键人物信息等)
二、当值人员	值班站长： 行车值班员： 客运值班员： 站务员： (其他涉及岗位依次添加)
三、事件经过	(详细描述事情经过，以时间开头)

续表

四、存在问题	（针对事件发生原因进行问题分析）
五、整改措施	（针对存在的问题，提出切实可行的整改措施）
六、考核决定	

站台门车门夹物分析报告

（3）分析报告完成后，师生共同分析此次事件真实的分析报告案例并讨论，真实的分析报告案例“站台门车门夹物分析报告”见二维码资源。

技能训练二　划分事故/事件的等级

一、任务条件

（1）请到地铁车站调研或网上搜集地铁车站事故/事件案例。

（2）事故/事件的分类及责任认定等相关规定。

二、任务实施

（1）开展案例分析前，请先回答下列引导问题。

①按照事故的__________损失及对________造成的影响和危害程度，事故分为______事故、______事故、______事故、______事故和______苗头。

②运营事故/事件责任按责任程度分为______责任、______责任、______责任、______责任和无责任；按责任关系分为______责任、______责任、______责任、领导责任等。

（2）请将事故/事件案例分析及责任认定填入表5-6-2。

表 5-6-2　事故/事件案例分析表

序号	事故/事件	人员伤亡	经济损失	其他影响和危害	责任等级	责任人	责任认定
1							
2							
3							

任务评价

本任务完成后，请根据表5-6-3进行任务评价。

表 5-6-3　任务评价表

序号	评价内容	评价标准	分数	评分记录		
				学生自评	组间互评	教师评分
1	运营事故处理规则	知道运营事故处理的处理基本原则、了解事故/事件的分类标准、掌握现场管理的要求及调查及责任认定	20			
2	站台门车门夹物分析报告	分析报告项目齐全;分析存在问题全面、合理;整改措施到位	20			
3	事故案例分析	案例数据真实;分析合理全面	20			
4	学生考勤情况	迟到 -10 分、早退 -10 分、旷课 -20 分	20			
5	工作态度	态度认真、团队合作、任务完成质量良好	20			
总分			100			

巩固与练习

一、选择题

1. 在运营生产中,造成(　　)的为重大事故。

   A. 10 人以上 30 人以下死亡

   B. 50 人以上 100 人以下重伤

   C. 5 000 万元以上 1 亿元以下直接经济损失

   D. 1 亿元以下直接经济损失

2. 在运营生产中,造成 3 人以下死亡,或者 10 人以下重伤的为(　　)。

   A. 一般事故 A 类　　B. 一般事故 B 类　　C. 一般事故 C 类　　D. 一般事故 D 类

3. 客运列车夹物,设备未检测到,可人为防止却未采取防止措施而走车的是(　　)。

   A. 一般事故 E 类　　B. 较大事故　　C. 事故苗头　　D. 其他

二、填空题

1. 事故/事件的处理应以____为依据,以____为准绳,按照________原则,认真调查分析,查明原因,分清责任,吸取教训,制定对策,防止同类事故/事件再次发生。

2. 根据事故/事件性质和情节,对事故/事件责任者予以批评教育、____处罚、______处分直至追究法律责任。

3. 在现场处置组人员到达现场前,现场抢险指挥由临时现场指挥负责,事故/事件发生在车站范围时,由________________担任。

三、判断题

1. 当一起事故/事件同时符合两类以上事故/事件的定性条件时,按最重的性质定性。（　　）

2. 因不可抗拒的外因造成的事故/事件,因地铁外部因素、乘客自身原因、治安案件等造成的事故/事件,不列为责任事故/事件。（　　）

四、简答题

简述事故/事件调查相关部门须随书面报告提交的基本资料。

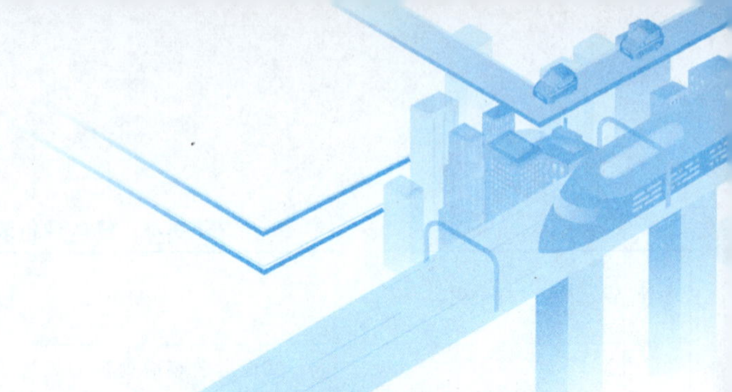

模块六 车站行车业务管理

车站行车业务和车站客运业务是车站运营管理工作的重要组成部分。行车组织工作关系到列车运行安全及乘客出行安全，是提高运输效率的重要环节。车站行车相关人员需熟练掌握车站行车业务，才能确保列车的准点运行，提高乘客的出行效率，为乘客提供安全、舒适的出行环境。同时，也能够提高车站的服务质量和管理水平。

思维导图

- 车站行车业务管理
  - 任务一 认知车站基础行车业务
    - 行车组织原则
    - 车站行车作业制度
      - 车站值班员岗位责任制度
      - 交接班制度
      - 检修施工登记制度
      - 巡视检查制度
      - 行车事故处理制度
    - 站台岗行车基础业务
      - 站台门操作
        - 站台门系统的组成和控制模式
        - 站台门的操作要求
      - 站台紧急停车按钮操作
        - 站台紧急停车按钮的设置与操作方法
        - 紧急停车按钮的作用范围
    - 行车值班员行车基础业务
      - 车站ATS操作规定
      - IBP盘操作
      - 综合监控系统操作
        - 综合监控系统的功能
        - 综合监控系统的组成
      - FAS系统设备操作
        - FAS系统的组成
        - 火警处理流程
      - 车站台账、报表填写
        - 基本要求
        - 报表的填记
      - 车站行车备品的管理和使用
        - 车站行车备品种类
        - 行车备品的存放
        - 行车备品的使用和保养
        - 行车备品的交接
  - 任务二 正常情况下办理车站行车作业
    - 运营前检查
    - 接发列车作业
      - 正常情况下车站接发车作业
      - 非正常情况下车站接发车作业
      - 车站接发车作业中的报点规定
    - 列车折返作业
      - 列车折返方式
      - 列车折返模式
      - 列车折返作业流程
      - 列车折返清客作业流程
  - 任务三 非正常情况下进行车站行车组织
    - 一般要求
    - 非正常情况下的车站行车组织
      - 扣车
      - 清客
      - 越站
      - 反方向运行
      - 列车退行
      - 越过禁止信号
      - 计轴故障
      - 道岔故障

任务一　认知车站基础行车业务

情景导入

张三为B站新入职员工，李四为储备值班员，2023年12月5日，钱一为当日白班行车值班员，李一为当日白班站台岗，李四和张三分别跟岗行车值班员、站台岗，进行行车业务学习。早上8:00—8:30，张三和李四参加白班班前会，进行班前提问和安全预想；后跟随钱一、李一按照车站行车作业基本要求和行车作业制度，完成当班期间的行车工作。

学习目标

知识目标

1. 熟悉车站行车工作基本要求和组织原则；
2. 熟悉车站行车作业制度；
3. 掌握车站相关行车设备的操作规定和使用方法。

能力目标

1. 具备行车值班员操作相关行车设备的能力；
2. 能够按照车站相关报表填写规定，规范填写各类行车报表；
3. 能够正确辨识行车备品的种类并能按规定有序存放并登记。

素养目标

1. 养成严谨细致的工作态度；
2. 培养行车工作从业者的责任意识和安全意识。

任务描述

车站行车业务主要涉及行车值班员和站台岗。车站行车作业实行单一指挥制，车站行车值班员是车站行车作业的组织者和指挥者。

行车值班员需要掌握的行车业务工作主要包括组织本站范围内列车运行、操作并监控车站相关行车设备、管理行车备品、填写各类报表台账等。

站台岗在行车值班员的指挥下，需要掌握的行车业务主要包括监视列车到发情况、站台门的操作和管理、站台紧急停车按钮的使用等。车站行车工作人员在当班期间应严格遵守行车作业制度，根据行车工作基本要求和组织原则，完成当班期间相关行车业务内容。

任务分析

车站行车值班员主要在车站控制室内负责车站的行车相关工作，是地铁行车指挥体系中，二级指挥层级中的核心岗位之一。作为行车值班员，首先要熟知车站行车作业的基本要求、行车作业制度和行车业务，并且明确与行车业务相关台账、报表的种类。在此基础上，根据当班期间具体的行车业务内容完成各类台账、报表的填写登记和相关行车业务办理。站台岗按照行车值班员的指挥，安全有序地完成车站接发车作业和组织乘客乘降，遇到突发情况时，需按照行车值班员指令或行车组织原则对站台门或站台紧急停车按钮进行相应操作。

相关知识

一、行车组织原则

地铁的行车组织指挥工作，必须坚持安全生产的方针，贯彻高度集中、统一指挥、逐级负责的原则；各单位、各部门必须紧密配合，协调动作，确保行车和乘客安全，完成各项工作任务。

二、车站行车作业制度

为加强车站行车作业组织，必须建立和健全各项行车作业制度，做到行车作业制度化、程序化、标准化。

1. 车站值班员岗位责任制度

车站行车值班员是车站行车作业的组织者和指挥者，车站行车值班员的岗位职责是执行行车调度员的命令和指示，统一指挥车站的行车作业；监视进路开通方向、道岔位置及信号显示，监视列车运行状态和乘客乘降情况；在实行车站控制时，按列车运行图及行车调度员下达的列车运行计划办理作业；填写行车凭证和其他各种行车报表，办理设备检修施工登记。

2. 交接班制度

车站值班员交班时，应将列车运行和设备状态、上级指示和命令及完成情况等填记在"交接班登记簿"上，并口头向接班车站值班员交代清楚。接班时，要了解列车运行情况，对行车设备、备品、报表进行检查后，签认接班。

3. 检修施工登记制度

车站值班员对各项检修施工作业，应根据施工计划，向施工负责人交代有关注意事项后，方可登记。凡影响行车作业的临时设备抢修，要在与行车调度员联系作业时间并获得同意后，方可登记。检修施工作业结束后，行车设备经试验、确认技术状态良好，方可签认注销。

4. 巡视检查制度

送电前，车站值班员/值班站长应进行站线巡视，检查线路上有无影响列车运行的异物。对站内检修施工后的现场进行巡视检查，符合检修施工登记注销情况。

5. 行车事故处理制度

发生行车事故，应立即采取措施进行处理，同时向行车调度员及有关部门报告。记录事故发生的时间、地点、列车车次、车号、有关人员姓名及人员伤亡和设备损坏情况；赶赴现场，查找人证与物证，并做好记录；清理现场，尽快开通线路。对责任行车事故，应认真找出原因，提出处理意见，制订防范措施。

三、站台岗行车基础业务

（一）站台门操作

1. 站台门系统的组成和控制模式

1）站台门系统的组成

站台门系统设有滑动门、应急门、固定门、端门及瞭望灯带、间隙探测装置等。

2)站台门系统的控制模式

站台门系统的控制模式从低到高依次为系统级、站台级、车站级、就地级(或称手动操作)四种控制模式,实现对滑动门的开启和关闭。

2. 站台门的操作要求

1)就地控制盘(platform screen doors local control panel,PSL 盘)操作

(1)每天运营前检查期间,工作人员要到 IBP 盘、PSL 盘上手动开、关三次站台门,并对 IBP 盘、PSL 盘上的指示灯状态进行确认,操作完成后确认钥匙开关处于自动位置,确认 IBP 盘上绿色"上行关闭锁紧,下行关闭锁紧"灯、PSL 盘上"ASD/EED 关闭"灯常亮。

(2)当在信号系统和站台门系统没有实现联动或者系统级控制失效时,需要站台岗执行 PSL 盘开门或关门,站台岗应密切观察 PSL 上的红色的"ASD 开门"指示灯显示,以确认站台门是否完全打开或观察 PSL 上的绿色的"ASD 关门"指示灯显示,确认站台门完全关闭后,方可将 PSL 钥匙打回"自动"挡位,并拔出钥匙。

(3)当由于站台门系统出现故障,无法给信号系统门关闭锁紧信号,影响列车发车时,需要由站务人员到 PSL 进行互锁解除操作,互锁解除操作应一直保持到列车完全出清车站后,方可松开互锁解除开关。

2)就地控制盒(platform screen doors local control box,LCB)操作开关滑动门

(1)站务人员须密切观察站台门开关状态、站台门门头指示灯的显示状态。当列车门与站台门关闭后,应密切注意列车门与站台门是否因夹人或异物出现无法关闭情况。

(2)如因各种门故障需打开滑动门使之处于常开状态时,必须将该滑动门的 LCB 开关打到手动开门状态,在故障门旁安排专人值守,加强对故障门附近乘客的监控和引导,以免影响行车。

(3)如因各种门故障需关闭滑动门使之处于常关状态时,必须将该滑动门的 LCB 开关打到手动关门状态,在故障门上贴上警示标志,并用围栏围好,加强对故障门附近乘客的监控和引导,以免影响行车。

(4)LCB 钥匙的插拔必须在"自动"挡位下进行。

(5)LCB 开关的隔离操作只在检修作业时使用,运营期间严禁将 LCB 打到隔离挡位,否则可能会影响门关闭锁紧信号的发出。

3)开关应急门

应急门设置有门锁装置,当列车进站后无法停靠在允许的误差范围位置时,需由站务人员在站台侧使用三角钥匙解锁并拉动门扇将其打开,或由乘客在轨道侧列车上推动应急门的解锁装置打开应急门,使乘客进行乘降。

(1)运行中应随时查看应急门是否关闭、锁紧。

(2)在正常运营期间严禁打开应急门。

(3)应急门使用后,必须确认关闭并锁紧,严禁使用异物阻挡应急门关闭。

4)开关端门

在正常运营状态下,端门处于关闭锁紧状态。运营期间站台岗须时刻留意端门状态,确保端

门处于关闭，并及时制止人员倚靠、推、扒端门等不安全行为。当有人员进出端门时，站台岗均须与车控室联系，在得到行车值班员允许后开启端门。站台岗须向行车值班员汇报端门位置、进入人数，并告知相关人员注意事项。在站台侧将三角钥匙旋转解锁即可拉开端门。在轨行侧使用推杆打开端门时，需双手推动推杆，解锁后即可打开端门。

（1）运行中应随时查看端门是否关闭、锁紧。

（2）严禁任何人员在列车进出站时打开端门。

（3）在站台侧开启端门必须使用专用钥匙。

（4）在开关端门过程中严禁将身体任何部位伸入门缝中，以免夹伤身体。

（5）使用端门后，必须确认关闭并锁紧，严禁打开后无人监控及使用异物阻挡端门关闭，防止他人误入轨行区。

（二）站台紧急停车按钮操作

1. 站台紧急停车按钮的设置和操作方法

在车站站台适当位置设置紧急停车按钮，如图 6-1-1 所示。每侧站台设置两个，在车站综合控制室内 IBP 盘上对应每侧站台位置设置一个紧急停车按钮。在紧急情况下，如发生人员掉下站台等危及乘客安全的突发事件时，可通过击碎玻璃按压按钮让列车紧急停车。

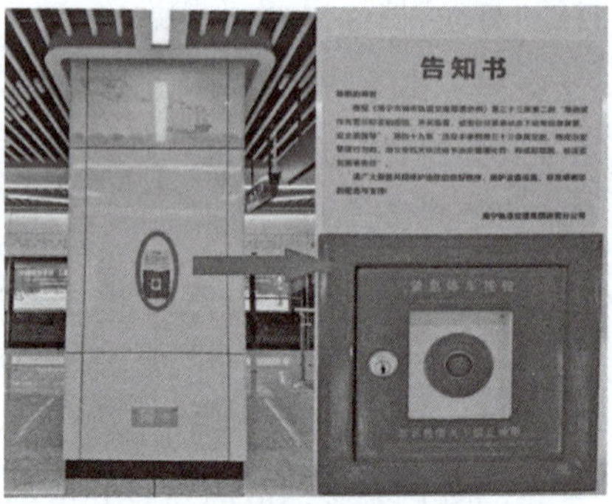

图 6-1-1　站台紧急停车按钮

2. 紧急停车按钮的作用范围

CBTC 模式时，为该按钮所属站台侧线路的站台计轴区域，区域内行驶的 CBTC 列车会紧急制动，停车的 CBTC 列车将收不到移动授权；区域外的 CBTC 列车将会根据与站台的距离来决定采用完全常用制动或紧急制动。

非 CBTC 模式时，该侧站台的出站信号机（含反向出站信号机）及所有通向该站台进路（含反向进路）的始端信号机如在开放状态下将被关闭，如在关闭状态下将不能开放。该区域内行驶的非 CBTC 列车不会紧急制动；区域外非 CBTC 列车，如已经通过了最后的防护信号机，则将不受影响。

四、行车值班员行车基础业务

（一）车站 ATS 操作规定

车站凭行车调度员指令方可对 ATS 实现本地控制；当车站发生危及行车安全事件必须用 ATS 本地工作站才能处理时，车站可进行紧急站控。在执行操作命令时，须手指口呼。

操作人员必须经过培训，考试合格，方可操作。在操作或监控设备时，严禁进行与行车无关的操作；进行相关安全命令操作时须遵守相关操作规定、指引。

运营期间，车站通过 ATS 本地工作站监视列车运行情况，当 ATS 为本地控制，且 ATS 不能自排进路时，根据行车调度员指令，由设备集中站在 ATS 本地工作站上人工排列列车进路，操作员需确认闭塞区段空闲且不存在敌对进路，确认所排进路与要求一致，所有进路元素状态显示正确。发现进路要素显示不正确，必须立即停止和取消该项操作，并报告行调。非设备集中站只监不控。

需车站开放引导信号时，车站与司机做好互控，行车值班员收到司机报列车停稳后，与司机确认列车位置，开放引导信号，并告知司机。若列车未在60 s内通过始端信号机，则车站需再次开放。

设备管理或维修人员需操作时，应经车站行车值班员征得行调同意并取得控制权后，由车站行车值班员做好监控，以个人账号登录系统进行操作。

（二）IBP盘操作

IBP盘放置在轨道交通车站的车站控制室内，IBP盘上设置紧急控制按钮，状态指示灯等，对重要设备进行应急监控。作为紧急情况下或在车站监控系统故障造成无法通过监控系统进行监控操作时，由车站值班员操作指令按钮实现对子系统的紧急控制，是车站监控系统的后备操作手段，其控制级别高于各系统操作站。

IBP盘由自动售检票模块、门禁模块、车站环控模块、隧道通风模块、信号模块、人员防护模块、站台门模块、消防泵模块、消防专用风机模块、自动扶梯模块、防淹门模块等模块及总试灯组成。IBP盘模块使用时机和操作方法见二维码资源。

IBP盘模块使用时机和操作方法

（三）综合监控系统操作

综合监控系统（ISCS）是将各分散孤立的自动化系统联结为一个有机整体，实现地铁各专业相关系统之间的信息互通、资源共享，提高各系统的协调配合能力，提高地铁线路的整体自动化水平。综合监控系统面向的对象为控制中心的调度人员及车站的值班站长、值班员。ISCS系统采用两级管理、三级控制方式实现对控制中心、车站、车辆段等进行管理控制。

1. 综合监控系统的功能

综合监控系统主要包括中心级综合监控系统、车站级综合监控系统以及车辆段、停车场综合监控系统。

1）中央级系统功能

中心级ISCS位于控制中心，主要服务对象是控制中心的专业调度人员，主要功能为：

（1）实现集成系统的调度工作的全部功能，包括电力电控系统（power supply control and monitoring automation system，PSCADA）、BAS、站台门（platform screen doors，PSD）、门禁系统（access control system，ACS）、PA、CCTV、PIS、AFC；

（2）可以监视各互联子系统的信息，包括ATS、TS、FAS、时钟系统（clock，CLK）、通信集中告警设备；

（3）监视线路环境、灾害、乘客、供电及车站主要设备的运行情况；

（4）根据不同的情况启动相应的预设工作模式实现线路各子系统的联动控制；

（5）具有网络管理功能；

（6）具有设备维护管理功能。

2）车站级系统功能

车站 ISCS 监视车站管辖范围内的环境、灾害、乘客、供电及车站主要设备的运行情况。

车站行车值班员操作工作站为车站行车值班员提供车站设备系统的状态，控制与运营相关的重要机电设备的运行。机电维修人员操作工作站为机电值班人员或维修人员提供机电设备的状态，控制机电设备的运行。车站变电所操作工作站为变电所值班人员或检修人员提供供电设备的状态，可在中心授权的情况下，进行本站范围授权设备的控制。

ISCS 通过网络提供自动、手动控制和监视 PSCADA、BAS、AFC、FAS、ACS、PA、CCTV、PIS、ALM、PSD 和 UPS 子系统的功能。设备状态在计算机屏幕里的图元上显示出来，操作员可以清楚地了解整个系统的状态，如图 6-1-2 所示。

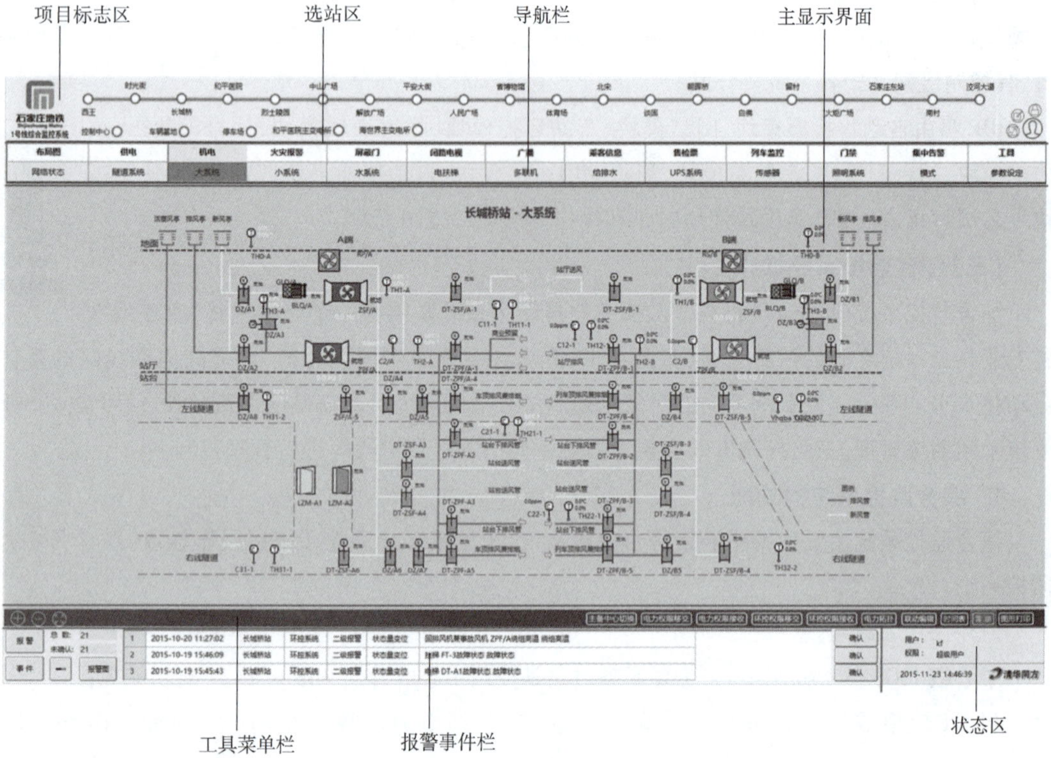

图 6-1-2　人机界面总体布局

2. 综合监控系统的组成

综合监控系统（ISCS）系统集成系统有：环境与设备监控系统（BAS）、门禁系统（ACS）、火灾报警系统（FAS）、电力电控系统（PSCADA）；互联系统有：站台门（PSD）、广播系统（PA）、闭路电视系统（CCTV）、乘客信息系统（PIS）、自动售检票系统（AFC）、时钟系统（CLK）、集中告警系统（telecommunication alarm system，TEL-ALM）、列车自动监控系统（ATS）、传输系统（transport system，TS）。综合监控系统的各集成系统组成简介见二维码资源。

综合监控系统的各集成系统组成简介

（四）FAS 系统设备操作

1. FAS 系统的组成

FAS 系统采用“两级管理三级控制”的模式设置，由中央级、车站级、就地级，以及 FAS 主干网构成。

两级管理：即中央级和车站级。三级控制：全线 FAS 按三级监控方式设置，由 FAS 及 ISCS 共同实现这三级功能。第一级为中央级，由 ISCS 实现，作为 FAS 系统集中监控中心；第二级为车站级，由 ISCS 和 FAS 共同实现；第三级为 FAS 就地级，由 FAS 现场设备组成。

车站控制室设火灾报警和联动控制器、车站级图形监视计算机和操作台、各种接口、系统软件及应用软件、打印机、站内消防通信设备、电源设备等。

FAS 就地级车站现场设备包括火灾探测器、监视模块、控制模块、探测模块、手动报警按钮、感温电缆、红外对射、消防专用电话和插孔、警报器、复示盘等。

2. 火警处理流程

（1）当 FAS 系统火灾报警控制器上红色火警指示灯闪亮、蜂鸣器鸣响，或人机界面弹出报警地图、探测器图标由绿色变为红色并闪烁时，表示系统报火警。车站值班人员必须立即查看报警信息（包括报警地点、设备及数量），并立即组织人员前往报警保护区进行确认。

（2）若是火警误报，现场确认人员应细心观察现场情况，是否有烟雾或者高温，设备是否正常并记录好情况。由车站值班人员按下火灾报警控制器面板的“消音”键，对系统进行消音（此时设备不联动）。向环控调度、相关车间调度通报相关报警信息，做好记录。确认为系统误报时，将系统复位，同时等待专业技术人员对系统进行后续处理工作。

（3）如确实发生火灾，现场人员可打破附近任一手动报警器玻璃进行火灾报警确认；或利用对讲机、消防电话等通信工具向车控室报告火警情况，由车控室值班人员在控制盘上按下“火警确认”键进行确认。车控室值班人员进行火灾报警确认后，立即向环控调度报告火警情况，并按相关程序规定组织人员进行灭火和疏散乘客。车控室 FAS 系统监控作业步骤和标准见二维码资源。

车控室FAS系统监控作业步骤和标准

（五）车站台账、报表填写

1. 基本要求

（1）报表填写必须真实、准确、完整、及时，填制人员须严格执行行车台账填写制度。

（2）属于复写的报表，一定要复写清楚，要求上下一致，并可辨认。报表的各项内容必须按要求填写，不应随便空格不报，若因客观原因不产生数字的空格用“—”符号表示。

（3）报表台账填写的文字不得使用红色笔填写，必须用蓝色或者黑色笔填写，字迹必须清晰、工整，不得潦草。属于复写的报表用圆珠笔填写，属于非复写的报表用钢笔或签字笔填写。填写人员必须签字。

（4）报表填写发生错误时，不得乱刮、挖补、涂抹或者用化学药水更改字迹。更改必须用“划线更正法”，要求用一红线划去整个错误数字注销，然后在该处盖上更改人员名字修正章以示负责；若更改次数过多导致报表不清楚时，应另填写一份，该报表作废。

2. 报表的填记

1）行车日志的填记

（1）表头中日期、班次、天气、交班人、接班人按实填记；

(2)交接班注意事项栏填记本班发生的重大事情以及有可能与下一班有关或需下一班处理、监督落实或重点防范的问题;

(3)设备备品交接事项栏填记备品状态(如备品齐全完好、电量充足),如有借出后尚未归还或损坏尚未修复的,一并在此栏中注清楚;同时钥匙状态也填记在该栏,车控室保存的钥匙数量是否齐全,如有借出后尚未归还的一并在此栏中注清楚,要求有钥匙借出登记簿与之相对应;

(4)其他栏填记当班其他重要事件,如路票状态(车控室保存的路票起止编号及张数,如当班使用的还应注明已使用路票的起止编号和张数)、上级重要指示及文件精神。

(5)报点规定中需进行报点的列车,要在"行车日志"上记录,其余正常载客列车可省略不记录;

(6)夜间停止服务后开行的施工列车、调试列车,包括进入封锁区间的列车除两端站按"行车日志"的规定项目记录外其他站无须记录;

(7)列车反方向运行时,上行列车填写在上行栏,下行列车填写在下行栏,在附注栏内填写"反向"字;

(8)行车值班员接班后,填写"行车日志"时要另起一页;

(9)夜班时两日中间分别加盖日期章,章盖在上行或下行一栏中间。

2)"调度命令登记簿"的填记

行调发布有调度命令号码的书面或口头调度命令,须在"调度命令登记簿"上填记,包括发令时间、命令号码、受令及抄知处所、命令内容、调度员代码、接收命令人姓名和复诵人姓名等,应保证准确、详细登记。

行调发布命令时,在正线由车站值班站长/行车值班员负责传达(口头命令由行调直接传达给司机),传达给司机或其他有关人员的书面命令应盖有车站行车专用章。

同时向几个受令处所发布调度命令时,行调应指定其中一人复诵,其他人核对,确保无误,书面命令须在"调度命令登记簿"(见表6-1-1)填写。

表6-1-1 调度命令登记簿

日期	发令时间	命令			复诵人姓名	接收命令人姓名	调度员代码	值班主任代码
		号码	受令及抄知处所	内容				

3)车站设施设备故障登记簿的填记(见表6-1-2)

(1)"日期"项填记要求"年、月、日"齐全,年月日间用"."分开,不得用"/"作为分隔标志;

(2)"报告时间"项填记以报修时车控室时钟为准,精确到分钟;

(3)"故障内容"项填记内容要求将故障现场描述准确即可,不得加入个人推测内容;

(4)“接收报告人”项填记接收部分和人员姓名；

(5)“值班员签名”项要求报修人签字，不得以盖章代替；

(6)“开始维修时间”项由维修人员填记，精确到分钟，以车控室时钟时间为准；

(7)“修复时间”项由维修人员填记，精确到分钟，以车控室时钟时间为准；

(8)“故障处理结果”项由维修人员作业完毕后填记是否修复。

(9)“维修人”项要求维修人签字，不得以盖章代替；

(10)“车站确认人”项要求车站确认人员确认实际情况后签名，不得以盖章代替。

表 6-1-2　车站设备设施故障登记簿

序号	日期	报告时间	报告人	故障内容	接收报告人	开始维修时间	修复时间	故障处理结果	维修人	车站确认人	备注

(六)车站行车备品的管理和使用

1. 车站行车备品种类(见二维码资源)

车站行车备品

车站行车备品包括员工劳动保护用品和专用器具两大类。

(1)劳动保护用品包括安全帽、绝缘手套、棉纱手套、安全带、荧光背心、口笛、手电筒、强力探照灯及其充电用具、臂章等。

(2)专用器具包括钩锁器、手摇把、信号灯及其充电用具、信号旗、红闪灯及其充电用具、无线电台及其充电用具、手提广播、调度命令、行车凭证、下轨梯、拾物钳等。

2. 行车备品的存放

(1)要求所有行车备品要进行整理、整顿，有序摆放，摆放的地方做到干净、清爽。

(2)行车公用物品，统一存放，且要存放合理，不准乱堆、乱放。

(3)防毒过滤面具、荧光衣、信号灯、手电筒、强力探照、手持台、红闪灯、手提广播、臂章、钩锁器、手摇把、信号旗、调度命令等放在行车备品柜，路票放在行车值班员就近随手可拿的地方。落轨梯、拾物钳等放在站台层备用间或清扫工具间。

(4)行车备品柜要有统一标志，柜子左门内侧上方贴上备品目录表，标明备品名称、数量和负责人，柜内物品要摆放整齐有序。

3. 行车备品的使用和保养

1)行车备品的使用

(1)正确穿戴劳动保护用品。

(2)带电备品(如红闪灯)按照其使用说明提示进行使用。

(3)使用过程中，要珍惜爱护，不得随意乱扔，不得损坏。

2)行车备品的维护保养

(1)所有行车备品都需要注意日常维护保养。

(2)铁器备品防止生锈,发现生锈现象应立即打磨,加油保养。

(3)带电备品应经常保持有电,负责人每周检查一次。

(4)不常用的备品,车站应定期盘查清点,防止发霉、生锈、损坏等情况。

4. 行车备品的交接

(1)每班交接班时应进行行车备品的交接,检查数量与性能及摆放状态。

(2)具体交接手续应按相关规定执行。

笔记栏

技能训练

技能训练一　综合监控系统实操考核

一、任务条件

李四作为B站储备值班员，通过一段时间跟岗业务学习后，12月5日由车站当班值班站长对其进行综合监控系统及车站FAS系统实操达标考核。

场地准备：车站控制室综合监控系统。

二、任务实施

（1）进行综合监控系统实操达标考核前，请先回答下列引导问题。

① 综合监控系统（ISCS）系统集成系统有：________________________________

____

② 综合监控系统（ISCS）系统互联系统有：________________________________

____

（2）请按照综合监控系统操作考核标准，完成表6-1-3中实操达标考核。

表6-1-3　综合监控系统实操达标考核

<table>
<tr><td colspan="3">考核项目名称：综合监控系统实操</td><td colspan="3">开始时间：</td><td colspan="2">结束时间：</td></tr>
<tr><td colspan="2">实操人姓名：</td><td>学号：</td><td colspan="3">实际用时：</td><td colspan="2"></td></tr>
<tr><td colspan="8">整体要求：独立操作，安全操作，正确操作、文明操作、熟练操作（满分100分，80分为合格）</td></tr>
<tr><td>序号</td><td>实操项目</td><td colspan="2">标准</td><td>考评情况</td><td>满分</td><td>得分</td><td>备注</td></tr>
<tr><td>1</td><td>选择登录对话框，按要求输入用户名和密码</td><td colspan="2">单击界面右上角工具管理区的按钮后将弹出登录对话框。输入账号和密码</td><td></td><td>5</td><td></td><td></td></tr>
<tr><td>2</td><td>选择站后，通过导航栏的图标说出监控或控制的系统</td><td colspan="2">正确说出FAS、PSD、PIS、CCTV、AFC、ACS、PA、PSCADA、BAS、CLK各系统功能</td><td></td><td>5</td><td></td><td></td></tr>
<tr><td>3</td><td>查看AFC设备状态</td><td colspan="2">单击AFC模块，口述图例颜色表示，绿色为正常；黄色为故障</td><td></td><td>10</td><td></td><td></td></tr>
<tr><td>4</td><td>查看CCTV视频监控</td><td colspan="2">（1）单击CCTV模块知道摄像机图例颜色表示，绿色代表正常；黄色代表故障；白色代表停止（电源关闭）。
（2）能够切换单画面与四画面</td><td></td><td>10</td><td></td><td></td></tr>
<tr><td>5</td><td>播放广播</td><td colspan="2">（1）预录制广播：选择一个广播编组/或一个或多个广播区，选择一条预录信息，单击预录广播“启动”按钮；
（2）实时广播：选择广播区域，选择一个话筒，单击“启动”按钮。
（3）停止话筒广播选择一个广播编组/或一个或多个广播区；单击话筒广播“停止”按钮</td><td></td><td>10</td><td></td><td></td></tr>
<tr><td>6</td><td>查看门禁状态</td><td colspan="2">口述可控门禁状态（通道门、车控室门）；
开门操作：单击门图元，从下拉菜单中选开门或门常开</td><td></td><td>5</td><td></td><td></td></tr>
</table>

续表

序号	实操项目	标准	考评情况	满分	得分	备注
7	报警列表	单击平台左下角报警按钮,分别显示未确认和已确认报警,并提供实时报警查看、确认、筛选、排序等功能		5		
8	查看 FAS 设备状态	(1)ISCS 中 FAS 主要为监视状态,不执行设备操作。 (2)状态区分,正常为稳定绿色;报警时为红色边框闪动		10		
9	查看 FAS 主机状态	口述状态:绿色为正常;黄色为故障;红色为通信故障		10		
10	查看 FAS 手报状态	口述图例颜色:正常为绿色底;故障为黄色底;火灾为红色底		10		
11	查看站台门状态	(1)PSD 与 ISCS 接口通信状态,红色表示通信故障,绿色表示通信正常。 (2)滑动门正常打开为绿色;滑动门正常关闭为白色;故障为黄色		10		
12	IBP 盘面自动扶梯监控状态	正常亮绿灯;故障显示红灯		10		
合计成绩				100		
考核人:				日期:		

备注:1. 涉及设备差异性的项目请根据所在线路的实际情况作答。
2. 因设备差异性未考或未选考的项,请在其扣分分值栏划“/”。
3. 当车站发生火灾 FAS 报警时,行车值班员该如何处理,请画出火灾报警联动流程图。

技能训练二　IBP 盘实操考核

一、任务条件

李四作为 B 站储备值班员,通过一段时间跟岗业务学习后,12 月 12 日由车站当班值班站长对其进行 IBP 盘实操达标考核。

场地准备:车站控制室 IBP 盘。

二、任务实施

(1)进行车站控制室 IBP 盘实操达标考核前,请先总结 IBP 盘所包含的模块及使用时机,填在表 6-1-4 中。

表 6-1-4　IBP 盘所包含的模块及使用时机

序号	模块名称	使用时机	注意事项
1			
2			
3			
4			
5			

续表

序号	模块名称	使用时机	注意事项
6			
7			
8			

(2)请按照 IBP 盘操作考核标准,完成表 6-1-5 中实操达标考核。

表 6-1-5　IBP 盘实操达标考核

考核项目名称:IBP 盘实操					开始时间:	结束时间:	
实操人姓名:			学号:		实际用时:		
序号	考核内容	考核要点	考核方式	评分标准	扣分标准	扣分分值	备注
1	设备操作(100分)	信号系统盘面(10分)	实操/口述	(1)信号系统盘面设置紧急停车的时机和方法。 遇影响行车或其他紧急情况,通过按压信号系统紧停按钮可以实现上行/下行紧急停车功能,同时紧急停车指示灯、紧停报警蜂鸣器会显示相应状态信息。 紧急停车按钮功能:按压按钮后相应站台被设置“紧停”,对应指示灯亮红色,对应蜂鸣器发出报警声	失格		
				(2)信号系统盘面取消紧停的时机和方法。 影响行车的条件消除,视情况取消紧停后报行调或经行调同意后取消紧停。(夹人夹物未动车,取消紧停后报行调,夹人夹物已动车,经行调同意后取消紧停) 取消紧停按钮功能:按压此按钮后相应站台取消设置紧停命令,报警指示灯熄灭,蜂鸣器发出报警声	5 分		
				(3)信号系统盘面报警切除的时机和方法。 蜂鸣器报警后,确认好相关信息后应及时按压报警切除按钮,以免下次报警时无法及时收到报警声。 报警切除按钮功能:切除“紧急停车”或“取消紧停”报警声音	5 分		
2		AFC 闸机盘面(10分)	实操/口述	(1)操作闸机紧急释放的方法。 两位钥匙开关(使能开关)功能:通常钥匙打在“禁止”位,操作 AFC 闸机盘面时需将钥匙打在“允许”位方可操作相应按钮。 紧急释放按钮功能:车站紧急疏散时,按压此按钮打开车站所有闸机	5 分		
				(2)释放状态指示灯的显示与含义。 释放状态指示灯功能:车站紧急疏散时,按压闸机紧急释放按钮,释放成功后亮红灯	5 分		
3		消防风机盘面(5分)	实操/口述	消防风机启动与停止的时机和方法。当相应区域发生火灾需要排烟时,通过消防专用排烟风机紧急按钮可以实现风机的启动/停止功能,同时设置相应风机的状态指示灯来显示其状态信息。 运行状态指示灯功能:显示风机的运行状态,当风机正常运行时,会亮红灯。 风机启动按钮功能:当发生火灾时需要排烟时,按压此按钮启动相应风机进行排烟。 风机停止功能:排烟结束时,按压此按钮关停相应风机	5 分		

续表

序号	考核内容	考核要点	考核方式	评分标准	扣分标准	扣分分值	备注
4	设备操作（100分）	消防水泵盘面（5分）	实操/口述	消防水泵启动与停止的时机和方法。当发生火灾需要用消火栓，消火栓压力不足时，按压相应按钮启动相应消防水泵。（各站安装两台消防水泵，系统按时间表设置轮流开启相应的消防水泵） 状态指示灯功能：显示消防水泵的运行状态，当水泵正常运行时，会亮红灯。 水泵启动功能：当发生火灾需要用消火栓，压力不足时，按压水泵启动按钮启动消防水泵。 水泵停止按钮功能：灭火完毕，按压相应按钮关停相应消防水泵	5分		
5		车站环控、隧道通风盘面（25分）	实操/口述	（1）公共区、轨行区、设备区相应按钮的按压时机及联动的设备。在紧急情况下，可操作相关火灾模式及隧道通风模式按钮，以达到控制火灾及阻塞通风的功能，同时盘面设置手动/自动钥匙开关，将钥匙开关打到手动位置方可实现紧急操作。 两位钥匙开关（使能开关）功能：通常钥匙打在“自动”位，操作车站环控和隧道通风盘面时需将钥匙打在“手动”位方可操作其他按钮。 相应按钮元件功能：当车站某一区域或房间发生火灾，FAS 系统向综合监控系统（含 IBP 盘）发送相应的模式号，按压对应的按钮可以启动相应区域或房间的排烟模式	10分		
				（2）车头火灾、车尾火灾、阻塞的按压时机。 车头火灾按钮功能：相应区间列车头部发生火灾按压此按钮，开启相应隧道排烟模式，操作此按钮时需根据环控调度命令进行。 车尾火灾按钮功能：相应区间列车尾部发生火灾按压此按钮，开启相应隧道排烟模式，操作此按钮时需根据环控调度命令进行。 阻塞按钮功能：列车迫停区间较长时间后需按压此按钮，开启相应的隧道通风模式，操作此按钮时需根据环控调度命令进行	5分		
				（3）模式状态指示灯与模式运行状态的对应关系。 闪烁表示模式启动中；常亮表示模式启动成功；不亮表示模式未启动；慢闪表示模式启动不成功	5分		
				（4）复位的操作。需将钥匙打在“手动”位后，按压回复正常模式按钮可以恢复正常的模式	5分		
6		站台门系统盘面（25分）	实操/口述	（1）操作 IBP 盘站台门模块“排烟开门”时机与方法。 站台发生火灾排烟不畅时，按压此按钮。可打开首末滑动门	10分		
				（2）操作 IBP 盘站台门模块“紧急开门”时机与方法。 紧急开门按钮功能：紧急情况需要在 IBP 盘上打开整侧滑动门时，按压此按钮打开整侧滑动门	10分		
				（3）站台门模块各信号灯显示和含义。 门关闭锁紧指示灯功能：当整侧滑动门关到位后，对应指示灯亮绿灯。 开门状态指示灯功能：当整侧滑动门开到位，对应指示灯亮红灯	5分		
				（4）正常运营时，IBP 盘站台门模块打至允许位对列车的影响。 因站台门模块 IBP 控制级别高于信号系统，列车到站后，列车车门与站台门无法联动	失格		
7		自动扶梯盘面（10分）	实操/口述	（1）运行指示灯和故障指示灯的含义 运行指示灯功能：显示扶梯运行状态，当扶梯正常运行时亮绿灯。 故障指示灯功能：显示扶梯的故障状态，当扶梯故障时亮红灯	5分		
				（2）扶梯停止（正常停止/紧停）指示灯是何种显示。 红灯、绿灯都是灭灯状态	5分		

续表

序号	考核内容	考核要点	考核方式	评分标准	扣分标准	扣分分值	备注
8	设备操作（100分）	门禁盘面（10分）	实操/口述	（1）操作门禁紧急释放的方法。 紧急释放按钮功能：车站紧急疏散时，先操作使能钥匙打至“手动”，再按压此按钮打开所有门禁	5 分		
				（2）释放状态指示灯的显示与含义。 释放状态指示灯功能：车站紧急疏散时，按压门禁紧急释放按钮，释放成功后亮红灯	5 分		
总体评价：合格（　　）不合格（　　）					扣分合计		
考核人：					日期：		

备注：1. 涉及设备差异性的项目请根据所在线路的实际情况作答。
2. 因设备差异性未考或未选考的项，请在其扣分分值栏划“/”。
3. 失格项的意思是造成或有可能造成人身、设备、行车等严重后果的安全的事项列为失格项。如考核实操项目不正确或存在缺漏，直接按分值扣分。

技能训练三　填写行车日志

一、任务条件

2023 年 12 月 5 日，星期二，天气晴，根据行车调度员指令，今日执行 N11 时刻表，请你作为白班行车值班员，请根据当班期间行车业务情况描述，完成“行车日志”中当班期间生产情况记录页填写。今日白班行车作业情况如下：

（1）行调通过邮箱发布 Z2002 和 Z2003 运行图发布命令和时刻表发布通知。

（2）运营过程中，行调于 17:30 发令：加开一辆，准 × × 车辆段发 0112 号电客车，开 1901 次，跟在下行 1022 次后面运行至奥体站上行折返后，改开 1902 次，跟在上行 1102 次后面运行至高铁北站上行站台。

（3）当班期间发生设备故障报修事件 6 件，其中未修复 1 件，分别为 09:31 查看门禁就地控制箱状态，1 个离线，已报修，未修复；10:14 消防疏散通道、地面和墙面渗水，已报修，未修复。

（4）经查看施工管理系统，今夜共有 A1 类施工 1 项，A3 类施工 1 项，C 类施工 1 项。

二、任务实施

（1）填写“行车日志”前，请先回答下列引导问题。

①报表的各项内容必须按要求填写，不应随便空格不报，若因客观原因不产生数字的空格用__________符号表示。

②报表填写发生错误时，不得乱刮、挖补、涂抹或者用化学药水更改字迹。更改必须用________________。

③报点规定中需进行报点的列车，要在________________上记录，其余正常载客列车可省略不记录。

④行车值班员接班后，填写“行车日志”时要____________。

⑤夜班时两日中间分别加盖____________，章盖在上行或下行一栏中间。

（2）请根据任务条件，在表 6-1-6“行车日志”上进行记录。

表 6-1-6　行车日志

年　　月　　日　　　　星期：　　　　天气：　　　　班次：　　　　运营时刻表：　　　　当班行车值班员：

	名称	数量	状态	名称	数量	状态	名称	数量	状态
行车备品	红闪灯			管理用房钥匙					
	信号灯			设备房钥匙					
	荧光衣			票务钥匙					
	手电筒			转辙器钥匙					
	路票			其他钥匙					
	800M								
	400M								
每日重要交接事项									

当班生产情况记录	列车运行情况				
	设备设施报修	当班共报修：　件		当班未修复：　件	
	施工管理	A1 类：　个	A2 类：　个	A3 类：　个	C 类：　个
	其他				

上行										下行									
车次	到达				出发				附注	车次	到达				出发				附注
	电话记录号码	同意闭塞时间	邻站出发	本站到达	电话记录号码	同意闭塞时间	本站出发	邻站到达			电话记录号码	同意闭塞时间	邻站出发	本站到达	电话记录号码	同意闭塞时间	本站出发	邻站到达	
0204							09:19	09:32	回库	1001			06:36	06:44					出库
0102			07:18	07:19					首一班	0101			05:31	05:42					出库
0202			07:27	07:28					首二班	1501			21:20	21:35	张三		21:38	21:39	加开出库
0302			07:36	07:37					首三班										
1204			22:55				22:58	23:07	通过										

任务评价

本任务完成后,请根据表 6-1-7 进行任务评价。

表 6-1-7　任务评价表

序号	评价内容	评价标准	分数	评分记录		
				学生自评	组间互评	教师评分
1	综合监控系统实操	独立操作,正确规范、安全熟练	20			
2	IBP 盘实操	独立操作,正确规范、安全熟练	20			
3	行车日志填写	能够按照报表填写规定,正确规范填写行车日志	20			
4	早班会提问情况	能够正确回答早班会提问内容	20			
5	学生考勤情况	无迟到、早退、旷课	10			
6	工作态度	态度认真、团队合作、任务完成质量良好(字迹工整、计算正确)	10			
总分			100			

巩固与练习

一、选择题

1. (　　)是行车组织工作的基础。

A. 行车日志　　B. 调度命令　　C. 列车运行图　　D. 信号系统

2. 擦拭道岔必须与(　　)联系,办理控制权下放手续。

A. 行车值班员　　B. 行车调度员　　C. 值班站长　　D. 值班主任

3. 报点规定中需进行报点的列车,要在(　　)上记录,其余正常载客列车可省略不记录。

A. 行车日志　　B. 调度命令登记簿

C. 路票　　D. 交接班登记簿

二、填空题

1. 行车时间以北京时间为准,从零时起计算,实行________小时制。
2. 车站行车备品包括员工劳动保护用品和________两大类。
3. 行调发布有调度命令号码的书面或口头调度命令,须在________上填记。
4. 报表填写发生错误时,不得乱刮、挖补、涂抹或者用化学药水更改字迹,更改必须用________。

三、判断题

1. 行车日期划分:以零时为界,零时以前办妥的行车手续,零时以后仍视为无效。　(　　)
2. 手信号显示原则上地下站一律按夜间办理,全部使用信号灯。　(　　)
3. 行车值班员接班后,填写"行车日志"时要间隔一行进行填写。　(　　)
4. 非设备集中站对 ATS 本地工作站只监不控。　(　　)

任务二　正常情况下办理车站行车作业

情景导入

H站为1号线终点站，车站采用站后折返方式组织行车，徐新为夜班行车值班员，吴磊为夜班值班站长，2023年12月13日早上4点30分，H站开始运营前检查，检查完毕上报行车调度员。本日执行Z1002运行图，5:50首班车上线，车站需按要求做好首三班车报点，开启当日行车组织工作。张敬为当日白班行车值班员，李珊、赵立新为白班站台岗，8:30完成交接班工作后，按各岗位职责进行车站行车作业组织。

学习目标

知识目标

1. 掌握车站运营前检查工作内容；
2. 清楚接发车作业中车站各岗位的作业内容和要求；
3. 熟悉车站报点的情况；
4. 明晰车站折返作业流程以及车站清客方法。

能力目标

1. 能够运用行车设备或按照作业要求完成车站运营前检查；
2. 具备站台岗接发列车作业能力；
3. 会进行车站报点并完成“行车日志”填写；
4. 能够按照折返站清客方法配合司机完成列车清客作业。

素养目标

1. 培养学生在行车业务中的安全意识；
2. 在行车组织作业过程中养成严谨细致、规范作业的工作态度。

任务描述

正常情况下，车站行车组织的主要工作是行车值班员通过车站行车设备对列车在站范围的运行情况进行监控、站台岗做好站台接发车作业，以及办理折返作业和清客作业，在行车调度员下放控制权或需站控的情况下，根据调度命令，办理车站的行车作业。

任务分析

车站作为轨道交通的基本生产单位，为保证列车安全、高效、准点，车站行车人员应做好日常行车组织工作。行车值班员首先应能够按运营前检查作业标准完成运营前检查，值班站长做好配合。在日常行车组织过程中运用车站ATS工作站、综合监控、闭路电视等设备做好到站列车的监控，并指挥站台岗做好站台接发车作业，保证车站乘客乘车安全和行车安全。其次，作为折返站，车站行车人员应该能够配合司机完成列车折返相关作业，提高列车折返作业效率。

相关知识

一、运营前检查

(1)运营前30 min,车站按行车调度员安排做好运营线路、设备和人员的检查和准备工作,完成后向行车调度员汇报并填写"运营前检查表"。

(2)检查确认线路施工结束、线路出清,无异物侵入站台线路限界等。

①值班站长与行车值班员根据"车站施工登记本"共同确认所有A类施工已结束且线路出清。

②施工人员向车站申请销点时,车站须向施工负责人核实作业区出清。

③运营前检查时,行车值班员打开站台照明,值班站长携带无线手持台、照明设备确认站内线路出清和无异物侵入站台线路限界:使用手持式强光灯,在一端端墙处查看隧道可视范围内的线路和站台线路后,沿站台边沿巡查至另外一端端墙处,并在另一端端墙处确认站台线路和隧道可视范围内的线路,确认有无异常情况。查看站厅、站台地面积水情况,并及时处理。轨行区(包括站台门)的相关检查要在开启隧道通风前完成。开启隧道风机前,车站必须检查确认站台门已关闭。

(3)设备集中站接到行车调度员运营前检查的通知后,按命令请求控制权,对有关道岔、进路、信号机等进行操作。通过排列进路的方式检查道岔状态,原则上对各方向的进路分别排列一次,确认各进路可正常排列、信号机状态正常,操作完成后道岔恢复最初状态。

(4)值班站长通过PSL分别开关上、下行站台门三次(折返站对上、下行两端均测试三次),确认门开关正常、门头灯及PSL灯显示正常,查看站台门缝隙灯带有无异常、端门、应急门锁闭正常;行车值班员在值班站长操作PSL时,用手持台与其共同确认站台门开关情况与IBP盘及综合监控显示相符。

(5)行车值班员确认IBP盘上的各模块状态灯正常,钥匙开关处于正常位置。

(6)行车值班员通过ISCS系统和SC工作站,确认FAS、BAS和AFC系统运作正常。通过试用检查车站无线调度电台正常,检查钩锁器等其他行车备品正常。与行车调度员核对"运营时刻表"、日期和钟表时间,确认各岗位正常到岗。

二、接发列车作业

1. 正常情况下车站接发车作业

正常情况下车站原则上不办理接发列车作业,行车值班员通过行车设备监控站台情况,站台岗负责维持站台秩序,利用列车间隔巡视站台。

(1)行车值班员通过车站ATS工作站、CCTV监视列车运行、到发情况,播放广播,做好乘客服务。监视站台乘客候车秩序,确认司机正常开门上下客,确保站台安全。遇特殊情况危及行车安全应及时按压IBP盘上的紧急停车按钮,并报行车调度员。

(2)站台岗携带行车备品、行车工具,随时注意站台乘客动态,按照"接车三部曲"立岗。"接车三部曲"标准为:当电客车进站时在靠近站台楼扶梯口和紧急停车按钮处立岗,车停稳后防止乘客抢上抢下;列车准备关门时,面向列车单手平举拦截乘客防止抢上;门关好后回到紧急停车按钮处立岗。

站台无车时,站台岗引导乘客在安全区域按箭头方向排队候车,同时引导乘客到人员较少处候车，关注乘客动态，提醒乘客不要倚靠站台门。在列车进出站、开关门过程中须严格关注站台门、人员状态，监听对讲机呼叫情况，如遇故障，快速反应，正确处理。注视列车尾部出清站台端墙后，向车控室报“上/下行列车出清”。站台岗在列车出清站台后方可进行其他工作，严禁在接车过程中进行岗位交接。

发生影响行车安全事件时，站台岗立即按压紧急停车按钮，同时通知车控室、司机，并显示紧急停车手信号；行车值班员报 OCC。

(3)值班站长负责检查行车值班员、站台岗的行车作业情况；行车值班员需监控站台岗的作业情况，随时掌握其动态。

2. 非正常情况下车站接发车作业

1)非正常情况下车站接发车作业规定

遇非正常情况须接发列车时，车站接发列车人员应按照“运营时刻表”及行车调度员命令，做好接发车工作。站台岗严格执行接发列车作业要求，手信号的显示地点应便于司机瞭望与确认。

当电客车进站时站台人员应于站台紧急停车按钮附近立岗，随时注意站台门状态，维护站台秩序，监督司机按规范动作开关车门和站台门，必要时协助司机开关站台门。发现危及安全时及时按压紧急停车按钮或显示停车信号。终点站站台人员清客完毕后应及时显示“好了”信号通知司机。

发车时，接发车人员若发现站台、站台门、车门异常，立即用手持台通知司机并进行处理。站台岗加强对故障站台门的监控，维持好站台秩序，此时，行车值班员应通过 CCTV 加强对站台的监控。

2)非正常情况下接发车时手信号显示时机与位置

(1)接车时停车信号，在看见列车头部灯开始显示，应待列车停车后方可收回。显示位置应在站台头端墙站台门端门外方。

(2)通过列车，在看见列车头部灯开始显示，待列车头部越过信号显示地点后方可收回。显示位置应在尾端端门外的指定位置处显示。

(3)发车信号，在列车运行图规定的发车时刻且确认发车条件具备后开始显示，在司机动车后方可收回。显示位置应在列车司机方向第二个车门处显示。

(4)引导信号，在看见列车头部灯开始显示，待列车头部越过信号显示地点后方可收回。显示位置应在列车进站方向站台门端墙处、站台门与线路间小站台上显示。

3. 车站接发车作业中的报点规定

ATS 正常时，各站不必向行车调度员报点；ATS 发生故障，或采用电话闭塞法组织行车时，行车值班员根据行车调度员指令报点。采用电话闭塞法组织行车时，须向相邻闭塞车站报列车到发点，并在“行车日志”中记录。报到点时机为列车停稳在站台时，报发点时机为列车尾部出清站台时。

以下情况，车站须填写“行车日志”并向相邻车站报列车到发点：

(1)压道车；

(2)加开列车、晚点列车、载客通过列车、中途清客列车等未按运营时刻表行驶的列车；

(3)上、下行首三班及末三班载客列车，中途进出段列车等；

(4)电客车在非折返站停站时分超过站停时间 60 s 时，行车值班员要及时报行车调度员；

(5)根据行车调度员通知。

三、列车折返作业

1. 列车折返方式

列车通过进路改变、道岔转换、经过车站的调车进路由一条线路至另一线路运行的方式称为列车折返。有折返设备的车站称为折返站。

列车折返分为站前折返、站后折返和混合折返。混合折返兼具站前折返和站后折返的特点，对运输组织能力的要求较高，一般多采用站前折返或站后折返两种方式。

1)站前折返

站前折返方式是列车在中间站或终点站利用站前渡线进行折返作业。用于列车折返的渡线，布置在接车方向的一侧，列车可以在接入车站的时候，同时完成变线的工作，如图 6-2-1(a)、(b)中①折返进路，或者在出发的时候才完成变线的工作，如图 6-2-1(b)中②折返进路。整个折返过程，列车只使用岛式站台的一侧，车门打开后乘客同时上下车。站前折返不需要车站人员上车清客，因此这种方式需要的折返时间相对较短。

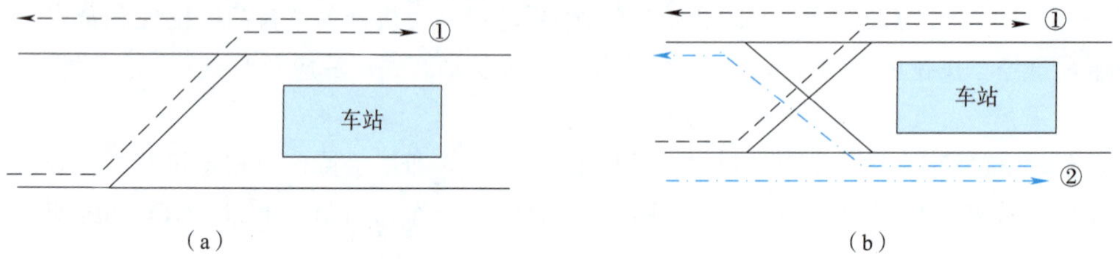

图 6-2-1　站前折返

2)站后折返

站后折返方式是列车在车站利用站后折返线进行折返作业，即列车到站开门，乘客下车后，列车开进折返线，司机换端再开到另一侧站台，乘客上车，如图 6-2-2 所示。为了保障乘客安全以及避免因临时运营调整带来的不便，列车到站后需要站务人员上车进行清客，清客完毕后列车空车前往折返线进行换端作业。

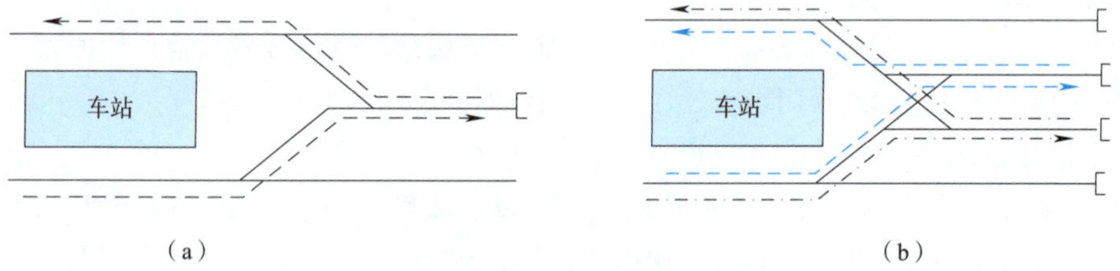

图 6-2-2　站后折返

2. 列车折返模式

1)全自动运行模式

(1)列车按照运行图规定路径折返。

(2)站务人员应在规定时间内完成清客作业，站务人员操作“站台关门”按钮，车门/站台门联动关闭。行车值班员确认折返进路准备妥当后通知站台岗发车，站台岗接到行车值班员通知并确认站台安全后操作“站台发车”按钮，列车自行折返进入折返线。

(3)如 OCC 采用中心远程关门,列车关门后自行折返进入折返线,司机监控列车运行及线路情况。

(4)列车在站台自动对标停稳,自动开启车门/站台门。

2)自动折返模式

(1)列车到站后车门站台门联动打开,站务人员应在规定时间内完成清客作业,站台岗向司机显示“好了”手信号,司机按压关门按钮,车门、站台门联动关闭。

(2)列车关门后,司机按压自动折返按钮进入自动折返模式,再按压车上发车按钮或在站台按压发车按钮,列车执行自动折返进出折返线,自动完成两端驾驶室切换。

(3)列车在站台对标停稳后车门、站台门联动打开,司机需按压关门按钮后发车。

3)人工折返模式

(1)SM 人工折返模式。

①列车到站后车门站台门联动打开,站务人员应在规定时间内完成清客作业,站台岗向司机显示“好了”手信号,司机按压关门按钮,车门、站台门联动关闭;

②列车关门后,司机根据地面信号、推荐速度手动驾驶列车进出折返线;

③列车在站台对标停稳后车门、站台门联动打开,司机需按压关门按钮后发车。

(2)RM/UMR 人工折返模式。

①列车按照运行图规定路径折返,列车到站后车门/站台门无法联动打开,司机对标后停稳后按压开车门按钮打开车门,站务人员根据车门开启情况,及时操作 PSL“开门”按钮打开站台门;

②站务人员应在规定时间内完成清客作业,站务人员使用 PSL“关门”按钮关闭站台门,司机与站务人员联动关闭车门,确认站台安全后,站台岗向司机显示“好了”信号;

③司机收到“好了”信号后,凭地面信号显示,按照规定速度手动驾驶列车进出折返线;

④列车在站台对标停稳后,司机与站务人员联动开关车门/站台门。

3. 列车折返作业流程

1)站前折返作业流程

(1)列车根据 ATS 提前设置的自动折返进路或车站听从行车调度员安排,排列相关折返进路,列车进入车站;

(2)列车在站台停稳后,打开车门、站台门乘客上下车,同时列车执行换端作业,停站时间结束,车门、站台门关闭,确认站台安全后,站台岗向司机显示“好了”信号。

2)站后折返作业流程

(1)列车站后折返时在进入折返线前,须在站台清客,确认清客完毕后向司机显示“好了”信号,提示司机关门。

(2)列车根据 ATS 提前设置的自动折返进路或车站听从行车调度员安排,排列相关折返进路,列车完成折返作业。

(3)列车完成折返作业进入另一侧站台时,行车值班员及站台站务人员及时监控站台情况,防止落轨等突发情况。

4. 列车折返清客作业流程

1)列车清客人员安排

(1)清客人员为两名站务人员。

(2)列车在清客时,站台保安需在站台做好安全防护,防止乘客冲车。

2)列车折返清客作业流程

(1)折返站在列车到站前 2 min,站台岗 1、2 做好清客准备,具体立岗位置如下:

①六节编组列车站台岗 1 及站台岗 2 分别在 1 ~ 4、6 ~ 1 站台门处立岗;

②四节编组列车站台岗 1 及站台岗 2 分别在 1 ~ 2、4 ~ 2 站台门处立岗。

(2)列车停稳后打开车门后:

①六节编组列车站台岗 1 及站台岗 2 分别从 1 ~ 4、6 ~ 1 站台门处进入车厢,向列车中部清客,清客过程中互相关注对方身后情况,确认车厢无遗留乘客后自 3 ~ 4、4 ~ 1 站台门处下车;

②四节编组列车站台岗 1 及站台岗 2 分别从 1 ~ 2、4 ~ 2 站台门处进入车厢,向列车中部清客,清客过程中互相关注对方身后情况,确认车厢无遗留乘客后自 2 ~ 3、3 ~ 1 站台门处下车。(在清客过程中,每清客完一节车厢后,站台岗均需回头确认是否有乘客冲车)

站台岗 1 确认车厢清客完毕后,报司机"列车清客完毕,请确认站务人员'好了'信号",面向司机显示"好了"信号。站台岗 2 向尾端,监控站台安全,防止乘客再次进入车厢。(站台岗背对时,确保两人之间间隔一扇固定门)

清客过程中如有乘客不配合,报司机及车控室后跟车折返,在折返过程中对滞留乘客进行安抚及监控,乘客有过激行为影响行车安全或人身安全时,立即报车控室请求支援。列车关门过程中,如有乘客抢上进入车厢,站台岗应及时通知司机,联系不上司机时,立即按压紧停按钮或通知车控室按压紧停。

司机确认"好了"信号,关闭车门、站台门后,站台岗面向列车,监控站台门关闭状态,如遇故障,快速反应,正确处理。列车出清后,站台岗 1 向车控室报"上/下行列车出清"。

备注:

清客用时要求:

①经测算,实际运作中,六节编组列车原则上清客用时 60 s,四节编组列车原则上清客用时 50 s。

②列车临时清客:原则上 2 min 内完成清客。

笔记栏

技能训练

技能训练一　车站运营前检查作业

一、任务条件

H 站为 1 号线终点站，车站采用站后折返方式组织行车，徐新为前一日夜班行车值班员，吴磊为夜班值班站长，2023 年 12 月 13 日 4:30，根据行车调度员调度命令，H 站开始运营前检查，检查完毕上报行车调度员。本日执行 Z1002 运行图，5:50 首班车上线，车站站台岗做好列车的接发车作业与汇报，行车值班员做好首/末三班车与邻站间的报点，并根据报点在“行车日志”中进行记点，开启当日行车组织工作。

作业工器具准备：站台门 PSL 使能钥匙，机械钥匙（三角钥匙）；手提式探照灯；拾物钳。

二、任务实施

（1）完成运营前检查作业流程表填写和车站报点作业前，请先回答以下引导问题。

①检查确认运营线路施工结束、线路出清，无异物侵入站台线路限界，需要从哪几个方面进行检查？

____

②站台门状态检查时，值班站长和行车值班员如何配合完成测试？

____

③____________站接到行车调度员运营前检查的通知后，按行车调度员命令请求控制权，对有关道岔、进路、信号机等进行操作。

④相邻车站报列车到发点时，须填写____________。报到点时机为____________，报发点时机为____________。

（2）请根据运营前检查的作业内容和流程、并说明作业标准，完成表 6-2-1 填写。完成表格填写后，请结合所在学校的实训设备条件，分小组完成一次车站运营前检查作业演练。

表 6-2-1　车站运营前检查工作流程表

日期：　　　　年　　　　月　　　　日

序号	运营前检查内容	作业标准	检查完成时间	检查情况
1				
2				
3				
4				
5				
6				
7				
8				
9				
10				

续表

序号	运营前检查内容	作业标准	检查完成时间	检查情况
11				
12				
当班行车值班员签字				
当班值班站长签字				

Z1002运营时刻表

(3)当日执行 Z1002 运营时刻表参见二维码资源,早上运营开始后,站台岗根据列车实际在站到发情况向行车值班员报列车到、发点,行车值班员根据站台岗汇报情况与邻站进行首三班车报点,并完成表 6-2-2“行车日志”的填写记点。

表 6-2-2　行车日志

上行										下行									
车次	到达				出发				附注	车次	到达				出发				附注
	电话记录号码	同意闭塞时间	邻站出发	本站到达	电话记录号码	同意闭塞时间	本站出发	临站到达			电话记录号码	同意闭塞时间	邻站出发	本站到达	电话记录号码	同意闭塞时间	本站出发	临站到达	

技能训练二　折返站接发车作业

一、任务条件

根据行车调度员指令,自 21:00 起,行车控制权下放给车站,由各车站办理行车作业。H 站为 1 号线终点站,车站采用站后折返方式组织行车,徐欣、田琦为白夜班站台岗,车站行车相关人员根据行调指令,行车值班员做好接发车进路的办理和监控,站台岗做好接车工作以及列车停站后的列车折返清客作业。

二、任务实施

（1）完成任务前，请先回答以下引导问题。

① 列车到站时，站台岗“接车三部曲”标准：______________________________

____

② 列车站后折返时在进入折返线前，须在站台__________，确认办理完毕后向司机显示__________信号，提示司机关门。

③ 六节编组列车站台岗 1 及站台岗 2 分别从__________站台门处进入车厢，向列车中部清客，清客过程中互相关注对方身后情况，确认车厢无遗留乘客后自__________站台门处下车。

（2）请根据所在学校实训条件，站台岗完成接车作业演练，并列出主要的时间节点和控制点，请填写在表 6-2-3 中。

表 6-2-3　站台岗接车作业流程

流程	时间节点	立岗控制点
1		
2		
3		

（3）列车停稳在站台后，请根据列车不同编制情况，画出折返清客作业示意图。然后根据所在学校实训条件，分小组完成列车折返清客作业演练。

（4）根据学校实训条件，通车站 ATS 仿真软件完成车站接发列车进路办理和折返作业进路办理。

任务评价

本任务完成后，请根据表 6-2-4 进行任务评价。

表 6-2-4　任务评价表

序号	评价内容	评价标准	分数	评分记录		
				学生自评	组间互评	教师评分
1	车站运营前检查作业	熟练完成运营前检查内容，正确规范、熟练操作设备	25			
2	车站报点	标准用语、报点时间准确	15			
3	行车日志填写	能够按照报表填写规定，正确规范填写行车日志	15			
4	折返站接发车作业	能够规范完成接发车以及折返清客作业。	25			
5	学生考勤情况	无迟到、早退、旷课	10			
6	工作态度	态度认真、团队合作、任务完成质量良好	10			
总分			100			

巩固与练习

一、选择题

1. (　　)接到行车调度员运营前检查的通知后，按行车调度员命令请求控制权，对有关道岔、进路、信号机等进行操作。

A. 所有车站　　B. 有岔站　　C. 设备非集中站　　D. 设备集中站

2. 接车时停车信号，在看见列车头部灯开始显示，应待(　　)后方可收回。显示位置应在站台头端墙站台门端门外方。

A. 越过接车地点　　B. 进入站台　　C. 列车停车　　D. 列车车门开启

3. 列车通过进路改变、道岔转换、经过车站的调车进路由一条线路至另一线路运行的方式称为(　　)。

A. 列车过岔　　B. 列车折返　　C. 列车交路　　D. 调车作业

4. 列车折返清客时，六节编组列车站台岗1及站台岗2分别从(　　)站台门处进入车厢，向列车中部清客。

A. 1—4、6—1　　B. 1—2、6—2　　C. 2—4、5—1　　D. 1—1、6—4

二、填空题

1. 当电客车进站时站台人员应于站台__________附近立岗，随时注意站台门状态，维护站台秩序，监督司机按规范动作开关车门和站台门，必要时协助司机开关站台门。

2. 发车信号，在列车运行图规定的发车时刻且确认发车条件具备后开始显示，在司机动车后方可收回。显示位置应在______________________________处显示。

3. 为了保障乘客安全以及避免因临时运营调整带来的不便，列车到站后需要站务人员上车进行__________，完毕后列车空车前往折返线进行换端作业。

三、判断题

1. 车站报到点时机为列车停稳在站台时，报发点时机为列车尾部出清站台时。(　　)

2. 列车临时清客：原则上3 min内完成清客。(　　)

3. 站后折返方式是列车在车站利用站后折返线进行折返作业，即列车到站开门，乘客下车后，列车开进折返线，司机换端再开到另一侧站台，乘客上车。(　　)

4. 站台岗在列车出清站台后方可进行其他工作，严禁在接车过程中进行岗位交接。(　　)

任务三　非正常情况下进行车站行车组织

情景导入

2023年11月13日，9:32，A站下行站台1304次列车车厢内起火，车站各岗位联动，进行应急处置，30 min后恢复车站正常运营。

15:37，C站联锁区（包含C站和D站）道岔挤岔报警，车站进行应急处置，在处置过程中根据出现的不同情况，选择相应的行车组织方式，恢复车站正常运行。

学习目标

知识目标

1. 了解非正常情况下车站行车组织方式的适用场景；
2. 掌握非正常情况下车站行车组织的联控重点内容。

能力目标

1. 能根据不同场景判断非正常情况下车站应采取的行车组织方式；
2. 能根据车站各岗位联控措施进行非常情况下车站行车组织。

素养目标

1. 通过分析不同故障情况下行车组织方式，让学生具备处理突发事件的能力；
2. 培养学生沟通协作能力。

任务描述

当车站发生火灾、设备设施故障等非正常情况时，会影响车站正常行车组织工作，车站工作人员应能根据不同突发应急情况，合理选择相应的行车组织方式，熟知各岗位的联控措施，规范操作车站设备设施，各岗位共同完成非正常情况下的行车组织，恢复车站正常运营。

任务分析

车站工作人员在当班期间要熟悉非正常情况下车站行车组织的一般要求，如遇非正常情况，首先要根据现场行车情况选择相应的行车组织方式，然后依照行车调度员指令或各岗位联控措施，完成非正常情况下的车站行车组织。

相关知识

一、一般要求

（1）非正常情况下的行车组织以统一指挥、逐级负责、快速反应、协调联动为原则。

（2）按照非正常情况下车站相关岗位（包括值班站长、行车值班员、客运值班员、站台岗、客服岗等）的联控重点和措施组织行车。

二、非正常情况下的车站行车组织

非正常情况下的车站行车组织方式有很多种，本任务主要介绍车站扣车、清客、越站、反方向运行、列车退行、列车越禁止信号、计轴故障、道岔故障等几种非正常情况下的行车组织。

非正常情况下车站行车组织的主要方式有：

1. 扣车

扣车的行车组织方式及岗位联控措施见表6-3-1。

表6-3-1　扣车的行车组织方式及岗位联控措施

适用场景	指因紧急情况、工作需要或行车调整须将列车扣停在车站时
联控重点	（1）扣车执行“谁扣谁放”，行车调度员扣车应及时通知司机、车站； （2）非紧急情况下，车站扣车应得到行车调度员同意；紧急情况下，车站或其他工作人员可以先行扣停列车，之后及时报告行车调度员并通知司机； （3）司机、车站扣车超过规定时间应主动联系行车调度员确认扣车计划

续表

岗位	联控措施
行车值班员	(1)行车调度员设置扣车时,行车值班员应及时询问行车调度员扣车原因并通知各岗位,做好监控,发现异常及时采取相应措施,当列车在站停车超过4 min主动联系行车调度员确认扣车计划; (2)行车值班员接到需要车站设置扣车的通知时,在IBP盘或现地工作站LCS(设备集中站)上设置扣车,扣车完成后手指口呼确认执行情况并上报行车调度员; (3)紧急情况下,车控室值班人员可先扣停列车,之后及时上报值班站长、行车调度员并通知司机;行车调度员或车站扣车设置成功后,及时通知各岗位做好乘客服务等相关工作。 (4)接行车调度员通知取消扣车时,行车值班员手指口呼确认扣车区域、扣停列车后,按照“谁扣谁放”的原则取消扣车作业; (5)若信号系统扣车功能失效/无效时,行车值班员会接行车调度员通知列车在车站停车开门/关门待令,车站做好列车监控工作并与站台岗做好信息互控; (6)若扣车时间过长造成晚点等情况时,行车值班员按照晚点信息发布要求执行,及时播放广播; (7)行车值班员需对本控区内非CBTC模式列车加强监控,有问题及时采取措施并报行车调度员
值班站长	(1)行车调度员或车站扣车设置成功后,值班站长监督指导各岗位按照应急处置流程开展本职工作,做好现场解释工作,协调各岗位做好联控; (2)若信号系统扣车功能失效/无效时,值班站长须到达车控室与行车值班员共同盯控列车动态,必要时可前往站台盯控列车动态并与行车值班员做好互控
客运值班员	(1)听从值班站长安排,必要时赶至站台进行乘客服务解释等工作; (2)如有突发情况,立即汇报行车值班员
站台岗	(1)接到行车值班员扣车或信号系统扣车功能失效/无效的通知后加强站台巡视,重点盯控列车车门和站台门动态,发现异常及时上报行车值班员; (2)做好广播监听,有异常及时报行车值班员; (3)听从值班站长安排,做好乘客服务解释等工作
客服岗	(1)听从值班站长安排,做好乘客服务解释及票务等工作; (2)必要时到站台协助站台岗工作

2. 清客

清客的行车组织方式及岗位联控措施见表6-3-2。

表6-3-2　清客的行车组织方式及岗位联控措施

适用场景	(1)列车故障,无法安全运行,或需要救援时; (2)列车内发生火灾、爆炸或不明物危及乘客安全时; (3)因列车故障处置已导致延误5 min仍不能恢复时(除连挂救援外); (4)连挂救援担当救援列车且故障列车已处置5 min时; (5)小交路折返时; (6)临时清客
联控重点	(1)站负责清客作业,司机做好广播配合; (2)全自动线路OCC负责播放清客广播,车站确认清客完毕后操作站台门关门及发车按钮组织列车发车
岗位	联控措施
行车值班员	(1)得到行车调度员发布的清客调度命令后,立即通知值班站长(安排工作)及站台岗做好清客准备; (2)若车门与滑动门、应急门位置均不对应时,且车门无对应小站台区域,上报行车调度员; (3)车站、司机做好乘客服务,行车值班员及时做好车站广播,司机做好列车广播; (4)在清客作业时必须通过CCTV监控站台清客作业,发现有乘客误入清客列车时及时通知站台清客人员进行处理; (5)接到站台岗清客完毕的通知后,上报行车调度员(终点站正常清客不向行车调度员汇报); (6)如有乘客拒不下车,在没有直接危及人身安全的情况下,根据行车调度员命令通知值班站长安排人员陪同带客运行,到达下线地点前一站可进行二次清客

续表

岗位	联控措施
值班站长	(1)接到行车值班员需进行清客的通知时,立即赶至站台或安排相关人员赶至站台协助站台岗进行清客作业; (2)当列车因故障未完全停靠站台,车门站台门不对应时,值班站长第一时间赶赴现场,并安排专人在开启的车门处做好乘客服务和秩序的维持,防止乘客再次上车; (3)交代站台清客人员做好与司机的联控工作,发生突发情况时及时按压紧急停车按钮,关注列车到站后站台门与车门联动情况; (4)监督指导各岗位按照应急处置流程开展本职工作; (5)如有乘客拒不下车,在没有直接危及人身安全的情况下,接行车值班员命令安排人员陪同带客运行,到达下线地点前一站可进行二次清客
客运值班员	(1)听从值班站长安排,赶至站台进行清客或做好乘客服务解释等工作; (2)如有突发情况,立即汇报行车值班员
站台岗	(1)待列车到达终点站开门或得到行车值班员临时清客的通知,当列车停靠在站台,车门站台门全部对应时,车站两名站台岗到达站台中部,上车进行清客。原则上清客时间应在 2 min 内完成。 (2)清客开始后,车门站台门全部开启对应时,2 名清客人员分别向车头、车尾方向引导乘客下车,清客人员应时刻关注身后情况,防止乘客再次上车,过程中确认身后无乘客、物品遗留。 (3)清客人员上车清客完毕到达站台后(面向对方),车尾清客人员向车头清客人员显示“好了”信号,并时刻监视有无乘客抢上或者返回车厢情况,车头清客人员确认后立即转身向司机显示“好了”信号后上报行车值班员。 (4)清客完毕,车门站台门关闭时,车尾清客人员注意观察,发生乘客抢上、夹人夹物等突发事件时,立即赶至现场并视情况按压站台紧停按钮,若发现乘客返回车厢立即通知车头清客人员停止向司机显示“好了”信号,及时通过正线行车组通知司机开/关车门站台门,待乘客下车,车门站台门全部关闭后上报行车值班员
客服岗	(1)听从值班站长安排,做好乘客服务解释及票务等工作; (2)必要时到站台协助站台岗工作; (3)如有突发情况,立即汇报行车值班员

3. 越站

越站的行车组织方式及岗位联控措施见表 6-3-3。

表 6-3-3　越站的行车组织方式及岗位联控措施

适用场景	运营调整需要或车站不具备乘客安全上下车条件
联控重点	(1)行车调度员向司机、车站发布越站的调度命令,首先通知车站,再布置列车执行; (2)得到行车调度员发布的越站调度命令后,行车调度员组织司机采用 ATP 防护下的人工驾驶模式驾驶; (3)载客列车越站时,行车调度员应至少提前两站通知相关车站和司机(危及行车、人身安全、公安指令等突发情况除外),由车站、司机做好乘客服务; (4)原则上首、末班车或乘客无返乘条件的载客列车不得越站; (5)原则上在同一车站连续越站的载客列车不得超过两列,同一列载客列车不得连续越两站及以上车站; (6)在高峰时段,凡不影响后续列车正点运行及在始发站折返时间的,不得越站
岗位	联控措施
行车值班员	(1)得到行车调度员发布的越站调度命令后,沿途车站对越站列车加强监控,计划越站列车在站停车时及时报行车调度员; (2)及时播放广播并通知各岗位做好乘客服务解释等工作
值班站长	赶至现场做好乘客服务及解释工作

续表

岗位	联控措施
客运值班员	做好乘客服务解释等工作,如有突发情况,立即汇报行车值班员
站台岗	(1)接到行车值班员列车越站的通知时,做好广播监听及乘客服务解释等工作; (2)加强列车监控,发现危及安全的情况时,应及时按压紧急停车按钮、显示紧急停车手信号或通过正线行车组呼叫司机停车并汇报行车值班员; (3)计划越站列车在站停车时,及时上报行车值班员; (4)如有突发情况,立即汇报行车值班员
客服岗	做好乘客服务解释及票务等工作,如有突发情况,立即汇报行车值班员

4. 反方向运行

反方向运行的行车组织方式及岗位联控措施见表6-3-4。

表6-3-4　反方向运行的行车组织方式及岗位联控措施

适用场景	因运营调整需要,行车调度员组织相关列车反方向运行
联控重点	(1)若反向运行列车有信号防护,发令前行车调度员与行车值班员确认反向运行区段内线路空闲;若反向运行列车无信号防护,发令前行车调度员与行车值班员确认反向运行区段内线路空闲,进路准备妥当; (2)沿途道岔位置正确且锁闭;若需要越禁止信号,按照越禁止信号联控程序执行; (3)行车调度员向司机、车站发布反向运行的调度命令,须说明列车驾驶模式、列车对标停车位置、运行路径
岗位	联控措施
行车值班员	(1)列车反方向运行应由行车调度员发布口头命令,原则上行车调度员应提前通知车站;行车值班员接到通知后立即通知值站,值班站长立即至车控室或安排客运值班员与行车值班员共同确认; (2)若反向运行列车有信号防护,行车调度员发令前与行车值班员确认反向运行路径内线路空闲,行车值班员通过车站现地工作站双人(值班员及以上岗位)确认反向运行路径内计轴区段显示空闲,无异常汇报行车调度员; (3)若反向运行列车无信号防护,行车调度员发令前与行车值班员确认反向运行路径内线路空闲,进路准备妥当沿途道岔位置正确且锁闭,行车值班员通过车站现地工作站双人确认反向运行进路显示正常后汇报行车调度员; (4)若需要越禁止信号,按照越禁止信号联控程序执行; (5)接令后及时通知各岗位,重点将列车驾驶模式、对标停车位置等内容告知站台岗,并按信息汇报流程汇报; (6)反向运行时,若列车驾驶模式降级车门站台门无法联动,行车值班员提前通知站台岗配合司机开关站台门; (7)运营期间,应及时做好广播,通过CCTV关注站台乘客候车秩序;加强列车监控,发现危及安全的情况时,应及时按压紧急停车按钮或通过正线行车组呼叫司机停车并汇报行车调度员
值班站长	(1)值班站长接通知,立即至车控室或安排客运值班员与行车值班员共同确认车站现地工作站显示及相关操作; (2)做好人员安排及前期处置工作; (3)组织人员赶至站台进行服务解释,引导乘客乘降反方向运行列车; (4)监督指导各岗位按照应急处置流程开展本职工作,如有突发情况,做好前期处置并按照信息汇报流程汇报
客运值班员	(1)接到值班站长安排,立即前往车控室与行车值班员共同执行双人确认作业; (2)听从值班站长安排,赶至站台进行乘客服务解释等工作; (3)如有突发情况,协助值班站长做好前期处置; (4)如有突发情况,协助值班站长做好前期处置

续表

岗位	联控措施
站台岗	(1)加强列车监控,发现危及安全的情况时,应及时按压紧急停车按钮、显示紧急停车手信号或通过正线行车组呼叫司机停车并汇报行车值班员; (2)及时与行车值班员确认列车驾驶模式、对标停车位置,加强对列车停靠位置及车门、站台门对位情况确认。 (3)做好广播监听,有异常及时反馈行车值班员; (4)听从值班站长安排,做好乘客服务解释工作
客服岗	(1)听从值班站长安排,做好乘客服务解释及票务工作; (2)如有突发情况,立即汇报行车值班员

5. 列车退行

列车退行的行车组织方式及岗位联控措施见表 6-3-5。

表 6-3-5　列车退行的行车组织方式及岗位联控措施

适用场景	(1)因电客车停站时越过停车标,影响乘客安全上下车时; (2)因电客车在车站动车后需临时停车,列车尚未出清站台时; (3)运营调整需要时
联控重点	发令前行车调度员与行车值班员共同确认退行进路空闲、进路上的道岔位置正确且锁闭
岗位	联控措施
行车值班员	(1)行车值班员在接到与行车调度员确认退行进路是否空闲,进路上的道岔位置是否正确且锁闭的通知后,在现地工作站确认相关信息后回复行车调度员; (2)接到退行调度命令后,行车值班员加强列车监控,必要时安排站台岗配合司机做好站台门开/关作业; (3)当列车已全部出清站台需司机换端牵引退行时,通知站台岗确认站台安全后,在首端小站台处向司机显示“好了”信号; (4)行车值班员及时通知各岗位,并按照信息汇报流程汇报; (5)加强列车监控,发现危及安全的情况时,应及时按压紧急停车按钮或使用800M通过正线行车组呼叫司机停车并汇报行车调度员
值班站长	(1)视情况前往现场进行处置; (2)监督指导各岗位按照应急处置流程开展本职工作
客运值班员	听从值班站长安排,立即前往车控室与行车值班员共同确认退行进路空闲,道岔位置正确且锁闭
站台岗	(1)接到列车需退行通知时,立即确认现场退行线路是否空闲,是否有异物侵限,及时将情况上报行车值班员; (2)加强列车监控,发现危及行车安全的情况时,应及时按压紧急停车按钮、显示紧急停车手信号或通过正线行车组呼叫司机停车并汇报行车值班员; (3)接到行车值班员列车退行命令时应做好列车监控,根据行车值班员安排配合司机做好站台门开/关作业; (4)当列车全部出清站台需司机换端牵引退行时,车站确认站台安全,在首端站台处向司机显示“好了”信号; (5)听从值班站长安排,做好乘客服务解释等工作
客服岗	(1)听从值班站长安排,做好乘客服务解释及票务等工作; (2)如有突发情况,立即汇报行车值班员

6. 越过禁止信号

越过禁止信号的行车组织方式及岗位联控措施见表 6-3-6。

表 6-3-6 越过禁止信号的行车组织方式及岗位联控措施

适用场景	信号系统故障或其他原因无法开放地面信号(含引导信号),行车调度员组织相关列车通过禁止信号时
联控重点	发令前行车调度员与行车值班员共同确认信号机前方线路空闲、道岔位置正确且锁闭
岗位	联控措施
行车值班员	(1)行车值班员在接到行车调度员确认显示禁止信号的信号机后方防护区间(原则上为相邻两架同向信号机间的区域)线路是否空闲、道岔编号及位置信息,是否锁闭的通知后,立即通知值班站长,值班站长立即至车控室或安排客运值班员与行车值班员共同确认; (2)根据行车调度员指示,双人(值班员及以上岗位)在现地工作站共同确认信息后回复行车调度员; (3)如中央 ATS 与现地工作站显示信号机防护区间线路占用时,行车调度员与行车值班员须对该信号机防护区间列车进行定位;确认实际无列车占用时,按计轴受扰作业办理;确认实际有车占用时,禁止组织列车越过该信号机。必要时接行车调度员通知组织车站人员进轨行区现场确认。行车值班员在接到行车调度员进轨行区确认的通知后,安排人员穿戴好劳保防护用品并携带 800M,经行车调度员同意后进入轨行区确认区间有无列车占用。确认完毕后行车值班员报行车调度员; (4)行车调度员与行车值班员确认中央 ATS 与现地工作站显示信号机防护区间道岔位置不正确,行车值班员将车站显示情况汇报行车调度员。 (5)行车调度员与行车值班员确认中央 ATS 与现地工作站显示信号机防护区间道岔未锁闭,行车值班员将现地工作站显示情况汇报行车调度员。行车调度员通过中央 ATS 将该道岔锁闭。如行车调度员中央 ATS 无法锁闭道岔,行车调度员组织车站人员现场加装钩锁器。接到行车调度员组织现场加装钩锁器命令后,值班站长须立即组织人员穿戴劳保防护用品携带工具包和 800M 至端门处待令,经行车调度员允许后下线路将所需道岔钩锁在正确位置,钩锁器加装完毕人员工器具出清/避让至安全防护区域后报车控室,车控室汇报行车调度员; (6)道岔失表故障,行车调度员组织站务人员进轨行区人工办理进路。接到行车调度员人工办理进路命令后通知值班站长,值班站长须立即组织人员穿戴劳保防护用品携带工具包和 800M 至端门处待令,经行车调度员允许后下线路将所需道岔摇至正确位置,钩锁器加装完毕人员工器具出清后报车控室,车控室汇报行车调度员; (7)及时通知各岗位,并按照信息汇报流程汇报; (8)加强列车监控,发现危及安全的情况时,应及时按压紧急停车按钮或使用 800M 通过正线行车组呼叫司机停车并汇报行车调度员; (9)对本控区内非 CBTC 模式列车加强监控,有问题及时采取措施并报行车调度员
值班站长	(1)值班站长接到行车值班员通知后立即前往车控室与行车值班员共同确认显示禁止信号的信号机后方防护区间线路空闲、道岔编号及位置正确且锁闭; (2)如需下线路确认区段空闲、加装钩锁器、人工办理进路时,及时组织各岗位准备相关备品并穿戴劳保防护用品下线路办理相关作业; (3)组织人员赶至站台进行乘客服务解释等工作; (4)监督指导各岗位按照应急处置流程开展本职工作
客运值班员	(1)接值班站长安排,立即前往车控室与行车值班员共同确认显示禁止信号的信号机后方防护区间线路空闲、道岔编号及位置正确且锁闭; (2)听从值班站长安排,赶至站台进行乘客服务解释等工作; (3)如需下线路确认区段空闲、加装钩锁器、人工办理进路时,及时组织各岗位准备相关备品并穿戴劳保防护用品下线路办理相关作业; (4)如有突发情况,立即汇报行车值班员
站台岗	(1)加强列车监控,发现危及安全的情况时,应及时按压紧急停车按钮、显示紧急停车手信号或使用 800M 通过正线行车组呼叫司机停车并汇报行车值班员; (2)如需下线路确认区段空闲、加装钩锁器、人工办理进路时,及时组织各岗位准备相关备品并穿戴劳保防护用品下线路办理相关作业; (3)听从值班站长安排,做好乘客服务解释等工作
客服岗	(1)听从值班站长安排,做好乘客服务解释及票务等工作; (2)如有突发情况,立即汇报行车值班员

7. 计轴故障

计轴故障的行车组织方式及岗位联控措施见表 6-3-7。

表 6-3-7　计轴故障的行车组织方式及岗位联控措施

适用场景	当计轴区段受扰故障时
联控重点	(1)预复位前行车调度员与行车值班员共同确认故障区段无列车占用、线路空闲； (2)组织列车清扫故障区段前,行车调度员向行车值班员确认故障区段计轴预复位成功； (3)司机在清扫故障区段运行过程中沿途确认进路安全、道岔位置正确
岗位	联控措施
行车值班员	(1)预复位前行车调度员与行车值班员共同确认故障区段无列车占用、线路空闲； (2)组织列车清扫故障区段前,行车调度员向行车值班员确认故障区段计轴预复位成功； (3)司机在清扫故障区段运行过程中沿途确认进路安全、道岔位置正确
值班站长	(1)值班站长接到通知后,立即前往车控室或安排客运值班员至车控室与行车值班员共同执行双人确认业； (2)道岔区段计轴故障影响道岔转换时,与一名工作人员携带工器具人工办理进路,出清后汇报行车值班员； (3)监督指导各岗位按照应急处置流程开展本职工作
客运值班员	(1)接到值班站长安排,立即前往车控室与行车值班员共同执行双人确认作业； (2)听从值班站长安排,赶至站台进行乘客服务解释等工作； (3)如有突发情况,协助值班站长做好前期处置
站台岗	(1)加强列车监控,发现危及安全的情况时,应及时按压紧急停车按钮、显示紧急停车手信号或使用800M 通过正线行车组呼叫司机停车并汇报行车值班员； (2)加强对列车停靠位置及车门、站台门对位情况的确认,必要时配合司机做好开关站台门作业； (3)听从值班站长安排,做好乘客服务解释等工作
客服岗	(1)听从值班站长安排,做好乘客服务解释及票务等工作； (2)如有突发情况,立即汇报行车值班员

8. 道岔故障

道岔故障的行车组织方式及岗位联控措施见表 6-3-8。

表 6-3-8　道岔故障的行车组织方式及岗位联控措施

适用场景	正线线路道岔出现故障时。
联控重点	(1)单操故障道岔前,行车调度员与车站共同确认故障道岔区段无车占用； (2)人工办理进路完毕,车站确认道岔开通位置正确且加锁,现场人员、工器具均已避让至安全位置后报行车调度员,行车调度员组织司机动车,司机确认道岔位置正确后动车,沿途加强监控； (3)信号不能正常开放时,参照“列车越过禁止信号”要求办理
岗位	联控措施
行车值班员	(1)行车值班员发现道岔故障后立即汇报行车调度员,并通知值班站长,值班站长立即至车控室或安排客运值班员与行车值班员共同确认； (2)根据行车调度员指示,双人(值班员及以上岗位)在车站现地工作站与行车调度员共同确认故障道岔所在区段显示是否有列车占用； (3)若故障道岔所在区段在车站现地工作站显示无列车占用时,根据行车调度员指示及时接收控制权,将控制模式由中控/遥控转换为站控,并将故障道岔单操两个来回后汇报行车调度员； (4)若故障道岔所在区段在车站现地工作站显示有列车占用时,做好人工办理进路准备工作,待下线路人工办理进路人员到达指定端门位置后上报行车调度员； (5)若列车停在故障道岔上且司机无法确认道岔位置和尖轨密贴情况时,根据行车调度员指示,安排人员穿戴好劳动防护用品,携带800M 下轨行区确认道岔位置和尖轨密贴情况并及时报告行车调度员；

续表

岗位	联控措施
行车值班员	①若确认道岔位置开通正确、尖轨密贴，待行车调度员组织列车离开故障道岔后，根据行车调度员指示，通知现场人员再次确认道岔位置正确、尖轨密贴后，对道岔进行钩锁，现场人员避让至安全区/出清轨行区后汇报行车调度员； ②如机车车辆发生挤岔，司机应立即停车，被挤道岔未经工建、信号专业人员确认前，机车车辆禁止动车； ③若无法确认道岔位置正确、尖轨密贴时，及时上报行车调度员； (6)若需配合抢修工作时，及时通知各岗位； (7)及时播放相应广播并通过 CCTV 查看现场情况； (8)对本控区内非 CBTC 模式列车加强监控，有问题及时采取措施并报行车调度员
值班站长	(1)值班站长接到行车值班员通知后，立即前往车控室或安排客运值班员至车控室与行车值班员共同执行双人确认作业； (2)如需下线路确认区段空闲、加装钩锁器、人工办理进路时，及时组织各岗位准备相关备品并穿戴劳保防护用品下线路办理相关作业； (3)若需配合抢修工作时，安排人员做好端门把控； (4)安排各岗位人员做好乘客服务解释等工作； (5)监督指导各岗位按照应急处置流程开展本职工作
客运值班员	(1)接到值班站长安排，立即前往车控室与行车值班员共同执行双人确认作业； (2)如需下线路人工办理进路时，及时准备相关备品并穿戴劳保防护用品下线路办理相关作业； (3)安排客服岗做好乘客事务处理工作； (4)如有突发情况，立即汇报行车值班员
站台岗	(1)加强列车运行状态的监控，发现危及安全的情况时，及时按压紧急停车按钮并显示紧急停车手信号： ①当列车未进站时，站台岗在尾端端门处向司机显示紧急停车手信号； ②当列车在进站过程中未越过手信号显示人员，站台岗在列车前就近位置向司机显示紧急停车手信号； ③当列车在进站过程中且越过手信号显示人员时或列车出站动车时，站台岗通过使用 800M 通过正线行车组呼叫司机停车； (2)如需下线路人工办理进路时，及时准备相关备品并穿戴劳保防护用品到达指定端门位置待令并上报行值，待行车调度员同意后下线路办理相关作业； (3)及时与各岗位做好信息沟通工作； (4)若需配合抢修工作时，做好端门把控； (5)如有突发情况，立即汇报行车值班员
客服岗	(1)听从值班站长和客运值班员安排，做好乘客服务解释等工作； (2)配合行车值班员做好广播确认工作，关注车站 PIS 晚点信息发布情况； (3)如有突发情况，立即汇报行车值班员

笔记栏

技能训练

技能训练一　列车在站台发生火灾时的行车组织

一、任务条件

2023 年 11 月 13 日 9:32,B 站站台岗发现下行站台 1304 次列车发生火灾;9:32:20,站台岗人员报行车值班员;9:32:35,行车值班员上报行车调度员;9:33:25,行车调度员命令全线列车停车待令。此时 1305 次列车在 C 站下行站台已发车,1306 次列车运行至 D 站与 C 站的下行区间,1307 次列车运行至 E 站至 D 站的下行区间;1203 次列车即将到达 A 站上行站台,1202 次列车运行至 A 站至 B 站的上行区间,列车 1201 次运行至 D 站与 E 站的上行区间,列车所在位置如图 6-3-1 所示。B 站白班行车值班员为钱一,客运值班员为孙一,站台岗为李一,客服岗为周一。

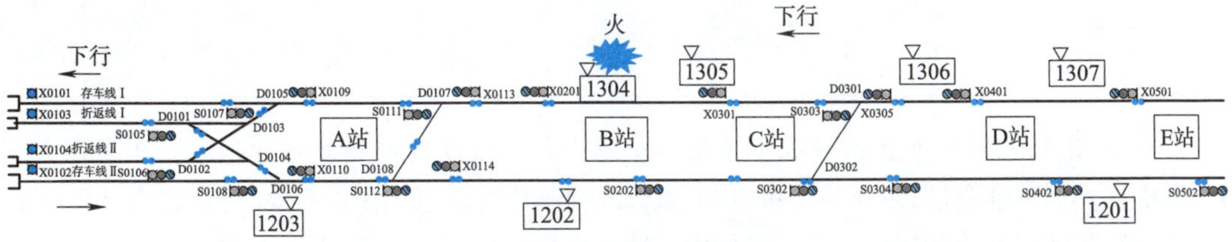

图 6-3-1　列车位置示意图

二、任务实施

(1)请先回答下列引导问题。

①B 站发现列车火灾后及时上报,并按照要求对列车内乘客进行＿＿＿＿＿＿。此时,车站各岗位联控重点是什么?

＿＿＿＿＿＿＿＿＿＿＿＿＿＿＿＿＿＿＿＿＿＿＿＿＿＿＿＿＿＿

＿＿＿＿＿＿＿＿＿＿＿＿＿＿＿＿＿＿＿＿＿＿＿＿＿＿＿＿＿＿

②对于 B 站下行站台列车火灾后,上行即将到站的列车是否可以正常进站停车,可采用哪种行车组织方式?车站各岗位联控重点是什么?

＿＿＿＿＿＿＿＿＿＿＿＿＿＿＿＿＿＿＿＿＿＿＿＿＿＿＿＿＿＿

＿＿＿＿＿＿＿＿＿＿＿＿＿＿＿＿＿＿＿＿＿＿＿＿＿＿＿＿＿＿

③B 站下行站台列车发生火灾后,A 站上行站台是否可以正常发车?可采用哪种行车组织方式?车站各岗位联控重点是什么?

＿＿＿＿＿＿＿＿＿＿＿＿＿＿＿＿＿＿＿＿＿＿＿＿＿＿＿＿＿＿

＿＿＿＿＿＿＿＿＿＿＿＿＿＿＿＿＿＿＿＿＿＿＿＿＿＿＿＿＿＿

④B 站下行站台列车发生火灾后,C 站下行出站的列车可采用哪种行车组织方式?车站各岗位联控重点是什么?

＿＿＿＿＿＿＿＿＿＿＿＿＿＿＿＿＿＿＿＿＿＿＿＿＿＿＿＿＿＿

＿＿＿＿＿＿＿＿＿＿＿＿＿＿＿＿＿＿＿＿＿＿＿＿＿＿＿＿＿＿

⑤C 站、D 站下行区间即将进站的列车可采用哪种行车组织方式?车站各岗位联控重点是什么?

(2)请根据任务条件和列车位置示意图，判断线路上各列车在非正常情况下需采取的行车组织方式，填写车站岗位联控重点，完成各次列车行车组织方式表，见表6-3-9。

表6-3-9　各次列车行车组织方式表

列车车次	行车组织方法	联控重点内容
1305		
1307		
1309		
1311		
1204		
1206		
1208		

(3)根据任务条件、非正常情况下车站行车组织各岗位联控措施及各次列车行车组织方式表，在本校实训室沙盘区，以小组为单位，随机选取列车位置示意图中的各站，分岗位在ATS工作站进行模拟演练，并将各岗位的联控操作内容填入模拟演练写实表，见表6-3-10。

表6-3-10　模拟演练写实表

车站名称	
行车组织方式	
岗位	联控操作
行车值班员	
值班站长	
客运值班员	
站台岗	
客服岗	

(4)拓展：若B站下行站台列车火势严重，位于C站与B站区间的列车无法前行，沿线各站已滞留大量乘客，为保证线路运营，请通过查阅资料或企业调研，在此情况下沿线车站还可以采取哪些行车组织方式？

技能训练二　道岔故障时的车站行车组织

一、任务条件

2023 年 11 月 13 日 15 时 37 分，C 站联锁区（包含 C 站和 D 站）道岔 D0301 发生挤岔故障，此时，1303 次列车运行至 D 站和 C 站下行区间，列车位置如图 6-3-2 所示。

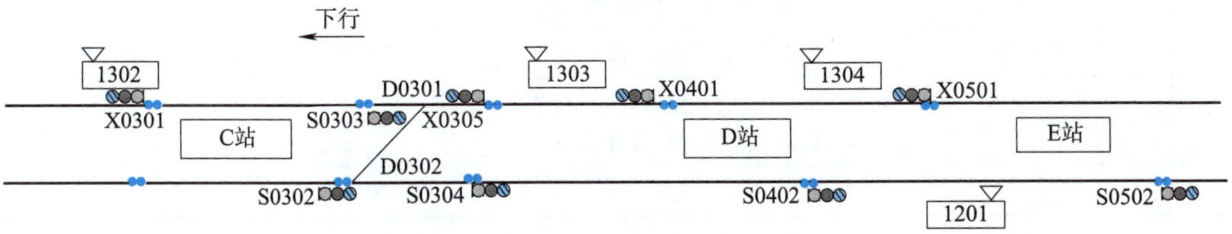

图 6-3-2　C 站联锁区列车位置示意图

二、任务实施

（1）请先回答下列引导问题。

①道岔 D0301 挤岔报警时，C 站的联控重点是什么？

______

______

②根据图 6-3-2 可知，故障道岔 D0301 所在区段无列车占用，此时 C 站行车值班员应如何操作？

______

______

③若道岔 D0301 故障处理后，地面 X0305 信号灯不能正常开放。

a. 此种情况应参照哪种非正常情况下车站行车组织方式进行办理？

______

______

b. 行车值班员在参照该方式办理行车时，如中央 ATS 与现地工作站 LCS 显示信号机防护区间线路占用时，行车调度员与行车值班员须对该信号机防护区间列车进行定位；确认实际无列车占用时，按________办理；确认实际有车占用时，禁止________。必要时接行车调度员通知，组织车站人员________________。

（2）根据任务条件、非正常情况下车站行车组织各岗位联控措施及本校实训室沙盘区条件，教师随机设置故障现象（如道岔挤岔、地面信号无法开放、计轴区段受扰故障等），学生以小组为单位，分岗位在 ATS 工作站进行模拟演练，设计并填写模拟演练表。

（3）知识拓展：若在故障道岔 D0301 所在区段有列车占用，行车值班员、值班站长、客运值班员、站台岗需要做哪些联控措施？

______

______

任务评价

本任务完成后，请根据表 6-3-11 进行任务评价。

表 6-3-11 任务评价表

序号	评价内容	评价标准	分数	评分记录		
				学生自评	组间互评	教师评分
1	各次列车行车组织方式表	正确判断各次列车行车组织方式并规范填写表格	30			
2	模拟演练写实表	按照岗位操作要求,规范进行演练操作并填写岗位联控操作	30			
3	学生考勤情况	无迟到、早退、旷课	20			
4	工作态度	态度认真、团队合作、任务完成质量良好(字迹工整、计算正确)	20			
总分			100			

巩固与练习

一、选择题

1. 非正常情况下的行车组织以(　　)为原则。

A. 统一指挥　　B. 逐级负责　　C. 快速反应　　D. 协调联动

2. 当列车内发生火灾、爆炸或不明物危及乘客安全时,组织列车进行(　　)。

A. 退行　　B. 反方向行车　　C. 清客　　D. 扣车

3. 当运营调整需要或车站不具备乘客安全上下车条件,可组织列车进行(　　)。

A. 清客　　B. 反方向行车　　C. 扣车　　D. 越站

4. 若反向运行列车有信号防护,发令前(　　)与(　　)确认反向运行区段内线路空闲。

A. 行车值班员　　B. 站长　　C. 行车调度员　　D. 站台岗

5. 计轴故障处理过程中,如站台岗发现危及安全的情况时,应及时按压(　　)、显示(　　)或使用 800M 通过正线行车组呼叫司机停车并汇报行车值班员。

A. 广播　　B. 紧急停车按钮　　C. 紧急停车手信号　　D. IBP 盘

二、判断题

1. 扣车时执行"谁扣谁放",行车调度员扣车应及时通知司机、车站。(　　)
2. 道岔失表故障,值班站长组织站务人员进轨行区人工办理进路。(　　)
3. 道单操故障道岔前,行车调度员与车站共同确认故障道岔区段无车占用。(　　)
4. 原则上在同一车站连续越站的载客列车不得超过两列,同一列载客列车不得连续越两站及以上车站。(　　)
5. 扣车只能由行车调度员进行操作。(　　)

三、简答题

1. 因紧急情况、工作需要或行车调整须将列车扣停在车站时,车站的联控重点内容是什么?
2. 组织列车越站时,站台岗需要做哪些工作?

模块七

车站客运业务处理

城市轨道交通车站客运业务是轨道交通运营生产的重要组成部分，车站客运组织工作的核心是安全、高效、便捷地组织客流集散。在客运组织工作中，车站工作人员需向乘客提供咨询、引导、应急救援等服务，其服务质量的好坏直接影响到城市居民的出行体验和城市的形象。

通过本模块的学习，了解车站客运业务的基本知识、掌握车站客运组织与服务工作技能以及学会处理乘客事务。

思维导图

- 车站客运业务处理
  - 任务一　认识车站乘客服务
    - 乘客服务的基本要求
      - 乘客服务要求
      - 仪容仪表标准
      - 行为举止标准
      - 文明服务用语
      - 环境卫生标准
    - 乘客事务处理
      - 乘客事务的分类
      - 乘客事务处理原则及方法
      - 车站受理乘客事务处理的要求
    - 乘客纠纷处理
      - 适用范围
      - 处理原则
      - 站内乘客与乘客纠纷处理程序
      - 列车上乘客与乘客纠纷处理程序
      - 车站员工与乘客纠纷处理程序
  - 任务二　处理车站客伤事件及投诉
    - 客伤事件处理
      - 客伤的定义
      - 客伤处理原则
      - 客伤事件处理范围
      - 客伤事件处理程序
      - 收集证据
    - 乘客投诉事务处理
      - 乘客投诉的定义
      - 乘客投诉的分类
      - 乘客投诉的原因及心理期望
      - 乘客投诉事务处理原则
      - 乘客投诉处理要求
      - 乘客投诉处理方法技巧
  - 任务三　发布车站信息
    - 服务信息发布原则
    - 车站广播
      - 定义
      - 分类
      - 车站广播规定
      - 广播设备的使用
      - 常用广播词
    - 告示
      - 定义
      - 告示张贴要求及撤除
      - 告示信息发布
    - 乘客信息显示系统
      - 定义
      - 分类
      - 发布规则
      - 发布内容及形式
    - 其他运营服务信息媒介
      - 宣传册
      - 官方App
      - 外部媒体
      - 自助查询终端
  - 任务四　处理车站拾遗物品
    - 拾遗物品处理流程
    - 拾遗物品交接与登记
    - 拾遗物品的存放与保管
      - 特殊拾遗物品
      - 一般拾遗物品
    - 拾遗物品认领
  - 任务五　进行车站客流组织
    - 车站客流组织简介
      - 车站客流组织的内容
      - 车站客流组织的原则
      - 车站客流组织准备
    - 车站日常客流组织
      - 日常客流组织的内容
      - 日常客流流线
      - 日常客流组织办法
    - 车站换乘客流组织
      - 车站换乘方式
      - 换乘车站客流组织特点
      - 换乘车站客流组织原则
      - 换乘客流组织办法
    - 车站大客流组织
      - 大客流的定义
      - 大客流的分类
      - 大客流的组织原则
      - 大客流三级控制
      - 大客流组织准备
      - 大客流组织办法

任务一 认识车站乘客服务

情景导入

1 月 20 日 10:00 左右,正值 A 站客流高峰期,客服中心业务繁忙,购票、找零及咨询人员较多,现场嘈杂。此时,一女乘客咨询如何购买儿童票,客服中心岗李一误听为购买单程票,告诉乘客前往自动售票机购票。此乘客无法在 TVM 上购票后,咨询保安,告知其儿童票需在客服中心购买,乘客再次返回服务中心……此后,由于李一等站务人员服务态度、服务技巧欠妥,沟通能力欠佳,导致此乘客及同行人员与车站人员发生冲突。

学习目标

知识目标

1. 掌握客运服务基本要求;
2. 熟悉乘客服务礼貌用语及行为举止标准;
3. 掌握乘客事务处理的基本原则和程序。

能力目标

1. 具有根据客运服务要求,热情、主动为乘客服务的能力;
2. 具备根据乘客事务处理原则和程序,妥善处理乘客事务的能力。

素养目标

1. 培养岗位责任意识;
2. 培养热情、主动为乘客服务的意识。

任务描述

车站客运服务过程中,正确及时处理乘客事务,是客运服务中非常重要的环节,它关系到乘客的满意度和企业的形象。准确、迅速处理乘客事务是车站工作人员必备的一项技能。

任务分析

车站客运服务人员,遇到乘客问询、投诉等事宜时,应按照客运服务标准要求,做到“四到”“三多”。服务过程中需符合行为举止标准,使用文明服务用语,遵循乘客事务处理原则及流程,准确、迅速处理乘客问询事务。

相关知识

一、乘客服务的基本要求

1. 乘客服务要求

乘客服务是指为满足乘客出行需求而提供的一系列无形性的活动,由运输服务、设备设施服务、人员服务等组成。客运服务总要求包括:仪表端庄,用语文明,服务周到,作业标准,环境整洁。

1)乘客服务的"四到"

(1)心到:精神高度集中,随时应对异常,妥善处理。

(2)口到:主动提醒乘客安全候车,礼貌疏导客流,及时制止乘客的违章行为。

(3)眼到:密切注视乘客情况及列车运行状态。

(4)手到:遇到影响乘客安全或车站服务的情况,应立即采取应对措施。

2)乘客服务的"三多"

(1)多巡视:按车站巡视要求,加强对站厅购票乘客和车站候车乘客的巡视。

(2)多观察:对设备和乘客动态要多观察,及时处理异常情况。

(3)多提醒:主动提醒乘客安全候车、有序乘车。

2. 仪容仪表标准

某地铁公司仪容仪表标准参见二维码资源。

3. 行为举止标准

某地铁公司行为举止标准参见二维码资源。

4. 文明服务用语

某地铁公司文明服务用语参见二维码资源。

5. 环境卫生标准

某地铁公司环境卫生标准参见二维码资源。

某地铁公司
仪容仪表标准

某地铁公司
行为举止标准

某地铁公司
文明服务用语

某地铁公司
环境卫生标准

二、乘客事务处理

乘客事务是指乘客通过各种形式(信访途径除外)表达的,对地铁运营服务质量的反馈。乘客对轨道交通的投诉、建议、咨询、表扬统称为乘客事务。

1. 乘客事务的分类

(1)按事务性质可分为投诉、建议、咨询、表扬等。其中投诉可以分为有责乘客投诉和无责乘客投诉。

有责乘客投诉是指在地铁运营服务中,由于地铁方的过失引起乘客投诉,造成一定程度负面影响或乘客利益损害,相关部门或人员负有责任的投诉。

无责乘客投诉是指在地铁运营服务中,乘客投诉后,经调查,相关部门或人员无过失无责任的投诉,包括两种情况:一是由于自然灾害等不可抗力因素导致服务失误而引起的投诉;二是因为乘客自身原因而引起的投诉。

(2)按事务主体可分为人员服务、列车运行、乘车环境、票款差错、设备设施、商业资源、安检及其他等方面。

(3)按事务提交形式可分为来访、来电、来信、乘客车站留言、网站留言、电子邮件及媒体、其他部门转发交办等。

2. 乘客事务处理原则及方法

1)乘客事务处理原则

乘客服务事务受理单位在接到乘客事务后,应遵循一定的处理原则,以确保乘客服务事务的

妥当处理。不同的城市轨道交通运营公司有不同的规定,下面以某地铁乘客事务处理原则为例:

(1)首问责任制原则。首位接待乘客的员工应尽力满足乘客的合理诉求,如无法满足的,应为乘客指明其他解决方式。

(2)投诉无申辩原则。在处理乘客投诉时,首先要为给乘客带来的不便表示歉意,处理过程中要关心乘客的需求,做到耐心、有礼,态度友善,语气温和,不能出现争辩、顶撞、推诿行为。

(3)现场处理原则。受理乘客事务的个人或部门要尽量在现场处理完毕,确保事务处理的有效性。

(4)乘客满意原则。在处理乘客服务事务时,迅速响应并尽量满足乘客的合理需求,做好服务补救措施,并及时将对回复不满意的投诉向上级汇报、解决,使乘客满意。

(5)乘客事务处理及时原则。乘客事务必须及时处理,避免乘客长时间等待。如无法现场处理的,需在3个工作日内回复乘客;其他途径转办的乘客事务需在规定时限内处理。

(6)百分百回复原则。对于车站现场受理的所有乘客事务,受理部门必须百分百回复乘客,并做好跟踪和台账记录。

(7)投诉事务处理"四不放过"原则。投诉原因分析不清不放过、责任人和其他员工没有受到教育不放过、防范整改措施未落实不放过、责任者没有受到严肃处理不放过。

2)乘客事务处理方法

(1)易地处理:将乘客请至房间内或僻静处处理,尊重乘客。

(2)易人处理:必要时,交与值班员、值班站长等其他同事处理。

(3)易性处理:原则性与灵活性有机结合。

3. 车站受理乘客事务处理的要求

1)表扬类乘客事务

表扬类乘客事务指乘客对地铁提供的服务给予肯定或认可的事务,具体形式表现为写感谢信、致电服务热线表扬,在官方微博、官方微信留言表扬或现场送锦旗等。

车站员工接收到乘客表扬时应第一时间向乘客表示感谢,必要时,通知当班值班站长到场处理。当班值班站长组织编写表扬事项,报上一级审核,由上一级对表扬事项进行判断,符合条件的乘客表扬上报相关部门处理。

2)建议类乘客事务

建议类乘客事务指乘客对地铁客运服务、票务服务、设备设施、运输服务、安全及综治、环境卫生、商业资源等信息提出自己的见解或意见的事务。

接待员工应向乘客表示感谢,乘客明确表示无须回复的,及时上报参考处置;涉及其他相关部门的,由相关部门填写报表按流程转交责任部门;涉及其他公司的,可告知乘客拨打服务热线反映或车站人员代乘客向服务热线反映。乘客明确表示需要回复的,由现场部门牵头组织回复。

3)咨询服务类乘客事务

咨询服务类乘客事务指乘客在搭乘过程中对客运服务、票务服务、设备设施、运输服务、安全及综治、环境卫生、商业资源等信息存在疑问并进行问询的事务。

接待员工应热情接待乘客,员工能够直接答复的,应第一时间予以解答;车站无法直接解答的,参考建议类乘客事务处理。

4)投诉类乘客事务

投诉类乘客事务指乘客搭乘过程中体验期望与运营单位提供服务不匹配,并通过各种渠道表示不满的事务。

接待员工应先行表达歉意再处理乘客诉求。当事人无法处理的，应立即报值班站长，值班站长须3 min内赶到现场处理，预判乘客事务情况，必要时携带执法记录仪到场或通知保安协助维护秩序。

值班站长应全面了解事情经过和乘客诉求，灵活处置；如无法满足乘客诉求，应向乘客解释争取理解。

车站不能当场答复的，应记录乘客的诉求和联系方式，及时上报处理。如乘客不接受上一级回复的，由相关部门回复乘客或视情况组织与乘客面谈，对回复不接受的，立即向服务热线等报备。

三、乘客纠纷处理

1. 适用范围

轨道交通车站、列车上乘客与乘客之间，乘客与员工之间发生矛盾产生纠纷的处理。

2. 处理原则

乘客与乘客之间的纠纷处理遵循“及时劝阻，报告公安，疏导围观乘客，对受伤乘客协助送医”的原则；员工与乘客之间的纠纷处理遵循“服务为先，有理有节，保持冷静、灵活处理，打不还手，骂不还口”的原则。

3. 站内乘客与乘客纠纷处理程序

(1)现场员工发现乘客与乘客之间的纠纷、斗殴，在做好自我保护的前提下第一时间上前劝阻纠纷或斗殴，并立即报车控室安排支援，疏导围观乘客，并尽力留下2名目击证人。车控室接报后，通知值班站长及车站员工赶往现场处理，并报轨道公安。

(2)值班站长、现场员工及保安在公安未到达现场时，尽力对双方安抚、劝解，并将其留下，等候公安处理，在此期间员工不得出现呵斥、拖、拉、拽等行为。如纠纷双方在等待过程中强烈要求离开，应留下相应证件资料及联系方式等，方便取得联系；如发现乘客伤势较重，及时进行初期处理并报120。

(3)公安到达现场后，车站需将乘客双方、目击证人移交轨道公安处理，并及时跟进处理情况。

4. 列车上乘客与乘客纠纷处理程序

列车上出现乘客纠纷时，司机为第一发现人时，及时使用人工广播进行安抚，并将信息报告OCC，由OCC通知前方车站及时到现场处理；如发现人为车站人员，可安排车站人员及时上车处理或联系前方车站协助处理，并报告OCC及轨道公安。

(1)车站内员工处理乘客之间的纠纷、斗殴时，在做好自我保护的前提下第一时间上前劝阻纠纷或斗殴，劝解纠纷乘客下车，到车站内处理，并立即报车控室安排支援，疏导周边围观乘客，挽留2名目击证人。车控室接报后，通知值班站长及车站员工赶往现场处理，并报轨道公安。如遇纠纷乘客不愿下车，可安排车站人员跟车处理，并通知前方车站人员协助。

(2)值班站长、现场员工及保安在公安未到达现场时，尽力对双方安抚、劝解，并将其留下，等候公安处理，在此期间员工不得出现呵斥、拖、拉、拽等行为。如纠纷双方在等待过程中强烈要求离开，应留下相应证件资料及联系方式等，方便取得联系；如发现乘客伤势较重，及时进行初期处理并报120。

(3)公安到达现场后，车站需将乘客双方、目击证人移交地铁公安处理，并及时跟进处理情况。

5. 车站内员工与乘客纠纷处理程序

(1)车站员工处理乘客事务受到乘客侮辱、恐吓或攻击时,员工应第一时间做好自我防护,至安全处躲避,及时向车控室汇报,立即组织人员支援,并报告站长、轨道公安及OCC。

(2)现场人员需保持冷静,尽力控制局面,保护自身安全,并将肇事者留下交由公安处理。

(3)若乘客攻击员工,造成员工人身伤害时,车站需立即安排其他员工送伤者到医院,并将情况报告部门。

(4)冲突时,现场人员注意互相协助、保护,冷静处理,注意保留证据,可将肇事者引至监控覆盖区域,并及时挽留2名以上目击证人。

笔记栏

技能训练

技能训练一　乘客服务处置不良事件分析

一、任务条件

任务案例:1 月 20 日 9:45,两名女乘客带一名小孩在 A 站客服中心窗口询问想买儿童票,此时,由于环境嘈杂,客服中心岗李一误听(正低头处理其他事务),以为她要买普通单程票,于是指引其到自动售票机购票。该女乘客在自动售票机无法购票之后,询问保安,了解到其是购买儿童票,又被指引到客服中心购票。半分钟之后,女乘客再次来到窗口询问,李一没有第一时间反应。

两分钟后,该乘客第三次来到窗口,情绪激动。指责客服人员,扔撒客服中心宣传材料。9:50,其女同伴走过来,与客服中心岗李一理论,客运值班员及车站保安也赶来劝解。

9:53,其女同伴无法控制情绪,进入付费区并闯入客服中心,拿起客服中心内的宣传材料架子及水桶向李一身上砸去。

二、任务实施

(1)分析此事件前,请先回答下列引导问题。

①乘客服务的"四到":______

②乘客事务处理方法:______

③以上任务案例中,客服人员需注意的行为举止标准和文明服务用语是什么?

______

(2)请分析以上任务案例中,车站站务人员的服务有什么问题,如何导致事情由一般的问询事件发展成为与乘客纠纷,将分析结果填入表 7-1-1。

表 7-1-1　乘客服务分析表

时间节点	站务人员服务不足之处	原因分析	正确处理方法
乘客第一次咨询			
乘客第二次咨询			
乘客纠纷初期			
客值纠纷处置			
事件发展后期			

(3)请根据车站日常工作实际,讨论可能发生的乘客问询问题、涉及的业务知识及站务人员的正确应答,并将讨论内容填入乘客咨询问题预想表(见表 7-1-2)中。

表 7-1-2　乘客咨询问题预想表

序号	乘客咨询的问题	涉及的业务知识	站务人员正确应答

技能训练二　乘客服务演练

一、任务条件

(1)上网搜集相关乘客服务、乘客事务处理、乘客纠纷处理相关资料。

(2)学生分组,采取小组对抗的方式,分为乘客组和客服中心岗组。

二、任务实施

(1)分析资料中乘客、客服中心岗存在的问题,讨论正确应对措施。

(2)根据讨论结果,深度还原情境,依据乘客事务处理的基本原则,演练如何正确处理乘客咨询事件。

(3)演练后对演练效果进行评价,各小组进行总结和汇报,改进演练中存在的问题。

(4)各组学员按顺序进行岗位轮换,让每位学员能够通过扮演各种角色。切实掌握、运用所学内容。

技能训练三　拍摄客服礼仪操视频

一、任务条件

车站客服礼仪内容、相关要求、标准。

二、任务实施

分组排练礼仪操,并制作视频,二维码资源为客服礼仪操视频拍摄样例。

客服礼仪操

任务评价

本任务完成后,请根据表 7-1-3 进行任务评价。

表 7-1-3　任务评价表

序号	评价内容	评价标准	分数	评分记录		
				学生自评	组间互评	教师评分
1	乘客服务处置不良事件分析	学习态度认真、分析合理、处置方法得当	20			
2	乘客服务演练	搜集案例真实,演练过程仪容仪表及行为举止规范,符合服务标准;事件处理符合作业流程	30			
3	礼仪操	编排有创意,符合礼仪标准规范。视频效果好	30			
4	职业行为习惯	学习态度认真、团队合作、6S 管理等职业素养	20			
总分			100			

巩固与练习

一、选择题

1. 乘客服务的“四到”是指(　　)。

A. 心到　　B. 口到　　C. 眼到　　D. 手到

2. 按事务性质乘客事务可分为(　　)。

A. 投诉　　B. 建议　　C. 咨询　　D. 表扬

3. 乘客与乘客之间的纠纷处理遵循(　　)的原则。

A. 冷眼旁观　　B. 报告公安

C. 疏导围观乘客　　D. 对受伤乘客协助送医

4. 员工与乘客之间的纠纷处理遵循“(　　)保持冷静、灵活处理”的原则。

A. 服务为先　　B. 有理有节　　C. 打还手　　D. 骂还口

二、填空题

1. 乘客服务的“三多”是指________、________、________。

2. 在进行乘客服务时，应使用十字文明服务用语“您好、______、谢谢、______、______”等。

3. ________是指乘客通过各种形式(信访途径除外)表达的，对地铁运营服务质量的反馈。

三、判断题

1. 上班时间应按规定统一穿着工作制服，佩戴领带(领结)、佩戴工牌。(　　)

2. 解答乘客询问时，可以边走边回答，也可以摇头、点头等方式回答乘客。(　　)

3. 在没有听清乘客意见、建议或问话时，应礼貌地请求乘客复述，并适时表示歉意。(　　)

4. 有责乘客投诉是指在地铁运营服务中，乘客投诉后，经调查，相关部门或人员无过失无责任的投诉。(　　)

5. 车站员工处理乘客事务受到乘客侮辱、恐吓或攻击时，员工应第一时间做好自我防护。(　　)

任务二　处理车站客伤事件及投诉

情景导入

2023年12月16日7:40，地铁B站一乘客在乘坐扶梯从站厅下站台过程中，突然向后跌倒撞到扶梯上，脑后部流血并全身多处擦伤。客服中心岗小张发现此客伤事件后第一时间赶赴现场将扶梯停用，并立刻将情况汇报给当班值班站长郑二，征求当事人同意后通知120，值班站长赶赴现场后对受伤乘客进行了简单的急救处理。事后，当事人家属以扶梯当时运行异常、安全警示标志不足为由投诉了地铁公司。

学习目标

知识目标

1. 掌握客伤的定义及处理原则；

2. 理解客伤事件处理的范围及程序；
3. 掌握乘客投诉的定义和分类；
4. 掌握处理乘客投诉的基本思路及技巧。

能力目标

1. 能够对受伤乘客进行紧急救护；
2. 具备在乘客投诉时观察和分析乘客需求并进一步处理的能力；
3. 具备在发生客伤或乘客投诉时与乘客沟通的能力。

素养目标

1. 当发生客伤时具有主动服务的意识；
2. 在处理客伤及投诉事件过程中能够尊重他人隐私并懂得换位思考。

任务描述

城市轨道交通车站作为服务乘客的窗口，难免会遇到一些客伤事件。一旦发生客伤事件，车站工作人员应及时正确地处置，并合法、客观、全面地收集证据材料，以尽可能将事件记录。当服务质量没有达到乘客的期望，发生乘客投诉时，车站工作人员应能够快速判断乘客投诉的原因和心理期望，按照乘客投诉事务处理的原则，恰当地处理乘客投诉，提升乘客满意度，以保证城市轨道交通企业的良好形象。

任务分析

车站工作人员要做好客伤事件的处理，首先要熟知车站客伤事件的处理原则、处理范围及处理程序等内容。其次，客伤事件发生后，站务人员应及时、全面、准确地进行现场取证。在此基础上，才能及时正确地处理客伤事件。当服务质量没有达到乘客的期望，发生乘客投诉时，车站工作人员应能够正确分析乘客投诉的原因，采用一定的技巧恰当地处理乘客投诉，达到乘客满意。

相关知识

一、客伤事件处理

1. 客伤的定义

客伤是指在列车运输过程中或在站厅、站台、轨道交通拥有产权的通道、出入口等范围内出现的乘客（包括非在岗作业的轨道交通员工）伤亡事件。

2. 客伤处理原则

（1）安全第一，优先抢救伤者原则。现场处理客伤事件时，应本着以人为本的原则，优先抢救伤者，及时联系 120 或征得当事人同意后联系 120 将伤者送医院救治。

（2）避免二次伤害原则。现场处理客伤事件时，应当确保伤者、工作人员、周围乘客等相关人员的人身安全，避免发生二次伤害。

（3）尽快恢复运营原则。现场处理客伤事件时，应当尽快出清受影响区域，尽快恢复运营。

（4）尽力获取证据原则。现场处理事故主任应尽量收集和保存事件的证据，挽留证人、并通过录音、拍照、摄像、书面记录等方式保存证据。

(5)属地管辖,各负其责原则。客伤事件发生在车站管辖区域时,站务人员为第一处置人;发生在运行的列车上时,司机是第一处置人,负责向控制中心汇报,原则上控制中心组织下一站车站工作人员进行处理。

3. 客伤事件处理范围

(1)乘客自验票进入闸机时起至出闸机时止,对运输期间发生的乘客人身伤害,轨道交通运营单位承担运输责任,包括但不限于以下情况:

①轨道交通设备设施损坏未及时修复且未设置警示、防护造成的;

②轨道交通施工作业造成的;

③列车紧急制动造成的;

④轨道交通运营范围内的垂直电梯、自动扶梯突然停止运行或启动造成的;

⑤站台门、车门夹人造成的(属乘客强行上下列车的情况除外),如图 7-2-1 所示;

⑥轨道交通设备设施(垂直电梯、自动扶梯、站台门、车门、闸机等)发生故障造成的,如图 7-2-2 所示;

⑦车站或列车内湿滑未及时清理或未设置防护警示造成的(因不可抗力造成的除外);

⑧闸机夹人造成的(乘客强行出闸,无票尾随出闸等情况除外)。

图 7-2-1 乘客抢上站台门

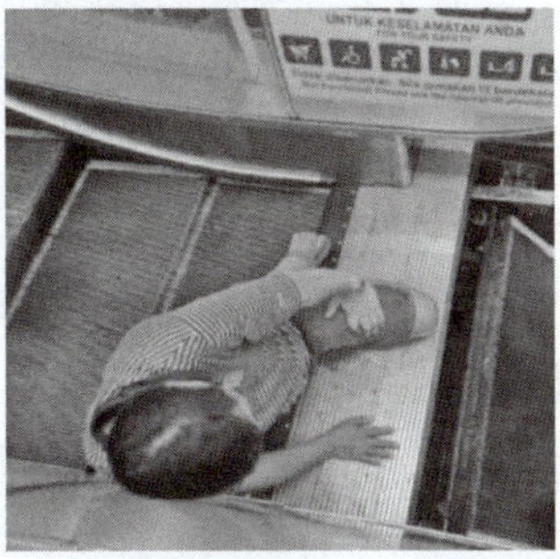

图 7-2-2 扶梯突发故障导致乘客摔倒

(2)其他非乘客自身责任在付费区内造成的。

①无票人员在轨道交通付费区内发生的人身伤亡,比照乘客办理。

②无票人员(包括已购票但未验票入闸的人员)在轨道交通非付费区内发生的人身伤亡,因轨道交通设备设施或管理所致的,比照乘客办理;因其自身原因所致的,原则上不予承担责任。

(3)有下列情形之一造成的乘客人身伤害,轨道交通运营单位不承担运输责任。

①乘客违反政府制定的《城市轨道交通运营管理办法》而造成的乘客本人或他人伤害。

②不可抗力造成的乘客人身伤害。

③乘客自身健康原因造成的乘客本人或他人伤害。

④能证明是乘客故意、重大过失造成的乘客本人或他人伤害。

⑤因第三者责任(包括斗殴或制止斗殴)造成乘客人身伤害时,受害者直接向施害的第三者索赔,轨道交通运营单位原则上不予承担责任。

⑥利用轨道交通车站通道穿行或在车站逗留、休息等无票人员因自身原因造成的伤亡，车站只提供基本援助（如拨打120等），原则上不予承担责任。

4. 客伤事件处理程序

1）一般处理流程

（1）车站内发生客伤。

①乘客在站内发生客伤，事发车站应第一时间向控制中心报告。车站工作人员视情况采取有效措施，对受伤乘客进行简单必要的初期救助（如拨打120等），紧急情况下送伤者就医并联系伤者家属，视情况向驻站公安报案，配合公安部门做好调查取证及善后处理工作，必要时做好现场保护工作。

②客伤乘客无须陪同就医，但需保险理赔时，须告知乘客到市级及以上医院就诊，使用保险类用药，必要时安排站务人员陪同伤者前往医院。初步判断乘客无责（由于设备故障、设施损坏等原因导致客伤），需垫付住院押金的，由车站在应急备用金中垫付。

③发生较严重的客伤事件时，财务部要及时通知保险公司工作人员赶赴现场或医院。

④出现乘客纠缠不清、无理取闹、影响地铁正常运营、有意制造事故、破坏地铁设施的情形，车站工作人员及时报驻站公安进行协调处理。

（2）车内发生客伤。

①列车在运行过程中发生客伤时，司机需立即报告控制中心，并按控制中心的指令处理。

②调度人员接到列车内客伤报告后，行车调度员通知列车司机到下一站停车，并通知站务人员抵达现场处理，必要时报120。同时通过短信平台发布信息，并视情况调整运营组织方案。

③现场处理结束后，站务人员报告控制中心，行车调度员组织恢复运营。

④车站工作人员接到控制中心指令后，值班站长组织站务人员用担架将受伤乘客抬至站厅，等待120救援，并视情况向驻站公安报案。

客伤处理协议书样表

发生客伤事件，各相关部门和人员要按各自分工进行处理。客伤处理结束，与当事人达成一致意见后，签订客伤处理协议书。客伤处理协议书样表参见二维码资源。

2）相关岗位职责

一般是站务员或巡视岗在值班站长或值班员的安排下进行以下工作：

（1）现场发现乘客受伤后立即报告车控室，或接值班站长通知后赶赴现场，了解伤（病）者情况及初步原因。

（2）若因地铁设备造成事故，应停止该设备运作（影响列车运行的设备除外），并报告车控室。

（3）疏散围观乘客，并寻找目击证人，收集有关资料，记录证人有关资料，以便协助调查。

（4）需要时，协助对乘客外伤进行简单包扎处理。

（5）若调查需要，应保护好现场，协助设置隔离带，并用照相机记录现场有关情况。

（6）必要时，根据值班站长安排，到紧急出入口引导急救中心人员进站。

（7）必要时协助进行事故调查。

5. 收集证据

客伤事件发生后，站务人员应及时、全面、准确地收集证据，现场取证的种类包括当事人陈述、证人证言、现场录音、拍照、录像、书证、物证、监控录像等。如驻站公安介入事件调查，站务人员也要主动、及时、尽力取证。

1）证人证言

（1）至少挽留两名目击证人，证人尽量不为地铁员工、当事人的亲属或有利害关系的人。如果现场只有当事人亲朋，并无其他合适证人，也需留下证词。

（2）当事人、目击证人分别在“客伤事件经过记录”上签字确认。“客伤事件经过记录”参见二维码资源。

客伤事件经过记录

（3）站务人员及目击证人在记录事情经过时要完整，注意细节。例如，事件发生时周围的环境、设备状况；当事人所带行李及随行人员；是否有自身健康原因（如生病等），第三方或其他外部因素引起造成受伤；当事人是主观故意还是过失；初步判断当事人受伤的部位、伤势；发生事件后采取的处理方式等。

（4）当事人因身体状况及其他客观因素不能书面陈述时，可由伤者家属或工作人员代写，但必须经当事人同意。书写完毕由双方签字并按手印确认，特殊情况时可由其家属代签。书面的证据不得有涂改现象，一经涂改需在涂改处签字并按手印。

2）照片

（1）事发设备设施的状态，如地面状态等。

远景：重点突出事发设备设施所在车站、区域、设备编号。

中景：重点突出事发设备设施编号、安全警示标志设置情况。

近景：重点突出事发安全警示标志内容。

（2）安全警示标志的设置情况。

（3）乘客受伤情况。

伤者情况主要包括伤者所处的位置、周围环境、具体受伤部位（不侵犯隐私的前提下）等。照片要真实显示拍摄日期，如当事人拒绝拍摄，应立即停止拍摄当事人照片，但仍要对事发场所证据进行拍摄。

3）设备检测报告

涉及设备上客伤时，要及时关停，并报设备分部检修，出具检测质量报告。

4）善后处理

客运部需将“客伤事件经过记录”、监控录像、照片、视频、录音等电子资料及其他资料原件，于事发日后的 2 个工作日内报送安全技术部，双方在“客伤材料交接单”上签字确认，原件由安全技术部留存。以济南地铁为例，“客伤材料交接单”参见二维码资源。工作人员不得擅自将目击证人的身份和资料、事情经过、内容及相关情况透露给媒体和无关人员。

客伤材料交接单

二、乘客投诉事务处理

乘客投诉有助于服务部门改进服务工作、提升服务质量，通过投诉往往可以暴露出服务的薄弱环节，因此面对投诉，服务人员不应有畏惧和抵触心理。只有重视投诉、欢迎投诉，运营单位服务能力，乘客出行满意度才能逐步提升。

1. 乘客投诉的定义

乘客投诉事务是指当乘客对出行本身和交通业务所提供的服务质量、服务设施、服务环境、票务处理等无法满足自身需求，对此产生抱怨和不满，并通过运营单位服务热线、微博、邮件、市长热线、车站意见箱、现场投诉等方式提出诉求。车站处理的投诉以现场投诉为主。

2. 乘客投诉的分类

1）按投诉的表达方式分类

（1）当面口头投诉，包括向企业的任何一个职员投诉。

（2）书面投诉，包括意见箱、邮局信件、网上电子邮件等。

（3）电话投诉，包括热线电话、投诉电话等。

2）按投诉的内容分类

按投诉的内容主要可以分为车站服务投诉、列车运行投诉、乘车环境投诉、票款差错投诉、设备故障投诉等。

3）按投诉的性质分类

按投诉的性质可以分为有责投诉和无责投诉。

车站常见的有责投诉参见二维码资源。

车站常见的有责投诉

3. 乘客投诉的原因及心理期望

1）乘客投诉原因分析

乘客感到不满的原因有很多，要牢记“乘客投诉都是有原因的”。要想消除他们的不满，就必须找到引起他们不满意的原因（见表7-2-1）。

表7-2-1　乘客投诉原因

乘客自身的原因	企业服务的原因
（1）乘客对服务的期望值过高，乘客的要求服务人员无法满足； （2）乘客不了解或不知道企业规定； （3）乘客本身强词夺理	（1）设备设施故障影响出行； （2）工作人员不规范作业，业务能力不过关； （3）工作人员的工作效率太低； （4）工作人员说话态度不好； （5）工作人员的不作为； （6）工作人员没有足够能力解决乘客的问题； （7）因工作人员疏忽乘客的利益遭受损失

2）乘客投诉的心理期望

乘客只有在对服务不满的情况下，才会进行投诉。而对乘客来说，既然选择了投诉，就一定会有一个心理预期并希望得到满意的答复。作为服务人员，只有弄清了乘客投诉的心理期望，才能够有针对地处理投诉。一般来说，乘客投诉的心理期望主要有以下几种：

（1）希望问题能被认真对待。有时乘客进行投诉或建议，并不是要求企业一定能够彻底改变这种现象，只是发表对此状态的看法与观点，给企业以警示。对于这种期望的乘客，我们一定要积极对待，耐心听完乘客的批评与建议，抱着“有则改之，无则加勉”的正确态度，对乘客表示感谢。

（2）希望得到当事人的道歉和尊重。乘客投诉有很大一部分是对工作人员服务态度表示不满，乘客只是希望自身能得到重视，并希望当事人能予以道歉。在这种情况下，我们要耐心倾听，即使是乘客有错，我们也不要想着去理论，避免产生新的不满或进一步加深矛盾。因为乘客既然选择了投诉，就不会觉得是自己的责任。

（3）希望相关人员得到惩罚或惩戒。有时乘客对某位工作人员的服务不满，就会投诉，并希望该工作人员得到惩罚，所以，我们需要向乘客保证企业一定会采取行动，避免发生类似的问题。

(4)希望得到赔偿或补偿。乘客想要为自己的损失取得赔偿,也想为耗费的时间、造成不便,或遭受的痛苦得到补偿。对于是由我们责任而造成的乘客损失,当然要协商赔偿办法;对于不是我们责任造成的乘客损失,也不能一味迁就,要耐心向乘客解释清楚。

4. 乘客投诉事务处理原则

(1)"安全第一,乘客至上"的原则。"安全第一,乘客至上"是指在保证地铁运营安全的前提下,服务人员应最大限度地满足乘客需求。

(2)"不推脱责任"的原则。乘客既然选择投诉就不会认为自身存在责任,而是想从对方得到心理安慰,让提供服务者重视投诉。面对乘客投诉和不满情绪,服务人员首先要反思自己的不足,向乘客道歉,只有表明了这种态度,才能更好地处理乘客投诉。

(3)"先处理情感,后处理事务"的原则。每一位投诉的乘客情绪、心情都会不好,现场处理的服务人员,需要先关注乘客的心情,只有让乘客平息怒气,才有可能进行解决方案的有效沟通。

(4)"包容乘客"的原则。"包容乘客"是指服务人员对乘客的一些错误行为给予理解和宽容。当发现乘客的某些行为违反规定时,只要给予乘客善意的提醒即可,站务员要懂得体谅乘客,避免让乘客处于难堪的状态。与乘客争论对错的处理方式,必定引发投诉升级。

(5)"易人、易地、易性处理"的原则。"易人"指首位接待服务人员现场无法有效安抚乘客情绪时,需由更高职级的人员到现场处理;"易地"指更高职级的人员到达现场后,引导乘客换个场所沟通或引导首位接待服务人员离开沟通场所,避免矛盾升级;"易性"指原则性与灵活性有机结合。此原则一般用于现场投诉处理升级、双方处于对立状态时,因无法进行进一步的沟通,故需由其他人介入处理。

5. 乘客投诉处理要求

(1)严格执行有关信访制度。接受乘客投诉时,如有可能则及时澄清疑点;接受投诉不得推诿,必要时应及时上报有关部门领导。

(2)对乘客来信,除车站站长(或其授权人)外,其他人员不得随意拆看;来信要认真登记、填写乘客意见表、检查落实,并将处理结果上报有关部门。

(3)对乘客电话投诉,接电话的工作人员认真登记、填写"乘客意见表",参见二维码资源。说明回复时间后,在规定时间报告站长(或授权人)。

乘客意见表

(4)对于上级转发过来的投诉,由值班站长认真登记投诉内容,说明回复时间后,在规定时间报告站长(或授权人)。

(5)站长(或授权人)认真对投诉进行调查,在处理过程中经常与乘客保持必要的联系。

(6)站长(或授权人)及时将投诉处理结果回复乘客,并表示感谢,力求使其满意;如果员工有过错,则应向乘客道歉及维护乘客合法权益。

(7)站长(或授权人)将处理情况答复相关部门,对被投诉的相关责任人进行处理,组织员工进行讨论学习,吸取教训,制定改进措施。

6. 乘客投诉处理方法技巧

乘客的投诉可由车站值班站长、站长及相关部门进行处理。对于投诉的回复时间,一般按以下标准:口头投诉为 3 个工作日内,书面投诉为 7 个工作日内。在处理乘客投诉时,一般分三个阶段,即处理情绪阶段、解决问题阶段、最后回复阶段。

1)处理情绪阶段

该阶段又分三个步骤:接受、道歉、确认。

(1)接受。不要把投诉看成个人的得失,用平和的语气对乘客表达有解决问题的诚意,用恰当的语言化解乘客的怒气。

(2)道歉。为造成的不便对乘客表示诚心道歉。

(3)确认。重视乘客的感受,请求乘客谅解并对乘客表示愿意帮忙。

2)解决问题阶段

该阶段又分三个步骤:分析、解决、协议。

(1)分析。专心聆听乘客的投诉,收集和分析资料,通过询问了解事情的来龙去脉。

(2)解决。在职权范围内寻求解决方法和建议,若乘客不接受,尝试其他解决方法。

(3)协议。重新确定乘客已协定的解决方案。

3)最后回复阶段

向乘客表达车站的关心,并表示愿意帮忙,同时感谢乘客提出的投诉。

笔记栏

技能训练

技能训练一　车站客伤事件处理

一、任务条件

2023 年 12 月 16 日 7:40 分，地铁 B 站客服中心岗小张反映在 3 号线 2 号扶梯处，一位携带大件行李的乘客从站厅乘扶梯下站台，行至扶梯中部乘客突然向后跌倒撞到扶梯上，脑后部流血，身体多处擦伤。针对上述客伤事件，后续调查客伤原因，是由于乘客陈先生(54 岁)坐了一晚火车而精神疲惫，携带行李太重来不及扶好扶梯，导致跌倒后滚落至站台。

上述客伤事件发生后，客服中心岗小张第一时间赶赴现场将 2 号扶梯停用，并立刻将情况汇报给当班值班站长郑二，征求当事人同意后通知 120。7:43，值班站长携带急救包赶到现场，将乘客扶到凳子上为乘客简单包扎。7:58，120 到达车站，对乘客简单处理后，车站派厅巡岗小刘陪同伤者到××医院救治。随后车站工作人员根据当事人提供的电话联系其家属，并及时挽留目击证人，通过拍照、录像等方式进行现场取证。事后，当事人家属以扶梯当时运行异常、安全警示标志不足为由向地铁公司提出承担受伤乘客的医药费等赔偿要求，并打 12345 进行电话投诉。

事后，车站设备维修人员对 2 号扶梯进行检查，并调取事发现场监控录像，扶梯未发生故障，运行记录正常。同时乘坐扶梯的目击证人魏三、张四也可以证明，当时扶梯属正常运行并无异常情况。经检查，扶梯的安全警示标志齐全，有“紧握扶手”等图文提示标志。

根据法律规定，当事人虽然是个人原因在“运输过程中”造成身体伤害，但承运人对运输过程中由于交通工具本身或其他原因造成的乘客伤亡承担的是无过错责任。据此，地铁公司也对本次客伤事件承担相应的赔偿责任，经与乘客家属商议，赔偿其 200 元。

本次客伤事件处理结束后，公司客运部与乘客家属达成一致意见，并签订“客伤处理协议书”。12 月 18 日客运部将客伤材料原件及“客伤材料交接单”报送给安全技术部。

二、任务实施

(1)请回答下列引导问题。

①车站客伤事件处理所遵循的原则为______、______、______、______、______。

②根据车站客伤事件处理范围分析以上客伤事件，轨道交通运营单位________(是/否)承担运输责任。

(2)车站客伤事件处理

①客伤事件发生后，站务人员应及时、全面、准确地收集证据，在处理此次客伤事件时，需要收集的证据有哪些?

____

____

②试分析该车站站务人员是如何处置此次客伤事件的，并点评其服务技巧，完成客伤事件处理事项表(见表 7-2-2)的填写。

表 7-2-2　客伤事件处理事项表

序号	客伤处理事项	处理技巧

③针对此次客伤事件，完成“客伤处理协议书”“客伤事件经过记录”“客伤材料交接单”的填写（见图 7-2-3、图 7-2-4、表 7-2-3）。

客伤处理协议书

姓名________性别____年龄___岁，于____年___月___日___时___分乘坐________轨道交通_____号线，在______________站，因______________________________________造成________________________。

经双方协商一次性处理:

☐ ______向______支付费用共计￥______元(大写:人民币元整)

☐ ______向______履行保险公司理赔程序，按实际报销比例一次性理赔医疗费用。

此协议不违背有关法律规定，符合《中华人民共和国民法典》自愿合法原则。自双方在协议上签名按手印后，即对双方产生约束力。此事到此了结，以后双方无涉。

当事人(或家属代表): ____________　　地铁方经办人: ____________

(签字及手印)　　(盖章)

身份证号: __________________　　____年____月____日

图 7-2-3　客伤处理协议书

表 7-2-3　客伤材料交接单

________线________车站

序号	材料名称	提交		原因	备注
		是	否		
1					
2					
3					
4					
5					
6					
7					

提交人：　　接收人：

______年______月______日　　______年______月______日

客伤事件经过记录

事发时间：____年____月____日____时____分

事发车站：____________事发具体地点：____________受伤人数：____

当班值班站长姓名：________当班班次：________联系电话：____________

报险时间：__________报险电话：____________报险号：__________

事发现场员工姓名：________岗位：__________联系电话：____________

伤者1姓名：____性别：____年龄：____联系电话：______身份证号：________

伤者2姓名：____性别：____年龄：____联系电话：______身份证号：________

受伤原因：____________受伤情况：__________

采取措施：____________是否拨打120：____是否自行前往医院：____

送往医院：____________车站备用金垫付金额：__________

陪同去医院员工姓名：______职务：__________联系电话：__________

事发现场录音：(有、无)____事发现场照片：____事发监控录像：____

事件经过：____

____

____

值班站长：________证人：________当事人：________

日期：____年____月____日

注：本记录由当班值班站长负责起草，用黑色签字笔手写。

图7-2-4　客伤事件经过记录

技能训练二　客伤事件投诉处理

一、任务条件

同技能训练一任务条件。

二、任务实施

(1)请回答下列引导问题。

①乘客投诉按照投诉性质可分为________和________。本投诉案例属于________。

②乘客投诉事务处理所遵循的原则为________、________、________、______、______。

③在处理乘客投诉时，一般分三个阶段，即________、________、________。

(2)客伤事件投诉处理

①针对此次乘客投诉事件，分析乘客投诉的原因是什么？乘客的期望是什么？

____

____

②针对此次乘客投诉事件，应该怎样正确处理，叙述处理的基本思路及采取的技巧。

____

____

③针对此次乘客投诉事件，填写乘客意见表(见表7-2-4)。

表7-2-4　乘客意见表

<table>
<tr><td colspan="7">意见性质：□表扬　□投诉　□建议　□其他</td></tr>
<tr><td colspan="7">方　式：□口头　□电话　□来信　□上级转发</td></tr>
<tr><td rowspan="2">乘客</td><td>姓名</td><td colspan="4">联系单位(住址)</td><td>联系电话</td></tr>
<tr><td></td><td colspan="4"></td><td></td></tr>
<tr><td rowspan="2">当事人</td><td>姓名</td><td></td><td>姓名</td><td></td><td>姓名</td><td></td></tr>
<tr><td>员工号</td><td></td><td>员工号</td><td></td><td>员工号</td><td></td></tr>
<tr><td>事件简介</td><td colspan="6">记录人：　记录日期：</td></tr>
<tr><td>处理结果</td><td colspan="6">站长(授权人)签名：　当事人签名：　日期：</td></tr>
</table>

注：如为投诉，请于投诉之日起三个工作日内做出回复。

技能训练三　乘客投诉事件预想及演练

一、任务条件

2023年12月16日，地铁B站发生了客伤事件，引起乘客投诉，最终得以解决。经过此事件后，为提高员工服务水平及处理投诉事件的能力，公司客运部要求所有车站开展乘客投诉事件的预想及演练。针对公司客运部提出的乘客投诉事件预想及演练任务，B站组织员工开展讨论并进行演练。

二、任务实施

1. 乘客投诉事件预想

请根据工作实际，讨论有可能发生乘客投诉的事件、涉及的岗位人员及发生此类投诉事件时采取的应对措施，并将讨论内容填入乘客投诉事件预想表(见表7-2-5)中。

表7-2-5　乘客投诉事件预想表

序号	可能发生的乘客投诉事件	可能涉及的岗位	应对措施

2. 乘客投诉事件演练

请选取乘客投诉事件，自设投诉情境，分组分角色按乘客投诉事务处理流程完成投诉处理演练。

1)任务分配

(1)根据学生人数,采取小组对抗的方式,抽签确定分组,共分为乘客组、工作人员组和评判组。

(2)乘客组根据收集的投诉案例设置投诉情境,确保投诉案例真实、多样、全面;工作人员组按照车站站务员、值班站长等角色针对乘客提出或出现的问题给出解决方案,达到乘客满意为止;评判角色对以上两组同学演练时出现的难以解决的问题进行调解处理,同时对双方的演练效果进行评价。

2)演练模式

(1)演练之前,乘客组需选派一名组员进行投诉案例介绍。

(2)各小组进行讨论,依据投诉处理的基本原则,完成模拟演练任务。

(3)演练后对演练效果进行评价,各小组进行总结和汇报,改进演练中存在的问题。

(4)各组学员按顺序进行岗位轮换,让每位学员能够通过扮演各种角色切实掌握、运用所学内容。

3)实施要点

(1)能按照投诉处理原则,合理分配相关岗位,明确各岗位职责。

(2)能够在处理乘客投诉过程中情绪稳定,平复乘客的不满。

任务评价

本任务完成后,请根据表7-2-6进行任务评价。

表7-2-6　任务评价表

序号	评价内容	评价标准	分数	评分记录		
				学生自评	组间互评	教师评分
1	引导问题	答案正确、书写工整	10			
2	车站客伤事件处置	证据收集全面、客伤处理技巧分析到位、“客伤事件经过记录”“客伤处理协议书”“客伤材料交接单”填写完整、正确、书写工整	30			
3	客伤乘客投诉处置	乘客投诉原因分析正确、处置投诉时基本思路明确及采取的技巧得当、“乘客意见表”填写完整	30			
4	乘客投诉事件预想及演练	投诉事件预想丰富全面、剧情发展合理、小组成员表演到位、应对措施恰当	30			
总分			100			

巩固与练习

一、选择题

1. 下列客伤事件中,轨道交通运营单位需要承担运输责任的是(　　)。

A. 站厅通往站台的自动扶梯突然停止导致乘客摔伤

B. 乘客在等车过程中突然晕倒

C. 乘客在站台行走过程中滑倒摔伤

D. 乘客在站台与别的乘客发生冲突受伤

2. 下列属于现场取证的种类是(　　)。

A. 证人证言　　B. 现场录音　　C. 当事人陈述　　D. 录像

3. 在处理乘客投诉时,处理情绪阶段分三个步骤,分别为(　　)。

A. 接受　　B. 道歉　　C. 分析　　D. 确认

二、填空题

1. 车站客伤事件处理所遵循的原则为______、________、________、________、______。

2. 乘客强行上下列车导致被站台门夹伤,轨道交通运营单位________运输责任。

3. 按投诉的表达方式分类,乘客投诉可分为________、________、________。

4. 在处理乘客投诉时,一般分三个阶段,即________、________、________。

三、判断题

1. 无票人员在轨道交通非付费区内因轨道交通设备设施故障发生的人身伤亡,轨道交通运营单位不承担运输责任。(　　)

2. 车站发生客伤事件时,工作人员应视情况采取措施,对受伤乘客进行初期救助。(　　)

3. 如果因乘客本身强词夺理而进行投诉,轨道交通运营单位可不予理会。(　　)

4. 对乘客来信,除车站站长(或其授权人)外,其他人员不得随意拆看。(　　)

5. 对待乘客提出的投诉,一定要表示感谢。(　　)

任务三　发布车站信息

情景导入

钱一是A站行车值班员,当值期间需根据日常工作安排和突发情况进行车站相关信息发布。7月25日7:30后出现了大暴雨。突发恶劣天气导致车站出现大客流,其中需要通过广播、告示、PIS等进行信息发布,并做好应对突发事件的准备工作。

学习目标

知识目标

1. 掌握车站广播的规定及使用方法;
2. 掌握告示的张贴和撤除的要求;
3. 熟悉运营信息发布的各种媒介。

能力目标

1. 具备应对不同情境,规范使用广播词进行广播的能力;
2. 具备根据不同情境,规范张贴、撤除告示的能力;
3. 具备选择合适媒介发布运营服务信息的能力。

素养目标

1. 培养学生良好的语言表达能力、应变能力;
2. 培养学生依规使用媒介发布运营服务信息的良好职业素养和组织纪律观念。

任务描述

通过运用广播、告示、PIS等手段发布运营相关信息，应对突发事件，是车站值班员、值班站长必备的一项基本能力。在车站运营组织工作中，尤其是遇到大客流、寻人、寻物等情况时对广播、告示、PIS的应用比较广泛，值班员、值班站长应能够根据运营工作需要及时、准确、规范、有效地发布运营服务信息，为乘客提供高效、便捷的服务。

任务分析

车站值班员或值班站长通过广播发布信息时，首先要明确广播对象、广播区域，其次按照广播要求选择自动广播或者应用规范的广播词进行人工广播，最后要熟知广播设备自动广播和人工广播的操作。张贴告示时，首先确定告示内容是否符合企业要求，其次确认张贴位置是否恰当。PIS发布信息时，首先确认PIS发布内容、区域是否符合企业规定，其次确认发布时机是否及时。

相关知识

运营服务信息是通过广播、告示、PIS、自助查询终端、外部媒体、官方App、官方微博、官方微信公众号等媒介向乘客发布的运营公告、地铁换乘、公交接驳、出口资讯、列车信息等各类信息。

一、服务信息发布原则

遵循“准确、规范、及时、有效”的原则。

遵循“统一管理，逐级负责”的原则，各部门在集中领导、统一指挥、逐级负责的原则下，紧密配合、协调动作，按要求组织本车站的信息发布工作。

遵循内容简明扼要、真实，严禁发布与运营无关的信息。

二、车站广播

1. 定义

广播指通过广播系统告知乘客相关地铁运营信息的媒介。按照发布区域分为车站广播、列车广播。日常特殊情况下增加手提广播、挂腰式广播的使用，用于地铁运营时对乘客进行公告信息广播、宣传、引导，以保证地铁运营的服务管理质量。

2. 分类

(1)根据广播区域不同，分为车站广播和列车广播。

①车站广播主要包括列车到站开关门广播、文明候车广播、首末班车广播、开关站广播、列车终点站广播等服务指引类广播；重大活动广播、计划性施工作业出入口关闭广播等安全提示类广播；延长服务时间广播等特殊阶段性广播等。

②列车广播主要包括列车运行方向广播、到站广播、换乘广播、开关车门提示广播及到站周边环境广播等服务指引类广播以及安全提示类广播等。

(2)根据广播控制级别的不同，分为控制中心广播和车站广播，正常情况下以车站广播为主。事故抢险、组织指挥，以控制中心防灾广播为主。

①控制中心广播。控制中心工作人员可以通过控制中心广播控制终端对全线任意一个车站或多个车站、任意车站的任一选区或多个选区进行话筒、语音、线路等选择广播。

②车站广播。车站工作人员可以通过车站广播控制终端对本站所有管辖范围的全选区、多个选区或单个选区进行话筒、语音、线路广播和背景音乐广播。车站广播终端设备设置在车站控制室内。车站广播包括现场广播和预先录制广播。

(3)根据现有车站、列车广播系统操作界面不同,分为自动广播和人工广播。

3. 车站广播规定

(1)广播以及时、清晰、准确引导乘客安全、快捷乘坐地铁为原则;根据实际需要并选择适当时机播放。

(2)进行自动广播时应分别使用普通话和英语及其他规定语言依次播放。

(3)车站广播由车站当值的行车值班员或授权人员进行操作,或由其指定专人使用。列车自动广播根据列车广播台操作要求播放。

(4)人工广播原则上仅在自动广播无法满足需求时使用。非使用时段,人工广播处于关闭状态。人工广播严格按照标准用语播放,使用普通话,语调平稳圆润、音量适中、读音准确、声音清亮;播放两遍为宜,播放时应保持室内安静。

(5)应急情况下,车站、列车应根据调度命令查找信息数据库发布相应的应急广播,不得随意更改或临时增加。

(6)进行广播时,应避免错播、漏播,无特殊情况不得中途中断播音。

(7)广播设备性能应随时保持良好状态。

广播设备的使用(文本)

4. 广播设备的使用

不同的运营公司,广播设备有所不同,但基本原理是一致的。以某广播设备设定一个自动广播中欢迎广播的定时任务为例介绍广播设备的使用,参见二维码资源。

广播设备的使用(视频)

5. 常用广播词

在运营过程中常用广播词见表7-3-1。

表7-3-1　常用广播词

类型		广播用语	播放要求	
			播放时机	播放区域
车站自动广播	开站广播	尊敬的乘客,本站的服务已经开始,欢迎您的光临,我们将竭诚为您提供优质服务。	车站开站时	站厅
	引导购票	尊敬的乘客,为了节省您的时间,请到人数较少的自动售票机前排队购票,谢谢合作!	购票乘客较多时	站厅
	地面湿滑	尊敬的乘客,地面湿滑,请小心慢行。	雨雪天气地面湿滑时	站厅、站台
	看护小孩	带小孩的乘客请注意,请不要让小孩在站内奔跑嬉戏,通过闸机时,请抱起小孩,以免发生危险,谢谢合作!	站内小孩较多时	站厅、站台
	乘坐扶梯	乘客,您好!为了您的安全,在乘坐自动扶梯时请站稳、扶好,不要将身体依靠在扶梯上;不要在扶梯上玩耍、逆行,以免发生危险。	乘梯人员较多时	站厅、站台
	险情疏导广播	各位乘客请注意,因本站出现突发情况,请听从工作人员指引,有序离开车站,谢谢合作!	车站发生火灾等紧急情况时	站厅、站台
	车站雨天引导广播	尊敬的乘客,目前站外降雨,为了您和他人的安全,请勿在出入口平台聚集,听从工作人员引导,在站厅有序等候,谢谢合作!	站外降雨时	站厅

续表

类型		广播用语	播放要求	
			播放时机	播放区域
车站人工广播	寻物广播	尊敬的各位乘客，本站捡到××，请丢失××的乘客听到广播后速与车站工作人员联系。	拾到物品半小时内	出入口通道、站厅、站台
	车站暂停服务	尊敬的各位乘客，我们非常抱歉地通知您，由于设备故障，本站即将停止服务，请改乘其他交通工具，不便之处，敬请谅解。	接到行调通知直至车站恢复正常运营	站厅、站台
	寻人广播	×××先生/女士/小朋友，您的家人/朋友×××在××站等您，请听到广播后速与车站工作人员联系。	接到乘客求助或通知半小时内	出入口通道、站厅、站台

三、告示

1. 定义

告示指通过规范的版式、相对固定的内容告知乘客相关地铁运营服务信息的媒介，主要包括延长服务类、出入口封闭类、设备故障指引类、客流控制宣传类、安全警示类、服务提示类及特殊阶段等。

节假日的延长运营时间或定期启动客流控制等可预知运营告示，原则上提前 3 天对外发布。站务部门应做好告示发放管理及记录。

2. 告示张贴要求及撤除

(1)原则上告示应明确设置位置，保证线网、线路标准统一，如图 7-3-1 所示。

(2)告示应设置在立柱内、墙面等合理位置，不得影响乘客乘车，不得遮挡相关标志；除特定告示外，不得设置在楼梯口、扶梯口等禁止乘客逗留的位置，如图 7-3-2 所示。

图 7-3-1　告示的设置位置

图 7-3-2　告示张贴图

(3)告示张贴在墙面时，应按照公司具体规定进行张贴。如某地铁公司规定：告示张贴时顶部应距地面 200 cm，两张告示同时张贴间隔不少于 5 cm，对齐张贴。不得密集重复设置张贴，5 m 范围内不得出现三张及以上内容相同告示，如图 7-3-3 所示。

(4)告示设置张贴时应确保其干净、平整、无污迹、无损坏。车站应加强巡视，发现破损、卷边等情况立即更换。

(5)告示的张贴及撤除，应由当班值班站长确认，并做好相应交班记录。

3. 告示信息发布

告示信息发布主要有常用和非常用信息发布，具体发布内容和发布形式见表 7-3-2。

图 7-3-3　换乘通道两旁立柱的告示贴纸

表 7-3-2　告示信息发布内容和发布形式

类型		发布内容	发布位置	发布时机
常用告示信息发布	施工请勿靠近	尊敬的乘客:此处正在施工,请勿靠近。不便之处,敬请谅解。	施工区域前	有施工作业时
	客流组织——出入口单进单出	尊敬的乘客:因本站客流过大,现实施高峰客流控制,本站×口只出不进/只进不出,不便之处,敬请谅解。	出站闸机附近、出入口	客流组织需要时
	客流组织——分批进站乘车	尊敬的乘客:由于客流较大,现实行高峰客流控制,请按指引分批乘车,感谢您的谅解与合作。	出入口	客流组织需要时
	注意人身与财产安全	温馨提示:为了您的人身与财产安全,请谨防陌生人以带路、购票、介绍乘车、搬运行李为名骗取钱财,如需帮助请与车站工作人员联系。	车站出入口及通道处	长期适用
	禁止停车	此处禁止停车,谢谢合作!	车站出入口	长期适用
非常用告示信息发布	出入口尚未开通	尊敬的乘客:此出入口尚未开通,请选择其他出入口通行,不便之处,敬请谅解。	未开通出入口与站厅连接处	车站有尚未开通的出入口
	设备暂未投入使用	尊敬的乘客:此设备暂未投入使用,不便之处,敬请谅解。	设备前	设备已安装,但未投入使用的情况
	关闭出入口告示	尊敬的乘客:因××原因,本站×口暂时关闭,请从其他出入口进出站,不便之处,敬请谅解。	车站出入口以及站厅与出入口连接通道	某站因故关闭出入口时
	公交接驳-乘车指引	尊敬的乘客:请前往××方向的乘客到×口搭乘应急免费公交车。	出站边门处/非公交接驳口的出入口通道	车站启动应急接驳时

四、乘客信息显示系统(PIS)

1. 定义

乘客信息系统,是以面向乘客的显示终端为媒介向乘客提供信息服务的系统,包括地铁车站范围内的地铁电视系统以及列车内地铁电视系统。正常情况下,用来发布日常信息内容,如图 7-3-4 所示;紧急情况下,通过车站、列车 PIS 屏滚动条或视频区域或全屏方式对乘客发布应急信息,如图 7-3-5 所示。

图 7-3-4　日常信息发布

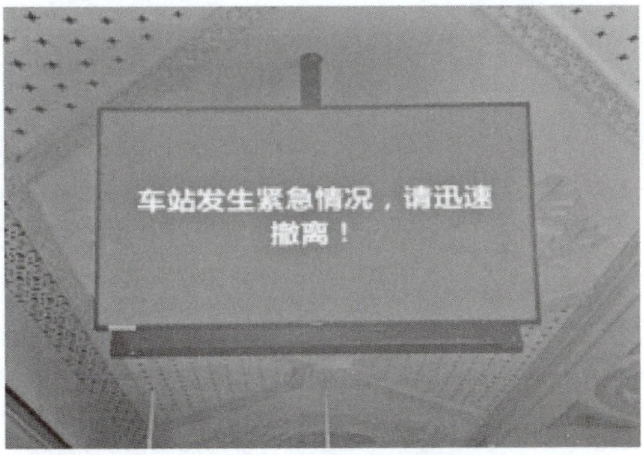

图 7-3-5　应急情况信息发布

2. 分类

乘客信息显示系统按发布区域分为车站 PIS 和列车 PIS，其中车站 PIS 日常信息主要包括列车方向性、间隔时间等运营服务信息类、安全提示类和客流控制类等信息。列车 PIS 主要发布安全提示类信息。

按发布形式分为日常滚动及标版信息，安全提示类信息以滚动发布为主，临时性发布信息以标版发布为主。

3. 发布规则

PIS 信息发布遵循“谁发布、谁取消”的原则，日常信息发布权限按照优先级别由高到低划分为网控、线控两个级别。网控级别由线网相关部门安排专人管理，线控级别由线路所属的运营中心安排专人管理。

车站应做好 PIS 使用的监控，当 PIS 播出画面异常时，需立即就地关闭 PIS 设备电源，同时报相应 OCC，由相应 OCC 负责修改或取消发布。

4. 发布内容及形式

PIS 应急信息发布内容及形式见表 7-3-3。

表 7-3-3　PIS 应急信息发布内容及形式

信息类型	发布范围	信息内容	发布时机	撤销时机	发布位置
险情疏散	本站区域	乘客请注意，因本站出现突发情况需立即疏散，请按照工作人员指引有序离开车站，不要在站内停留，不便之处，敬请谅解。	行调通知启动险情疏散或发生火灾等紧急情况时	应急疏散完毕时	车站
单向不停站通过	越站的区域	尊敬的乘客，×号线开往××方向列车在××（站名）不停站通过。请选择其他出行方式，所持车票一周内可到任意车站办理退票手续，不便之处，敬请谅解。	接 OCC 通知××站单向不停站通过时	接 OCC 通知取消越站时	车站、列车
	线网其他区域	尊敬的乘客，×号线开往××方向列车在××（站名）不停站通过。请合理安排您的出行路线，所持车票一周内可到任意车站办理退票手续，不便之处，敬请谅解。			车站、列车

续表

信息类型	发布范围	信息内容	发布时机	撤销时机	发布位置
单线运营中断	本线受影响区域	尊敬的乘客，因设备故障/天气原因/突发事件，×号线（开往××方向）列车暂停运营，请前往该方向的乘客改乘其他交通工具，所持车票一周内可到任意地铁车站办理退票手续，不便之处，敬请谅解。	行调通知相关车站暂停服务时	运营秩序调整时	车站、列车
	线网其他区域	尊敬的乘客，因设备故障/天气原因/突发事件，×号线（开往××方向）列车暂停运营，请前往或途经×号线的乘客合理选择出行路线进行换乘，不便之处，敬请谅解。			车站、列车

五、其他运营服务信息媒介

1. 宣传册

宣传册是为乘客提供线网图、出行资讯等地铁运营信息的便携式手册，包括纸质宣传册和电子宣传册。

2. 官方 App

官方 App 是基于手机端开发的移动应用平台，向乘客提供地铁出行服务信息、增值服务信息查询服务以及应急信息实时推送服务，同时向乘客提供手机在线购票、扫码过闸等服务的软件平台。

3. 外部媒体

外部媒体是向乘客提供地铁出行服务信息、增值服务信息以及应急信息实时推送服务的官方微博、微信公众号、大众媒体等。由于故障、事件、事故或其他原因影响运营时，需要对乘客发布应急信息。

4. 自助查询终端

自助查询终端是乘客查询各类运营服务信息的电子自主查询设备，为乘客提供运营公告、地铁换乘、公交接驳、出口资讯、列车信息等地铁运营信息的自助查询服务。

笔记栏

技能训练

技能训练一　A 站大客流广播

一、任务条件

(1)7 月 25 日星期三,A 站早高峰期间,因突降暴雨,乘客大量涌入车站,导致车站进站闸机能力不足,为应对车站大客流,根据客运组织要求对站内客流实施控制。值班员钱一除做好日常运营信息发布以外,需根据天气情况及大客流组织需要做好应急广播和信息发布。请根据车站运营服务需求,选择广播词进行广播。同时,根据客流控制需要适时张贴告示、发布 PIS 信息,及时通知乘客站内客流控制的情况。

在客流缓解后,请根据车站运营要求及时撤除告示,撤销 PIS 信息发布,恢复正常运营。

(2)8:00,乘客王燕女士前往客服中心,称其在乘坐地铁过程中,因客流较大,与自己 8 岁的孩子赵小明失散,寻求工作人员帮助。请值班员根据需要完成寻人广播工作。

二、任务实施

(1)进行车站广播前,请先回答下列引导问题。

①车站广播有哪几种类型的广播?

____

____

②进行人工广播时,应注意的问题有哪些?

____

____

(2)在本班工作中,请根据钱一完成的广播任务,填写表 7-3-4。

(3)完成表 7-3-4 后,根据实训室条件,分小组在实训室使用广播设备完成本次广播任务演练。

表 7-3-4　车站广播作业

<table>
<tr><td>岗位</td><td></td><td>姓名</td><td></td><td>工号</td><td></td></tr>
<tr><td>作业地点</td><td colspan="3"></td><td>日期</td><td></td></tr>
<tr><td>作业内容</td><td colspan="3">广播词内容</td><td>播放时机</td><td>播放区域</td></tr>
<tr><td>开站广播</td><td colspan="3"></td><td></td><td></td></tr>
<tr><td>车站雨天引导广播</td><td colspan="3"></td><td></td><td></td></tr>
<tr><td>地面湿滑</td><td colspan="3"></td><td></td><td></td></tr>
<tr><td>引导购票</td><td colspan="3"></td><td></td><td></td></tr>
<tr><td>客流控制</td><td colspan="3"></td><td></td><td></td></tr>
<tr><td>寻人广播</td><td colspan="3"></td><td></td><td></td></tr>
<tr><td>关站广播</td><td colspan="3"></td><td></td><td></td></tr>
<tr><td>遇到问题及
解决方法</td><td colspan="5"></td></tr>
</table>

技能训练二　A 站大客流告示张贴及撤除

一、任务条件

某日,值班员钱一根据本日 A 站早高峰期间暴雨导致大客流情况,在完成日常工作的同时,及时安排告示张贴及撤除。

二、任务实施

(1)发布告示前,请先回答以下引导问题。

①告示张贴时,应注意的问题有哪些?

____

____

②告示撤除时,应注意的问题有哪些?

____

____

(2)在本班工作中,请根据钱一完成的告示张贴任务,填写表 7-3-5。

表 7-3-5　车站告示表

岗位		姓名		工号	
张贴人员		撤除人员		日期	
作业内容	发布内容			发布位置	发布时机
客流组织——刷卡投票指引					
客流组织——楼梯只下不上					
客流组织——出入口单进单出					
客流组织——分批进站乘车					
遇到问题及解决方法					

技能训练三　A 站大客流 PIS 信息发布

一、任务条件

本班行车调度员在完成日常工作的同时,也要在大客流组织中完成 PIS 信息的发布。根据任务一工作内容,完成 PIS 信息发布。

二、任务实施

(1)在 PIS 发布信息前,请先完成以下引导问题。

①PIS 信息发布时遵循的原则是什么?

②车站 PIS 发布的日常信息有哪些类型？

(2)在本班工作中，请根据完成的 PIS 发布任务，填写表 7-3-6。

(3)完成表 7-3-6 后，分小组在实训室使用 PIS 设备完成本次 PIS 任务演练。

表 7-3-6　PIS 信息发布

岗位		姓名		工号	
发布人员		取消人员		日期	
作业内容	信息发布范围	信息内容		发布时机	撤销时机
三级客流控制					
客流较大提醒、分散下车提醒					
遇到问题及解决方法					

任务评价

本任务完成后，请根据表 7-3-7 进行任务评价。

表 7-3-7　任务评价表

序号	评价内容	评价标准	分数	评分记录		
				学生自评	组间互评	教师评分
1	学习态度、作业完成度	学习态度认真、纪律良好，完整执行作业步骤	20			
2	广播的正确使用	作业过程中按要求使用规范用语，广播信息内容选择恰当、合理	10			
3		广播信息发布地点选择正确	10			
4		发布时机正确及时	10			
5	告示制作张贴及撤除	告示打印张贴符合规范、正确、到位	10			
6		告示撤除时机、流程合规	10			
7	PIS 发布取消	PIS 发布信息准确、及时，取消符合规范要求	10			
8	职业行为习惯	任务结束后，物品完好，归位正确，具备良好职业素养	20			
合计			100			

巩固与练习

一、选择题

1. 服务信息发布遵循(　　)的原则。

A. 准确　　B. 规范　　C. 及时　　D. 有效

2. 广播按照发布区域分为(　　)。

A. 车站广播　　B. 控制中心广播

C. 列车广播　　D. 车辆段广播

3. 车站广播主要包括(　　)等。

A. 服务指引类广播　　B. 安全提示类广播

C. 特殊阶段性广播　　D. 出入口关闭广播

4. 车站 PIS 日常信息主要包括(　　)等信息。

A. 运营服务信息类　　B. 安全提示类

C. 客流控制类　　D. 调度控制类

5. 告示应设置在立柱内、墙面等合理位置,不得(　　);除特定告示外,不得(　　)。

A. 影响乘客乘车　　B. 遮挡相关标志

C. 设置在楼梯口、扶梯口　　D. 禁止乘客逗留的位置

二、填空题

1. 服务信息发布遵循“统一管理,逐级负责”的原则,各部门在________、________、________的原则下,紧密配合、协调动作,按要求组织本车站的信息发布工作。

2. 事故抢险、组织指挥,以________防灾广播为主。

3. ________指通过规范的版式、相对固定的内容告知乘客相关地铁运营服务信息的媒介。

4. 车站广播终端设备设置在________内。

5. PIS 信息发布遵循________、________的原则。

三、判断题

1. 服务信息发布遵循内容简明扼要、真实,严禁发布与运营无关的信息。(　　)

2. 车站工作人员可以通过车站广播控制终端对全线任意一个车站或多个车站、任意车站的任一选区或多个选区进行话筒、语音、线路等选择广播。(　　)

3. 进行广播时,应避免错播、漏播,无特殊情况不得中途中断播音。(　　)

4. 车站广播由车站当值的行车值班员或授权人员进行操作,或由其指定专人使用。(　　)

5. 原则上告示张贴不必保证线网、线路标准统一。(　　)

6. 车站应加强巡视,发现告示破损、卷边等情况时无须更换。(　　)

任务四　处理车站拾遗物品

情景导入

钱一是 A 站客运值班员,当值期间具体负责拾遗物品的接收、登记、查找、招领、交还等工作。7 月 25 日钱一在车站内拾到一件乘客遗失物品,需要规范完成物品危险性判断、上报车站、清点登记、交还失主等工作。

学习目标

知识目标

1. 掌握拾遗物品的存放和保管要求；
2. 熟悉拾遗物品的交接规定；
3. 掌握拾遗物品处理工作程序及认领程序。

能力目标

1. 具备根据拾遗物品处理程序和服务要求，妥善处理拾遗物品的能力；
2. 具备根据拾遗物品特征，做好认领工作的能力。

素养目标

1. 培养学生的诚信品质和法律意识；
2. 培养学生的沟通能力与服务意识。

任务描述

城市轨道交通作为一种居民出行的公共交通工具，其乘客流动性较大，经常出现乘客将物品遗失或遗忘在车站或列车上。作为车站工作人员，不仅负责车站的日常运营和管理，还承担着为乘客提供优质服务的责任。正确、及时地处理拾遗物品也是其中的一项重要工作，它不仅关系到乘客的切身利益，也反映了车站的管理水平和工作人员的专业素养。

任务分析

值班员在处理拾遗物品时，首先要严格执行“妥善保管，及时登记，寻找失主”的处理原则，逐项落实处理流程；其次处理要准确、规范。在捡拾物品时，要准确判断物品危险性。在清单登记、交还失主时，要妥善保管物品、注重保护隐私。

相关知识

由于疏忽大意，常有乘客将随身携带的物品遗忘在车站范围内。由于数量多、种类繁杂、价值不一，对于拾遗物品需制定相应的管理办法，分门别类进行管理和处置。

拾遗物品是指地铁工作人员或乘客在地铁运营管理区域范围内拾获的乘客遗留并转交车站登记的物品。

一、拾遗物品处理流程

拾遗物品按照“妥善保管，及时登记，寻找失主”的原则处理。

（1）当员工在车站发现可疑物品时，做好物品危险性判断并立即上报车站；在列车上发现可疑物品时，做好物品危险性判断并可通过紧急对讲报送信息，待列车维持进站后处置。若判断物品无危险性，则按照拾遗物品处置；若判断为可疑物品，存在一定的危险性时，车站工作人员应立即通知驻站公安及控制中心，具体可参照车站可疑物品处置。

（2）拾遗物品由车站当班值班站长与拾物人在监控下，共同清点（值班站长拾获物品时，与客运值班员共同清点)后如图 7-4-1 所示,对物品进行编号并在"车站拾遗物品登记表"上登记。

(3)如有物品所有人信息,应立即联系失主,将拾遗物品交还失主。并在"车站拾遗物品登记表"上做好记录。如无物品所有人信息时,车站则应做好登记、保管,同时广播寻找失主。如有特殊拾遗物品中贵重物品、重要资料文件,应立即通知服务热线,以备乘客查询,如图 7-4-2 所示。

图 7-4-1　清点拾遗物品图

图 7-4-2　通知服务热线

(4)车站拾遗物品统一由值班站长保管、交接,严禁员工使用、占有拾遗物品。

(5)拾遗物品在当日内无人认领时,车站应进行整理并分类保管,车站应设置指定位置作为拾遗物品存放区。车站每日将当日新增的无人认领信息报服务热线,服务热线做好信息接收工作,配合乘客找寻遗失物品。如拾遗物品在车站被认领,车站应立即通知服务热线取消备案。

(6)公司相关部门定期接收各车站无人认领的拾遗物品,对其进行清理、造册,并按有关规定进行处理。如某地铁公司规定:站务部每季度最后一个工作日组织所辖车站对无人认领的拾遗物品进行统计,并集中报送至安全技术部协调处置。

二、拾遗物品交接与登记

车站工作人员(值班员及以上)与拾获人共同在摄像头下办理交接,当面检查、核对拾遗物品,将拾遗物品的名称、物品描述、拾获时间等详细情况记录在"车站拾遗物品登记表"中,并填写"失物标签",粘贴于拾遗物品上。

拾遗物品编号原则以某地铁为例:由拾物日期-类别编号-线路编号-车站编号-序号组成。

(1)拾物日期由 8 位数字组成,前 4 位为年份,次 2 位为月份,末 2 位为日期。

(2)类别编号由 2 位拼音字母组成,具体见表 7-4-1。

表 7-4-1　拾遗物品类别及编号

序号	编号	类别	举例
1	YW	衣物类	如服装、鞋帽、丝巾、手套、腰带、领带、安全帽等
2	GR	个人用品类	如现金、有价证券、手表、皮包、钱包、手机、耳机、票据、首饰、银行卡、乘车卡、校园卡、钥匙、眼镜、水杯等
3	SH	生活用品类	如雨伞、家纺、玩具、数码家电、家具、灯具、洁具、厨具、日化品、户外装备、体育器材等
4	BG	办公用品类	如计算机、书、打印机、传真机、办公文具、U 盘、移动硬盘等
5	SP	食品类	如水果、蔬菜、肉类、饼干、饮料等
6	ZL	资料类	如有"机密""绝密"等字样的文(信)件及身份证、户口本、护照等重要证件

(3)线路编号为2位数字,如1号线车站为01。

(4)车站编号为2位数字,按线路上行方向,编号从01开始依次排序。

(5)序号为4位数字,每年1月1日起均从0001开始依次往后编写。

例如,2024年11月18日3号线A站(车站编号05)当日第3个拾遗物品一把钥匙,则编号为20241118-CR-03-05-0003。

填写“失物标签”

三、拾遗物品的存放与保管

若城市轨道交通运营公司设有失物处理中心,则按照运营公司要求执行。

1. 特殊拾遗物品

1)贵重物品

贵重物品主要包括现金、车票、有价票据、银行卡、证件、手机、计算机、贵重首饰等。贵重拾遗物品必须放入上锁的柜子,由车站值班站长负责保管、交接。不同的运营企业有不同的规定,以某地铁公司为例:现金,需拾获人与值班员及以上人员双人当面清点并按票务要求工字加封,信封骑缝处注明加封人、加封日期,信封正面张贴“失物标签”,存放于上锁的柜子,车站做好交接,交接时如有破封按票务要求执行。一次性拾获现金总额或有价票据总额在500元以上时,车站应在监控状态下即时移交驻站民警,并在“车站拾遗物品登记表”上做好移交记录。

票务室、客服中心(含临时售票亭)、TVM内(含TVM找零口内)拾到现金按票务规定执行,其他地方拾获均按拾遗物品处理。地铁普通单程票,计入当日废票,其他车票按特殊拾遗物品处理。

2)资料文件类物品

已付邮资的一般信件由车站代为投寄;如有“机密”“绝密”等字样的文(信)件、合同、招投标文件等立即交给公安;其他信(文)件按一般拾遗物品处理。

3)食品与易腐物品

无包装的食品及易腐物品(如肉类、蔬菜等),当天运营结束后由车站自行处理。车站在“车站拾遗物品登记表”上做好认领及销毁记录。

2. 一般拾遗物品

一般拾遗物品保存于车站拾遗物品存放区,如图7-4-3所示,如有乘客认领,按认领要求办理。

图7-4-3　车站拾遗物品存放处

四、拾遗物品认领

认领拾遗物品时，由认领人提供拾遗物品名称、遗失地点、遗失时间，车站通过“车站拾遗物品登记表”确认是否有相符物品。

车站拾遗物品处理流程

若有相符物品，认领人需提供两项及以上有效物品特征，认领人凭本人身份证或其他有效身份证明，由值班员和值班站长共同确认并在“车站拾遗物品登记表”上做好登记。代为认领时，须同时出示代领人的有效身份证件。

认领手续办理结束后，车站及时将认领信息报送服务热线销项。

车站拾遗物品处理流程参见二维码资源。

笔记栏

技能训练

技能训练一　贵重拾遗物品处理

一、任务条件

12 月 1 日 10:30，A 站值班站长赵一巡站时，在站厅 C 口通道的防滑垫上，发现有一个信封，从开口处抽出来一看竟是四幅疑似丰子恺的画，但信封上面没有任何信息。值班站长赵一初步判断拾遗物品可能是高价值物品。立刻报服务热线并发布广播寻找失主，与客运值班员孙一共同填写“车站拾遗物品登记表”，并在拾遗物品上粘贴“失物标签”后，将其移交车站驻站民警。后乘客找到遗失物品，为表达自己的感激之情，乘客特制作了一面锦旗送至车站以表谢意。

二、任务实施

（1）进行拾遗物品处理前，请先回答下列引导问题。

①车站拾遗物品的处理原则是什么？

____

____

②拾遗物品登记、粘贴标签的人员是哪些？

____

____

③乘客事务处理的原则是什么？

____

____

（2）在本班工作中，请根据赵一拾遗物品的处理情况，填写“车站拾遗物品登记表”（见表 7-4-2）和“失物标签”（见表 7-4-3）。

表 7-4-2　车站拾遗物品登记表

<table>
<tr><td colspan="2">物品编号</td><td colspan="4"></td><td colspan="4">填表单位：__________ 站</td></tr>
<tr><td colspan="2">填表日期</td><td colspan="8"></td></tr>
<tr><td colspan="2">物品名称</td><td colspan="2"></td><td colspan="2">物品描述</td><td colspan="2"></td><td>拾获时间</td><td></td></tr>
<tr><td colspan="2">拾获地点</td><td colspan="2"></td><td colspan="2">拾获人</td><td colspan="2"></td><td>联系方式</td><td></td></tr>
<tr><td colspan="2">接收人</td><td colspan="2"></td><td colspan="2">员工号</td><td colspan="2"></td><td></td><td></td></tr>
<tr><td colspan="10">具体经过</td></tr>
<tr><td rowspan="3">失物清单及描述</td><td></td><td colspan="4"></td><td></td><td colspan="3"></td></tr>
<tr><td></td><td colspan="4"></td><td></td><td colspan="3"></td></tr>
<tr><td></td><td colspan="4"></td><td></td><td colspan="3"></td></tr>
<tr><td colspan="10">物品去向：认领 □；移交□；销毁□</td></tr>
<tr><td rowspan="3">认 领</td><td colspan="9">经本人确认，以上所列物品为本人遗失物品，现已如数领回。如有冒领，本人承担相关一切责任。特此声明。</td></tr>
<tr><td>认领人</td><td></td><td colspan="2">证件名称/号码</td><td colspan="5"></td></tr>
<tr><td>联系电话</td><td></td><td colspan="2">联系地址</td><td colspan="5"></td></tr>
</table>

续表

认 领	认领时间		车站经办人		车站证明:		证明人工号	
移 交	移交日期		移交时间		地铁公安接收人		警号	
	车站移交人		员工号		车站证明人		证明人工号	
销 毁	当日销毁(无包装食品及易腐物品)□			72 小时内销毁(有包装食品)□				
注 1:本单一式两联　　第一联车站存(白色)第二联地铁公安存(黄色); 注 2:本表单保存期限为长期。								

表 7-4-3　失物标签

	Q/DT
物品编号	
物品描述	
拾获人	
拾获时间	
拾获地点	
注 1:如拾获物品为现金,注明现金金额; 注 2:本表单保存期限为长期。	

(3)接受乘客锦旗表扬事务时,应遵循什么要求进行处置?

(4)根据实训室条件,分小组在实训室完成本次车站贵重拾遗物品演练。

技能训练二　一般拾遗物品处理

一、任务条件

A 站 15:20,乘客李春天女士在站台候车座椅上捡到其他乘客遗落的一个黑色双肩背包,内有身份证、社保卡、护照、现金 200 元等重要物品。李春天将其交至车站客服中心,值班站长赵一与乘客共同填写“车站拾遗物品登记表”后,粘贴“失物标签”,放入保险柜保存。与遗失物品乘客(王五)取得联系后,17:00,王五来到车站取走遗失物品。由值班站长赵一为王五办理认领手续,并填写相关台账记录。

二、任务实施

(1)进行拾遗物品处理前,请先回答以下引导问题。

①车站拾遗物品的登记由谁负责接收,登记时注意的主要问题有哪些?

②为乘客办理认领手续时,应注意的问题有哪些?

(2)在本班工作中，请根据值班站长赵一拾遗物品的处理情况，填写“车站拾遗物品登记表”(见表 7-4-4)和“失物标签”(见表 7-4-5)。

表 7-4-4　车站拾遗物品登记表

物品编号				填表单位：________站			
填表日期							
物品名称			物品描述			拾获时间	
拾获地点			拾获人			联系方式	
接收人			员工号				
具体经过							
失物清单及描述							
物品去向：认领 □；移交□；销毁□							
认领	经本人确认，以上所列物品为本人遗失物品，现已如数领回。如有冒领，本人承担相关一切责任。特此声明。						
	认领人		证件名称/号码				
	联系电话		联系地址				
	认领时间		车站经办人	车站证明：		证明人工号	
移交	移交日期		移交时间	地铁公安接收人		警号	
	车站移交人		员工号	车站证明人		证明人工号	
销毁	当日销毁(无包装食品及易腐物品)□			72 小时内销毁(有包装食品)□			
注 1：本单一式两联　　第一联车站存(白色)第二联地铁公安存(黄色)； 注 2：本表单保存期限为长期。							

表 7-4-5　失物标签

	Q/DT
物品编号	
物品描述	
拾获人	
拾获时间	
拾获地点	
注 1：如拾获物品为现金，注明现金金额； 注 2：本表单保存期限为长期。	

(3)分小组，扮演不同角色在实训室完成本次车站拾遗物品演练。

(4)知识拓展：思考技能训练一和技能训练二两个任务中拾遗物品处理方式有何不同。

任务评价

本任务完成后，请根据表 7-4-6 进行任务评价。

表 7-4-6　任务评价表

序号	评价内容	评价标准	分数	评分记录		
				学生自评	组间互评	教师评分
1	学习态度、作业完成度	学习态度认真、纪律良好，完整执行作业步骤	20			
2	正确登记处理乘客失物	作业过程中是否按要求专人专管	10			
3		作业过程中是否按要求双人同时执行遗失物品的清点等工作	10			
4		失物登记表填写正确无误，失物标签合理准确	10			
5	乘客服务工作	乘客找寻失物时接待乘客符合服务标准和客运服务礼仪要求	20			
6	失物认领工作	失物认领工作符合要求，不遗漏核对内容和相关手续	10			
7	职业行为习惯	任务结束后，整理使用的工具备品，物品完好，归位正确，具备良好职业素养	20			
合计			100			

巩固与练习

一、选择题

1. 拾遗物品按照(　　)的原则处理。

A. 妥善保管　　B. 及时登记　　C. 寻找失主　　D. 据为己有

2. 认领拾遗物品时，由认领人提供拾遗物品(　　)，车站通过“车站拾遗物品登记表”确认是否有相符物品。

A. 名称　　B. 遗失地点　　C. 借出人　　D. 遗失时间

3. 拾遗物品由车站当班(　　)在监控下，共同清点。

A. 值班站长　　B. 客运值班员　　C. 拾物人　　D. 客服中心岗

二、填空题

1. 车站拾遗物品统一由__________保管、交接，严禁员工使用、占有拾遗物品。

2. 一般拾遗物品保存于车站____________。

3. 认领拾遗物品时，认领人凭本人身份证或其他有效身份证明，由______和______共同确认并在“车站拾遗物品登记表”上做好登记。

三、判断题

1. 代为认领拾遗物品时，须同时出示代领人的有效身份证件。(　　)

2. 无包装的食品及易腐物品(如肉类、蔬菜等)，当天运营结束后由车站自行处理。(　　)

3. 贵重拾遗物品必须放入上锁的柜子，由站务员负责保管、交接。(　　)

4. 若有相符物品，认领人只需提供一项有效物品特征即可。(　　)

5. 票务室、客服中心(含临时售票亭)、TVM 内(含 TVM 找零口内)拾到现金按一般拾遗物品处理。(　　)

任务五　进行车站客流组织

情景导入

郑二是B站值班站长，按丁一站长的要求，根据本站日常客流情况，进行车站的客流流线设计。另外，12月20—22日，B站D口附近会展中心将举行一年一度的展会，郑二需根据预测大客流的特点调整本站的客流流线，并根据客流流线布置车站疏导设备，合理安排车站工作人员。

学习目标

知识目标

1. 掌握车站客流组织的原则和措施；
2. 掌握车站日常客流的组织办法；
3. 掌握车站换乘客流的组织办法；
4. 掌握大客流的三级控制方法和具体组织措施。

能力目标

1. 具有根据不同客流情况合理设计客流流线的能力；
2. 具有根据客流流线设置设施设备的能力；
3. 具有识读车站布置图的能力 。

素养目标

1. 具有一定的规划能力；
2. 具有服务乘客的意识；
3. 具有一定的全局意识。

任务描述

城市轨道交通车站主要通过合理的客流组织及设备运用来完成其大容量的客运任务，车站站长、值班站长应能够根据车站布置图进行车站日常客流情况下的流线设计，组织乘客进出站、换乘。当车站出现大客流时，能根据大客流特点调整本站的客流流线，并根据客流流线布置车站设备设施，合理安排车站工作人员，对客流做好疏导和组织工作。

任务分析

车站的客流组织工作由车站站长和值班站长负责。做好车站客流组织工作，要熟知车站客流组织的原则和措施、车站正常平稳客流的流线和组织办法等内容。在此基础上，当车站发生大客流时能根据大客流特点调整本站的客流流线，并做到车站工作人员安排合理，车站设备设施布置得当，以保证正常的运营秩序和乘客的安全。

相关知识

一、车站客流组织简介

1. 车站客流组织的内容

车站客流组织的主要内容包括：车站售检票设备位置的设置，车站引导标志的设置，车站自动扶梯、隔离栏杆、车站广播导向等设备设施的设置,各种设备数量及工作人员的配备,应急措施的制订与实施等。车站要通过合理布置以上客运有关设施设备,设计进站、出站和换乘客流流线,引导乘客快速、有效地分流,从而达到安全、高效、方便、快捷运送乘客的目标。

2. 车站客流组织的原则

(1)车站客流组织工作应以“流量服从安全”“客流有序、秩序可控、疏散有力”“节点控制、区域联动”为原则。

(2)客流组织工作遵循“边处置、边报告”的信息上报原则。

(3)车站值班站长是车站客流组织第一责任人,负责车站客流组织指挥工作,并有权对客流组织工作中出现的问题进行先行处置。

(4)车站工作人员应按照本站客流组织预案或根据值班站长指挥,在指定位置按照岗位要求做好客流疏导及宣传解释工作。

3. 车站客流组织准备

(1)车站须制定本站的客流组织方案。车站客流组织方案应按本站土建结构(含换乘结构)和 AFC 布局、客流类型、设备能力、人员布置等制订,并根据客流变化情况及时修订车站客流组织方案。

(2)受节假日或大型活动影响的车站,应提前根据活动的时间、规模和影响程度等进行预测,完成方案编制、人员培训、人员安排、物资准备、票务准备、服务宣传、自检自查等各项准备工作。根据实施过程中客流数量、乘客建议、设备设施运行、存在问题等情况,编制总结报告。

二、车站日常客流组织

1. 日常客流组织的内容

车站日常客流组织是指车站客流正常平稳状态下的乘客流动过程的组织。城市轨道交通车站日常客流组织主要包括进站客流组织、出站客流组织、换乘客流组织三部分。

2. 日常客流流线

1)进站乘客流线

进站乘客流线按照其流动过程来看,可以分为无须购票直接进站的乘客流线和进入车站购票上车的客流流线两种类型。

(1)无须购票直接进站的乘客流线。此类乘客流线主要是绝大多数持城市一卡通或储值票等直接通过闸机结算费用的乘客。

(2)进入车站购票上车的乘客流线。此类乘客主要是不经常乘坐城市轨道交通出行的,到车站购票后进站的乘客。

进站乘客流线中除上述两种乘客流线外,还有流量较少的需要办理其他票务等业务的乘客流线以及各种类型的小股流线。

2)出站乘客流线

出站乘客流线比进站乘客流线简单,乘客办理手续少,使用车站时间短。其中,有少部分终到乘客在出站后需要办理其他票务等业务。

3)换乘乘客流线

在一些综合型枢纽站或城市轨道线路间的换乘车站,存在大量的换乘乘客,他们的流动过程形成了换乘乘客流线。

3. 日常客流组织办法

1)进站组织

(1)乘客经出入口、楼梯、自动扶梯(或垂直电梯),通过通道进入车站站厅层非付费区。

(2)乘客到达车站站厅非付费区,在自动售票机、客服中心或临时售票亭购票后检票通过进站闸机进入付费区,持储值票的乘客可直接检票通过进站闸机进入付费区。

(3)持有车票的乘客经进站闸机验票进入站厅付费区后,再通过楼梯、自动扶梯(或垂直电梯)进入站台层候车。

(4)乘客到达站台,应站在黄线内候车,通过导向标志和乘客资讯系统选择乘车方向和了解列车到发时刻。

(5)列车进站时,应关注乘客安全。

(6)列车到站停稳开门后,乘客须按先下后上的顺序乘车,站台工作人员要防止乘客抢上抢下。

(7)关门提示铃响后,应阻止乘客抢上抢下,请其等待下次列车,防止车门夹伤乘客和影响列车正点发车。

(8)车门关闭后,要观察车门关闭状况,发现车门或站台门未正常关闭时,若由于乘客或物品被车门夹住时,应协助取出并劝导乘客等候下次列车或征求乘客同意后帮其完全进入车厢;若为设备原因,应按相关作业办理程序进行处置。

(9)对于楼梯边缘与站台边缘较近的情况,应尽量疏导乘客不要在此处滞留,保证足够的通行空间,防止此处拥挤,出现意外。

(10)加强对站台四角的巡视,防止乘客进入区间。

(11)乘客物品掉入道床,要阻止乘客跳下站台捡拾物品,及时使用工具为乘客提供拾、捡服务。

2)出站组织

(1)乘客下车后到达车站站台,经楼梯、自动扶梯(或垂直电梯)进入站厅层付费区。

(2)出站乘客通过出站闸机(单程票出闸时将被收回,储值票被扣除相应票款),进入站厅层非付费区。

(3)车票车资不足(无效车票)或无票乘车的乘客须到客服中心办理相关乘客事务处理后,方可出闸。

(4)乘客通过导向标志找到相应的出入口,经通道、出入口出站。

三、车站换乘客流组织

1. 客流换乘方式

客流换乘方式按照换乘的地点不同划分分为付费区换乘和非付费区换乘。按线路走向和交织方式不同划分分为站台换乘、站厅换乘、通道换乘、站外换乘和组合式换乘。

客流换乘方式的具体内容参见二维码资源。

客流换乘方式

2. 换乘车站客流组织特点

换乘车站是城市轨道交通线网的重要节点,连通着两条以上的轨道交通线路,客流以该节点作为始发站、中转站或到达站。由于换乘车站规模较大,客流组成复杂,客流流向纵横交错,如图 7-5-1 所示。其客流组织具有如下特点:

(1)客流流线复杂,容易产生进站客流、出站客流和换乘客流交叉、对流,甚至各流线间严重干扰，导致客流组织效率不高，服务水平难以提升。

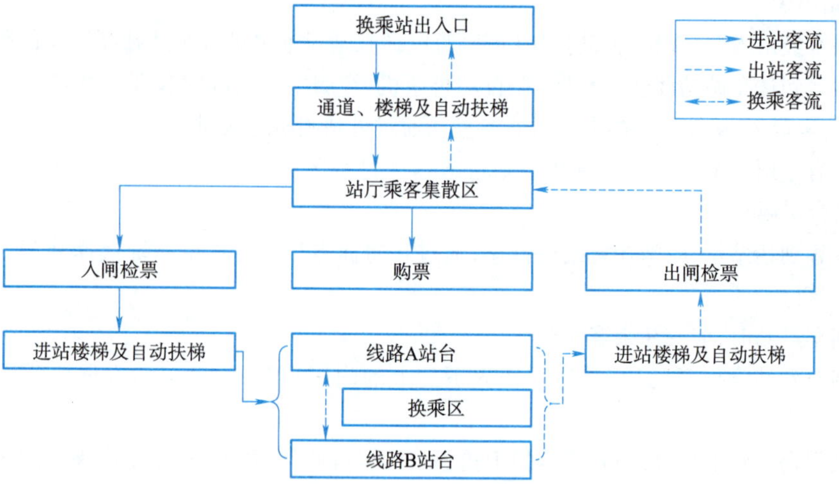

图 7-5-1　换乘车站客流流线图

（2）对客流导向及服务设施的要求高，若自动售票机、闸机、限流栏杆等设备设施布局不合理，突发大客流情况下易引发拥堵。

（3）大型换乘车站的通道有时会与地下商场连通并兼做社会通道，非乘客客流（如过街、参观或购物）的组织和引导易被忽视。

（4）在紧急情况下，客流疏散困难。

3. 换乘车站客流组织原则

（1）随时掌握客流变化规律，经常统计分析客流量，监视客流的骤变，同时密切注视乘客的安全状况。

（2）合理设计乘客流动路线，在站台、楼梯、大厅处尽量减少客流交叉和对流，并设计标线，要求乘客在楼梯和扶梯上有序上下。

（3）在客流容易混行的区域，如大厅或楼梯等处，需设置必要的安全线或栅栏隔离，以免流向不同的乘客互相干扰。

（4）引导乘客在换乘通道内单向流动，以免双方向大客流相互冲击。

（5）完善统一导向标志系统，准确快速地分散客流，避免乘客交叉聚集和拥挤。

（6）应尽量为乘客提供方便，缩短进出站、换乘的时间及距离。

（7）应有站内空气、温度调节设备，并设置无障碍通道。

（8）应建立完善的突发事件应急客流组织和统一的调度指挥系统。

4. 换乘客流组织办法

1）站台换乘客流组织

（1）同站台客流组织：

①如两线换乘客流之间存在对冲（当两侧列车同时到达车站时），车站工作人员应加强人员及广播引导，避免安全隐患。此时制约站台换乘能力的两大主要因素是站台宽度和列车间隔，站台宽度关系到站台的容量，列车间隔影响着站台出清的快慢。

②因换乘客流集中在站台区域，同台换乘是所有换乘方式中最难以进行大客流控制的方式。当换乘客流量大而造成站台拥堵时，需要采取分流引导措施，将换乘客流引导到站厅等区域后，

再视站台客流情况进行分批放行，以确保站台安全。

(2)上、下层站台换乘客流组织：

①为提升换乘能力，可通过楼梯、扶梯等设备辅助换乘，需要安排人员在设备附近进行引导或广播，充分发挥设备的通过能力并保证安全。

②当上下层站台存在共用换乘路径时，为避免多股客流交叉，必须设置栏杆或铁马将不同线路、不同方向的换乘客流分隔，避免客流交叉。换乘客流量较大时，可在上下层站台楼梯入口处进行拦截，采取分批放行的方式进行客流控制。

2)站厅换乘客流组织

(1)站厅换乘方式对站台与站厅的连接设备的通过能力要求较高，为避免站台拥挤，必须在自动扶梯、楼梯安排专人引导，引导乘客使用通过能力较好的设备设施。

(2)在站厅层，要做好进出站客流与换乘客流的分流，设置人员、告示进行引导。当换乘客流较大时，需结合站厅客流流线，在站厅往站台的楼梯、自动扶梯处拦截客流，实施客流控制。

3)通道换乘客流组织

(1)当通道为双向行走通道时，应用栏杆将不同方向的换乘客流分隔开，使客流单向流动，避免客流交叉。

(2)当换乘客流量较大需要进行客流控制时，可结合站厅情况，在通道入口处设置回行栏杆，延长换乘路径，或在通道处拦截换乘客流，进行分批放行。

四、车站大客流组织

1. 大客流的定义

大客流是指在某一时段集中到达车站的客流超过车站正常客运设施或客运组织措施所能承担的客流量时的客流。

车站大客流发生的原因一般有以下三种：

第一，进站人数持续增加，站台聚集人数占据了站台有效区域的绝大部分。

第二，列车运输能力不足。列车到站时满载率已经达到70%～80%，下车乘客少，造成乘客滞留站台不能登车。

第三，下车乘客非常多，出站楼梯、自动扶梯、通道、闸机等设施能力不足，使得乘客滞留站台，造成站台乘客堆积。

2. 大客流的分类

1)按大客流是否可以预见分类

按大客流是否可以预见分类，大客流可分为可预见性大客流和突发性大客流。

(1)早晚高峰客流、节假日大客流、大型活动和恶劣天气大客流为可预见性大客流。

(2)突发性大客流是指超出常规、无法事先预见的客流激增情况。这种客流一般无规律可循，客流量的上升呈无序和突发的特点，天气突变、地铁延误或车站发生大面积停电、车站附近举行临时性大型活动等原因都会引起突发性大客流。

2)按大客流产生的严重程度和影响范围分类

根据大客流严重程度及影响范围，可分为一级大客流、二级大客流、三级大客流。

(1)一级大客流是指站台较拥挤，地铁运营秩序未受到较严重影响，通过车站及邻站支援能够处置的大客流。

(2)二级大客流是指站台、站厅付费区都较为拥挤，地铁运营秩序受到一定影响，以运营分公司为主能够处置的大客流。

(3)三级大客流是指站台、站厅付费区和站厅非付费区都较为拥挤,预计持续超过 30 min 以上,地铁运营秩序受到严重影响,已经或可能造成人员伤亡、财产损失等后果,并需要通过外部力量来疏导支援的大客流。

3. 大客流的组织原则

车站发生大客流时,应遵照客流三级控制的原则,合理组织安排,缓解车站压力,避免发生意外。

(1)坚持"由下至上、由内至外"的客流控制原则,在车站出入口、进站闸机、站厅与站台的楼梯、电扶梯处进行重点控制进站客流,组织乘客上车。

(2)坚持点控和线控的原则,OCC 负责地铁全线的客流控制,车站负责本站的客流控制。

(3)坚持"集中领导、统一指挥"的原则。车站在实施三级客流控制之前,需向行调报告。

4. 大客流三级控制

当车站发生大客流时,应遵循"由下至上(地下站)、由内至外"的客流控制原则,分别采取站台客流控制、付费区客流控制、非付费区客流控制三级客流控制方法。

(1)一级大客流控制。第一级控制站台客流,控制点可设在站厅与站台的楼梯(或自动扶梯)口处。车站可将站厅与站台间的自动扶梯改为通往站厅方向,还可在楼梯(或自动扶梯)口处摆放隔离带,分批放行乘客进入站台,减缓乘客进入站台的速度。同时,站务人员应分散在站台维持乘客秩序,确保乘客安全上下车。

(2)二级大客流控制。第二级控制付费区客流,控制点在进站闸机处。车站可根据实际情况关停部分自动售票机、进站闸机或将部分双向闸机设为只出不进,紧急情况下可采用隔离带、铁马隔离进站闸机,减缓乘客进入付费区的速度。

(3)三级大客流控制。第三级控制非付费区客流,控制点在车站出入口处。车站可在站外设置迂回的限流隔离栏杆,延长进站时间,减缓乘客进站的速度。必要时可采用分批放行、出入口单向使用、封闭出入口、封站等方式,最大限度缓解车站的客流压力。

5. 大客流组织准备

1)调整列车运能

可根据预测客流量,提前编制针对大客流的列车运行图,从运能上保证大客流的运营组织。在大客流发生时,根据大客流的方向,利用就近的折返线、存车线组织列车运行方案,增开临时列车,从而保证大客流的疏散。增加列车的运能是大客流组织的关键。

2)提高售检票能力

售检票能力是大客流疏散的主要瓶颈,车站在设置售检票位置时应考虑提供疏散大客流的通道。在大客流疏散时,可事先做好相应的票务服务及设备设施的准备工作。

(1)售检票设备的准备。设备维护人员须事先对车站全部的售检票设备进行维护、检修,确保在大客流时售检票设备能正常使用。

(2)车票和零钞的准备。车站应根据客流预测和以往大客流所消耗的车票和零钞数,提前向票务部门申领和储备充足的车票和零钞。

(3)临时售票亭的准备。车站根据大客流的进出方向,选择在进站客流较集中的位置,设置临时售票亭。站厅面积较小的车站,可考虑将临时售票亭设置在进站客流较多的通道内。

(4)自动扶梯和垂直电梯的准备。车站事先通知维修人员对车站全部的自动扶梯和垂直电梯进行维护、检修。重点检查自动扶梯的毛刷、梳齿板和扶手带,确保在大客流三级控制时,自动扶梯能正常开启和转换。

(5)临时导向标志和隔离设施的准备。准备临时导向标志、告示牌和伸缩围栏、隔离带等隔离设施。大客流发生前,车站应根据大客流的进出方向和客流组织的要求,选择适当的位置提前张贴和摆放临时导向标志、告示牌和隔离带、伸缩铁围栏、铁马。

(6)其他客运设备设施的准备。提前准备人工语音广播和语音合成广播词、乘客咨询系统发布信息及急救药品、担架等,并根据车站工作人员的增加情况,相应增加手提广播、对讲机等客运设备。

3)细化人员安排

车站应根据客流预测情况,提前提报人员支援需求,确定大客流人员排班,细化排班表,并在排班表中详细制定顶岗人员,保证“人换岗在”。

6. 大客流组织办法

1)大客流控制的措施

大客流的组织应在保证疏散客流安全的前提下,尽快地疏散客流。大客流控制的措施主要包括以下几点:

(1)在站厅与站台的楼梯/自动扶梯连接处设置客流控制点。

(2)改变自动扶梯走向,引导乘客走楼梯。

(3)付费区/非付费区设置回形线路。

(4)关闭部分进站闸机。

(5)进站闸机口设置铁马实现分批进闸。

(6)出入口用铁马等备品限制乘客进站。

(7)出入口外设置回形线路。

(8)关停部分闸机、关闭自动扶梯、关闭换乘通道、单向开放或关闭出入口等。

临时采取客流控制措施的,车站应通过乘客信息系统、广播等形式及时告知乘客。常态化采取客流控制措施的,车站应公布采取客流控制措施的日期、时段等信息,并对客流控制措施的实施效果持续进行评估,可以取消的,应及时取消。

2)进站大客流组织

当车站发生进站大客流时,根据现场情况可采取以下客流组织方法:

(1)客流流线隔离:用铁马、隔离栏杆、伸缩栏杆等将进站客流、出站客流、换乘客流分别隔离,杜绝客流交叉。

(2)客流分流:若站内乘客分布不均匀,则引导乘客到人少的区域,避免乘客排长队和高度聚集的现象;如果站内聚集乘客过多,则通过引导乘客出站换乘其他交通工具或是引导到邻近地铁车站乘车。

(3)延长走行路径:通过设置绕行区域或是关闭部分通道、出入口、楼扶梯等方式,人为改变原有的走行路径,引导乘客从规定的路径行走,增加乘客的走行距离,以延缓到达的时间。

(4)增加等候时间:即进行分批放行。通过划定储客区域让乘客进行等待,根据车站客流情况分批放行。储客区域可以是安检前、楼扶梯上方或是出入口,对于换乘客流,也可以在付费区或非付费区划出相应区域,做好隔离和卡控。

3)出站大客流组织

当车站发生出站大客流时,根据现场情况可采取以下客流组织方法:

(1)调整楼梯、自动扶梯走行方向,将部分或全部自动扶梯、楼梯改为出站方向,加快出站速度。

（2）将部分或全部双向闸机改为出站方向，减缓出闸机处的排队情况。

（3）当出站乘客排队过长导致付费区拥挤时，可采取打开边门人工回收单程票方式放行乘客，尽量要求乘客刷卡出站。

（4）安排人员至出闸机处引导乘客有序出站，若出现排队秩序乱情况，可设置隔离栏杆规范排队通道。

（5）若出现出站乘客集中在车站某一端的情况，可在站厅楼梯、自动扶梯上方设置活动栏杆或伸缩栏杆引导乘客从另一端出站。

（6）紧急情况时，可采取票务应急处理模式。如采用出站免检模式、AFC 紧急放行模式等。

4）换乘大客流组织

当车站发生换乘大客流时，按照“先控制进闸，后控制换乘”的原则进行客运组织。主要方法如下：

（1）依照车站客运组织方式，在站台楼扶梯口设置导流铁马或伸缩栏杆，引导乘客至人少的区域排队候车，并防止乘客直接冲门。

（2）通过调整楼梯、自动扶梯方向减缓站台压力。

（3）若换入线路站台容纳能力已饱和，根据空间情况可采取站厅绕行、分批放行等方式控制进入站台的客流量。

（4）向行调申请大客流来源方向列车跳停本站。

笔记栏

技能训练

技能训练一 设计 B 站日常客流情况下客流流线

一、任务条件

(1)车站基本情况。

B 站为地铁 2 号线和 3 号线的换乘车站,车站立体结构示意图如图 7-5-2 所示。

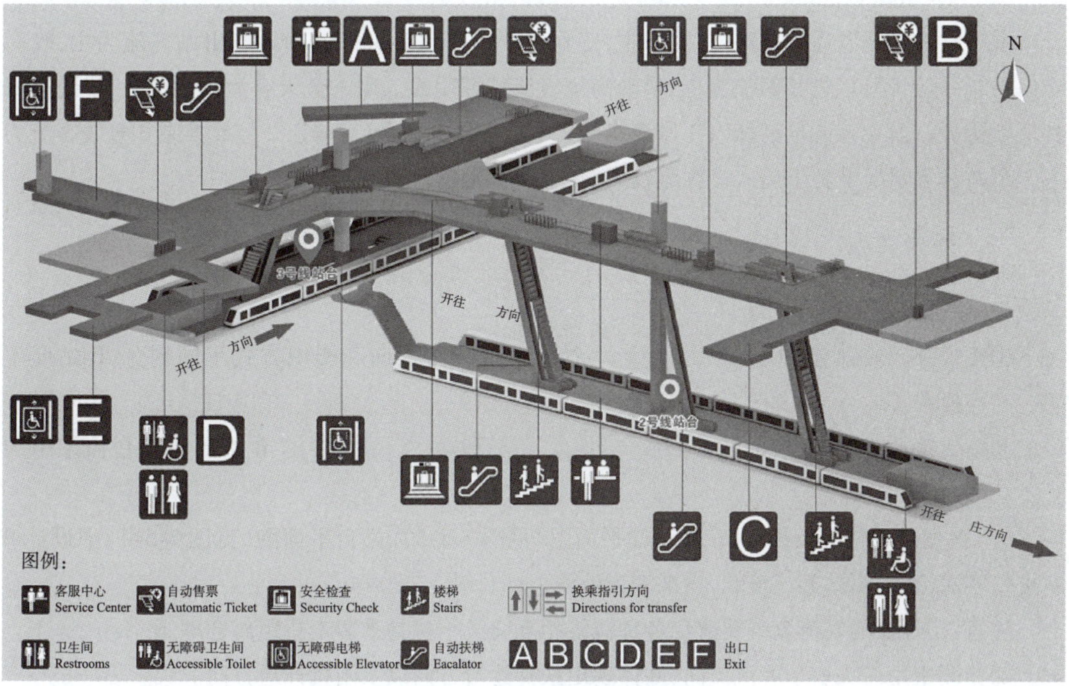

图 7-5-2 B 站立体结构示意图

两线车站共六个出入口,其中 2 号线设置两个,3 号线设置四个。

(2)车站 AFC 设备分布及数量。

2 号线站厅 A 端设置双向闸机处 6 组,B 端设置进站闸机 5 组,日常设置为进站方向,3 号线站厅 A 端设置进站闸机 5 组,其中有 3 组为双向闸机,日常设置为进站方向,B 端进站闸机 5 组,其中有 1 组设置为双向闸机,日常设置为出站,大客流时视情况进行调整。车站 AFC 设备分布及数量见表 7-5-1。车站闸机布置情况如图 7-5-2 所示。

表 7-5-1 车站 AFC 设备分布及数量

相应位置	设备名称				
	BOM	TVM	进闸机	出闸机	双向闸机
2 号线站厅 A 端	0	0	6	0	0
2 号线站厅中部	1	0	0	0	0
2 号线站厅 B 端	0	2	5	5	6
3 号线站厅 A 端	0	5	2	6	3

续表

相应位置	设备名称				
	BOM	TVM	进闸机	出闸机	双向闸机
3 号线站厅中部	2	0	0	0	0
3 号线站厅 B 端	0	6	5	3	1
合计	3	13	18	14	10

(3)日常客流特征。

本站日常客流以通勤、换乘客流为主,工作日早高峰(07:30—09:00)以出站客流为主,晚高峰(17:30—19:00)以进站客流为主,早晚高峰客流特征明显。周末全天客流较为分散,早晚高峰特征不明显。换乘客流早高峰以 3 号线换乘 2 号线客流为主,晚高峰以 2 号线换乘 3 号线客流为主。车站日常情况下各个出入口客流较均衡,总体客流较为平稳。

二、任务实施

(1)请回答下列引导问题。

①按换乘区域划分,B 站属于________换乘。按线路走向和交织方式不同划分,B 站属于________换乘。

②站台换乘有两种方式,分别为____________和____________。B 站属于站台换乘中的____________。

(2)根据以上任务条件,在车站站厅平面图(见图 7-5-3)、站台平面图(见图 7-5-4)中设计 B 站进站客流流线、出站客流流线、换乘客流流线。

注意:①设计的客流流线要避免各种流线相互交叉干扰且乘客走行距离合理。

②在图中用箭头表示客流流向,并体现出扶梯运行方向以及闸机开通方向。

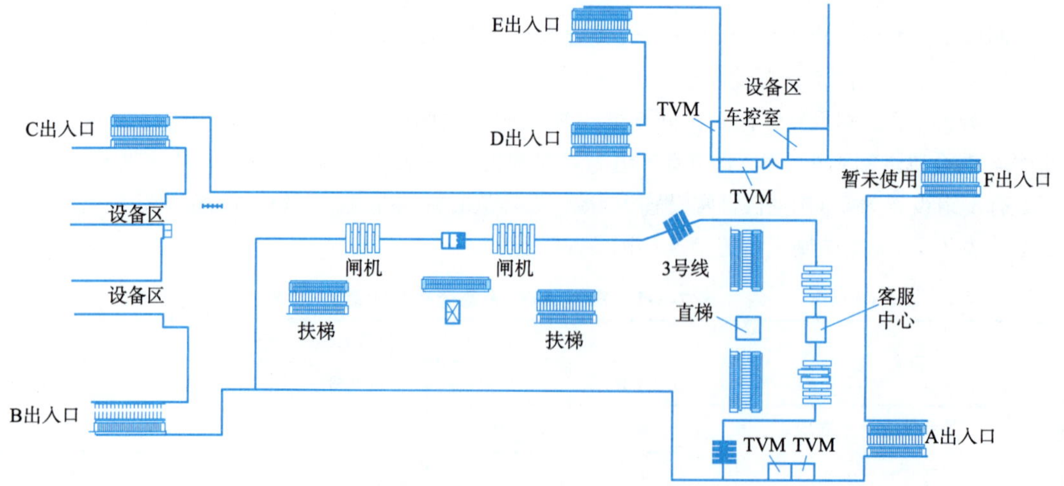

图 7-5-3 B 站站厅平面图

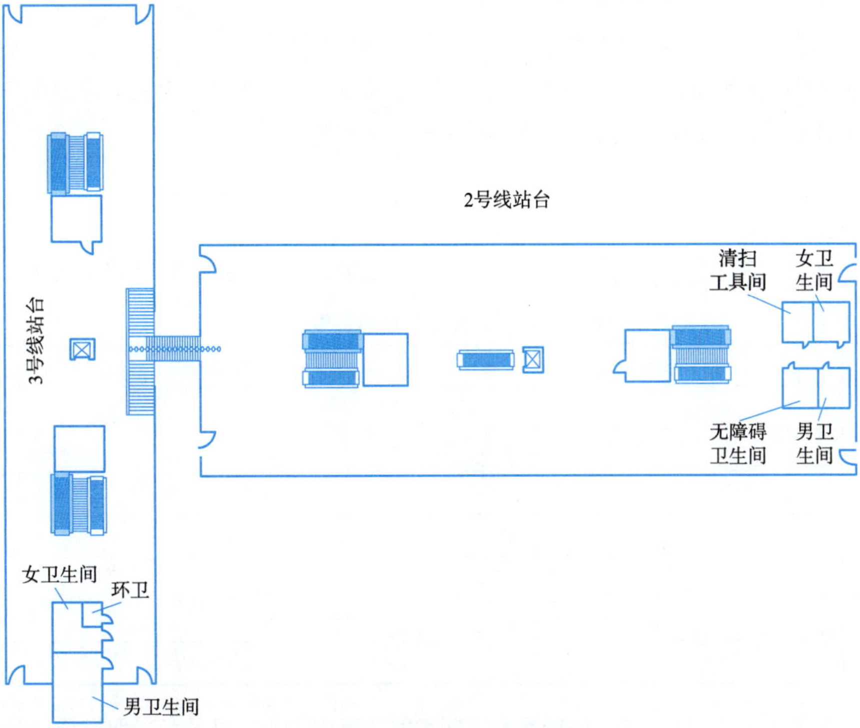

图 7-5-4　B 站站台平面图

技能训练二　根据车站大客流情况调整 B 站客流流线

一、任务条件

每年 12 月 20—22 日 B 站 D 口附近会展中心都将举行一年一度的展会，展会历年客流情况概况见表 7-5-2。基于往年客流情况统计，预计今年展会期间车站会发生一级大客流，且列车运能足够。展会期间客流高峰期，预计 70% 客流从车站 D 口进出车站，20% 客流从车站 E 口进出车站，10% 客流从其余出入口进出车站。

表 7-5-2　展会历年客流情况概况表

年份	会期天数	开闭馆时间	最大单日进站客流量	当日最大单小时进站量		当日最大单小时出站量	
2019	3 天	09:00—18:00	第一天 63 280 人	18:00—19:00	9 532 人	9:00—10:00	12 054 人
2020			第一天 72 342 人	17:00—18:00	11 324 人	8:00—9:00	12 321 人
2021			第一天 72 034 人	17:00—18:00	11 657 人	8:00—9:00	10 954 人
2022			第一天 75 237 人	18:00—19:00	12 435 人	8:00—9:00	13 548 人

二、任务实施

(1)请回答下列引导问题。

①按大客流是否可以预见分类，大客流可分为__________和__________。B 站 D 口附近举

办的展会属于________大客流。

②当车站发生大客流时，应遵循________的客流控制原则。

（2）为应对展会期间客流急剧增加的情况，针对 2023 年的预计客流制定客流组织细化方案。

①根据往年客流数据信息，分析展会期间客流的主要特点。

②根据展会客流主要特点，安排应对大客流的前期准备工作，完成表 7-5-3 的填写。

表 7-5-3　大客流前期准备概况表

序号	准备事项	具体安排
1		
2		
3		
4		
5		
6		
7		

③根据车站大客流组织办法，分析展会期间大客流组织卡控时机及所采取措施，完成表 7-5-4 的填写。

表 7-5-4　大客流关键时间点卡控表

大客流类型	卡控时机	采取措施
进站高峰客流		
出站高峰客流		
换乘高峰客流		

（3）根据以上任务条件，在车站站厅平面图（见图 7-5-3）、B 站站台平面图（见图 7-5-4）中重新布画 B 站进站客流流线、出站客流流线、换乘客流流线，并在图中体现导流限流设施的设置、岗位人员布置情况。

任务评价

本任务完成后，请根据表 7-5-5 进行任务评价。

表 7-5-5　任务评价表

序号	评价内容	评价标准	分数	评分记录		
				学生自评	组间互评	教师评分
1	日常客流组织流线绘制	日常客流组织流线绘制合理（进站、出站、换乘客流流线）	30			
2	展会客流主要特点分析	能根据展会举办日期分情况描述客流特点	10			
3	大客流的前期准备工作	前期准备工作描述全面、合理	10			
4	大客流组织卡控时机及所采取措施	卡控时机正确、采取措施合理	20			
5	大客流组织流线绘制	大客流组织流线绘制合理（进站、出站、换乘客流流线）	30			
总分			100			

巩固与练习

一、选择题

1. 以下（　　）属于车站客流组织的主要内容。

A. 车站售检票位置的设置　　B. 车站引导标志的设置

C. 车站设备设施的设置　　D. 各种设备数量及工作人员的配备

E. 应急措施的制订与实施

2. 以下属于可预见性大客流的是（　　）。

A. 早晚高峰客流　　B. 节假日大客流

C. 大型活动　　D. 恶劣天气大客流

3. 以下不属于进站大客流组织办法的是（　　）。

A. 延长走行路径　　B. 增加等候时间

C. 将部分或全部双向闸机改为出站方向　　D. 客流流线分离

二、填空题

1. 城市轨道交通车站日常客流组织主要包括________、________、________三部分。

2. 按大客流是否可以预见分类，大客流可以分为______和________。

3. 车站在实施三级客流控制之前，需向________报告。

4. 客流三级控制措施中，一级控制为________，二级控制为________，三级控制为________。

三、判断题

1. 值班站长是车站客流组织第一责任人，负责车站客流组织指挥工作，并有权对客流组织工

作中出现的问题进行先行处置。 （ ）

2. 客流三级控制措施的二级控制为控制付费区客流，控制点在站厅与站台楼梯口处。

（ ）

3. 发生大客流时，车站应在适当位置增设临时售票点，出售预制票。 （ ）

4. 当车站发生进站大客流时，可采取将部分或全部自动扶梯、楼梯改为向上运行。 （ ）

模块八

车站票务业务管理

票务工作在城市轨道交通企业管理中占据着至关重要的地位。票款收入作为企业收入的主要来源之一，对企业的经济效益产生直接影响。票务业务涉及多个方面，如票卡管理、现金管理、乘客票务事务处理等，这些方面相互关联，共同构成了一个完整的票务系统。因此，做好票务工作对于企业的平稳、健康发展具有深远的意义。

通过本模块的学习，熟悉车站自动售检票系统的运作，掌握车站车票和现金的运作流程，能够处理车站乘客票务事务。

思维导图

- 车站票务业务管理
  - 任务一 认识车站自动售检票系统运作
    - 车站自动售检票系统架构
    - 车站自动售检票系统的功能
    - 车站自动售检票系统运营管理模式
      - 正常运行模式
      - 降级运行模式
      - 紧急放行模式
    - 车站自动售检票设备运作
      - 自动售票机
      - 自动检票机
      - 半自动售票机
  - 任务二 认识车站票务运作流程
    - 车票管理
      - 车票运作流程
      - 车票保管与交接
        - 车票保管
        - 车票交接
      - 车票的加封
      - 车票上交
      - 车票盘点
      - 车票调配
      - 开封、清点
    - 现金管理
      - 车站现金票款流通
      - 现金保管
        - 票务室
        - 客服中心
        - TVM
        - 现金运送途中
        - 现金加封要求
      - 现金交接
        - 交接原则
        - 客运值班员与客运值班员之间的交接
        - 客运值班员与客服中心岗之间的交接
      - 票款解行
      - 非标准币管理
        - 非标准币的分类
        - 非标准币的处理
  - 任务三 处理车站票务事务
    - 乘客票务事务处理定义
    - 正常运营下的票务事务处理
      - 非付费区乘客票务事务处理
      - 付费区乘客票务事务处理
    - AFC设备故障时的票务应急处理
      - 自动售票机故障
      - 半自动售票机故障
      - 全部售票类设备故障
      - 进闸机故障或能力不足
      - 出闸机故障或能力不足
      - AFC终端设备互联网模块故障

任务一 认识车站自动售检票系统运作

情景导入

2023 年 12 月 20 日,地铁 A 站开站之后正常运营,10:42,系统突发故障,所有进站闸机关闭,大量乘客聚集在非付费区,车站立即启动应急预案,进行应急处置。

学习目标

知识目标

1. 掌握自动售检票系统的架构及功能;
2. 掌握自动售检票系统的运营管理模式;
3. 熟悉车站 AFC 终端设备的功能及运作流程。

能力目标

1. 具备正确使用车站终端设备的能力;
2. 在车站发生应急情况时能正确设置 AFC 系统运营模式。

素养目标

1. 具有在车站发生紧急情况时的应变能力;
2. 能依规使用车站终端设备。

任务描述

车站自动售检票设备通常都是在正常运营模式下运行,当在运营过程中出现车站 AFC 终端设备故障、设备能力不足、火灾等紧急情况,以及出现列车延误、清客、越站等特殊情况时,车站各岗位人员要在值班站长的指挥下,完成车站的票务作业。

任务分析

SC 是整个 AFC 的具体执行者,车站各岗位人员要按要求完成车站票务作业。因此,车站各岗位人员必须要掌握车站自动售检票系统的功能、运营管理模式、车站终端设备的运作方式等内容。

相关知识

一、自动售检票系统架构

城市轨道交通自动售检票系统的架构是多种多样的,系统架构的选择与轨道交通网络结构、售检票方式、清分需求和车票媒介等相关联。城市轨道交通网络化运营后,自动售检票系统通常采用分级集中式架构形式。

自动售检票系统架构分为五个层次:第一层为清分中心计算机系统(ACC);第二层为线路中央计算机系统(LCC);第三层为车站计算机系统(SC);第四层为车站终端设备;第五层为车票。其层次结构如图 8-1-1 所示。

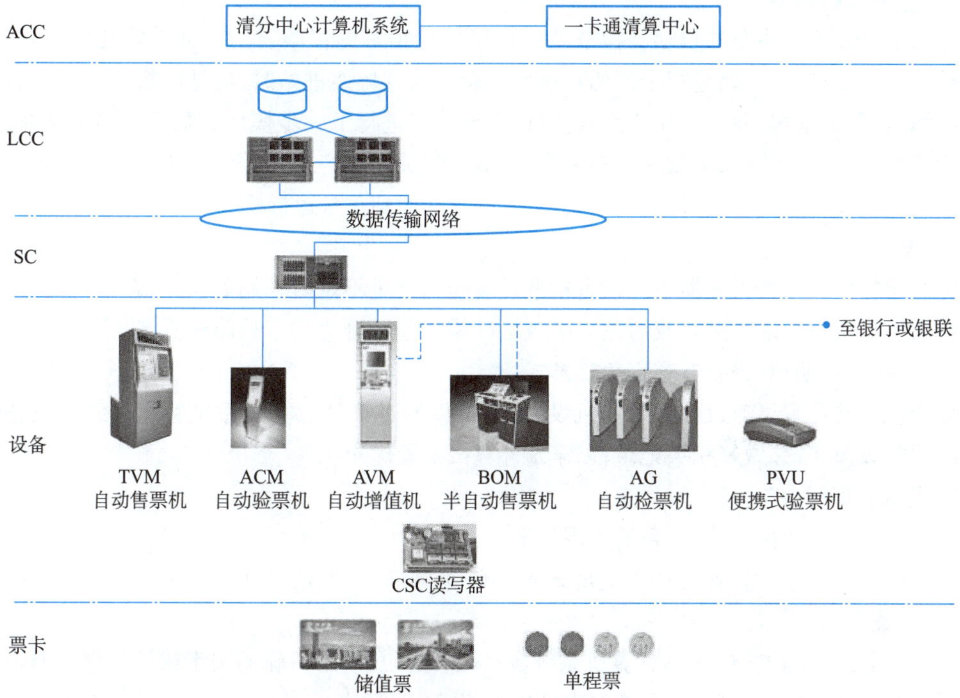

图 8-1-1　AFC 系统层次结构图

自动售检票系统架构的具体内容参见二维码资源。

自动售检票系统架构

二、车站自动售检票系统的功能

车站自动售检票系统是整个自动售检票系统的具体执行者,是自动售检票交易数据产生地。车站自动售检票系统主要负责收集售检票设备的各种数据上传至中心自动售检票系统,接收中心自动售检票系统下载的各种数据,并对售检票设备进行参数设置,同时实时监控售检票设备的运行情况。

车站自动售检票系统的主要功能包括:

(1)接收、存储各售检票设备上传的业务数据,根据运营需要将业务数据上传中心自动售检票系统。

(2)接收中心自动售检票系统传来的控制命令和指令信息,按照要求给予存储或发送到相应的售检票设备中。

(3)查询与当前车站票务运营有关的信息。

(4)实时监控本车站自动售检票系统的售检票设备和网络运行情况,进行故障诊断。

(5)处理和提供与车站运营业务有关的统计分析报告。

(6)处理车站自动售检票应用系统的维护功能(如参数维护、数据维护、设备维护)和重要数据的备份(输入/输出)功能。

三、车站自动售检票系统运营管理模式

车站自动售检票系统运营模式包括正常运行模式、降级运行模式和紧急放行模式。按执行优先级由高到低依次为紧急放行模式、降级运行模式、正常运行模式。

1. 正常运行模式

正常运行模式是指车站自动售检票系统可以进行正常的售票、检票、补票等处理，是系统的默认模式，该模式下对车票进行全部的有效性检验。乘客持票进站时，进站闸机检验车票有效后放行，无效时阻挡乘客，并显示相关无效信息，引导乘客进行下一步操作。乘客持票出站时，出站闸机检验车票有效时放行，无效时阻挡乘客，并显示相关无效信息，引导乘客进行下一步操作。

当其他模式解除后，如未设定新的模式，系统自动回到正常运行模式。

2. 降级运行模式

降级运行模式是指因机器故障或者检票设备能力严重不足时采用的模式，在该模式下，车站要加派人手尽快组织乘客进站或出站。降级运行模式又可分为列车故障模式、进出站免检模式、时间免检模式、日期免检模式、超程免检模式。

降级模式的设置可通过中央计算机设置，也可以通过车站计算机系统将车站终端设备设置为相应的降级模式，并做好相关记录，以车站计算机设置优先。

1）设备表现

设置为相应降级模式后，设备的表现如下：

（1）中央计算机工作站上要明显地显示出该车站名称及模式，如字体或颜色闪烁等，以便监控。

（2）设置了相应模式的车站计算机系统应在显著的位置，用明确的文字或符号显示所设置的模式，并用明确的文字或符号显示车站内已进入该模式的设备。

（3）在收到车站计算机系统下达的命令后，车站终端设备按模式要求进入相应的状态，按模式要求对车票进行处理。

2）对车票的处理

（1）列车故障模式。当出现列车运营故障，部分车站暂时中止运营服务时，暂停服务的车站需根据相关规定设置列车故障模式。在此模式下，对车票的处理如下：

①对本站或其他车站进站的单程票及乘次票不扣除车费或乘次，单程票不回收，并写入此模式的标志信息。

②对本站或其他车站进站的其他类型车票不扣除任何费用，并写入出站码和此模式的标志信息。

模式结束后，所有车站的检票机对车票的处理如下：

①若单程票或乘次票具有“列车故障模式”标志信息，并在规定时间段内（系统设置），则应允许在任何车站进站使用，出站时根据实际车费进行检查，车费不足时，应到半自动售票机进行超程更新处理。

②储值票等其他车票正常使用和扣费。

（2）进出站免检模式。当车站出现突发大客流、进站检票机能力不足或全部故障无法立即修复，而导致大量进站乘客在非付费区聚集等候进站的情况下，可以允许乘客不通过进站检票机进站。为了便于此部分乘客能正常离开车站，应通过中央计算机系统、车站计算机系统将车站终端设备设置为“进出站免检模式”，在“进出站免检模式”下，允许乘客使用一张未编上进站信息的车票出站。在此模式下，对车票的处理如下：

①在设置“进出站免检模式”的车站，所有进站检票机开放，不检验所有车票，乘客可直接进站。

②当对某个车站的车票实行免检时，对于所有未编上进站信息的车票在其他车站或本站出

站时，系统均自动认为是由指定车站进站的车票，不检查车票的进出站次序，出站检票机将自动扣除相应的车费，其他处理与正常模式相同。

③若有大于两个车站的车票实行免检，则出站检票机按扣费最低的车站进行扣费。

④当对所有车站的车票实行免检时，对所有车票都不检查进出站次序，储值票将被扣除最短程车费，乘次票被扣除一个乘次，单程票将被回收并且不检查票值。

(3)时间免检模式。由于列车延误或时钟错误等地铁原因导致乘客手中的车票超时无法出站，应及时设置时间免检模式。设置此模式的车站，出站检票机对所有车票不检查车票上次的进站时间，但仍要检查车票的票值、进站码、日期等，所有车票按正常票价扣费。

(4)日期免检模式。由于运营企业原因导致乘客手中车票过期，根据运营工作的需要及相关规定的要求可设置日期免检模式。设置此模式的出站检票机对所有的车票不检查车票上的有效日期，但是仍要检查车票的其他信息，如进站码、车票票值、时间等信息，所有车票按正常票价扣费。

(5)超程免检模式。由于某个车站因为事故或者故障而关闭，导致列车越过该站后才停车(跳停)，可根据相关规定设置超程免检模式。设置此模式的出站检票机不检查车票的余值，但是仍要检查车票的其他信息，如进站码、日期时间等信息，储值票扣最低票价，乘次票扣一个乘次，单程票回收。

3. 紧急放行模式

在运营过程中，当车站或列车发生火灾、爆炸等危及乘客和工作人员安全的紧急情况，需要乘客紧急撤离车站时，启用紧急放行模式。

1)设备表现

(1)中央计算机工作站上要明显地显示设置为该模式的车站名称，如字体或颜色闪烁等，以便进行监控。

(2)已设置该模式的车站计算机，应在显著位置用明确的文字或符号显示所设置的模式，并用明确的文字或符号显示车站内的哪些设备已进入该模式。

(3)在收到车站计算机下达的命令后，车站终端设备按模式要求进入相应的状态，按模式要求对车票进行处理。

(4)半自动售票机可正常运作，但操作员显示器上显示紧急状态的信息。

(5)自动售票机应处于暂停服务的状态。

(6)检票机所有扇门处于打开状态，保证乘客无阻碍地离开付费区。同时，所有检票机(包括进、出站检票机)的乘客显示器显示紧急信息，所有面向付费区的导向指示器闪烁显示“通行”标志，所有面向非付费区的导向指示器闪烁显示“禁止通行”标志。

2)对车票的处理

所有检票机不对车票进行写处理。如有车票放于读卡器上，不对车票进行写操作，单程票不回收。

3)系统下达紧急放行模式命令的方法

(1)中央 AFC 系统下达命令到车站计算机系统，再由车站计算机系统向终端设备下达命令。

(2)车站计算机系统直接下达命令。

(3)通过安装在车站控制室内的紧急按钮下达命令。

(4)检票机单机也可设置紧急放行模式，主要用于检票机与车站计算机和紧急按钮发生通信故障时使用。

四、车站自动售检票设备运作

车站自动售检票设备是指能实现具体售检票业务操作的专用设备，主要包括自动售票机（见图 8-1-2）、自动检票机（见图 8-1-3）、半自动售票机等（见图 8-1-4）。

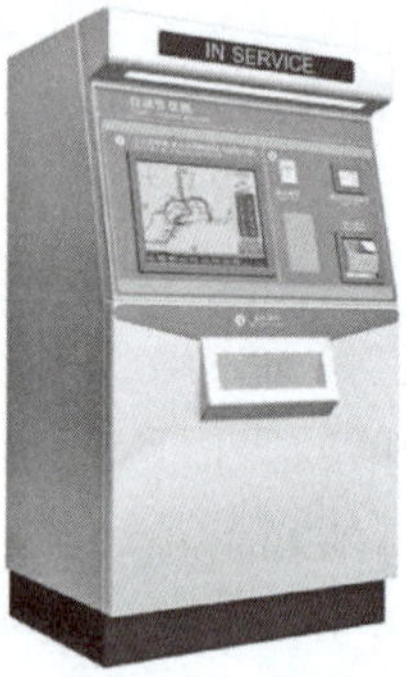

图 8-1-2　自动售票机

图 8-1-3　自动检票机

图 8-1-4　半自动售票机

1. 自动售票机

1）自动售票机的功能

自动售票机安装在车站非付费区，其基本功能是通过乘客的自助式操作完成自动售票。自助购票的基本过程包括购票选择、接收购票资金、自动出票及找零等过程，在必要时还可以打印充值凭证等。

自动售票机主要实现如下功能：

（1）接收乘客的购票选择，并在购票过程中给出提示信息及操作指导。

（2）可以接收乘客投入的现金（或储值票、信用卡等其他付费介质）并自动完成识别，对无法识别的现金（或储值票、信用卡）予以退还。

（3）自动计算乘客投入的现金数量及购票金额，自动找零。

（4）自动完成车票校验、车票发售及出票。

（5）对各部件的工作状态进行自动监测，并向车站计算机系统上报工作状态。

（6）接收车站计算机系统下发的参数和控制命令，并执行相应的操作。

（7）存储并上传交易信息。

(8)对本机接收的现金及维护操作进行管理。

2)自动售票机的运作流程

(1)运营开始之前,由行车值班员在车控室远程开启自动售票机,客运值班员和站务员给自动售票机加入一定数量的硬币和单程票,并且检查每台机器的状态,确保其可以正常使用。

(2)在运营期间,行车值班员通过车控室票务监控终端监控机器运行状态,自动售票机显示硬币不足或者票箱缺票的提示信息时,及时通知客运值班员进行补币、补票。站厅工作人员要经常巡视设备,出现故障时及时处理并上报车控室。

(3)运营结束前,行车值班员要在规定的时间准时关闭自动售票机,避免乘客买了车票无法乘车。

(4)运营结束后,客运值班员带领站务员对自动售票机进行盘点,更换自动售票机的纸币钱箱、硬币钱箱和车票回收箱,统计每台机器当日售出车票的张数、收到纸币的金额及剩余的硬币金额等。

2. 自动检票机

1)自动检票机的功能

检票机的功能是对乘客所持的车票进行检验,并完成进站或出站的交易处理。在限时、计程的收费规则下,在进入付费区及离开付费区时都需要进行车票检验,进入付费区时检查车票的合法性,并记录进入时的地点和时间;离开付费区时检查车票的合法性、进站信息的合法性及付费区内的停留时间,并根据进入位置和离开位置计算本次旅程的费用,完成车票扣款操作。

自动检票机的主要功能如下:

(1)自动对车票进行有效性检验,对有效车票进行相应处理后放行乘客,对无效车票拒绝放行。

(2)对车票处理结果给出明确的提示信息。

(3)对通道的通行状态给出明确的指示。

(4)对特殊车票的使用给出明确的提示。

(5)对需要回收的车票执行回收操作。

(6)对各部件的工作状态进行自动监测,并向车站计算机系统上报工作状态。

(7)接收车站计算机系统下发的参数和控制命令,并执行相应的操作。

(8)存储并上传交易信息。

(9)接收紧急按钮信号并控制设备的操作。

2)自动检票机的运作流程

(1)运营开始之前,由行车值班员在车控室远程开启自动检票机,需确保自动检票机开启方向正确。车站巡视人员要去现场确认自动检票机都能正常投入使用。

(2)运营期间,行车值班员在车控室票务监控终端监控自动检票机的运行状态,根据车站的客流情况,开启相应的运行模式,车站需安排站厅工作人员在自动检票机处引导乘客进出站,及时处理自动检票机简单故障,监控自动检票机状态,如果自动检票机出现单程票箱将满或者已满的状态,及时回收单程票,对数据进行记录,避免出现乘客因票箱已满无法投票出闸的情况。

(3)运营结束前,行车值班员在规定时间远程关闭进站自动检票机。

(4)运营结束后,行车值班员关闭出站自动检票机,车站安排工作人员对自动检票机单程票箱进行更换,换入空的单程票箱并记录数据,统计每台闸机当日回收单程票的数量。

3. 半自动售票机

1)半自动售票机的功能

半自动售票机是在车站中以人工方式为乘客提供服务的售/补票设备,放置于车站客服中心内。

半自动售票机的主要功能如下:

(1)车票发售和赋值,按系统设置发售已初始化但未赋值的车票。

(2)对无票乘客可通过操作半自动售票机进行出站补票。

(3)对票卡内容进行分析,包括卡号、卡类型、卡状态、日期、卡金额、入站标志等信息。

(4)对无法正常进出站的异常票卡(如超时、超程、进出次序错误的票卡)进行付费或免费更新处理。

(5)对符合退款条件的车票办理退款手续。

(6)对各部件的工作状态进行自动监测,并向车站计算机系统上报工作状态。

(7)接收车站计算机系统下发的参数和控制命令,并执行相应的操作。

(8)存储并上传交易信息。

2)半自动售票机的运作流程

(1)运营开始之前,由行车值班员在车控室远程开启半自动售票机,售票员配好票、款到岗。

(2)运营期间,行车值班员在车控室票务监控终端监控半自动售票机的运行状态,售票员根据乘客票务事务发生区域的区别,分别处理付费区和非付费区乘客票务事务,及时更换半自动售票机票箱及打印纸。运营期间,客服中心门保持锁闭,禁止非当班人员随意进出。班中售票员岗如需替换岗位须退出 BOM。

(3)运营结束前,售票员收拾票、款、报表、票务备品,退出半自动售票机系统账号。

(4)运营结束后,由行车值班员在车控室远程关闭半自动售票机。

笔记栏

技能训练

使用车站自动售检票系统

一、任务条件

2023 年 12 月 20 日，地铁 A 站按规定完成运营前检查工作之后，开站正常运营，10:42，系统突然发生故障，所有进站闸机方向指示器显示红色 ×，闸机通道被关闭，大量乘客聚集在非付费区。由于故障无法立即修复，地铁运营公司为保障运营畅通，立即启动车站自动售检票系统降级运营模式。同时，车站值班站长安排员工引导乘客进站，并上报控制中心行车调度员，由行车调度员通知其他车站，其他车站做好对乘客票务处理的准备工作。故障修复之后，车站恢复正常运营。运营结束前，行车值班员按规定时间远程关闭售检票设备，各岗位完成作业内容后，结束当日运营。

二、任务实施

(1)请回答下列引导问题。

①车站自动售检票设备是指能实现具体售检票业务操作的专用设备，主要包括________。

②自动售检票系统运营模式按执行优先级由高到低次为______、________、________。

(2)根据以上任务条件，完成以下任务。

①根据本任务条件，按照时间顺序描述当日车站 AFC 系统的运作内容，将相应内容填入表 8-1-1 中。

表 8-1-1　车站 AFC 系统运作表

作业时序	岗位作业内容	执行人	设备现象	图示
运营开始前				
运营期间				
运营结束前				
运营结束后				

②系统故障，导致进站闸机全部关闭时，车站启动的是降级运营模式中的哪一种模式？这时乘客在其他车站或本站出站时，系统对于车票的处理是怎样的？

____

____

任务评价

本任务完成后，请根据表 8-1-2 进行任务评价。

表 8-1-2　任务评价表

序号	评价内容	评价标准	分数	评分记录		
				学生自评	组间互评	教师评分
1	考勤及学习态度	按时签到、不迟到、上课认真听讲	10			
2	引导问题	答案正确、书写工整	10			
3	“车站 AFC 系统运作表”填写	岗位作业内容填写完整、执行人填写正确、设备现象描述正确、书写工整	55			
4	降级运营模式下的车票处理	模式选择正确、对于车票处理分析正确、完整	25			
总分			100			

巩固与练习

一、选择题

1. 以下属于自动检票机的功能的是(　　)。

A. 自动完成车票校验、车票发售及出票　　B. 对通道的通行状态给出明确的指示

C. 对特殊车票的使用给出明确的提示　　D. 对需要回收的车票执行回收操作

2. 以下属于半自动售票机功能的是(　　)。

A. 对无票乘客可进行出站补票

B. 对无法正常进出站的异常票卡进行付费或免费更新处理

C. 对符合退款条件的车票办理退款手续

D. 接受乘客的购票选择，并在购票过程中给出提示信息及操作指导

二、填空题

1. 自动售检票系统架构分为五个层次：第一层为________________，第二层为__________，第三层为__________，第四层为________，第五层为________。

2. 车站自动售检票系统运营模式按执行优先级由高到低依次为____________、________、________。

3. 由于列车延误或时钟错误等原因导致乘客手中的车票超时无法出站，应及时设置________模式。

4. 运营开始之前，由________在车控室远程开启自动检票机，确保自动检票机开启方向正确。

三、判断题

1. 自动售票机可以自动计算乘客投入的现金数量及购票金额，自动找零。　　(　　)

2. 在“进出站免检模式”下，允许乘客使用一张未编上进站信息的车票出站。　　(　　)

任务二 认识车站票务运作流程

情景导入

2024年1月5日,车票配送员张三为A站配送车票,并与客运值班员孙一办理交接。在逐盒清点过程中,孙一发现缺少2张5元预制单程票,按相关规定完成车票交接,同时及时上报处理。

学习目标

知识目标

1. 熟悉车站车票、票款运作流程;
2. 掌握车站车票、现金保管与交接的原则;
3. 掌握车站车票、现金的加封要求。

能力目标

1. 具备按要求保管及运送车票、现金的能力;
2. 具备车票、现金交接时准确填写相关报表的能力;
3. 具备车票、现金加封的能力。

素养目标

1. 培养学生爱岗敬业、严谨细致的工作作风;
2. 培养学生恪尽职守、遵章守纪的职业习惯。

任务描述

车站票务运作主要包含车票和现金的运作流程两个方面。在车票和现金交接、保管、运送过程中要严格遵守公司相关规定。票款交接过程中,交接人员应在监控可视范围内当面清点票款数量,确认无误后签收交接。若发现票款数量有误,按实点数量进行交接,并在相关台账上做好记录,同时按照流程及时上报处理。

任务分析

正确进行票款交接、保管、运送是车站工作人员必备的一项技能。车站各岗位人员应严格遵守车站票务管理规定,进行票款交接、保管和运送。在交接过程中,按规定进行票款的清点,同时能够准确填写相关报表,如发现问题按规定处理并及时上报。

相关知识

一、车票管理

(一)车票运作流程

车站的车票管理工作主要包括车票的接收、保管、发售、回收、站间调配等内容,对于不同种类的车票,虽然其管理方式有所不同,但流程大体类似。车票运作流程如图8-2-1所示。

(二)车票保管与交接

1. 车票保管

车站车票原则上只能存放于票务室、服务中心、TVM、AGM、车票回收箱。有值车票(预制票、计期票、计次票、特殊工作卡等）应存放于保险柜或锁闭的票柜中，车票根据种类及有效期的不同，分区摆放、不得混淆。车票保管时应注意防水、防曲折、防刻划、防腐蚀、防重压和防高温。

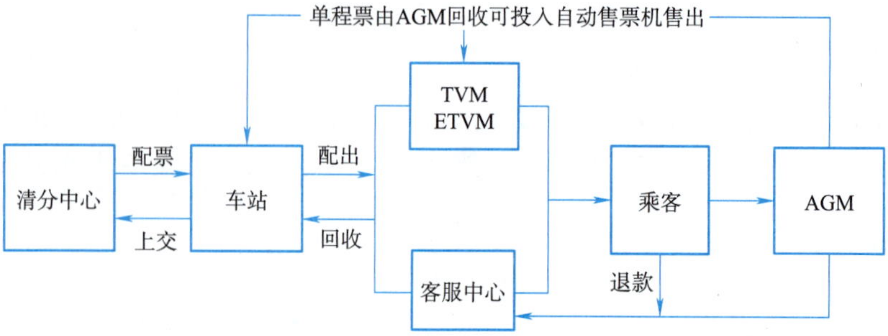

图 8-2-1　车票运作流程

客服中心内的车票应放在乘客接触不到的地方并做好防盗工作。

车票在运送途中，放在售票盒/票盒、票箱、手推车、布袋中，在本站运送过程中需由车站当班员工负责运送和安全。站间运送时由两名员工（其中至少一名车站当班站务员工）负责运送并保障运送途中的安全。

2. 车票交接

1）交接原则

（1）单程票、纸票交接：在监控可视范围内，对双人加封的车票确认加封完好，按加封数交接；未按要求加封、未加封或封条破损的，按实点数交接。

（2）储值票交接：按照实点数交接。

（3）车票交接完成后，车站需在台账及票务管理系统内做好记录。

2）车站与配票人员的交接

配票是指车票管理部门根据车站各种车票的日常售卖量，由车票管理部门给车站配发车票的过程。配送人员到达车站后，与客运值班员在票务室根据“车票交接明细单”当面交接各种车票，确认无误后签收。

对于储值票、预制票，双方必须在监控可视范围内当面清点车票数量无误后签收交接。预制票需按售出期限、票价分开摆放，须逐盒清点后交接。若发现车票数量有误，车站按实点数量进行接收，并将相关情况在“车票交接明细单”中备注说明。

车站工作人员拆封清分中心配送的单程票、纸票发现数量有误时，需第一时间向值班站长报告，经相关部门调查确认后，双方按确认结果调整库存。

3）客运值班员与客运值班员之间的交接

接班客运值班员依据“值班员交接班簿”“值班员与站务员交接簿”和收益管理系统上的记录与交班客运值班员当面按交接原则清点票务室内所有车票，确认无误后进行签收。

接班客运值班员在清点车票时应检查每一包车票封装盒的封口是否完好，若有破封的情况或数量与实际清点有误时应立即上报交班值班站长，该包车票在查明情况前严禁使用。

出现账实不符情况时，接班客运值班员须将实点数在“值班员交接班簿”以“账面数（实点数）”形式填写，在备注栏中注明相关情况。车站根据审批的“车票库存调整审批表”进行调账，严禁车站私自调整库存。

4)客运值班员与客服中心岗之间的交接

(1)配票。每日客服中心岗领用、结算的单程票配发人和接收人,需要在监控区域内当面清点,共同确认配发数量。

(2)结账。客运值班员与客服中心岗在监控可视范围内当面清点发售剩余车票、退款车票、BOM 废票及与乘客事务处理有关的车票,并填写相关报表。对于 BOM 不能正常发售的车票,客服中心岗须及时加封,封条上注明 BOM 无法发售车票的原因、票种、数量、加封人、加封日期。结余车票交当班客运值班员。经客服中心岗回收的其他种类的车票,由本人将车票分类扎好,根据加封的车票数量封入票务专用信封或钱袋,注明车票类型、车票数量、加封车站、加封人和加封日期,与客运值班员办理交接。

(三)车票的加封

所有车票均需由清点人员加封。车票加封可用钱袋、信封、砂纸、票盒加封。加封时需注明加封车站、加封人和加封日期、车票类型、票种、数量等信息,加封效果必须保证一经破封无法复原。车票的加封参见二维码资源。

车票的加封

(四)车票上交

TVM 废票、AGM 废票、回收箱中车票,由客运值班员与另一名站务人员在监控可视范围内共同清点并加封,并在规定时间内上交清分中心。

信封加封车票

乘客事务车票,现金事务相关车票由售票员在办理乘客事务时与确认人即时用信封加封;非现金事务相关车票,由售票员和结账客运值班员双人用信封加封,随当日报表上交清分中心。

未在 BOM 上操作的即时退款单程票、BOM 废票、特殊情况即时退款储值票,由售票员和结账客运值班员双人用信封加封后,随当日报表上交清分中心。信封加封车票的方法参见二维码资源。

(五)车票盘点

车票盘点是指定期对车站内的全部车票进行清点,并与车站报表、台账核对账实情况。盘点工作由客运值班员和值班站长双人负责。

车站需定期对站存单程票进行盘点,并根据盘点数量调整车站票务管理系统单程票库存数量;并在运营结束后对站存各票种车票(含票据),分票种、票价进行全面盘点。若加封完好,按加封数盘点;若车票加封人调离本站,车站需对调离人员加封的所有车票开封清点。

(六)车票调配

清分中心负责车站各类车票站存数量的日常监控工作,并定期编制车票调配计划为全路网各站调配车票。

清分中心根据车票调配计划提前通知车站加封车票,车站需按通知如数加封车票,如有异议,应在当日反馈至清分中心。遇节假日等大客流时,清分中心根据站务中心提交的车票申请数量按规定时间提前将车票配送至车站。严禁车站私自进行站间车票调配。

(七)开封、清点

所有车票的开封、清点须由客运值班员与另一站务人员在监控可视范围内双人共同完成。

开封后,发现车票数量或信息有误,待核查清楚后方可使用,同时需在“值班员交接班簿”记录相关情况,并立即将情况上报相关部门。

车站在接到预制票的规定时间内,在发售前须对车票逐张核对信息,若发现信息不符的情况须及时通知清分中心。车站在接到纸票的规定时间内,在发售前须完成纸票数量和信息的确认,若发现数量和信息有误须及时通知清分中心。

二、现金管理

车站现金主要由两部分组成,一部分是用于车站日常票务运作的备用金,另一部分是车站的票款收入。

(一)车站现金票款流通

车站现金票款流通如图 8-2-2 所示。

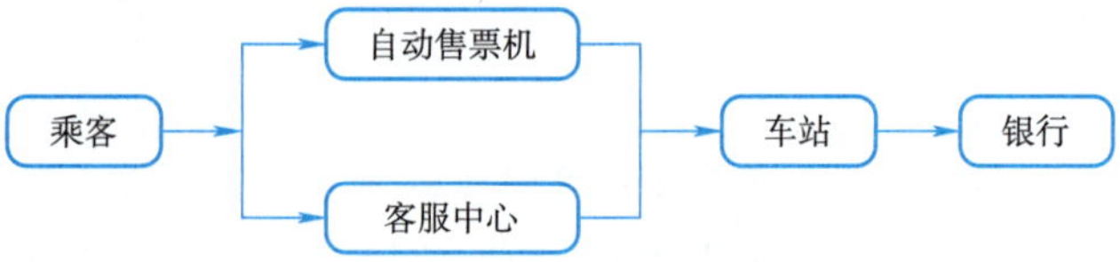

图 8-2-2　车站现金票款流通

(二)现金保管

现金保管是指在票务工作过程中对现金的存放、管理。车站现金只能存放在现金安全区域(票务室、客服中心、TVM),车站发现站存现金不符时,应将情况逐级上报。

1. 票务室

除现金交接、钱箱清点外,其他时间票务室内所有现金只能存放在保险柜、待清点钱箱、锁闭的补币箱、锁闭的解行尾箱或锁闭的售票盒中。

2. 客服中心

客服中心岗在处理现金时,应将现金存放于专门的现金抽屉或器皿,不得将现金放在乘客可触及的地方,做好现金的保管和防盗工作。

3. TVM

车站操作 TVM 设备时要注意安全,操作完一台设备上锁后再开启另一台设备进行操作,打开 TVM 设备期间防止其他乘客靠近。

4. 现金运送途中

现金在运送途中必须放入锁闭的钱箱、售票盒或手推车中。运送人数和路线则根据运营单位具体要求操作,人员在运送现金过程中保障运送途中的安全。

5. 现金加封要求

所有现金的加封均需由参与清点的人员双人进行加封。现金可用钱袋、信封、砂纸加封,加封效果必须保证一经破封无法复原。现金的加封参见二维码资源。

现金的加封

(三)现金交接

现金交接是指票务工作过程中,现金在不同单位或者不同岗位人员之间流转的过程,包括车站内部交接和与银行解行、兑零的交接。车站进行现金交接时,需做好交接记录。遵循一定的交接原则。

1. 交接原则

(1)纸币在监控可视范围内,双方当面清点金额,确认账实相符后交接。

(2)硬币在监控可视范围内,对已加封的硬币确认加封正确完好,则按加封数交接,未加封或封条破损的,双方当面清点金额,确认账实相符后交接。

2. 客运值班员与客运值班员之间的交接

客运值班员之间交接时首先应确认“值班员交接班簿”及“值班员与站务员交接簿”上的记录是否正确，在监控可视范围内双方按交接原则当面清点票务室内所有现金，核对封包数量及金额等，确认无误后进行签字确认。

交接时若发现数目有误，应立即报站长或当班值班站长到票务室确认，同时按实际数量进行签收。站长或值班站长应及时上报。若差额原因无法查明，则所短款项由交班人补足，长款随当天票款解行。

3. 客运值班员与客服中心岗之间的交接

(1)配备用金。当班客运值班员与客服中心岗双方应在监控区域内当面清点共同确认配发金额，以实点金额填写“客服中心岗结算单”中的备用金栏，双方签字或盖章确认，并录入收益管理系统。

(2)追加备用金。当客服中心岗钱币量低于一定数值时，根据客流情况及时通知客运值班员进行增配备用金。由当班客运值班员在客服中心，与客服中心岗当面清点增配金额，以实点金额填写“客服中心岗结算单”，双方签字或盖章确认，共同在系统中操作增配并备注。

(3)预收票款。当服务中心岗钱币量超过一定数值时，当班客运值班员至客服中心内清点需预收的票款。客运值班员向客服中心岗收取预收票款时，双方应当面清点和交接所预收的款项后，客运值班员在“客服中心岗结算单”上签收，并录入收益管理系统。

(4)结账。客运值班员与客服中心岗在监控可视范围内当面清点所收款项后，以实点金额填写“客服中心岗结算单”中的实点金额栏，双方签字或盖章确认，并录入收益管理系统，现金交由当班客运值班员保管。

(四)票款解行

票款解行是指车站将票款收益存入企业在银行的专用账户的过程。解行操作时要求城市轨道交通运营企业根据车站特点及银行的服务时间确定解行时间，以保证车站能将票款尽可能多地存入银行，尽量减少留存车站的隔夜票款，降低车站收益保管风险。车站票款解行流程如图 8-2-3 所示。票款解行流程参见二维码资源。

票款解行流程

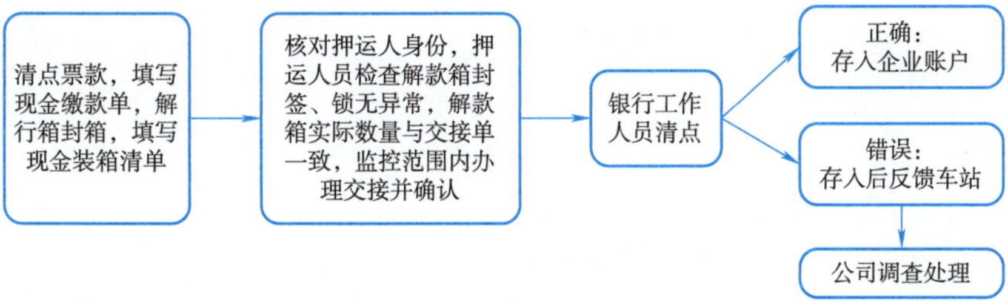

图 8-2-3　车站票款解行流程

(五)非标准币管理

1. 非标准币的分类

非标准币包括机币、假币、残币、外币和停止流通的人民币。

机币是指在自动售票机以外的专用设备上使用的代币，主要指游戏机币、电话机币，它们在形状、大小等方面与人民币硬币(一元或五角)相似。

假币是指伪造、变造的人民币，包括纸币与硬币。

残币是指残缺、污损的人民币。

外币是指除人民币以外的其他国家或地区发行的合法货币。

2. 非标准币的处理

车站相关人员应严格把关，杜绝假币流入。车站收取非标准币，按照“谁收取谁补还”的原则进行处理，具体有以下几种情况：

(1)客服中心岗在收取乘客交付的现金时，必须经过人工及设备的识别，如果发现为假币或者设备不能识别，并且人工无法确认其真伪，要立即退还给乘客，请乘客换一张钱币。

(2)客运值班员为客服中心岗进行票款结账时，发现钱款有明显失真或者通过验钞机识别为假币时，由该客服中心岗即时补足票款。

(3)清点 TVM 钱箱时发现钱款为非标准币，或者 TVM 内清出的非标准币，经值班站长确认后，将非标准币加封(加封内容为日期，车站名，设备编号，非标准币种类、金额、数量，值班站长与客运值班员签章)，并随当日报表一并上交清分中心。注意非标准币金额不计入 TVM 票款收入。

(4)银行兑换的硬币必须当日由客运值班员与值班站长共同清点，并加以辨识，发现假币，要及时通知银行进行更换。

(5)银行清点票款时发现假币，需调查确定责任人，由责任人负责补足票款。

笔记栏

技能训练

技能训练一　车票配送员与客运值班员车票交接

一、任务条件

2024年1月5日，车票配送员张三(工号101)为A站配送2元预制单程票100张，编号为000001~000100，有效期至2024年5月1日;3元预制单程票150张，编号为100001~100150，有效期至2024年5月1日;4元预制单程150张，编号为200001~200150，有效期至2024年5月1日;5元预制单程100张，编号为300001~300100，有效期至2024年5月1日;储值票50张，编号为500001~500050，与客运值班员孙一(工号004)办理交接。在逐盒清点过程中，孙一发现5元预制单程票缺少2张，孙一立即报本站值班站长，由值班长上报相关部门。

车票配送员张三与客运值班员孙一按规定办理交接，并完成相关报表填写。经相关部门调查确认后，双方按确认结果5元预制单程票98张调整库存。

二、任务实施

(1)进行车票交接前，请先回答下列引导问题。

①根据票务管理规定，配票员与客运值班员交接储值票和预制票的规定有哪些?

____

____

②在交接过程中，如发现车票数量有误该如何交接?

____

____

(2)在本班工作中，请根据孙一与配票员办理的车票交接工作内容，填写表8-2-1。

(3)完成配票明细单后，分角色在实训室完成本技能任务演练。

表8-2-1　配票明细单

车站:________　　单位:张　　配票日期:____年____月____日

票种	车票数量	预制票有效期	起号	止号
发出单位:	配票人签名:	配票人工号:		
接收单位:	收票人签名:	收票人工号:		

注:此表一式两联，第一联上交清分中心，第二联车站留存。

技能训练二　客服中心岗车票及备用金配发

一、任务条件

2024 年 1 月 5 日，A 站客运值班员孙一（工号 004）为客服中心岗李一（工号 005）开窗，配了备用金 400 元，单程票 100 张；2 元、3 元、4 元、5 元、6 元预制票各 20 张，2 元、3 元、4 元、5 元、6 元纸票各 20 张；客服中心岗李一登录 BOM01 做好运营前准备。李一当值期间售出 2 元单程票 24 张、3 元单程票 26 张、4 元单程票 22 张、5 元单程票 20 张；2 元预制票 10 张、3 元预制票 15 张、4 元预制票 14 张、5 元预制票 13 张、6 元预制票 12 张；2 元纸票 8 张、3 元纸票 9 张、4 元纸票 10 张、5 元纸票 11 张、6 元纸票 12 张。因该日 A 站有篮球比赛客流较大，导致客服中心岗备用金不足，客运值班员为其追加备用金 200 元；同时因购票乘客较多，致使客服中心岗产生票款较多，客运值班员预先收回票款 300 元。

请根据李一该日工作的内容，完成以下问题。

二、任务实施

（1）完成车票及备用金配发前，请先回答下列引导问题。

①客运值班员与客服中心岗办理车票交接时的规定有哪些？

②客运值班员为客服中心岗预收票款时，应注意什么问题？

（2）在本班工作中，请根据客服中心岗李一与客运值班员之间的车票和备用金交接，填写客服中心岗结算单，见表 8-2-2。

（3）完成表 8-2-2 客服中心岗结算单后，分小组分角色在实训室完成任务演练。

表 8-2-2　客服中心岗结算单

<table>
<tr><td colspan="6">站　　　　班次：</td><td>年　月　日</td></tr>
<tr><td colspan="2">时间</td><td colspan="5">从　　　　至</td></tr>
<tr><td colspan="2">BOM 编号</td><td colspan="5"></td></tr>
<tr><td colspan="2">备用金金额</td><td colspan="2"></td><td colspan="2"></td><td></td></tr>
<tr><td colspan="2">客值/站务员签章</td><td colspan="2"></td><td colspan="2"></td><td></td></tr>
<tr><td colspan="2">预收款金额</td><td colspan="2"></td><td colspan="2">实点总金额</td><td></td></tr>
<tr><td colspan="2">预收款客值签章</td><td colspan="2"></td><td colspan="2">实收总金额</td><td></td></tr>
<tr><td rowspan="5">票种</td><td rowspan="2">票价</td><td rowspan="2">开窗张数</td><td rowspan="2">关窗张数</td><td rowspan="2">废票张数</td><td colspan="2">出售</td></tr>
<tr><td>张数</td><td>金额</td></tr>
<tr><td>单程票</td><td></td><td></td><td></td><td></td><td></td></tr>
<tr><td></td><td></td><td></td><td></td><td></td><td></td></tr>
<tr><td>退款</td><td>—</td><td>—</td><td>—</td><td></td><td></td></tr>
<tr><td colspan="6">小计金额</td><td></td></tr>
</table>

续表

预制票	2 元			—		
	3 元			—		
	4 元			—		
	5 元			—		
	6 元			—		
	退款	—	—	—		
小计金额						
纸票	2 元					
	3 元					
	4 元					
	5 元					
	6 元					
	退款	—	—	—		
小计金额						
备注	1. 免费出站票__张；付费出站票____张，金额__元；					
	2. 发售不成功单程票____张，ID 分别是：					
	3. 其他：					
客服中心岗签章				客运值班员签章		
员工号				员工号		
此表一式两联，第一联上交收益组（白色），第二联留存车站（蓝色）						

任务评价

本任务完成后，请根据表 8-2-3 进行任务评价。

表 8-2-3　任务评价表

序号	评价内容	评价标准	分数	评分记录		
				学生自评	组间互评	教师评分
1	学习态度端正，作业完整度	学习态度认真、处置合理，完整执行作业步骤	20			
2	车票配送交接过程符合要求	车票交接过程符合票务管理要求，双人确认，签字。及时发现交接过程中的问题，并能够按照要求进行处置	30			
3	数据表格填写准确	“配票明细单”“客服中心岗结算单”填写完整、准确、及时	30			
4	职业行为习惯	任务结束后，物品完好，归位正确，具备良好职业素养	20			
合计			100			

巩固与练习

一、选择题

1. 车站车票原则上只能存放于(　　)及车票回收箱。

A. 票务室　　B. 服务中心

C. TVM　　D. AGM

2. 对于储值票、预制票,交接双方必须在(　　)当面清点车票数量无误后签收交接。

A. 车控室　　B. 客服中心

C. 监控可视范围内　　D. 交接班室

3. 车票加封可用(　　)。

A. 钱袋　　B. 信封

C. 砂纸　　D. 票盒

4. 车票加封时需注明(　　)票种和数量等信息,加封效果必须保证一经破封无法复原。

A. 加封车站　　B. 加封人

C. 加封日期　　D. 车票类型

5. 非标准币包括(　　)和停止流通的人民币。

A. 机币　　B. 假币

C. 残币　　D. 外币

二、填空题

1. 车站内部车票的交接:车票加封完好的,按照________交接,未加封的,须逐一清点,将车票实点张数与系统数据进行核对交接。

2. ________是指车票管理部门根据车站各种车票的日常售卖量,由车票管理部门给车站配发车票的过程。

3. 车票交接过程中,若发现车票数量有误,车站按________进行接收,并将相关情况在“配票明细单”中备注说明。

4. 车票盘点是指定期对车站内的全部车票进行清点,并与车站报表、台账核对账实情况。盘点工作由________和________双人负责。

5. ________是指车站将票款收益存入企业在银行的专用账户的过程。

6. 车站收取非标准币,按照____________的原则进行处理。

三、判断题

1. 客服中心内的车票应放在乘客接触不到的地方并做好防盗工作。(　　)

2. 对于编码单程票、纸票,接收人即使确认加封正确完好,也不可凭加封数量交接。(　　)

3. 有值车票(预制票、计期票、计次票、特殊工作卡等)应存放于保险柜或锁闭的票柜中。(　　)

4. 所有车票的开封、清点须由客运值班员一人在监控可视范围内完成即可。(　　)

5. 车站现金在运送途中必须放入锁闭的钱箱、售票盒或手推车中。(　　)

6. 现金可用钱袋、信封、砂纸、票盒加封，加封效果必须保证一经破封无法复原。　　(　　)

任务三　处理车站票务事务

情景导入

2023 年 11 月 20 日 18:00，正值下班高峰期，乘客张三在刷卡进站时，持单程票在其左手边的闸机上刷卡，此时他面前闸机通道未打开，左边闸机通道打开，位于张三左边通道的乘客邓四见其面前通道打开直接进站，导致乘客张三无法进站，乘客邓四到达目的地后也无法出站。

学习目标

知识目标

1. 掌握非付费区乘客票务事务常见问题及处理方法；
2. 掌握付费区乘客票务事务常见问题及处理方法；
3. 熟悉 AFC 设备故障情况下票务处理程序。

能力目标

1. 能够根据企业相关要求正确处理付费区和非付费区乘客票务事务；
2. 在车站 AFC 设备出现故障时，能根据要求进行票务应急处理。

素养目标

1. 在处理乘客票务事务时，具备严谨的工作态度和良好的沟通能力；
2. 具有紧急情况下的应变能力。

任务描述

车站日常的票务工作需要处理与乘客相关的各类票务事务，包括正常运营情况下的票务事务处理和各类 AFC 设备故障等特殊情况下的票务事务处理，各票务岗位员工在工作中必须掌握相关的票务知识和业务技能。

任务分析

车站日常的票务服务，除了正常的车票发售和储值卡充值外，还要处理人为或设备因素引起的各种异常票务事务。作为站务人员，应掌握各种情况下的票务处理方法，为乘客提供准确、快捷的票务服务。

相关知识

一、乘客票务事务处理定义

乘客票务事务处理是指乘客在乘坐轨道交通工具的过程中，因乘客自身原因或其他特殊原因造成无法正常进出车站时所引起的票务事务处理。车站日常的票务事务处理,包括正常运营情况下的票务事务处理和各类 AFC 设备故障等特殊情况下的票务事务处理。

二、正常运营下的票务事务处理

在日常运营中,车站客服中心除处理正常的售票、兑零、充值、问询外,还需要处理各种异常的乘客票务事务。在实行计程票价制的轨道交通企业,常见的乘客票务事务有车票超程、超时、无效、进出次序错误,以及自动售票机卡币、卡票、找零不足和充值不成功、闸机扇门被误用、出闸机吞票等。这些票务事务要在半自动售票机上处理,处理完毕后站务员应及时填写“乘客事务处理单”。

正常运营中的乘客票务事务,根据发生区域不同,分为非付费区乘客票务事务处理和付费区乘客票务事务处理。

1. 非付费区乘客票务事务处理

非付费区乘客票务事务,分为票卡类乘客票务事务和设备类乘客票务事务。票卡类乘客票务事务主要有单程票无法正常进站、储值类车票无法正常进站、优惠单程票购买、退票办理;设备类乘客票务事务主要有 TVM 卡币、卡票或少出票、少找零、充值不成功等。

1)持单程票(含电子单程票)无法正常进站

持单程票(含电子单程票)无法正常进站,确认乘客所持车票非两人及以上同时使用后,具体处理方法见表 8-3-1。

表 8-3-1　持单程票无法正常进站票务事务处理

常见票务问题	处理方法
有当日本站进站码、进站时间≤20 min	免费更新车票
有当日本站进站码、进站时间 >20 min	按单程票最低票价收取更新费用
当日非本站发售,询问乘客回发售站乘车或退票	请乘客另行购票
当日非本站发售,询问乘客不再回发售站乘车或退票	回收车票,请乘客另行购票
非当日发售(电子单程票无此问题)	回收车票,请乘客另行购票
车票人为损坏(电子单程票无此问题)	回收车票,请乘客另行购票
车票无效(电子单程票无此问题)	回收车票,免费发售一张等值的单程票

2)持储值卡(含电子储值票)无法正常进站

持储值卡(含电子储值票)无法正常进站常见票务问题及处理方法见表 8-3-2。

表 8-3-2　持储值卡无法正常进站票务事务处理

常见票务问题	处理方法
有当日本站进站码、进站时间≤20 min	免费更新车票
有当日本站进站码、进站时间 >20 min	按相应票种最低票价收取更新费用
有非当日进站码	按相应票种的最低票价收取更新费用
卡余额不足	指引乘客充值或购买单程票进站
车票无效(电子储值票无此问题)	购买单程票进站,指引乘客到发卡公司处理

3)购买优惠单程票

部分城市轨道交通企业票务系统中有优惠单程票这一票种,符合条件的乘客可持相应证件到客服中心,由站务人员操作 BOM 发售优惠单程票。

4)退票

通常城市轨道交通运营企业规定,在非付费区,乘客所持单程票为本站当天发售、无进站码且票面完好、可以正常读取,才可为乘客办理单程票退票。站务员操作 BOM 时,选择“非付费区模式”,操作“即时退款”办理退票,如图 8-3-1 所示。

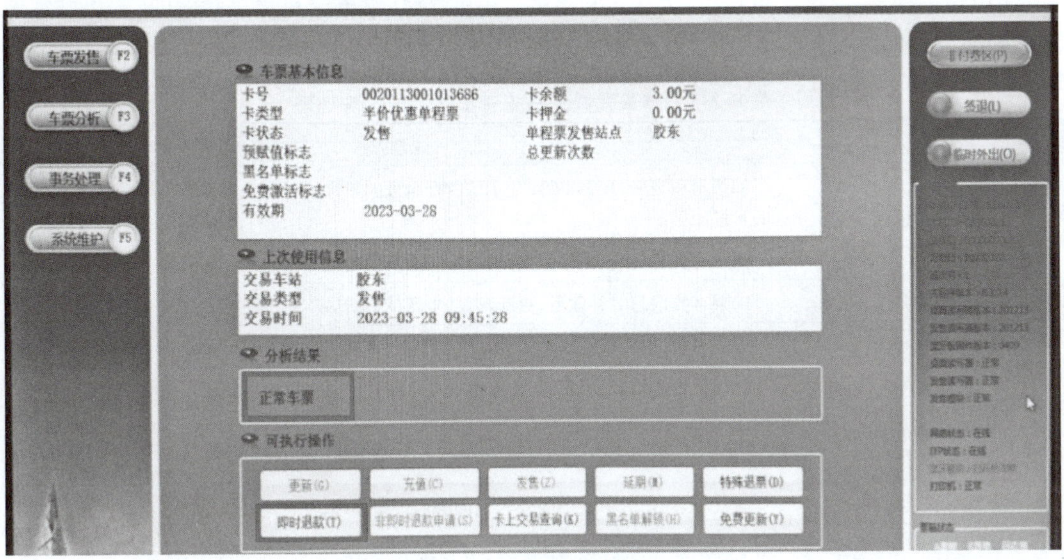

图 8-3-1　办理单程票退票

对于票面完好、信息无法读取的票卡,需要清分中心通过查询后台数据,再确定退款。车站按“非及时退款”办理退票。非及时退款分为“非及时退款申请”和“非及时退款确认”两个办理阶段。

5)TVM 卡币、少找零、卡票或少出票、充值不成功等

(1)TVM 卡币。卡币是指由于自动售票机自身原因或乘客所投纸币(硬币)边缘变形、表面含胶质物等,导致钱币被卡在自动售票机的某个部位,且自动售票机不再接收纸币(硬币)。

卡币的处理办法:站务员根据 TVM 打印的故障小单或客运值班员打开自动售票机维修门查看历史交易记录,同时检查自动售票机是否有卡币故障。若确有卡币故障,则站务员操作 BOM 以多退少补的原则给乘客发售相应面值的单程票,即卡币金额大于其所需单程票金额时,将所发售单程票连同需找零金额一同返还乘客;卡币金额小于其所需单程票金额时,向乘客收取所差现金,发售单程票给乘客。

(2)TVM 少找零。根据 TVM 打印的故障小单或查询最近交易记录,若确认为乘客在购票过程中发生 TVM 少找零(已出票),则站务员在 BOM 上操作相关菜单项,退还乘客少找零金额。

(3)TVM 卡票或少出票。根据 TVM 打印的故障小单或查询最近交易记录,若确认为乘客在购票过程中发生卡票或少出票,则站务员在 BOM 上操作相关菜单项,向乘客发售所需的单程票。

(4)TVM 充值不成功。乘客在 TVM 上充值时,因机器自身或其他原因,TVM 收取乘客投入的充值金额后没有充入票卡余额的情况,则打开 TVM 维修门查看最近交易记录,确认是否有乘客反映的充值交易记录,若属实,则在 BOM 上充等值款额,或退还充值金额。

2. 付费区乘客票务事务处理

付费区办理的乘客票务事务主要有持单程票无法正常出站、持储值类车票无法正常出站、无票(车票遗失、持过期票、人为损坏)、投票/刷卡后自动检票机未开或自动检票机打开未出站等情况。

(1)持单程票(含电子单程票)无法正常出站。持单程票(含电子单程票)无法正常出站常见票务问题及处理方法见表 8-3-3。

表 8-3-3 持单程票无法正常出站票务事务处理

常见票务问题	处理方法
超程	如票卡可更新,根据 BOM 显示的收费金额要求乘客补足票款,更新票卡,乘客持更新后车票出站
	如票卡无法更新,原单程票回收,站务员发售与应补金额相对应的付费出站票
超时	向乘客收取超时补款后,更新车票,乘客持更新后车票出站
普通单程票无进站码	当日发售,按发售站点录入进站站点信息,免费更新票卡
	非当日发售,则回收车票,按本站最高单程票价发售付费出站票
预赋值单程票、纪念单程票无进站码	询问乘客进站车站,按乘客所述进站车站录入进站站点信息,更新车票
单程票无效	回收车票(纪念单程票除外),询问乘客进站车站,发售免费出站票
乘车二维码或人脸识别无法使用	向乘客发售免费出站票,乘车二维码或人脸识别下次乘车时更新处理

(2)持储值卡无法正常出站。持储值卡(含电子储值票)无法正常出站常见票务问题及处理方法见表 8-3-4。

表 8-3-4 持储值卡无法正常出站票务事务处理

常见票务问题	处理方法
超程/余额不足	如充值,则补足余额并更新储值卡车票或根据公司规定处理
	如不充值,根据车票进站信息按单程票价发售付费出站票,并免费更新储值卡,或根据公司规定处理
超时	当日进站码,按线网最高票价核收现金进行付费更新,乘客持卡出站(出站扣本乘次车费),或根据公司规定处理
	非当日进站码,先在非付费区模式按线网最低票价进行更新(上一乘次没有刷出站,按最低票价扣上次费用),然后在付费区模式下询问乘客进站车站,赋予进站码、更新车票,或根据公司规定处理
无进站码	询问乘客当日进站车站,赋予进站码、更新车票
储值卡无效	告知乘客到储值卡发行公司进行票卡处理,询问乘客进站车站,收取车程费后,发售付费出站票给乘客出站
乘车二维码或人脸识别无法使用	发售免费出站票,乘车二维码或人脸识别下次乘车时更新处理

(3)无票、车票遗失、持过期票、车票人为损坏。遇无票、车票遗失、持过期票,车票人为损坏等情况,处理时均按无票处理,即按本站线网最高单程票价收取费用,站务员操作 BOM 发售付费出站票给乘客出站。过期票及人为损坏票需回收。

(4)投票刷卡后闸机未打开或打开未出站成功。若乘客反映投票/刷卡后闸机未开门,或乘客投票/刷卡后在闸机开门时间内未成功出站,经在车站 SC 查询相应闸机最近的记录里确有乘客所反映的车站代码的单程票(普通、预赋值、优惠单程票),或在 BOM 上分析乘客的车票状态确为刚出站,此时不收取乘客费用,发售免费出站票给乘客出站。

三、AFC 设备故障时的票务应急处理

AFC 设备故障时的乘客票务事务主要有自动售票机故障、半自动售票机故障、全部售票类设备故障、全部进闸机故障或能力不足、全部出闸机故障或能力不足、AFC 终端设备互联网模块故障等情况。

1. 自动售票机故障

城市轨道交通单程票的售卖主要以自动售票机为主,当站内部分自动售票机故障时,车站必须通过其他降级手段进行人工售卖车票,如售卖预制单程票或者纸质车票,直到设备故障解除或者客流得到缓解。当车站自动售票机故障时,由站长(或值班站长)根据设备故障及客流情况采取应急措施。具体处理流程如图 8-3-2 所示。

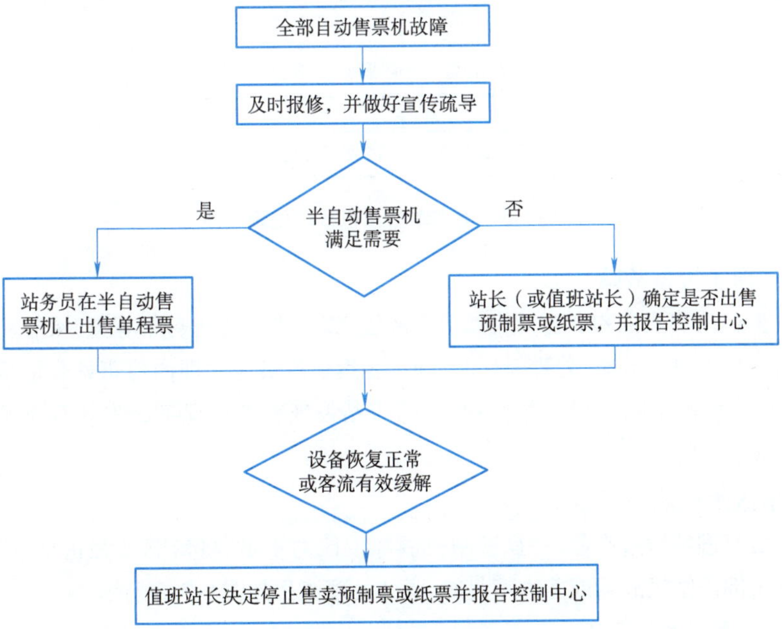

图 8-3-2　全部自动售票机故障处理程序

2. 半自动售票机故障

车站半自动售票机发生故障时,会影响车站内售票充值的能力以及乘客票务处理的能力。站务员应及时通知客运值班员和值班站长,客运值班员无法处理的设备故障及时向相关部门报修,并做好记录,值班站长安排人员引导乘客到自动售票机处购票充值,并视客流情况下令发售

预制单程票来缓解车站的售票压力。具体处理流程如图 8-3-3 所示。

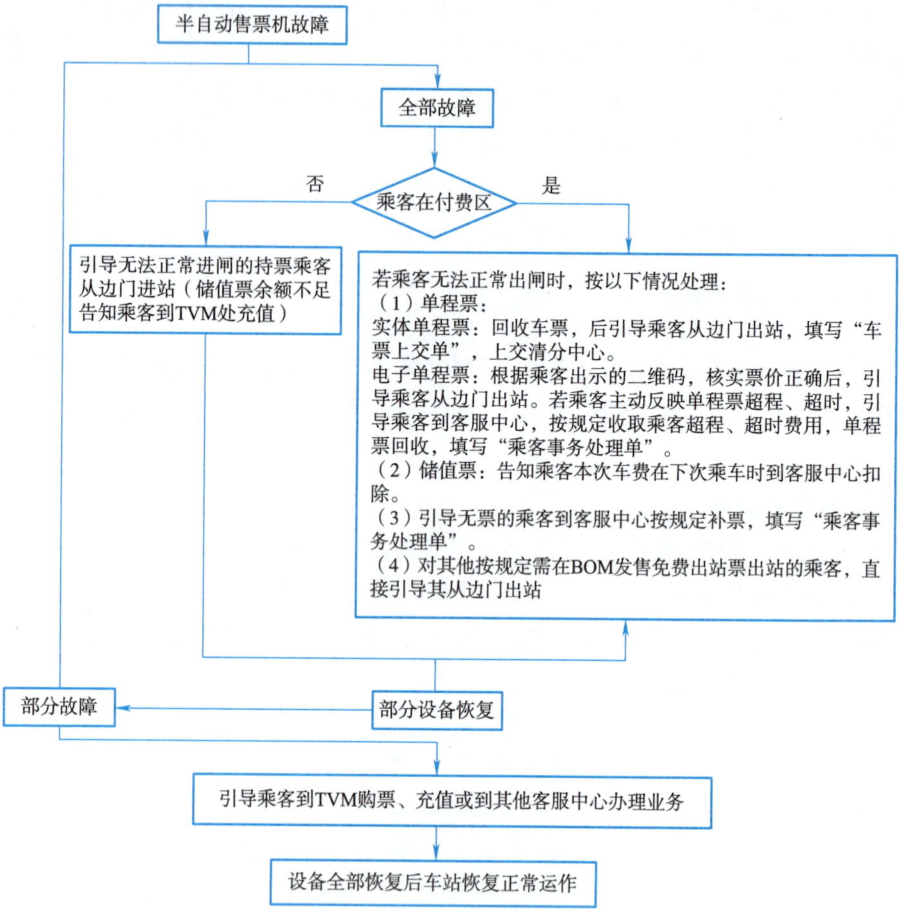

图 8-3-3　半自动售票机故障处理程序

3. 全部售票类设备故障

当车站发生自动售票机和半自动售票机全部故障时，将无法出售单程票，乘客所持车票也不能在半自动售票机上进行分析、处理操作。此时，客运值班员应立即向值班站长汇报车站设备情况，向公司相关维修部门报修，做好报修记录，值班站长视客流情况下令发售预制单程票。具体处理流程如图 8-3-4 所示。

4. 进闸机故障或能力不足

进闸机担负着进站检票作业，一旦进闸机故障或能力不足，将影响乘客正常进站，造成一系列问题。车站全部进闸机故障或能力不足时，具体处理流程如图 8-3-5 所示。

5. 出闸机故障或能力不足

出闸机担负着出站检票作业，一旦出闸机故障或能力不足，将影响乘客正常出站。为有效缓解乘客滞留问题，并对车票进行有效处理，需对不同的车票进行分流处理。具体处理流程如图 8-3-6 所示。

6. AFC 终端设备互联网模块故障

当车站 AFC 终端设备互联网模块故障时，具体处理流程如图 8-3-7 所示。

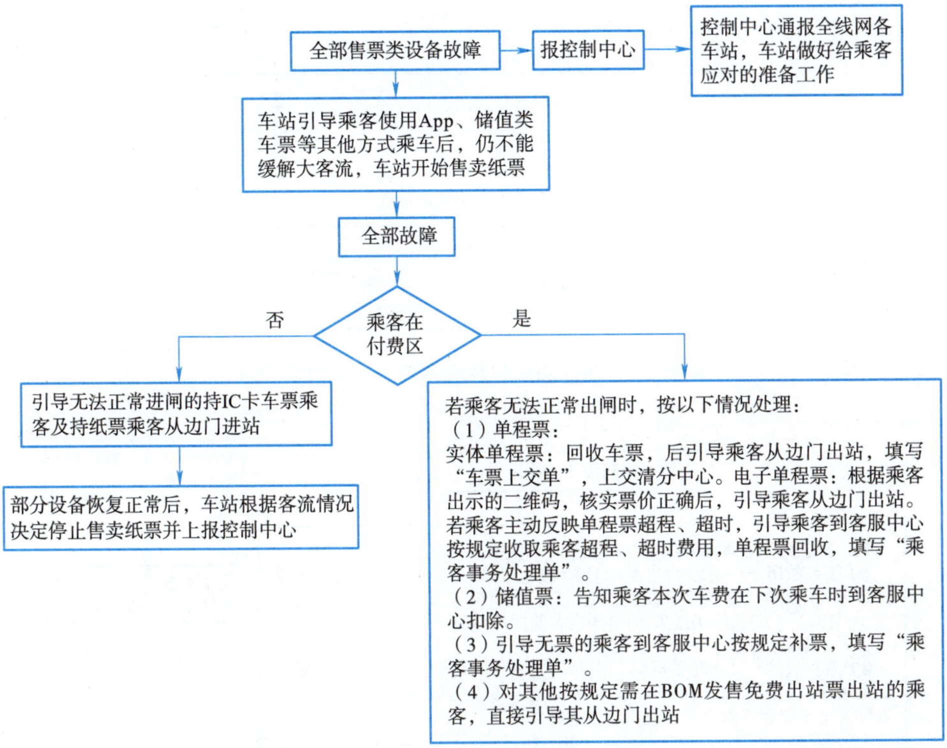

图 8-3-4　全部售票类设备故障处理程序

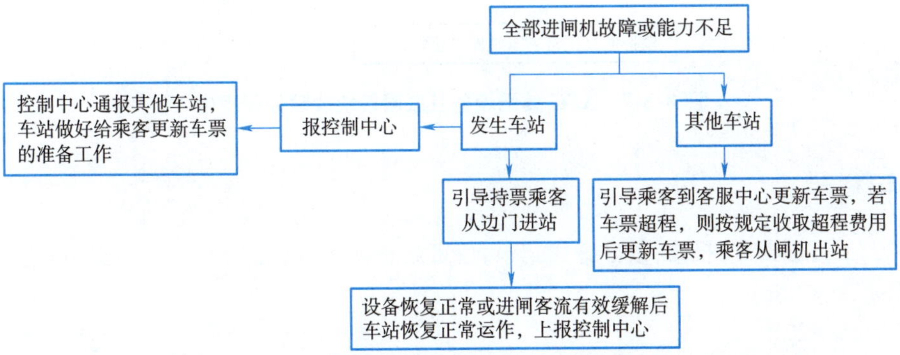

图 8-3-5　全部进闸机故障或能力不足处理程序

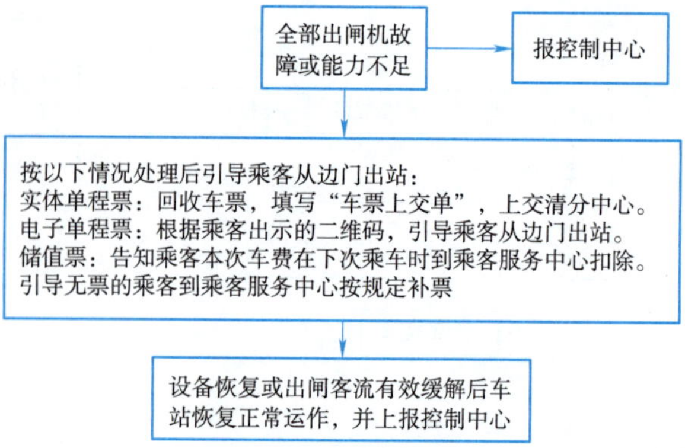

图 8-3-6　全部出闸机故障或能力不足处理程序

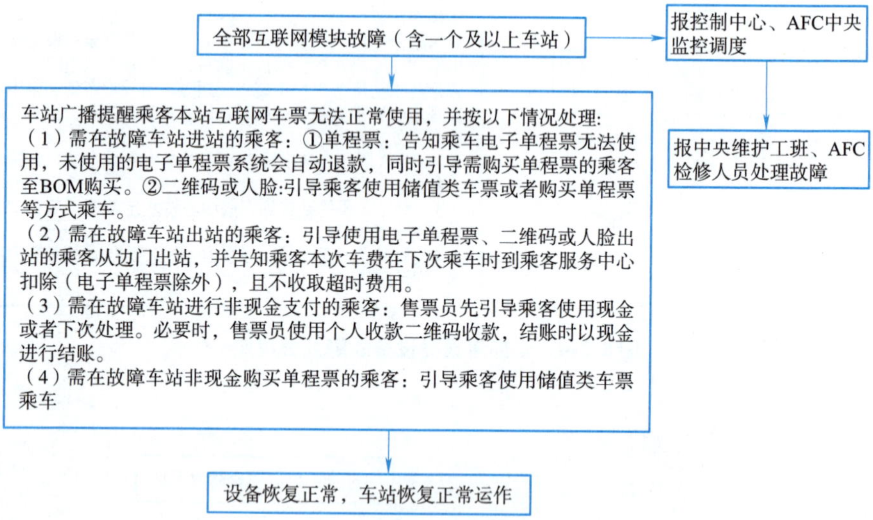

图 8-3-7　AFC 终端设备互联网模块故障处理程序

笔记栏

技能训练

技能训练一 处理非付费区乘客票务事务

一、任务条件

2023 年 11 月 20 日 18:00,乘客张三在 B 站刷卡进站时,误持单程票刷其左手边的闸机,此时他面前闸机通道未打开,左边闸机通道打开,位于张三左边通道的乘客邓四见其面前通道打开直接进站。乘客张三又持单程票继续刷其右手边闸机,此时乘客显示器提示“请至客服中心”。张三来到客服中心,称其无法进站,售票员刘二为其进行相应票务处理后,张三成功进站。

二、任务实施

(1)请回答下列引导问题。

①非付费区票卡类乘客票务事务主要有________________。

②乘客持单程票无法正常进站时,如果经分析车票为当日本站发售,且已有进站码,均应按相应票种的最低票价收取更新费用。______(对/错)

(2)正确处理非付费区乘客票务事务。

①乘客张三不能进站的原因是什么?属于乘客票务事务中的哪一种?

____

____

②针对乘客张三遇到的问题,售票员刘二在半自动售票机上应对车票进行怎样的处理?

____

____

③根据以上任务条件,完成“乘客事务处理单”(见表 8-3-5)的填写。

表 8-3-5 乘客事务处理单

号线 站 年 月 日 时间:________

<table>
<tr><td colspan="2">事件详情</td><td colspan="2">处理结果</td></tr>
<tr><td colspan="4">付费区</td></tr>
<tr><td colspan="2">(　)单程票(　)储值票
(　)出站次序错误
(　)票卡无效不能出闸(　)乘客票卡超时
(　)乘客无票乘车(　)乘客票卡过期</td><td colspan="2">(　)收取现金________元
(　)更新票卡
(　)发售________元付费出站票________张
(　)发售免费出站票________张</td></tr>
<tr><td colspan="4">非付费区</td></tr>
<tr><td colspan="2">(　)单程票(　)储值票(　)TVM 卡票
(　)进站次序错误(　)TVM 发售无效票
(　)TVM 少找币________元
(　)TVM 卡币________元(　)退卡</td><td colspan="2">(　)退回乘客______元
(　)收取现金______元
(　)更新票卡</td></tr>
<tr><td colspan="2">其他:</td><td colspan="2">处理结果:</td></tr>
<tr><td colspan="4">乘客资料:姓名:________________ 电话:________________</td></tr>
<tr><td>客服中心岗</td><td></td><td>员工号</td><td></td></tr>
<tr><td>客运值班员及以上确认</td><td></td><td>员工号</td><td></td></tr>
</table>

一式三联:第一联——票务中心;第二联——车站;第三联——乘客

技能训练二　处理付费区乘客票务事务

一、任务条件

2023 年 11 月 20 日 18:00，乘客邓四在 B 站进站，18:30 邓四到达目的地 E 站，当其持储值卡刷卡出站时，乘客显示器提示“请至客服中心”。邓四来到客服中心，称其无法出站，售票员魏二为其进行相应票务处理后，邓四成功出站。

二、任务实施

(1) 请回答下列引导问题。

①付费区办理的乘客票务事务主要有____。

②正常情况下付费区乘客所持单程票验票时应有________信息，如果没有该信息，则说明乘客在进站时未有效刷卡。

(2) 正确处理付费区乘客票务事务

①乘客邓四不能出站的原因是什么？属于乘客票务事务中的哪一种？

____

____

②针对乘客邓四遇到的问题，售票员魏二在半自动售票机上应对车票进行怎样的处理？

____

____

③根据以上任务条件，完成“乘客事务处理单”(见表 8-3-6)的填写。

表 8-3-6　乘客事务处理单

______号线______站______年______月______日______时间：______________

<table>
<tr><td colspan="2">事件详情</td><td colspan="2">处理结果</td></tr>
<tr><td colspan="4">付费区</td></tr>
<tr><td colspan="2">(　)单程票(　)储值票
(　)出站次序错误
(　)票卡无效不能出闸(　)乘客票卡超时
(　)乘客无票乘车(　)乘客票卡过期</td><td colspan="2">(　)收取现金__________元
(　)更新票卡
(　)发售__________元付费出站票__________张
(　)发售免费出站票________张</td></tr>
<tr><td colspan="4">非付费区</td></tr>
<tr><td colspan="2">(　)单程票(　)储值票(　)TVM 卡票
(　)进站次序错误(　)TVM 发售无效票
(　)TVM 少找币________元
(　)TVM 卡币__________元(　)退卡</td><td colspan="2">(　)退回乘客______元
(　)收取现金______元
(　)更新票卡</td></tr>
<tr><td colspan="2">其他：</td><td colspan="2">处理结果：</td></tr>
<tr><td colspan="4">乘客资料：姓名：________________　电话：________________</td></tr>
<tr><td>客服中心岗</td><td></td><td>员工号</td><td></td></tr>
<tr><td>客运值班员及以上确认</td><td></td><td>员工号</td><td></td></tr>
</table>

一式三联：第一联——票务中心；第二联——车站；第三联——乘客

技能训练三　乘客票务事务处理演练

一、任务条件

2023年12月6日，为提高车站新入职员工处理乘客票务事务的能力，公司客运部要求所有车站开展乘客票务事务处理演练。针对公司客运部提出的乘客票务事务处理演练任务，地铁B站组织员工进行讨论并演练。

二、任务实施

请根据工作实际，选取乘客票务事务案例，分组分角色按不同情况下乘客票务处理方法完成演练。

1. 任务分配

(1)根据学生人数，采取小组对抗的方式，抽签确定分组，共分为乘客组、工作人员组和评判组。

(2)乘客组根据选取的乘客票务事务案例设置情境，确保案例真实、多样、全面；工作人员组对乘客的票务事务做出恰当处理；评判角色对双方的演练效果进行评价。

2. 演练模式

(1)演练之前，乘客组需选派一名组员进行乘客票务事务案例介绍。

(2)各小组进行讨论，依据不同票务事务处理方法，完成模拟演练任务。

(3)演练后对演练效果进行评价，各小组进行总结和汇报，改进演练中存在的问题。

(4)各组学员按顺序进行岗位轮换，让每位学员能够通过扮演各种角色切实掌握、运用所学内容。

3. 实施要点

(1)严格按照相关规定操作AFC设备及相关备品。

(2)演练完成后整理收好所用设备及备品。

任务评价

本任务完成后，请根据表8-3-7进行任务评价。

表8-3-7　任务评价表

序号	评价内容	评价标准	分数	评分记录		
				学生自评	组间互评	教师评分
1	引导问题	答案正确、书写工整	10			
2	乘客不能进站原因分析	原因分析正确、书写工整	20			
3	非付费区乘客事务处理中售票员对于车票处理	售票员对于车票处理方法恰当、书写工整	15			
4	非付费区乘客事务处理“乘客事务处理单”填写	填写完整、正确、书写工整	10			
5	乘客不能出站原因分析	原因分析正确、书写工整	20			

续表

序号	评价内容	评价标准	分数	评分记录		
				学生自评	组间互评	教师评分
6	付费区乘客事务处理中售票员对于车票处理	售票员对于车票处理方法恰当、书写工整	15			
7	填写付费区乘客事务处理“乘客事务处理单”	填写完整、正确、书写工整	10			
总分			100			

巩固与练习

一、选择题

1. 下列属于付费区乘客票务事务的是(　　)。

A. 单程票无法正常进站　　B. TVM 卡币

C. TVM 少找零　　D. 单程票超程

2. 下列属于非付费区乘客票务事务的是(　　)。

A. TVM 卡币　　B. 持过期票　　C. 单程票超程　　D. 单程票超时

二、选择题

1. 正常运营中的乘客票务事务,根据发生区域不同,分为__________和__________。

2. 站务员在半自动售票机上处理完乘客票务事务后,应及时填写_______________。

3. 如乘客票卡超程而无法正常出站,且票卡无法更新,则原单程票______,站务员发售与应补金额相对应的________。

4. 遇无票、车票遗失、持过期票,车票人为损坏等情况,处理时均按____处理。

三、判断题

1. 如果乘客购买的单程票无效导致乘客无法进站,乘客需重新付费购买车票进站。(　　)

2. 只要乘客不想继续乘坐轨道交通,就可为乘客办理单程票退票。(　　)

3. 乘客超时无法出站,需向乘客收取超时补款后更新车票,乘客持更新后车票出站。(　　)

4. 如果部分半自动售票机故障,工作人员需引导乘客到 TVM 购票或充值,或到其他客服中心处办理业务。(　　)

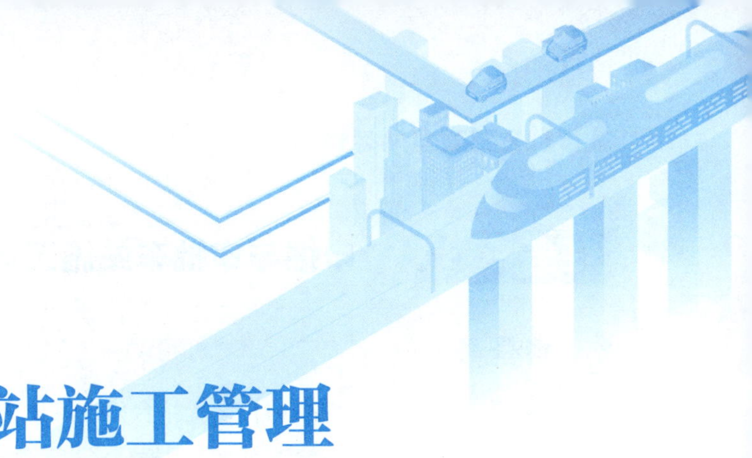

模块九

车站施工管理

城市轨道交通车站运营区域设备设施的养护、检查、维修以及抢修等作业，统称为车站施工作业。车站施工管理是车站工作的一项重要内容。轨道交通车站作为行车、客运等设备设施的集中设置地，运营时间为乘客提供乘车服务，非运营时间需要按计划对设备设施进行维护和保养，在出现设备设施意外损坏或故障情况下，还要进行紧急抢修等。

本模块以车站典型施工案例——车站站台门清洗施工为例，介绍车站施工的计划申报、审批流程及组织实施过程。

思维导图

- 车站施工管理
  - 任务一 申报与审批车站施工计划
    - 车站施工作业计划
      - 施工计划的分类
      - 施工分级
    - 施工计划编制的原则
    - 施工计划申报与审批
      - 施工计划申报与审批原则
      - 计划申报
      - 计划审批
    - 施工作业令
      - 签发
      - 适用范围
      - 使用
  - 任务二 办理车站站台门清洗施工作业
    - 施工组织程序
      - A1类施工组织程序
      - A2、A3类施工组织程序
      - C类施工组织程序
      - 施工作业区域同时包含正线及车场线路的特殊施工的组织规定
    - 施工请点相关规定
      - A类施工
      - C类施工
    - 施工作业防护
      - 人员安全防护
      - 开行工程车、电客车的防护区域
      - 接触网带电、停电及地线防护
      - 施工作业红闪灯防护
    - 施工销点相关规定
      - A类施工
      - C类施工

任务一 申报与审批车站施工计划

情景导入

A 站是一座地下换乘站，站台设置站台门来保证乘客候车安全。按计划，物业公司于 10 月 23 日(周一)对站台门进行清洗作业。根据公司相关规定，在车站进行施工作业必须提前进行施工计划的申报和审批。

审批后，10 月 22 日，行车调度员下发“施工作业令”。

10 月 23 日站台门清洗作业开始之前，施工负责人凭“施工作业令”进行请点，车站负责做好施工作业的组织和管理工作。当班值班员李一、值班站长王二做好清洗作业配合工作。

学习目标

知识目标

1. 熟悉车站施工作业类型；
2. 了解车站施工作业计划的申报和审批流程；
3. 熟悉施工作业令的签发流程。

能力目标

1. 能够准确判断施工作业类型；
2. 具备根据施工类型进行施工计划申报的能力；
3. 具备施工计划审批的能力。

素质目标

1. 培养学生依规作业的意识；
2. 培养学生安全第一的意识；
3. 培养学生规范施工的职业素养。

任务描述

施工计划申报负责人须掌握车站施工计划申报的流程及管理规定，并在每月规定时间完成施工计划的申报；审批人员汇总本周(月)施工计划后，经协调后决定是否予以通过，并能够按照公司施工人员管理、安全管理等相关规定下发“施工作业令”；施工负责人凭“施工作业令”进行请点作业。

任务分析

完成车站施工计划申报，申报人应掌握施工计划的分类、接触网供电要求等，熟悉“安全作业管理办法”；计划提报负责人要根据规定的时间要求，正确判断施工类型，填制相应的报表，进行施工计划的申报；审批人员根据施工相关规章进行审批，并在规定时间内签发“施工作业令”。

相关知识

一、车站施工作业计划

1. 施工作业的分类

1）按计划时间

（1）月（周）计划：汇总一个月（周）的设备设施施工、检修、维护及工程车、调试电客车开行的计划。

（2）日补充计划：在月（周）计划里未列入，需补充提报或对月（周）计划进行调整，对行车/客运有一定影响的检查、维修计划列入日补充计划。

（3）临时补修计划：未列入月（周）计划和日补充计划，为不影响次日运营，须在当日运营结束后进行的施工作业计划。

2）按施工作业地点和性质

施工分为 A、B 和 C 三类，具体分类见表 9-1-1。

表 9-1-1　施工作业分类

施工类别	具体分类	内容定义
在正线（含辅助线）或影响正线行车的施工为 A 类	A1 类	开行工程车、电客车的施工
	A2 类	不开行工程车、电客车但需进入正线线路范围内的施工
	A3 类	在主变电所、变电所、车站、控制中心楼等范围内进行的影响正线行车或正线接触网停送电的施工
在车辆段/停车场（含试车线）或影响车场线行车的施工为 B 类	B1 类	开行工程车、电客车、公铁两用车的施工（包含试车线、璇轮线进行的计划修施工）
	B2 类	不开行工程车、电客车、公铁两用车，但需进入车辆段/停车场线路限界内的施工
		影响接触网（库内手动倒闸除外）、信号设备运行的施工
		其他影响车辆段/停车场行车的施工
	B3 类	车辆段/停车场线路限界外需动火的施工
		车辆段/停车场线路限界外进行的密闭空间（电缆井等）施工
		洗车作业（非全自动运行线路）以及需开行电客车、工程车、公铁两用车在试车线、镟轮线进行的非计划修施工
		除车辆检修外，在运用库等库内进行的其他施工
在主变电所、车站（含变电所、特殊部位）内不影响正线/车场线行车及接触网停送电的施工为 C 类	C1 类	在主变电所、车站内大面积影响客运服务的施工
		在主变电所、车站影响消防设备或 400 V 供电/环控设备正常使用的施工
		在主变电所、车站内动火的施工
		在主变电所、车站内的密闭空间进行的施工
	C2 类	在主变电所、车站内局部影响客运但经采取措施影响不大的施工
		在主变电所、车站内不影响设备运行的检查、清扫、测试等施工

（1）A1、A2、A3、B1、B2、C1 类作业须纳入月（周）计划。

（2）未列入月（周）计划或月（周）计划中需调整变更的 A1、A2、A3、B1、B2、C1 类的施工作业，应提报日补充计划。

（3）为不影响次日运营，必须在当日运营结束后进行的施工作业，如因该计划影响需取消其他部门作业时，由申报部门自行协调，并经施工技术岗（非工作日或工作日9:00—16:30以外其他时间为当值值班主任）/乘务行车技术岗同意后，可提报临时补修计划。

（4）B3、C2类作业不需提报计划，但施工负责人须与车场调度员（以下简称“场调”）/车站行车值班员（以下简称“行值”）/主变电所值班员联系并登记，经场调/行值/主变电所值班员同意后，方可开始施工。

（5）外协单位在实施C2类的施工时，须按照外协单位作业程序的要求办理施工许可手续（签订安全协议）后，由外协单位施工负责人携相关证件到车站车控室/主变电所办理施工申请。原则上运营施工归口管理部门须安排人员协助外协单位施工负责人办理请销点手续，若特殊原因无法到场，施工负责人凭施工归口管理部门签发的“外协单位施工作业许可单”，方可到车站/主变电所办理相关施工申请及登记。

2. 施工分级

施工分级参见二维码资源。

施工分级

二、施工计划编制的原则

（1）月（周）计划。在确保安全的前提下，均衡安排施工计划；月（周）计划因特殊情况需要变更时，以日补充计划形式提报。

（2）日补充计划。日补充计划申报的作业项目在月（周）计划的基础上进行安排，原则上不得超过本部门月（周）计划内作业日当天作业项目的20%。无特殊原因，不得提报日补充计划。日补充计划原则上不安排正线工程车开行及电客车调试作业，特殊情况（如抢修作业）除外。对月（周）计划进行调整的施工作业，以日补充计划的形式发布。无特殊原因，不得对日补充计划进行更改。

（3）非故障处理的作业不得申请临时补修计划（上级安排的临时任务、严重影响客运服务质量的除外）。

（4）计划内涉及在邻线或影响邻线管辖设备的作业，该作业必须在邻线计划中体现。

（5）已发布的施工计划，需变更施工负责人信息的，由相关部门生产调度提前24小时向行车调度员/车场调度员申请，特殊情况24小时之内变更的，由中心主任向行车调度员/车场调度员申请。

（6）理好工程车/调试电客车的开行时间和密度、施工封锁等几方面的关系，避免抢时、争点现象。

（7）合理使用机车车辆，避免资源浪费。

（8）车辆段/停车场内计划施工如可能对正线运营及施工产生影响，须乘务行车技术岗与施工技术岗（非工作日或工作日9:00—16:30以外其他时间为当值车场调度员与当值值班主任）共同确认方可制定。

三、施工计划申报与审批

1. 施工计划申报与审批原则

（1）A1、A2、A3、B1、B2、C1类作业均需申报施工计划；B3、C2类作业不需申报施工计划，施工负责人与场调/行值/主所值班员联系并登记，经场调/行值/主所值班员同意后，方可开始施工。

(2) A 类和 C1 类施工计划向施工技术岗申报，B1 类和 B2 类施工计划向乘务行车技术岗申报。

(3) A 类和 C1 类施工计划由施工技术岗进行汇总、审核，B1 类和 B2 类施工计划由乘务行车技术岗进行汇总、审核，施工技术岗负责编制"施工及行车计划通告/补充通告"。

(4) 需其他部门配合的施工作业，施工部门在提报施工计划前，需征得配合部门同意后方可提报(车控室/DCC 配合操作道岔、OCC/DCC 配合转线及排路等常规配合内容除外)，施工部门需在作业前 24 小时通知配合部门，明确配合要求，配合部门根据施工部门要求做好配合工作。

2. 计划申报

(1) 月计划。各部门于每月 18 日(遇节假日顺延或提前，具体时间由施工计划工作组商议确定)14:00 前向施工技术岗提报下月 A1 类、向乘务行车技术岗提报下月 B1 类施工计划，施工技术岗下发协调结果后，各部门于每月 20 日(遇节假日顺延或提前，具体时间由施工计划工作组商议确定)14:00 前将本部门下月 A2、A3 及 C1 类计划提交至施工技术岗处，将 B2 类计划提交至乘务行车技术岗处。

(2) 周/双周计划。各部门于计划提报周(每期计划前一周)的周一(遇节假日顺延或提前，具体时间由施工计划工作组商议确定)14:00 前向施工技术岗提报下周/双周 A1 类施工计划、向乘务行车技术岗提报下周/双周 B1 类施工计划，周一 16:00 施工技术岗下发协调结果后，各部门于计划提报周的周二 14:00 前将 A2、A3 及 C1 类计划提交至施工技术岗处，将 B2 类计划提交至乘务行车技术岗处。

(3) 日补充计划。各部门于施工开始前一天的 14:00 前(周六、周日和下周一的日补充计划应在周五的 14:00 前)向施工技术岗/乘务行车技术岗申报；3 天及以上的大型节假日和节后第一个工作日的日补充计划应在放假前一天 14:00 前向施工技术岗/乘务行车技术岗申报。

(4) 临时补修计划。周一至周五工作日 9:00—16:30 期间，各部门向施工技术岗/乘务行车技术岗申报；节假日期间、周一至周五 9:00—16:30 以外时间，各部门向当值维修调度员/车场调度员申报。

(5) 其他申报要求。动火作业、有限空间作业、临时用电作业、高处作业申报月(周/双周)计划，须在计划开始前三天完成相关作业的审批手续；申报日补充计划、临时补修计划，须在申报计划前完成相关作业的审批手续。

其他施工计划的申报要求参见二维码资源。

其他类施工计划的申报要求

3. 计划审批

(1) 月计划。

①各部门每月按规定时间向施工技术岗/乘务行车技术岗提报下月各类计划；

②施工技术岗/乘务行车技术岗汇总各部门提报的施工计划后，进行统筹安排、协调和审核，每月 22 日(节假日顺延或提前)由施工技术岗组织召开施工计划协调会；

③根据施工协调会结果，施工技术岗编制正线下月施工及行车计划，乘务行车技术岗编制车

场下月施工及行车计划；

④调度票务部部长（车场部分为车辆部部长）审核；

⑤施工技术岗于每月25日（节假日顺延或提前）11:30前完成正线和车场施工计划的汇总并编制下月“施工及行车计划通告”；

⑥施工技术岗于每月26日将下月“施工及行车计划通告”交施工计划工作组组长审核，由施工计划领导组组长审批并签发；

⑦施工技术岗于每月27日（节假日顺延或提前）16:30前将签发的下月“施工及行车计划通告”发至运营公司各相关部门。

（2）周/双周计划。

①各部门在计划提报周按规定时间向施工技术岗/乘务行车技术岗提报下周/双周各类计划；

②施工技术岗/乘务行车技术岗汇总各部门提报的施工计划后，进行统筹安排、协调和审核，于周三上午（特殊情况需调整时间时由施工计划工作组商议确定）由施工技术岗组织召开施工计划协调会；

③根据施工计划协调会结果，施工技术岗编制正线周/双周施工及行车计划，乘务行车技术岗编制车场周/双周施工及行车计划；

④调度票务部部长（车场部分为车辆部部长）审核；

⑤施工技术岗于周四完成正线和车场施工计划的汇总并编制下期“施工及行车计划通告”；

⑥施工技术岗于周五14:00前将下期“施工及行车计划通告”提交至施工计划领导组组长审批并签发；

⑦施工技术岗于周五17:00前（遇节日放假时，须在节前最后一个工作日），将签发的下周/双周“施工及行车计划通告”发至运营公司各相关部门。

（3）日补充计划。

①各部门收集、调整、汇总本部门计划，由中心主任/副主任、部门部长/副部长审核后，于规定时间向施工技术岗/乘务行车技术岗申报；

②施工技术岗对正线的施工计划冲突情况进行审核，确认无误后审批，乘务行车技术岗对车场施工计划冲突情况进行审核，确认无误后报车辆部部长审批；

③乘务行车技术岗于提报当日16:00前将审批、汇总后的车场计划报至施工技术岗处；

④施工技术岗汇总、编制，将日补充计划以“施工及行车计划补充通告”的形式提交至施工计划工作组长签发；

⑤施工技术岗于提报当日的17:00前将签发的“施工及行车计划补充通告”发放给各相关部门。

（4）临时补修计划。

①各部门施工计划由中心主任/副主任、部门部长/副部长审核后，于规定时间向施工技术岗/乘务行车技术岗申报；

②施工技术岗/乘务行车技术岗分别对正线和车场的施工计划冲突情况进行审核，确认无误

后审批；

③乘务行车技术岗将审批、汇总后的车场计划报至施工技术岗处，施工技术岗汇总、编制，将临时补修计划以“施工及行车计划补充通告”形式发放给各相关部门；

④节假日期间、周一至周五9：00—16：30以外时间，“临时补修计划”由当值值班主任/车场调度员审批，由维修调度员编制、发布。

(5)行车计划。

①用车部门确定动车时间（过线调车时间须跟施工技术岗确认），编制行车计划；

②征得配合部门/中心同意配合意见后（操岔、转线及排路等常规配合除外），于规定时间向施工技术岗申报；

③施工技术岗审核，确认无冲突后审批；

④施工技术岗将行车计划汇总、编制至月（周/双周）计划或日补充计划，以“施工及行车计划通告/补充通告”的形式发放给各相关部门；

⑤各类施工计划审批、发布等相关流程通过OA或运维系统等形式进行。

某地铁施工计划的申报与审批规定

小提示

不同地铁公司施工计划的申报与审批程序有所不同，例如，某地铁施工计划的申报与审批规定参见二维码资源。

四、施工作业令

“施工作业令”样表

1. 签发

月（周/双周）计划和日补充计划均由施工技术岗签发“施工作业令”；临时补修计划在工作日9：00—16：30时间段内，由施工技术岗签发“施工作业令”；工作日其他时间段及节假日期间，经当值值班主任同意后由维修调度员签发“施工作业令”。“施工作业令”样表及填写样例见二维码资源。

“施工作业令”填写样例

小提示

不同地铁公司“施工作业令”的签发部门和签发时间有所不同，例如某地铁“施工作业令”的签发规定，参见二维码资源。

某地铁“施工作业令”的签发规定

2. 适用范围

凡编入月（周/双周）计划、日补充计划、临时补修计划的施工作业，施工负责人领取“施工作业令”后，方可办理施工登记手续。

3. 使用

(1)施工负责人/施工联络人（若有）线下使用纸质版“施工作业令”办理请销点登记，线上使用运维系统领取施工作业令后办理请销点登记。

(2)如线下使用电子签章版“施工作业令”，由施工技术岗或维修调度员随施工计划一同发放，施工负责人/施工联络人（若有）打印纸质版后使用。

(3)凡是编入周计划、日计划、临时计划的施工，须持有“施工作业令”方可进场作业。

(4)施工负责人须持“施工作业令”原件到主站请点，施工责任人须持“施工作业令”复印件/

传真件到辅站请点。

(5)施工负责人/责任人在施工开始前,应将“施工作业令”上的相关内容传达给作业人员。“施工作业令”一经签发,如无特殊情况不得随意更改,施工部门(单位)须严格按“施工作业令”作业。

(6)受临时计划或特殊原因影响,需调整相关作业时,须收回原“施工作业令”,重新签发新的“施工作业令”。

(7)受临时计划或特殊原因影响,需取消相关作业时,须在“施工作业令”规定的施工作业开始时间前1小时向维修调度员/车场调度员提出申请,得到批准后方可取消。

笔记栏

技能训练

技能训练一　填写A站站台门清洗作业申报表

一、任务条件

(1)作业单位:济南地铁××物业

(2)施工时间:10月23日(周三)23:00至次日1:00

(3)施工负责人:张三,联系电话18812345678

(4)作业地点:A站

二、任务实施

(1)请回答下列引导问题。

①车站施工作业计划按时间分类分别是________、________和________;按施工作业地点和性质分为________、________和________三类。

②根据施工作业的复杂程度和施工影响面大小,施工分为三级:________、________和________。

③本次施工计划应由________进行申报。

(2)请按照施工作业要求和性质完成施工申报表9-1-2。

表9-1-2　月(周/双周)计划、日补充计划、临补补修计划申报表

年　月　日　(周一)											
作业日期	作业类别	作业单位	施工负责人及联系电话	作业时间	作业内容	作业范围	接触网供电要求	配合要求	请/销点地点	防护措施	施工分级

⋮

年　月　日　(周日)											
作业日期	作业类别	作业单位	施工负责人及联系电话	作业时间	作业内容	作业范围	接触网供电要求	配合要求	请/销点地点	防护措施	施工分级

技能训练二　完成A站站台门清洗作业审批

一、任务条件

本周其他单位提报的施工计划见表9-1-3。

表 9-1-3　10.21—10.27 施工计划

2023-10-21（周一）												
作业日期	作业令号	作业类别	作业单位	施工负责人及联系电话	作业时间	作业内容	作业范围	接触网供电要求	配合要求	请/销点地点	防护措施	施工分级	备注
10-21	2B1-13-01	B1	车辆部检修二中心	孙一 17812345678	03:00—05:00	电客车月检动态调试	王府庄车辆段 L-J 试车线	D01 带电	（1）乘务二中心司机配合驾驶电客车； （2）通号二中心配合试车线调试进路开放	王府庄车辆段 DCC	穿戴安全防护用品	三级	（1）作业开始前电客车提前转轨至试车线； （2）电客车调试作业期间需要有 ATP 防护，制动距离测试最大速度 60 km/h； （3）通号二中心配合开放试车线往返进路

2023-10-22（周二）													
作业日期	作业令号	作业类别	作业单位	施工负责人及联系电话	作业时间	作业内容	作业范围	接触网供电要求	配合要求	请/销点地点	防护措施	施工分级	备注
10-22	2B2-13-02	B2	机电部供电一中心	刘二 15512345678	10:30—15:10	接触网综合检修、隔离开关、可视化接地装置，站级监控主机检修及步行巡视	王府庄车辆段 L-13B、L-14、L-15B、L-21B、L-22B；Z2 至L-2 洗车线；	DO2，DO3，DO4，D05 停电	（1）需变电专业配合将王府庄车辆段 212、213 断路器小车拉至试验位； （2）需变电专业配合将王府庄车辆段 2121E、GK02E2、2131E 可视化接地装置及站级监控主机电源空开进行停送电	王府庄车辆段 DCC	（1）拆/挂地线； （2）设置防护员； （3）做好登高防护； （4）穿戴安全防护用品	三级	（1）高处作业； （2）大型工机具：梯车、梯子； （3）施工过程中可能干扰计轴设备； （4）施工过程中需多次分合隔离开关设备； （5）施工过程中需多次分合可视化接地装置，并挂/拆人工地线； （6）作业前提前联系电调； （7）王府庄车辆段可视化系统会与通信传输系统业务中断

二、任务实施

(1)在审批之前请先填写以下问题:

① A 类和 C1 类施工计划向________申报,B1 类和 B2 类施工计划向________申报。

② A 类和 C1 类施工计划由________进行汇总、审核,B1 类和 B2 类施工计划由________进行汇总、审核,施工技术岗负责编制“施工及行车计划通告/补充通告”。

③ 审批通过会下发__________。

(2)完成本周施工的汇总并审核。是否通过:________________。

技能训练三　填写并签发施工作业令

一、任务条件

(1)站台门清洗作业施工申报表已通过审批

(2)作业人数:4 人

(3)行车调度员:赵一

二、任务实施

(1)完成任务前请回答下列引导问题。

① “施工作业令”的一般由________和________签发,本次清洗作业的“施工作业令”由________签发。

②签发的“施工作业令”由__________领取。

(2)签发本次施工的“施工作业令”,见表 9-1-4。

表 9-1-4　施工作业令

作业类别			作业令号	A2-12-08
作业单位			作业人数	
作业日期			作业时间	
请点地点			销点地点	
施工负责人及联系电话			施工分级	
作业范围	A 站至趵突泉站上行站台所有站台门、A 站至 B 站下行站台所有站台门及外侧轨行区			
作业内容	A 站站台门清洗作业			
接触网供电要求	A 站至趵突泉站上行站台区域接触网,A 站至 B 站下行站台区域接触网均断电			
防护措施	设置红闪灯			
配合要求	A 站配合上行站台和下行站台站台门的开关,车站人员做好施工期间的监督管理工作			
辅站	无			
备注	施工影响 A 站上下行站台,需下轨行区			
签发人				
请点	批准时间		行车值班员	
	施工承认号		行车调度员/车场调度员/行值/主所	

续表

销点	批准时间		行车值班员	
	施工负责人		行车调度员/车场调度员/行值/主所	

任务评价

本任务完成后，请根据表 9-1-5 进行任务评价。

表 9-1-5　任务评价表

序号	评价内容	评价标准	分数	评分记录		
				学生自评	组间互评	教师评分
1	完成申报表情况	施工类型判断准确，提交时间正确	20			
2	施工计划审批情况	能判断施工是否冲突，并能合理协调	20			
3	施工作业令签发情况	正确填写签发施工作业令	20			
4	学生考勤情况	无迟到、早退、旷课	20			
5	工作态度	态度认真、团队合作、任务完成质量良好（字迹工整、计算正确）	20			
总分			100			

巩固与练习

一、填空题

1. 按施工作业地点和性质，施工分为 ______三类，其中在正线是施工的是________类。

2. 已发布的施工计划，需变更施工负责人信息的，由相关部门生产调度提前________小时向行车调度员/车场调度员申请。

3. 动火作业、有限空间作业、临时用电作业、高处作业申报月（周/双周）计划，须在计划开始前________完成相关作业的审批手续。

4. 月（周/双周）计划和日补充计划均由________签发“施工作业令”；临时补修计划在工作日 9:00—16:30 时间段内，由____________签发“施工作业令”；工作日其他时间段及节假日期间，经当值值班主任同意后由维修调度员签发“施工作业令”。

二、判断题

1. “施工作业令”签发后施工部门（单位）可根据实际情况自行更改内容。 （　　）

2. 当车站施工涉及跨线施工时，要在申报时备注“跨×号线的施工”。 （　　）

3. 车辆段/停车场内计划施工如可能对正线运营及施工产生影响，须乘务行车技术岗与施工技术岗共同确定才能制定。 （　　）

三、简答题

车站施工作业分类除了按施工作业地点和性质分类以外，还有哪些分类方式？

任务二　办理车站站台门清洗施工作业

情景导入

A 站是泉城轨道交通 2 号线、3 号线的一座地铁换乘站，上行站是趵突泉站，下行站是 B 站。2023 年 10 月 23 日 23:30，A 站进行站台门清洗施工作业，需本站行车值班员钱一根据站台门清洗施工作业组织的流程和要求，审核“施工作业令”，填写“车站施工作业登记簿”办理请/销点，并做好相应的施工防护工作。

学习目标

知识目标

1. 掌握车站施工组织的流程；
2. 掌握车站施工请销点的方法。

能力目标

1. 具有组织站台门清洗施工作业的能力；
2. 具有设置施工防护的能力；
3. 具有能办理车站施工请/销点的能力。

素养目标

1. 培养安全第一的意识；
2. 培养规范施工的职业素养。

任务描述

2023 年 10 月 23 日 23:30，A 站将进行站台门清洗施工作业，需要本站行车值班员钱一配合，审核“施工作业令”，填写“车站施工作业登记簿”进行施工请/销点，并做好施工防护工作。

任务分析

行车值班员具备组织车站站台门清洗施工作业的能力。在本任务的实施过程中，车站行车值班员首先审核“施工作业令”，经行车调度员批准进行施工请点，填写“车站施工作业登记簿”；其次根据施工作业做好防护；最后施工结束确认无误后，经行车调度员批准完成施工销点，填写“车站施工作业登记簿”。

相关知识

一、施工组织程序

1. A1 类施工组织程序

(1)请点登记：施工负责人提前到主站、辅站进行登记，填写“车站施工登记本”。

(2)主站向行车调度员请点:主站确认当施工条件达到后由车站向行车调度员请点。

(3)行车调度员批准请点:行车调度员确认符合条件后批准请点,需要封锁作业区时及时发布线路封锁命令。

(4)车站设置防护:车站确认行车调度员批准请点后,组织相关车站设置红闪灯防护,确认红闪灯设置完毕后由车站通知施工负责人可以开始施工,并负责开启相应端墙门,需要交付线路封锁命令时由车站及时交给工程车、调试车司机。

(5)接触网配合挂拆地线:需要配合挂拆地线时,施工负责人组织接触网配合人员挂接地线;施工负责人确认地线已经挂接后,方可开始作业;施工完毕后,施工负责人组织接触网配合人员拆除接地线。

(6)销点登记:施工结束后施工负责人确认线路出清、设备恢复正常、接地线已经拆除后,到销点站销点登记,销点站负责向施工负责人核实线路出清及设备恢复情况。

(7)车站撤除防护:销点站确认符合销点条件后,按规定组织相关车站撤除红闪灯防护。

(8)销点站向行车调度员销点:销点站确认施工作业区域线路出清及防护撤除完毕后向行车调度员销点。

(9)行车调度员批准销点:行车调度员与销点站确认线路出清后批准销点,需要解除作业区封锁时及时发布线路开通命令。

(10)施工结束:销点站确认行车调度员批准销点后通知施工负责人施工结束。

2. A2、A3 类施工组织程序

(1)请点登记:施工负责人、责任人提前到主站、辅站进行登记请点。

(2)主站向行车调度员请点:主站确认当施工条件达到后由车站向行车调度员请点。

(3)行车调度员批准请点:当施工条件符合施工要求后由行车调度员批准请点。

(4)开始施工:行车调度员批准请点后,主站通知施工负责人可以开始施工;辅站向主站办理请点得到批准后,通知施工责任人可以开始施工,车站负责开启相应端墙门。

(5)接触网配合挂拆地线:需要配合挂拆地线时,施工负责人组织接触网配合人员挂接地线;施工负责人确认地线已经挂接后,方可开始作业;施工完毕后,施工负责人组织接触网配合人员拆除接地线。

(6)销点登记:施工结束后施工负责人、责任人确认线路出清、设备恢复正常、地线拆除后,分别到主站、辅站进行销点登记,主站、辅站分别负责向施工负责人、施工责任人核实线路出清及设备恢复情况。

(7)辅站销点:辅站向主站销点。

(8)销点站向行车调度员销点:销点站向主站确认所有辅站销点、施工结束、施工作业区域线路出清、设备恢复正常及防护撤除完毕后向行车调度员销点。

(9)行车调度员批准销点:行车调度员确认线路出清后批准销点。

(10)施工结束:销点站得到行车调度员批准销点的信息后,告知主站。主站确认批准销点后通知各辅站,由销点站、辅站分别通知施工负责人、责任人施工结束。

(11)凡需要在异站销点的施工,施工负责人在车站履行施工登记手续时,应向该站行车值班

员申明，并记载在车站施工登记本内。车站值班员接到施工负责人要求在异站销点的申请后，应核对施工内容，对需要异站销点的施工，电话通知施工销点站行车值班员，受理该施工项目的销点。但对于施工后需进行设备试验的项目，严禁异站注销。

3. C类施工组织程序

（1）请点登记：施工负责人、责任人提前到相关车站进行请点登记。

（2）批准请点：由车站值班员（值班站长）直接批准请点。

（3）进场施工：请点完成后，施工人员自行进入正确的作业区域；作业令上注明“作业前联系环调（电调）”的，作业过程中影响到相关设备运行时，施工人员必须先与环调（电调）联系，取得环调（电调）同意，方可操作。未提前联系取得同意施工的，由施工负责人承担全部责任。

（4）销点登记：施工结束后施工负责人、责任人确认施工区域出清后，到车控室进行销点登记。

（5）批准销点：确认施工区域出清后，由车站行车值班员（值班站长）直接批准销点。

4. 施工作业区域同时包含正线及车场线路的特殊施工的组织规定

（1）遇到此类施工时，将车场视为车站，按A类请销点程序执行。

（2）正线和车场必须同时满足施工要求时，方可批准请点，需要正线和车场接触网停电（带电）时，批准请点前必须确认正线和车场的接触网状态均符合施工要求。

（3）遇此类计划需要施工列车配合时，行车调度员封锁区域为正线区域。

（4）如果施工列车需要反复进出车辆段时，工程车或调试车司机在进入车辆段区域前必须得到信号楼值班员的授权，进入正线封锁区域前必须得到行车调度员的授权。

二、施工请点相关规定

A类施工办理流程

1. A类施工

（1）A类作业，施工负责人须按施工计划规定的施工开始时间提前20 min到车站，凭员工卡或身份证、“施工作业令”、施工负责人证、临时动火申请表等相关凭证到车站控制室办理施工登记手续。配合车站进行人员、物资的清点（大型工机具）、核对工作；行车值班员确认施工作业满足请点条件后，方可向行车调度员请点（如有列车经过线路上的施工，需待列车通过后再进行请点；需停电配合作业，已接收行车调度员下发的停电命令后再进行请点；列车调试作业，已接收行车调度员下发的封锁命令后再进行请点）。

（2）同一个A2类作业，需多个车站同时进行的，施工负责人除到主站按办理外，还需核实辅站情况。施工联络人须在作业令规定施工开始时间前20 min到辅站办理登记手续，辅站行车值班员向主站行车值班员核实施工事项并登记。主站与辅站核对后，主站行车值班员向行车调度员请点，接到行车调度员允许施工的命令后，通知辅站向主站办理请点，辅站向施工联络人予以传达；主站确认所有辅站请点完毕后，在“施工作业令”和“车站施工作业登记簿”上填写施工作业令号，并将“施工作业令”交付施工负责人，并告知辅站施工作业令号。辅站行车值班员接到主站行车值班员命令后，方可允许施工联络人开始该作业点的施工。

（3）A3类作业，在车站范围内进行的，由施工负责人持“施工作业令”到车控室行车值班员处登记请点。

(4)施工负责人须按规定的作业时间办理相关手续,超过施工计划开始时间的,由行车调度员视情况决定是否取消该项作业。

(5)影响邻线行车的施工,施工负责人到请点站请点,本线行车调度员与受影响线路行车调度员共同确认满足条件后,方可批准施工。

2. C类施工

C类作业,施工负责人到OCC、车控室登记请点,行车调度员、行车值班员批准后,方可开始施工作业。

三、施工作业防护

1. 人员安全防护

(1)所有在轨行区线路进行的施工,作业人员(包括外单位/委外单位人员)须按要求戴安全帽、穿荧光衣,并根据作业性质及作业要求使用其他安全防护用品。

(2)施工负责人应指派专人担任安全员,做好有关安全防护工作。

2. 开行工程车、电客车的防护区域

开行工程车、电客车的防护区域参见二维码资源。

开行工程车
电客车的
区域

3. 接触网带电、停电及地线防护

接触网带电、停电及地线防护参见二维码资源。

接触网带
停电及地
防护

4. 施工作业红闪灯防护

红闪灯的设置遵循“谁设置,谁撤除”的原则。红闪灯应设置在作业区域及防护区域对应的车站端门外10 m处轨道之间,不得随意摆放,严禁放在钢轨上。

施工人员、车站人员应严格按规定摆放红闪灯,确保红闪灯状态良好;施工期间定期检查红闪灯是否按规定摆放、状态是否良好;施工完毕后及时撤除红闪灯。

1)A类施工作业

值班站长班前与行车值班员查看施工行车通告是否有需设置红闪灯防护的施工,并依据施工作业区域及作业性质,做好安全预想,提前在“A类施工作业登记本”“安全注意事项”栏内写明红闪灯设置位置及数量,如“上行尾端2盏,下行头端2盏”。如本站为请销点车站,应提前与设置车站核对好红闪灯摆放位置。

A1类施工作业由车站在作业区域两端及防护区域端点的轨道中央并排(与轨道方向垂直)放置两盏红闪灯。施工作业请点批准后,由请点车站通知作业区两端车站及防护区域端车站值班员设置红闪灯防护,如图9-2-1所示。车站人员设置红闪灯完毕并出清轨行区后通知请点车站,请点车站向司机递交调度命令后方可开始动车施工;施工单位作业结束后,销点车站通知相关车站撤除红闪灯防护后办理销点手续。

正线工程车配合施工时,按施工前进方向,列车在前,人员在后,原则上不得颠倒或列车运行前后皆有作业。非随车施工人员与工程车应有50 m以上的安全间隔距离,原则上列车不得随意后退,作业人员应在自己现场作业区可能来车方向设置红闪灯防护。

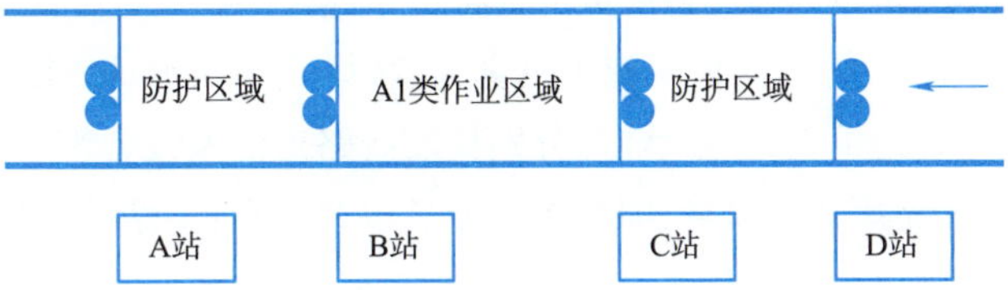

图 9-2-1　A1 类施工红闪灯设置要求图

A2 类施工作业由施工人员在施工过程中实施必要的防护。设置红闪灯时，必须在作业现场来车方向轨道中央各设置一盏红闪灯，遇多个作业需要在同一地段设置红闪灯时，相邻两个红闪灯之间至少有 1 m 以上的距离（移动式作业设置移动式红闪灯，随身携带设置），红闪灯的设置位置不得越出作业区域，如图 9-2-2 所示。

如两项 A1 类施工共用一个防护区域端点时，防护车站同一端门处轨行区需放置四盏红闪灯时，两项施工的红闪灯防护不需设置间隔，红闪灯不得共用或提前设置（撤除）。摆放形式如图 9-2-3 所示。

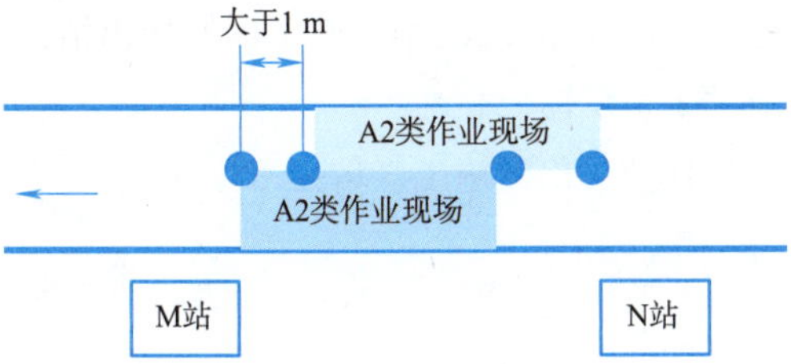

图 9-2-2　A2 类施工红闪灯设置要求图

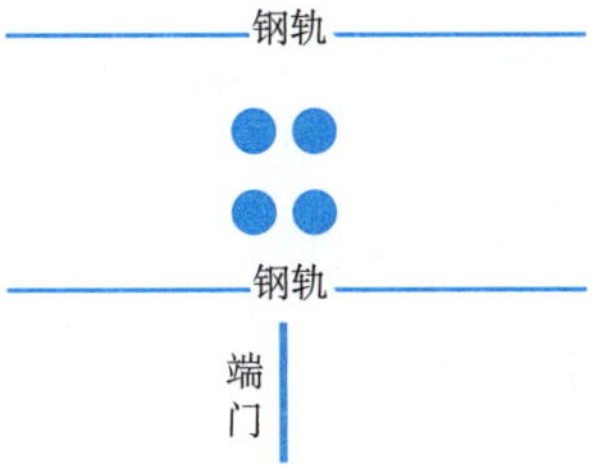

图 9-2-3　共用一个防护区域端点时红闪灯设置要求图

2）C 类施工作业

C 类施工作业不需要设置红闪灯。施工开始前，车站须检查确认施工人员做好现场施工安全防护工作。运营期间进行的施工，由车站确定施工区域，并监督施工人员设置好安全防护（围蔽施工区域，设置“正在维修”警示牌等）。

四、施工销点相关规定

1. A 类施工

（1）A 类作业，施工销点地点仅一个站的，施工负责人确认施工区域出清、设备恢复正常、相关防护均已撤除后，到车控室登记销点，车站确认后向行车调度员销点。经行车调度员批准后，行车值班员方可允许施工负责人在“车站施工作业登记簿”上登记销点。

（2）同一个 A2 类作业，需多站销点时，辅站施工联络人负责本段线路出清并报施工负责人后，在辅站销点；辅站行车值班员向主站行车值班员销点；施工负责人负责该项作业区域全部出清后，方可报主站行车值班员销点，主站行车值班员向行车调度员销点。

（3）A3 类作业需在车站范围内进行的，施工负责人在作业完毕、设备设施恢复正常后到车控室向行车值班员销点；在主变电所、车站内进行的，施工负责人在作业完毕、设备设施恢复正常后，向主所值班员/行车值班员向行车调度员销点。

（4）需辅站配合的施工，施工结束后施工负责人、联络人共同确认线路出清、设备恢复正常后，分别到主、辅站进行登记销点，主站、辅站分别核实线路出清及设备恢复情况；主站通知辅站向主站销点，确认所有辅站申请销点后，向行车调度员申请销点；主站得到行车调度员批准销点后通知辅站，主、辅站分别通知施工负责人、联络人进行登记销点。

（5）需异地销点的施工，销点站核对“车站施工作业登记簿”相关内容无误并通知请点站后，向行车调度员申请销点，经行车调度员批准后，销点站方可同意施工负责人在“车站施工作业登记簿”上进行登记销点，销点站应通知请点站相关事宜。

2. C类施工

车站C类施工不办理异地注销作业，必须本站登记，本站注销。

（1）实行谁登记谁注销，不能由登记人履行注销手续时，必须在登记簿备注栏内注明原因。

（2）施工注销前，施工负责人在确认设备恢复正常，施工场地人员和物料出清后方可在“车站施工作业登记簿”“施工结果”栏内登记“工完场清、设备正常”。车站应对（公共区）施工现场确认施工区域出清、设备恢复正常、相关防护均已撤除，施工结束后配合处室（中心）相关专业人员对相关设备进行检查和试验，无异常后告知车站，车站方可同意注销。施工区域未出清的，须督促施工方立即出清，否则不给予销点，并及时向有关人员反馈。

（3）C2类施工必须在规定结束时间内完成施工作业并出清施工区域。

笔记栏

技能训练

站台门清洗施工作业请销点

一、任务条件

2023 年 10 月 23 日 23:10,施工负责人王一持“施工作业令”到达 A 站,由本站当班行车值班员钱一审核登记。

23:32 行车调度员 T032 同意请点,给出施工登记号 S112,由行车值班员钱一办理施工请点,并设置接触网断电防护。

23:40 施工人员进入现场进行本站站台门的清洗施工作业。

次日 1:46 施工结束后,经行车调度员 T032 批准销点,由行车值班员钱一办理施工销点。

二、任务实施

1. 根据以上任务条件完成表 9-2-1“施工作业令”的填写。

表 9-2-1　施工作业令

作业类别	A2		作业令号	2A2-12-13
作业单位	物业一部门		作业人数	4 人
作业日期	2023. 10. 23		作业时间	23:30—次日 2:00
请点地点	A 站		销点地点	A 站
施工负责人及联系电话	王一　联系电话 12345678		施工分级	三级
作业范围	A 站至趵突泉站上行站台所有站台门、A 站至 B 站下行站台所有站台门及外侧轨行区			
作业内容	A 站站台门清洗作业			
接触网供电要求	A 站至趵突泉站上行站台区域接触网,A 站至 B 站下行站台区域接触网均断电			
防护措施	红闪灯设置			
配合要求	A 站配合上行站台和下行站台站台门的开关,车站人员做好施工期间的监督管理工作			
辅站	无			
备注	施工影响 A 站上下行站台,需下轨行区			
签发人	梁一			
请点	批准时间		行车值班员	
	施工承认号		行车调度员/场调/行车值班员/主所	
销点	批准时间		行车值班员	
	施工负责人		行车调度员/场调/行车值班员/主所	

2. 请根据以上任务条件和“施工作业令”的内容,完成“车站施工作业登记簿”的填写。

(1)请回答下列引导问题。

①站台门清洗施工属于________类作业,须经________批准方可进行施工。

②站台门清洗施工请点时，施工负责人需持__________到达车站，准备请点工作。

③站台门清洗施工时，施工负责人向车站__________请点，当确认施工作业满足请点条件后，向行车调度员请点，行车调度员批准后填写____________。

④施工结束后，经____________批准后，行车值班员填写____________，进行销点。

（2）填写“车站施工作业登记簿”（见表9-2-2）

表9-2-2　车站施工作业登记簿

请点																销点						
日期	作业代码	作业部门	请点时间	施工负责人及电话	作业内容	作业区域	作业时间		停电范围	异地注销车站（多点施工）	行车调度员代码	行车调度员承认时间	作业令号	行车值班员签认	备注	施工结果	注销时间	销点人签名	行车调度员销点时间	行车调度员代码	行车值班员签认	备注
							起	止														

3. 请根据施工组织程序、表9-2-1“施工作业令”和表9-2-2“车站施工作业登记”，完成“站台门清洗施工作业实时表”的填写，见表9-2-3。

表9-2-3　站台门清洗施工作业实时表

时间	施工办理内容	备注
23:10	施工负责人持________和有效证件到达A站	
23:30	施工负责人出示相关工作证件、“施工作业令”和物资清单，向行车值班员办理施工登记手续	若多站点请点时，主站、辅站如何办理请点？ ____________________ ____________________
23:33	A站行车值班员组织核对施工人员及物资，签认物资清单，审核“施工作业令”，办理施工请点登记，向________请点	
23:32	行车调度员同意请点，行车值班员钱一填写________	
23:38	根据施工需要设置接触网断电防护	
23:40	施工人员到达车站端门处，车站人员再次核查施工人员、工具物料等数量，确认信息一致后，打开端门，施工人员进入轨行区，进行施工作业	
1:41	站台门清洗施工结束，施工负责人清点人数，出清线路，撤除防护措施，到行车值班员处办理销点手续	
1:47	车站人员请点核对施工人员、工具物料，测试确认站台门功能正常	
1:51	车站值班员钱一办理销点登记，向________申请销点。经________审核后批准销点，给出销点时间	
1:53	车站值班员填写________________，确认销点，施工人员离站；施工结束	主站、辅站同时施工时如何办理销点？ ____________________ ____________________

任务评价

本任务完成后，请根据表 9-2-4 进行任务评价。

表 9-2-4　任务评价表

序号	评价内容	评价标准	分数	评分记录		
				学生自评	组间互评	教师评分
1	车站施工作业令的填写	表格填写完整、正确（漏项、错项每项 −5 分）	15			
2	车站施工作业登记簿的填写	表格填写完整、正确（漏项、错项每项 −5 分）	30			
3	填写清洗施工作业实时表	流程正确，无误（漏项、错项每项 −5 分）	15			
4	考勤情况	无迟到、早退、旷课	20			
5	工作态度	态度认真、团队合作、任务完成质量良好（字迹工整、计算正确）	20			
总分			100			

巩固与练习

一、选择题

1. A 类施工中，主站确认当施工条件达到后由车站行车值班员向（　　）请点。

A. 行车调度员　　B. 站长　　C. 值班站长　　D. 值班主任

2. 施工前，施工负责人凭员工卡或身份证、（　　）、（　　）、临时动火申请表等相关凭证到车站控制室、DCC、主变电所、OCC 等场所办理施工登记手续。

A. “施工登记簿”　　B. “施工作业令”　　C. 施工负责人证　　D. 施工证明

3. 多站同时施工时，由（　　）向行车调度员请点。

A. 主站行车值班员　　B. 辅站行车值班员　　C. 施工负责人　　D. 施工责任人

二、判断题

1. 所有在轨行区线路进行的施工，作业人员（包括外协单位人员）须按要求戴安全帽、穿荧光衣。（　　）

2. 需异地销点的施工，销点站核对“车站施工作业登记簿”相关内容无误后即可销点。（　　）

3. A2 类施工中遇多个作业需要在同一地段设置红闪灯时，相邻两个红闪灯之间至少有 1 m 以上的距离，同时红闪灯的设置位置不得越出作业区域。（　　）

4. 辅站销点时需要直接站向行车调度员销点。（　　）

三、简答题

需辅站配合的施工如何进行销点？

模块十

车站综合业务管理

车站是城市轨道交通的基层生产单位，是客流集散的场所，也是行车组织工作的重要节点。车站除了完成日常客运服务和行车组织相关工作以外，为了保障车站正常的运作，还有许多车站综合管理业务。如车站的排班与考勤管理、绩效考核、会议制度、文本管理、台账管理、员工培训、车站6S管理、物资管理等。本模块通过对车站考勤管理、车站6S管理等典型工作的认知和相关岗位技能的训练，初步了解车站管理制度，提高学习者车站管理业务水平。

思维导图

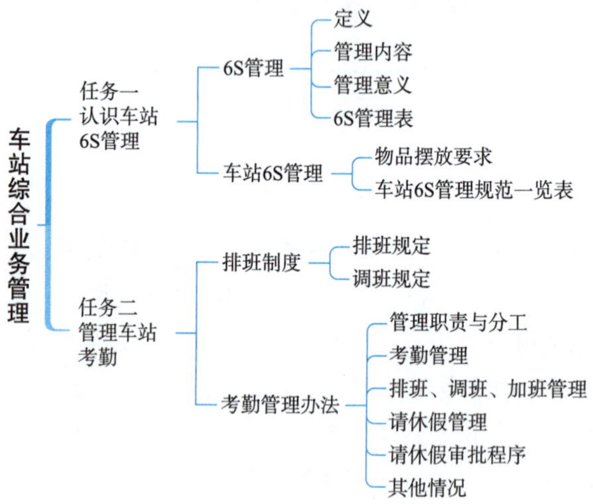

任务一 认识车站6S管理

情景导入

车站6S管理是车站标准化管理的重要内容，是企业文化的重要组成部分。11月1日，客运部检查组按计划将对A站进行车站6S管理日常定期检查。本次重点是加强车控室、三角间等的6S建设与检查。10月30日，A站站长、值班站长提前组织检查与整治。

学习目标

知识目标

1. 了解6S管理的概念；
2. 熟悉车站6S管理的内容。

能力目标

1. 具有根据车站6S管理要求对车站相关场所进行规范整理的能力；

2. 具有根据车站6S管理要求进行检查考核的能力。

素养目标

1. 具有6S管理的意识;
2. 培养员工精益求精、严守规范标准的职业素养;
3. 培养6S管理要求的安全意识。

任务描述

6S管理是一种全面、系统、科学的管理模式和方法,旨在创造一个整洁、舒适、安全的工作环境,提高生产效率,保证工作质量,降低运营成本,提高员工素质和安全意识。通过规范现场、现物,营造一目了然的工作环境,培养员工良好的工作习惯,其最终目的是提升人的素质,养成良好的工作习惯。

在日常,车站员工需按分工对车控室、会议室、站长室、客服中心、备品库等场所,按车站6S管理的要求进行规范化管理。站长、值班站长等管理人员定期按6S管理的规范要求开展检查,对不符合标准、不合理、不规范的部分进行整理、整顿。

任务分析

完成车站6S管理的任务,就是要求车站员工全面落实车站6S管理的规范,按要求做到"整理、整顿、清扫、清洁"并定时依据车站规范检查表进行检查,在此不断进行的规范管理活动中,提升员工的综合素质,培养安全意识。

相关知识

一、6S管理

1. 定义

6S管理包括整理(seiri)、整顿(seiton)、清扫(seiso)、清洁(seiketsu)、素养(shitsuke)、安全(security)六个方面,因均以S开头,故简称6S。

2. 管理内容

(1)整理:将工作场所的任何物品区分为有必要和没有必要的,除了有必要的留下来,其他的都消除掉。目的是腾出空间,空间活用,防止误用,塑造清爽的工作场所。

(2)整顿:把留下来的必要用的物品依规定位置摆放,并放置整齐加以标识。目的是工作场所一目了然,减少寻找物品的时间,减少过多的物品积压。

(3)清扫:将工作场所内看得见与看不见的地方清扫干净,保持工作场所干净环境。目的是稳定品质,减少工业伤害。

(4)清洁:将整理、整顿、清扫进行到底,并且制度化,经常保持环境处在美观的状态。目的是创造明朗现场环境,维持整理、整顿、清扫的3S成果。

(5)素养:每位成员养成良好的习惯,并遵守规则做事。培养积极主动的精神(也称习惯性)。目的是培养具有良好习惯、遵守规则的员工,营造团队精神。

(6)安全:重视成员安全教育,每时每刻都有安全第一观念,防患于未然。目的是建立起安全生产的环境,所有的工作应建立在安全的前提下。

3. 管理意义

6S管理要求员工对工作场所进行整理、整顿,去除不必要的物品和物品的混乱状态,确保有用的物品放在规定的位置,以方便取用。同时,要求员工保持工作场所的清洁和卫生,养成良好的工作习惯和素养,提高安全意识,避免意外事故的发生。6S管理其价值主要体现在:

(1)对企业的价值

①构建企业内适宜的工作环境；

②塑造对外良好的企业形象；

③提升员工素养及培养团队合作意识；

④打造良好的精益管理基础。

(2)对员工的价值

①为员工提供了安全、整洁、舒适、人性化的工作环境；

②通过6S管理，构建出顺畅便利的沟通平台；

③通过6S管理，让员工学习到6S的相关知识并实施；

④通过6S活动的熏陶，提升员工的职业习惯与个人素养，从而有利于个人在职场的长期发展。

4. 6S管理表

6S管理表是一种用于记录6S管理实施情况的表格，包括整理、整顿、清扫、清洁、素养和安全等方面的内容。

一个简单的6S管理表示例见表10-1-1。

表10-1-1 6S管理表

序号	检查项目	检查标准	检查情况
1	整理情况	物品是否归类放置，无用物品是否清除	已完成
2	整顿情况	物品放置是否明确标识，取用是否方便	已完成，标识明确
3	清扫情况	工作场所是否清洁、设备是否定期清扫	已完成，设备无积尘
4	清洁情况	设备是否定期维护保养，环境卫生是否良好	已完成，环境卫生良好
5	素养情况	员工是否遵守规章制度，是否养成良好的工作习惯	员工遵守规章制度、表现良好
6	安全情况	设备是否安全可靠，员工是否遵守安全操作规程	安全设施齐全、员工遵守操作规程

二、车站6S管理

1. 物品摆放要求

物品摆放要整齐、美观、简洁。具体摆放要求见表10-1-2。

表10-1-2 物品摆放要求

房间名称	摆放要求	责任人
车控室	设备摆放整齐，无灰尘，桌子摆放相关台账，除行值水杯外，其他物品整齐放置抽屉内	行车值班员
站长室	物品摆放整齐，报纸、杂志整齐放置于报刊架上	站长、值班站长
会议室	桌子、椅子摆放整齐，水杯统一摆放，电器(除冰箱)在未使用时拔掉电源	客运值班员
男女更衣室	更衣柜摆放整齐并上锁，柜外不得放置私人物品	值班站长
票务室	物品摆放整齐，票柜、备品柜整齐上锁	客运值班员
客服中心	物品摆放整齐，桌面禁止摆放水杯、其他与票务工作无关的物品	客服中心岗

2. 车站6S管理规范一览表(以某地铁公司一地下站为例)

(1)车控室6S规范一览表，见表10-1-3。

(2)站台三角间6S规范一览表，见表10-1-4。

表 10-1-3　地下站车控室 6S 规范一览表

备品柜一级编号	备品柜二级编号	层数编号/存放位置	物品种类	具体内容	备注	局部效果图	整理标准
1 号备品柜	1 号柜上	1-1	行车备品	信号灯、红闪灯、手电筒、信号旗、400M 手持对讲、800M 手持对讲(电池)、安检备用对讲	车站可自行采购收纳盒,存放对讲机、电池	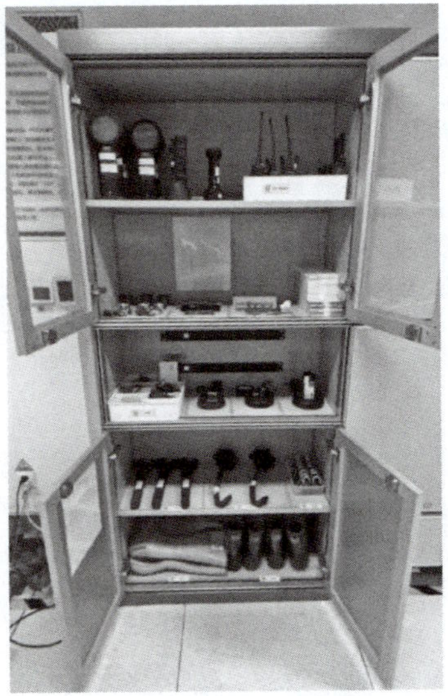	干净整洁,无灰尘
		1-2	行车备品	路票、调度命令登记本、印章、印台、石英电子秒表、铅丝、录音笔、记录仪、计数器、数码相机、PIS 遥控器	长纤维卷尺、卷尺不再放入行车备品		干净整洁,无灰尘
	—	1-3	充电区	备品充电器	车站自行采购收纳盒,存放充电器,每个充电器均需要张贴对应的标签		干净整洁,无灰尘
	1 号柜下	1-4	行车备品	扳手、钩锁器、钩锁器挂锁及钥匙	车站如无该类备品,可将绝缘靴和绝缘手套分层摆放,1-4 放置绝缘手套,1-5 放置绝缘靴		干净整洁,无灰尘
		1-5	行车备品	绝缘手套、绝缘鞋			干净整洁,无灰尘
2 号备品柜	2 号柜上	2-1	行车备品	安全帽			干净整洁,无灰尘
		2-2	行车备品	抢修马甲、防爆强光灯、荧光衣			干净整洁,无灰尘
	2 号柜中	2-3	公交接驳备品	上行公交接驳备品包、上行公交接驳告示牌			干净整洁,无灰尘
		2-4	公交接驳备品	下行公交接驳备品包、下行公交接驳告示牌			干净整洁,无灰尘
	2 号柜下	2-5	服务类物资	乘客表扬信、乘客意见卡、爱心预约卡、便民如厕卡、充电宝			干净整洁,无灰尘

续表

备品柜一级编号	备品柜二级编号	层数编号/存放位置	物品种类	具体内容	备注	局部效果图	整理标准
3 号备品柜	3 号柜上	3-1	服务类物资	大喇叭、红马甲、蓝马甲	服务物资根据车站日常用量留存在车控室，多余部分放置在备品库	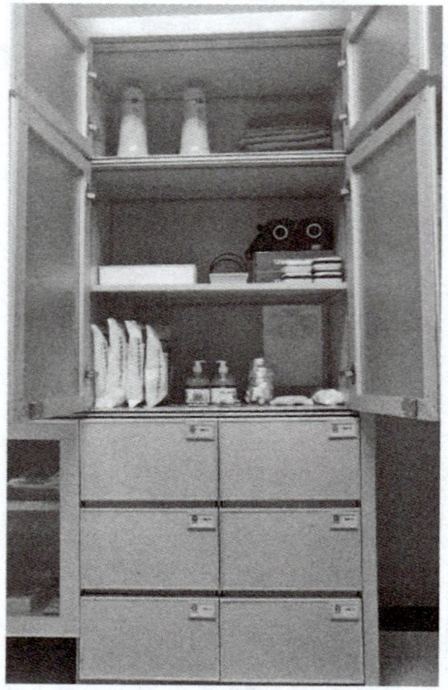	干净整洁，无灰尘
	3 号柜中	3-2	服务类物资	备用充电器、腰挂式扩音器、耳麦			干净整洁，无灰尘
		3-3	防疫物资	防护服、免洗手消毒凝胶、电池、护目镜、一次性口罩、乳胶手套	防护服须使用书立固定		干净整洁，无灰尘
	3 号柜下	3-4-1、3-4-2	办公用品（胶类）	黄胶带、透明胶带、固体胶、胶水、黄黑胶带、泡沫胶、彩色胶带、双面胶	办公用品根据车站日常用量留存在车控室，多余部分放置在备品库，同类物品须分区摆放		干净整洁，无灰尘
		3-5-1、3-5-2	办公用品（文具）	黑色长尾票夹、台笔、中性笔、中性笔芯、荧光笔、马克笔、磁扣、削笔刀、计算器			干净整洁，无灰尘
		3-6-1、3-6-2	办公用品（文具）	透明文件夹、板擦、笔记本、剪刀、工具刀			干净整洁，无灰尘
4 号备品柜	4 号柜上	4-1	待归档文件	待归档台账、防疫督导员检查记录表、防疫工作卡控表			干净整洁，无灰尘
		4-2	待归档文件	会议记录表、培训记录表、文件传阅单			干净整洁，无灰尘
	4 号柜中	4-3-1、4-3-2	台账	运营前检查工作流程表、保洁签到本	存放内容可与桌面文件柜略做调整，保证抽屉标签和存放内容一致即可		干净整洁，无灰尘
		4-4-1、4-4-2	台账	端门进出记录本			干净整洁，无灰尘
		4-5-1、4-5-2	台账	调度命令登记本、员工谈话记录簿			干净整洁，无灰尘

续表

备品柜一级编号	备品柜二级编号	层数编号/存放位置	物品种类	具体内容	备注	局部效果图	整理标准
4号备品柜	4号柜中	4-6-1、4-6-2	台账	车站施工登记本、员工跟岗记录本	存放内容可与桌面文件柜略做调整，保证抽屉标签和存放内容一致即可		干净整洁，无灰尘
		4-7-1、4-7-2	台账	设备故障登记本、防火巡查记录本			干净整洁，无灰尘
		4-8-1、4-8-2	台账	钥匙借用登记簿、消防安全管理台账			干净整洁，无灰尘
		4-9-1、4-9-2	台账	安全会议及活动记录本、行车日志			干净整洁，无灰尘
		4-10-1、4-10-2	台账	安全生产检查记录本、备用钥匙封条			干净整洁，无灰尘
		4-11-1、4-11-2	贴纸	消防贴纸、站台门贴纸			干净整洁，无灰尘
	—	4-12	行车备品包	行车备品包	车站如无行车备品包，可存放纸质类物资		干净整洁，无灰尘
5号备品柜	5号柜上	5-1	文件盒	安全、培训	文件盒建立要求详见“车站文件盒建立标准”	 	干净整洁，无灰尘
		5-2	文件盒	服务、票务、综合、物资、党群、委外、反恐、防疫			干净整洁，无灰尘
	5号柜中	5-3	生产性物资	工具箱、扳手、T形扳手、螺丝刀	（1）长纤维卷尺、卷尺不再放入行车备品；（2）车站如无扳手、T形扳		干净整洁，无灰尘

续表

备品柜一级编号	备品柜二级编号	层数编号/存放位置	物品种类	具体内容	备注	局部效果图	整理标准
5号备品柜	5号柜中	5-4	生产性物资	手摇把、长纤维卷尺、卷尺、揭示牌	手、螺丝刀，可将手摇把、长纤维卷尺、卷尺移至5-3，5-4存放揭示牌、消防贴纸等其他类生产性物资	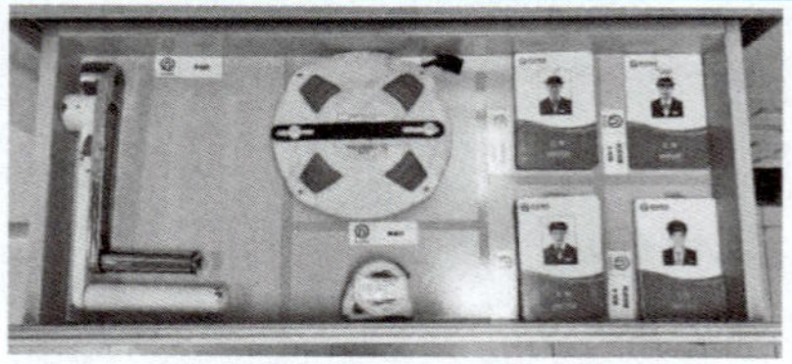 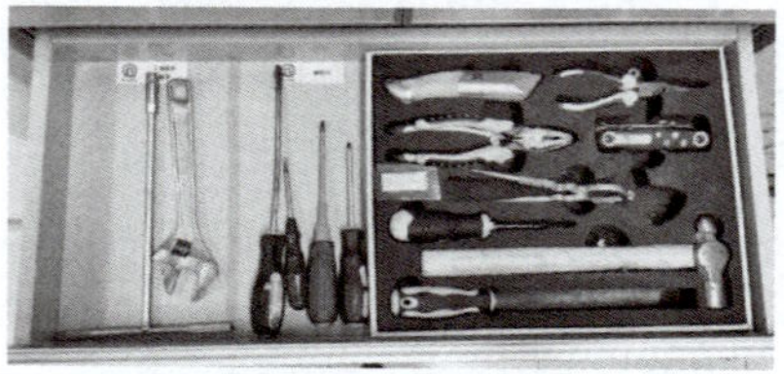	干净整洁，无灰尘
		5-5	生产性物资	服务贴纸			干净整洁，无灰尘
	5号柜下	5-6	档案	培训档案、安全档案、空白档案袋			干净整洁，无灰尘
		5-7	待归档文件	文件盒或待归档的文件	当5-1、5-2空间不足时，可将相关文件或文件盒移至该位置		干净整洁，无灰尘
6号备品柜	6号柜上	6-1	荣誉证书	奖杯、证书	1-5号柜为车站必备柜，严格按照标准摆放物品；6-8号柜车站根据柜子的配置情况摆放车站的生产性物资	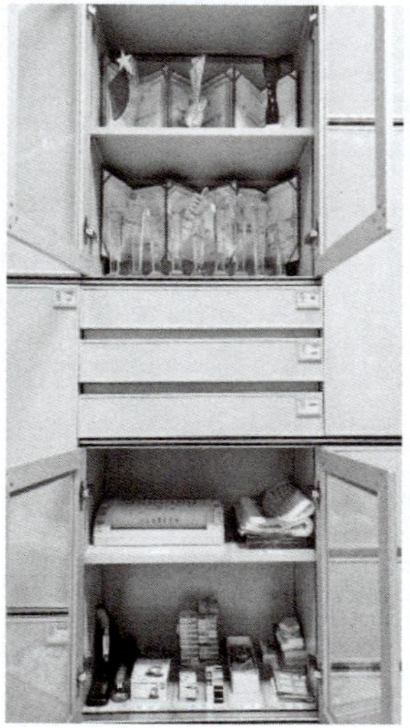	干净整洁，无灰尘
		6-2	荣誉证书	奖杯、证书			干净整洁，无灰尘
	6号柜中	6-3	生产性物资	图纸			干净整洁，无灰尘
		6-4	生产性物资	公示栏塑封纸			干净整洁，无灰尘
		6-5	生产性物资	绘图物资			干净整洁，无灰尘
	6号柜下	6-6	办公用品	塑封机、塑封纸			干净整洁，无灰尘
		6-7	办公用品	订书机、打孔机、曲别针、订书钉、起钉器、回形针、电池、橡皮、印台、便签纸			干净整洁，无灰尘

续表

备品柜一级编号	备品柜二级编号	层数编号/存放位置	物品种类	具体内容	备注	局部效果图	整理标准
7 号备品柜	7 号柜上	7-1	—				干净整洁
		7-2	—				干净整洁
	7 号柜中	7-3	待归档文件	ATS 能力档案、防火巡查表、消防器材检查			干净整洁，无灰尘
		7-4	办公用品	A3 复印纸、彩色复印纸			干净整洁，无灰尘
		7-5	—				干净整洁
	7 号柜下	7-6	—				干净整洁
		7-7	防疫物资（备用）	一次性口罩、乳胶手套、KF94 口罩			干净整洁，无灰尘
8 号备品柜	8 号柜上	8-1	生产性物资	打印机墨盒、一次性纸杯、杯托、锁扣和钥匙		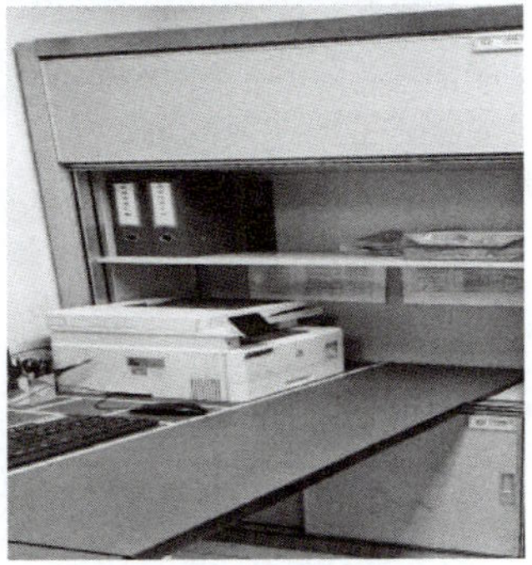	干净整洁，无灰尘
	—	8-2	生产性物资	袖标、打印纸、有效标准汇编			干净整洁，无灰尘
	8 号柜下	8-3	生产性物资	针线盒			干净整洁，无灰尘
		8-4		水杯			干净整洁，无灰尘

续表

备品柜一级编号	备品柜二级编号	层数编号/存放位置	物品种类	具体内容	备注	局部效果图	整理标准
办公桌面	—	值班站长桌面	—	笔筒、手机保管箱、桌面文件柜（重要文件、待上交材料、非运营设备巡查记录表、防疫台账，保洁标准化、日常台账）、志愿者文件、基础运作文件盒	（1）桌面文件柜存放内容可与四号柜中存放的台账略做调整，如车站无桌面文件柜，可建立行值日常管理文件盒； （2）基础运作文件盒须使用大号文件盒，建立标准详见图片	 	干净整洁，无灰尘
		行车值班员桌面	—	笔筒、桌面文件柜［签到本、体温记录表、保安巡查记录、行车日志（演练）、调度命令、告知函、保安安检考核单］、车站钥匙借用登记簿、行车日志、安全生产检查记录本	桌面文件柜存放内容可与四号柜中存放的台账略做调整，如车站无桌面文件柜，可建立行值日常管理文件盒	 	干净整洁，无灰尘

续表

备品柜一级编号	备品柜二级编号	层数编号/存放位置	物品种类	具体内容	备注	局部效果图	整理标准
车控室地面	—	IBP 盘后方	生产性物资	绝缘拾物钳、接合器离壁沟、400 M 对讲充电器		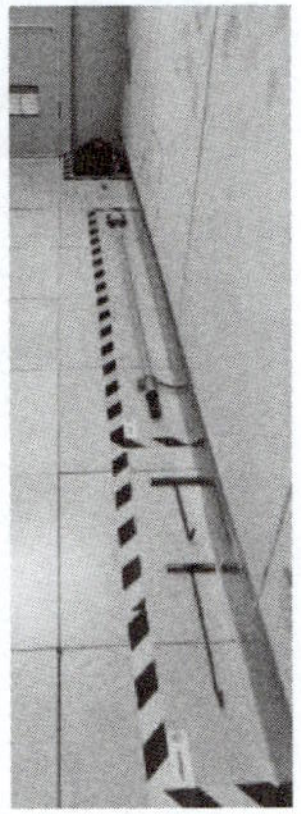	干净整洁，无灰尘
		其他位置	—	—	须在值班员办公桌面下方设置水杯存放区，值班站长水杯放置在 8-4，若分发水杯架则使用水杯架即可	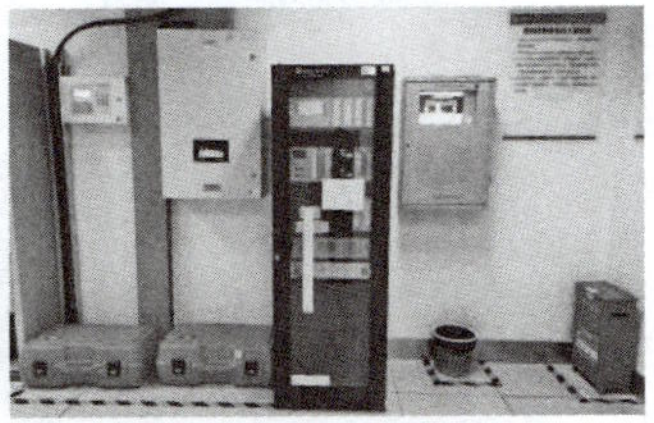	干净整洁，无灰尘

表 10-1-4 站台三角间 6S 规范一览表

备品柜一级编号	备品柜二级编号	层数编号/存放位置	物品种类	具体内容	局部效果图	整理标准
一号备品柜	桌面	—	生产性物资	台账、呕吐袋、消防水		干净整洁,无灰尘
	一号柜上	1-1	行车备品	故障贴纸、手电筒、信号灯、荧光衣、三角钥匙、PSL 钥匙、LCB 钥匙		干净整洁,无灰尘
	一号柜下	2-1	行车备品	绝缘手套、绝缘靴		干净整洁,无灰尘
站台三角间地面	—	其他位置	生产性物资	扶梯挡板、绝缘拾物钳、故障牌、融雪剂、伸缩围栏、无障碍垫板、A3 立柱	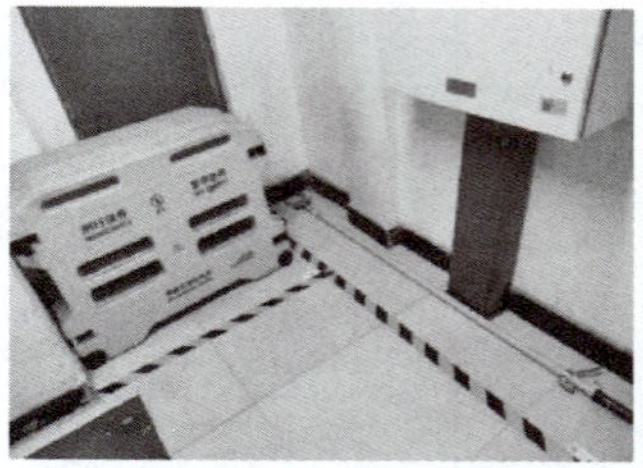  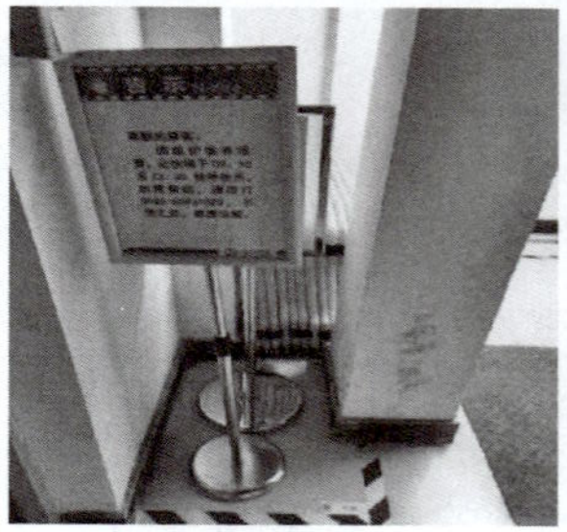 	干净整洁,无灰尘

技能训练

技能训练一　对车控室等场所开展6S规范建设与整理

一、任务条件

10月30日,A站站长、值班站长按计划对车控室进行车站6S管理定期检查与整顿。根据检查内容,填写本站车控室6S规范一览表和站台三角间6S规范一览表。

二、任务实施

(1)检查前,请先回答下列引导问题。

①6S管理包括________、________、________、________、______、______六个方面。

②整理是将工作场所的任何物品区分为________和________的,除了有必要的留下来,其他的都消除掉。目的是腾出空间,__________,__________,塑造清爽的工作场所。

③整顿是把留下来的必要用的物品依规定位置摆放,放置整齐并加以______。目的是工作场所一目了然,减少____________的时间,减少____________________。

④清扫:将工作场所内看得见与看不见的地方清扫干净,保持工作场所干净环境。目的是稳定品质,减少工业伤害。

(2)编制本站车控室6S规范一览表、站台三角间6S规范一览表,样表参考标准见表10-1-3和表10-1-4。并按规范要求进行整理、整顿、清洁。

小提示

(1)如有条件,到地铁车站实习,完成相关表格。

(2)如在校内,请参照车站6S管理规范一览表,设计校内车控室、客服中心或各类实训室6S规范一览表,并进行6S规范建设。

(3)根据对车站车控室或其他场所进行6S建设的成果进行检查,结果填入表10-1-5。也可根据实际情况设计检查表。对不合格的进行整顿,填写整改通知书,见表10-1-6。

表10-1-5　2024年度客运部班组标准化检查内容

<table>
<tr><th>模块</th><th>项点</th><th>检查人</th><th>考核内容</th><th>评分标准</th><th>标准分</th><th>得分</th></tr>
<tr><td rowspan="4"></td><td rowspan="4"></td><td rowspan="4"></td><td></td><td></td><td></td><td></td></tr>
<tr><td></td><td></td><td></td><td></td></tr>
<tr><td></td><td></td><td></td><td></td></tr>
<tr><td></td><td></td><td></td><td></td></tr>
<tr><td rowspan="4"></td><td rowspan="4"></td><td rowspan="4"></td><td></td><td></td><td></td><td></td></tr>
<tr><td></td><td></td><td></td><td></td></tr>
<tr><td></td><td></td><td></td><td></td></tr>
<tr><td></td><td></td><td></td><td></td></tr>
</table>

续表

模块	项点	检查人	考核内容	评分标准	标准分	得分

表 10-1-6　6S 管理整改通知书

TO： 整改通知书 6S 字第　　号	
经检查：　　　　潜在不符合： 检查人：　　　　陪同人员： 责令：于　　年　　月　　日整改完毕： 批准：　　　　审核：　　　　拟制：　　　　日期：	
不符合/批准：　　　　日期	
整改描述： 审核：　　拟制：　　批准：　　日期：	

任务评价

本任务完成后，请根据表 10-1-7 进行任务评价。

表 10-1-7　任务评价表

序号	评价内容	评价标准	分数	评分记录		
				学生自评	组间互评	教师评分
1	6S 规范表格填写	物品种类分类清楚、具体内容翔实、效果图清晰	10			
2	整理	备品柜物品摆放整齐、标识清楚，室内设备摆放整齐，符合规定	20			
3	清扫	设备整洁无灰尘、无破损；地面、通道干净整洁无杂物；办公桌面、作业台面干净整齐	30			
4	整顿	能够按规范检查，发现需整改事项，并下发整改通知书	10			

续表

序号	评价内容	评价标准	分数	评分记录		
				学生自评	组间互评	教师评分
5	素养	仪容仪表、服装、行为规范均符合公司要求;具有团队精神、担当意识、时间观念	20			
6	安全	工作场所无安全隐患、能及时发现影响安全的问题,具有安全意识	10			
总分			100			

巩固与练习

一、选择题

1. 6S 管理对企业的价值主要体现在(　　)。

A. 构建企业内适宜的工作环境　　B. 塑造对外良好的企业形象

C. 提升员工素养及培养团队合作意识　　D. 打造良好的精益管理基础

2. 6S 管理对员工的价值主要体现在(　　)。

A. 为员工提供了安全、整洁、舒适、人性化的工作环境

B. 通过 6S 管理,让企业有更好的收益

C. 通过 6S 管理,让员工学习到 6S 的相关知识并实施

D. 通过 6S 活动的熏陶,有助于提升员工的职业习惯与个人素养

二、填空题

1. 素养即每位成员养成良好的习惯,并遵守________做事。培养积极主动的精神(也称______)。目的是培养良好习惯、遵守规则的员工,营造团队精神。

2. 安全:重视成员______教育,每时每刻都有______观念,防患于未然。目的是建立起安全生产的环境,所有的工作应建立在______的前提下。

三、判断题

1. 清洁是将整理、整顿、清扫进行到底,并且制度化,经常保持环境处在美观的状态。(　　)

2. 6S 管理主要是针对站长、值班站长等管理人员。(　　)

任务二 管理车站考勤

情景导入

A 站是轨道交通 2 号线、3 号线的一座地铁换乘站,郑二为 A 站值班站长,日常工作为备班,并协助站长丁一完成车站考勤管理等工作。10 月底,郑二需根据车站岗位设置相应条件,按考勤管理制度,编制车站 11 月排班表。之后,在 11 月,根据车站实际情况,调整 A 站排班表,进行考勤工时填记并完成 A 站 11 月综合工时统计表。最后,在完成 12 月工时统计后,分析员工年度工时完成情况。

学习目标

知识目标

1. 熟悉公司考勤管理制度；
2. 熟悉车站排班原则、调班、加班的管理规定；
3. 掌握车站考勤的规定。

能力目标

1. 具有根据车站岗位设置情况排班的能力；
2. 具有根据车站员工当月(周)请休假的具体情况合理调整排班表的能力；
3. 具备完成当月考勤表和工时统计的能力。

素养目标

1. 具有依法依规排班及考勤的意识；
2. 具有一定逻辑思维能力。

任务描述

车站站长或考勤负责人需在每月规定时间编制本站下一月的排班表,并根据员工请休假情况合理排班并组织实施;当出现员工临时病、事假等情况,能够按照公司排班、调班及考勤管理规定,合理地调整排班表;并在每月底完成考勤工时统计工作。

任务分析

车站考勤负责人进行排班、调班及完成考勤工作。首先要熟知本公司考勤管理规定、请休假的制度要求,在此基础上,按照本车站班制及工时的规定进行排班。其次,当出现病事假等特殊情况时,合理安排备班人员,做到工作量及工时合理、均匀,不出现违反排班及考勤原则的情况。最后,汇总计算本月员工出勤工时及年度已出勤工时等指标。

相关知识

车站排班及考勤管理是车站日常运作的保证,也是维护员工合法权益、保障公司工作秩序的途径,是车站管理工作的基本内容。以某地铁公司为例,排班制度及考勤管理办法如下:

一、排班制度

1. 排班规定

1)排班原则

(1)排班要严格遵守有关劳动法律法规,严格执行公司排班与考勤相关规定。

(2)排班要根据员工业务情况及新老员工情况进行搭配。

(3)员工上岗必须持有本岗位资格证,并经正式聘任,只可高岗顶低岗,不得低岗顶高岗。

(4)根据实际工作需要及定岗要求,紧凑、合理、科学地排班,确保精简高效地完成各项生产任务。

2）岗位班制

地铁车站岗位班制有多种形式，不同企业根据本运营公司实际情况采用不同班制，以某地铁公司为例，车站班制见表10-2-1。

表10-2-1　车站岗位班制

岗位名称	代码	班制	工时/h	备注
站长	Z		8	无
值站	A1	四班两运转	11.5	白班
	A2		12	夜班
客值	B1		11.5	白班
	B2		10	夜班
行值	C1		11.5	白班
	C2		12	夜班
客服中心岗	D1	四班三运转	7.5	早班
	D2		6.5	中班
	D3		7	夜班
厅巡岗	E	两班一运转	11	白班
站台岗	F1	三班两运转	7.5	早班
	F2		6.5	中班

（1）车站排班按各站的定员定岗标准执行，不能擅自增加或减少岗位，如遇临时改变行车计划、大客流等特殊情况除外。

（2）车站以周或月为周期进行排班，提前2天公布并报车间备案，由当班值班站长负责传达。

3）轮班规定

轮班原则：轮班要严格遵守有关规定，原则上每月工时不能超出公司规定，并每月要确保员工休息时间符合有关规定。以某地铁公司为例，轮班方式如下：

（1）站长、副站长：常日班，8:304—17:00。

（2）值班站长：四班二运转，白班，8:30—19:00；夜班，19:00—次日8:30。

（3）行车值班员：四班二运转，白班，8:30—19:00；夜班，19:00—次日8:30。

（4）客运值班员：四班二运转，白班，8:30—19:00；夜班，19:00—次日8:30。

（5）站务员：三班二运转，早班，运营开始—14:00；中班，14:00—运营结束。

2. 调班规定

员工应按车站班表按时上岗，不准私自调班。

员工因个人原因调班须提前征得对方同意，只允许同岗位之间互调。

员工调班须至少提前1天向站长申请，并填写“车站调班申请表”，站长批准后方能生效，由当班值站在班表中做好备注。

每人每月调班次数不得超过2次。

员工调班后不得连续工作超过 12 小时，正常情况下员工不得连续休息超过 3 天。

站长调班需经车间领导批准。

二、考勤管理办法

1. 管理职责与分工

运营公司人力资源部负责制定考勤政策，对各部门考勤管理情况进行监督检查和业务指导。各部门负责本部门日常考勤管理，对所属各中心考勤管理情况进行监督检查和业务指导。各部门负责人为本部门考勤管理负责人（中心为中心负责人），并指定相应人员担任各层级考勤员，做好本部门、中心和工班的考勤管理工作。

站长为所辖车站考勤负责人，负责车站员工及委外人员考勤相关事项的管理、汇总、核对及上报，并对其出勤情况进行监督。

值班站长为班组考勤负责人，负责监督班组员工及当班期间委外人员的出勤情况并如实记录，负责统计、汇总其相关数据，不得漏报、错报、虚报。

车站员工按要求在“综合日志”签到、签退，禁止替签、漏签、不签。

委外人员签到/签退严禁出现代签、不签现象，车站值站应根据每日委外人员签到记录对委外人员到岗情况进行检查。

2. 考勤管理

（1）运营公司实行标准工时工作制和综合工时工作制。

①标准工时工作制。每日工作时间不超过 8 小时，每周工作时间不超过 40 小时。工作时间一般为（不同地铁公司规定不同）8:30—11:30 和 13:30—17:30。

②综合工时工作制。经劳动行政部门批准的相关岗位，实行以年为周期，每年累计工作时间不超过 2 000 小时。工作时间由各部门根据生产运营实际，设置工作班次时间，报人力资源部备案后实行。

（2）员工应严格遵守考勤管理规定，按作息时间和排班计划出勤，不得迟到、早退、脱岗和旷工。

（3）异常考勤情况按以下原则界定：

①迟到。晚于上班时间 1 小时内到岗的，按迟到计。

②早退。早于下班时间 1 小时内离岗的，按早退计。

③脱岗。工作时间未经批准离开工作岗位或从事与本岗位无关事务的，按脱岗计。

④旷工。无正当理由不正常出勤或有以下情形之一的，按旷工计。

a. 未请假、请假未经批准、假期已满未续假而擅自不到岗的。

b. 采取不正当手段，提供、伪造休假证明材料的。

c. 未完成离职手续而擅自离岗的。

d. 集团或运营公司其他规章制度中规定的等同旷工行为的。

e. 迟到、早退、脱岗 1 小时及以上不满半天的，计旷工半天；半天以上不满 1 天的，计旷工 1 天；迟到、早退、脱岗不足 1 小时的月累计满 3 次，计旷工半天，依此类推。

(4)员工迟到、早退、脱岗的，由员工所在部门给予批评教育及依规处理；达到旷工认定标准的，按照旷工的结果应用处理，因旷工给运营公司造成经济损失的，可按照相关规定要求赔偿经济损失；连续旷工满3天或年累计旷工满5天的，按照规定解除劳动合同。

(5)考勤周期按自然月计算，考勤结果作为薪资核算、员工考核等重要依据。各部门考勤员于每月2日前将考勤结果和月度排班相关资料报人力资源部。

(6)考勤档案实行分级归档保管。人力资源部负责保管各部门月度考勤表原件、部门负责人及以上管理人员的加班、请休假单据；各部门负责保管月度考勤表复印件及其他人员的加班、请休假单据。月度考勤表、异常考勤说明需长期保存，加班、请休假单原则上保存两年。

3. 排班、调班、加班管理

(1)各部门应根据生产需要，按月制订排班计划，优化排班班次，合理安排在岗人员，确保员工年度工作时间相对均衡。

(2)员工按排班表出勤，需请假或调班的，应事前提出申请，经本部门负责人(中心员工为中心负责人)审批后执行。

(3)员工因工作需要加班的，应事先提出申请，按“加班审批流程”审批后，方可加班。加班后优先安排员工调休，确实无法调休的，按规定流程审批后，发放加班费。未按规定流程审批后工作的，不认定为加班。

(4)法定节假日安排员工工作的，发放加班费。

(5)运营公司抽调员工参加专项工作的，部门应合理做好调整，安排替班人员。

4. 请休假管理

(1)请休假类别。

①员工除享受国家法定节假日外，根据实际需要可申请带薪年休假、病假、事假、婚假、丧假、产假、哺乳假、护理假和工伤假。

②婚假、丧假、产假、护理假包括法定节假日和公休日，须一次性连续休完。

(2)带薪年休假、病假、事假、婚假、丧假、产假、哺乳假、护理假和工伤假等具体请休假管理制度规定，可参见二维码教学资源。

请休假管理制度

5. 请休假审批程序

(1)员工请休假须事前提出申请，填写“请休假审批单”，并提交相关证明材料，按“请休假审批流程”审批后，方可休假。

(2)中心员工由本中心负责人批准，部门员工由本部门负责人批准，中心层及以上管理人员按请休假相关流程审批。员工请病假、事假天数超出本层级负责人审批权限的，需按“请休假审批流程”，上升1～3个审批层级。

(3)因紧急情况无法履行请假审批程序的，员工应事先打电话或发信息请示相关负责人同意，事后补办手续，并说明原因。

6. 其他情况

(1)各部门应建立健全相应的员工考勤监督及自查自纠机制，若出现异常考勤情况应及时上报，有效防止员工违规违纪现象的发生。各类考勤表单、凭证不得弄虚作假，严禁私自涂改。一经发现弄虚作假、管理失职、严重失误、瞒报漏报等情形，将严肃追究有关人员责任，并依照运营公司有关规定予以惩处。

（2）人力资源部会同纪检监察部门对各部门的考勤情况进行不定期检查，考勤结果与实际情况不相符的，各部门主要负责人须做出书面说明，视情节严重程度，追究各层级管理责任人责任。

（3）执行过程中如遇国家相关法律法规变更，与规定不一致的，以国家法律法规规定为准。

笔记栏

技能训练

技能训练一　编制 A 站 11 月排班表

一、任务条件

(1)编制人:A 站站长。

(2)车站岗位班制:四班两运转。

(3)一班岗位设置:值班站长 1 人;行车值班员 1 人;客运值班员 1 人;站台岗 2 人;客服中心岗 1 人。值班站长备班 1 人;值班员备班 1 人;备班人员正常情况下为白白休休班制,替班情况下,可根据需要合理安排班次。

(4)车站排班按各站的定员定岗标准执行,不能擅自增加或减少岗位(特殊情况除外),且单日不得同时出现白夜两个班次。

(5)排班不允许低岗顶高岗。

(6)班次代号如下:

Z:站长 09:00—17:30,按照法定工作日出勤。

A1:值班站长 08:00—20:00;　A2:值班站长 20:00—次日 08:00;

B1:行车值班员 08:00—20:00;　B2:行车值班员 20:00—次日 08:00;

B3:客运值班员 08:00—20:00;　B4:客运值班员 20:00—次日 08:00;

C1:站台岗 08:00—20:00;　C2:站台岗 20:00—次日 08:00;

C3:客服岗 08:00—20:00;　C4:客服岗 20:00—次日 08:00。

(7)一班岗位班制信息,见表 10-2-2。

(8)其他:李一,11 月 12—16 日请年假;孙二,11 月 23—27 日请年假;赵三,11 月 23—25 日请婚假(国家法定婚假为 3 天)。

表 10-2-2　一班岗位班制

序号	岗位	班制	人员信息	
			工号	姓名
1	站长	标准	001	
2	值班站长	综合	002	
3	值班员	综合	003	
4	值班员	综合	004	
5	站务员	综合	005	
6	站务员	综合	006	
7	站务员	综合	007	
8	值班站长	备班	026	
9	值班员	备班	027	

二、任务实施

(1)编制排班表前,请先回答下列引导问题。

①运营公司实行____________工作制和____________工作制。

客运部排班表

②备班人员的班制要求是：______________________________。

③轮班制度有哪几种：______________________________。

④排班要根据员工__________情况及__________情况进行搭配。

⑤员工上岗必须持有本岗位资格证，并经正式聘任，只可____岗顶____岗，不得____岗顶____岗。

(2)编制A站11月排班表，填写表10-2-3。参考客运部排班表参见二维码资源。

技能训练二　调整A站11月份排班表并完成考勤工时填记

一、任务条件

本站11月份，员工病事假情况如下：

(1)11月10日接丁站长通知：钱二，于11月11—12日请病假。

(2)11月19日上午接丁站长通知：吴三，于11月19日请事假。

(3)11月12日接丁站长通知：赵四，于11月13日请护理假。

二、任务实施

(1)调整排班表前，请先回答下列引导问题。

①员工按排班表出勤，需请假或调班的，应事前提出申请，经______(中心员工为中心负责人)审批后执行。

②员工遇事必须在工作日亲自办理的，原则上优先申请________，事假原则上月累计不得超过______天，试用期内员工事假累计不得超过________天。

③妻子符合国家生育政策规定生育的，原则上在妻子分娩日前______天或后______天内，给予男员工护理假______天。

客运部出勤表

④员工调班后不得连续工作超过______小时，正常情况下员工不得连续休息超过______天。

(2)请根据任务条件，在车站11月排班表(表10-2-3)基础上，合理完成人员调整，形成新的11月排班表并进行工时统计。客运部出勤表见表10-2-4。参考客运部出勤表参见二维码资源。

(3)请编制车站Excel考勤表，利用公式实现自动统计计算。

技能训练三　完成A站11月综合工时统计表

一、任务条件

本站11月考勤情况，见表10-2-4。

二、任务实施

(1)进行综合工时统计前，请先回答下列引导问题。

①标准工时工作制。每日工作时间不超过____小时，每周工作时间不超过____小时。

②综合工时工作制。经劳动行政部门批准的相关岗位，实行以____为周期，每年累计工作时间不超过____小时。

(2)请根据本站11月考勤情况，完成员工综合工时统计工作，见表10-2-5。

表 10-2-3　客运部排班表

客运部排班表

×××站 2023 年 11 月

序号	岗位	班制	人员信息		1	2	3	4	5	6	7	8	9	10	11	12	13	14	15	16	17	18	19	20	21	22	23	24	25	26	27	28	29	30
			工号	姓名	三	四	五	六	日	一	二	三	四	五	六	日	一	二	三	四	五	六	日	一	二	三	四	五	六	日	一	二	三	四
1	站长	标准	001	丁一	Z																													
2	值站	综合	002	赵一	A2																													
3	行值	综合	003	钱一	B2																													
4	客值	综合	004	孙一	B4																													
5		综合	005	李一	C2																													
6	站务员	综合	006	周一	C2																													
7		综合	007	吴一	C4																													
8	值站	综合	008	赵二	休																													
9	行值	综合	009	钱二	休																													
10	客值	综合	010	孙二	休																													
11		综合	011	李二	休																													
12	站务员	综合	012	周二	休																													
13		综合	013	吴二	休																													
14	值站	综合	014	赵三	休																													
15	行值	综合	015	钱三	休																													
16	客值	综合	016	孙三	休																													
17		综合	017	李三	休																													
18	站务员	综合	018	周三	休																													
19		综合	019	吴三	休																													
20	值站	综合	020	赵四	A1																													
21	行值	综合	021	钱四	B1																													

续表

客运部排班表																																		
×××站2023年11月																																		
序号	岗位	班制	人员信息		1	2	3	4	5	6	7	8	9	10	11	12	13	14	15	16	17	18	19	20	21	22	23	24	25	26	27	28	29	30
			工号	姓名	三	四	五	六	日	一	二	三	四	五	六	日	一	二	三	四	五	六	日	一	二	三	四	五	六	日	一	二	三	四
22	客值	综合	022	孙四	B3																													
23		综合	023	李四	C1																													
24	站务员	综合	024	周四	C1																													
25		综合	025	吴四	C3																													
26	值站	备班	026	郑二	Z																													
27	值班员	备班	027	王二	Z																													

表 10-2-4　客运部出勤表

客运部出勤表																																								
×××站2023年11月																																								
序号	岗位	班制	人员信息		1	2	3	4	5	6	7	8	9	10	11	12	13	14	15	16	17	18	19	20	21	22	23	24	25	26	27	28	29	30	病假	事假	旷工	产假	本月出勤时长	备注
			工号	姓名	三	四	五	六	日	一	二	三	四	五	六	日	一	二	三	四	五	六	日	一	二	三	四	五	六	日	一	二	三	四						
1	站长	标准	001	丁一																																				
2	值站	综合	002	赵一																																				
3	值班员	综合	003	钱一																																				
4	值班员	综合	004	孙一																																				
5	站务员	综合	005	李一																																				
6	站务员	综合	006	周一																																				
7	站务员	综合	007	吴一																																				
8	值站	综合	008	赵二																																				
9	值班员	综合	009	钱二																																				

续表

客运部出勤表																																								
×××站 2023 年 11 月																																								
序号	岗位	班制	人员信息		1	2	3	4	5	6	7	8	9	10	11	12	13	14	15	16	17	18	19	20	21	22	23	24	25	26	27	28	29	30	病假	事假	旷工	产假	本月出勤时长	备注
			工号	姓名	三	四	五	六	日	一	二	三	四	五	六	日	一	二	三	四	五	六	日	一	二	三	四	五	六	日	一	二	三	四						
10	值班员	综合	010	孙二																																				
11	站务员	综合	011	李二																																				
12	站务员	综合	012	周二																																				
13	站务员	综合	013	吴二																																				
14	值站	综合	014	赵三																																				
15	值班员	综合	015	钱三																																				
16	值班员	综合	016	孙三																																				
17	站务员	综合	017	李三																																				
18	站务员	综合	018	周三																																				
19	站务员	综合	019	吴三																																				
20	值站	综合	020	赵四																																				
21	值班员	综合	021	钱四																																				
22	值班员	综合	022	孙四																																				
23	站务员	综合	023	李四																																				
24	站务员	综合	024	周四																																				
25	站务员	综合	025	吴四																																				
26	值站	备班	026	郑二																																				
27	值班员	备班	027	王二																																				

表 10-2-5　综合工时统计表

客运部工时统计表														
×××站 2023 年 11 月														
序号	岗位	班制	人员信息		截至上月已工作时长	病假	事假	旷工	产假	本月出勤时长	截至本月累计时长	本年度剩余时长	员工签字	备注
			工号	姓名										
1	站长	标准	001	丁一	1306									
2	值站	综合	002	赵一	1280									
3	值班员	综合	003	钱一	1290									
4	值班员	综合	004	孙一	1304									
5	站务员	综合	005	李一	1291									
6	站务员	综合	006	周一	1308									
7	站务员	综合	007	吴一	1309									
8	值站	综合	008	赵二	1323									
9	值班员	综合	009	钱二	1296									
10	值班员	综合	010	孙二	1296									
11	站务员	综合	011	李二	1303									
12	站务员	综合	012	周二	1301									
13	站务员	综合	013	吴二	1322									
14	值站	综合	014	赵三	1325									
15	值班员	综合	015	钱三	1322									
16	值班员	综合	016	孙三	1309									
17	站务员	综合	017	李三	1284									
18	站务员	综合	018	周三	1289									
19	站务员	综合	019	吴三	1290									
20	值站	综合	020	赵四	1315									
21	值班员	综合	021	钱四	1317									
22	值班员	综合	022	孙四	1321									
23	站务员	综合	023	李四	1318									
24	站务员	综合	024	周四	1307									
25	站务员	综合	025	吴四	1307									
26	值站	备班	026	郑二	1309									
27	值班员	备班	027	王二	1322									

(3)请编制 Excel 综合工时统计表,利用公式实现自动统计计算。

(4)知识拓展:完成 A 站 12 月综合工时统计表

①请以本站 11 月工时统计为基础,师生可自行拟定 A 站员工年休假、病假、事假、婚假、丧假、产假、哺乳假、护理假和工伤假等,以及迟到、早退、旷工等情况。编制排班表,完成 12 月综合工时统计表。

②分析 12 月工时完成情况及员工年度工时完成情况,并讨论处理办法。

③调研地铁公司对员工超、欠工时的处理办法。

任务评价

本任务完成后，请根据表 10-2-6 进行任务评价。

表 10-2-6　任务评价表

序号	评价内容	评价标准	分数	评分记录		
				学生自评	组间互评	教师评分
1	完成排班表情况	排班表安排合理；请休假符合规定	20			
2	考勤表调整情况	在员工病事假情况下，合理调整，保证车站正常运作	20			
3	完成工时统计表	工时统计正确	20			
4	学生考勤情况	无迟到、早退、旷课	20			
5	工作态度	态度认真、团队合作、任务完成质量良好（字迹工整、计算正确）	20			
总分			100			

巩固与练习

一、选择题

1. 员工调班后不得连续工作超过（　　）小时，正常情况下员工不得连续休息超过（　　）天。

A. 10、3　　B. 12、3　　C. 14、4　　D. 16、5

2. 地铁车站岗位班制有多种形式，包括（　　）。

A. 四班两运转　　B. 四班三运转　　C. 三班两运转　　D. 两班一运转

二、填空题

1. 车站排班按各站的定员定岗标准执行，不能擅自＿＿＿＿＿＿或＿＿＿＿＿＿岗位，如遇临时改变行车计划、大客流等特殊情况除外。

2. ＿＿＿＿为班组考勤负责人，负责监督班组员工及当班期间委外人员的出勤情况并如实记录。

3. 运营公司实行＿＿＿＿＿＿和＿＿＿＿＿＿。

4. 标准工时工作制：每日工作时间不超过＿＿＿＿＿＿小时，每周工作时间不超过＿＿＿＿＿＿小时。

5. 综合工时工作制：经劳动行政部门批准的相关岗位，实行以年为周期，每年累计工作时间不超过＿＿＿小时。

三、判断题

1. 排班要严格遵守有关劳动法律法规，严格执行公司排班与考勤相关规定。（　　）

2. 排班要根据员工业务情况及新老员工情况进行搭配。（　　）

3. 员工上岗必须持有本岗位资格证，并经正式聘任，可低岗顶高岗。（　　）

4. 公司请休假制度执行过程中如遇国家相关法律法规变更，与规定不一致的，以公司规定为准。（　　）

参考文献

[1] 北京城建设计研究总院. 地铁设计规范:GB 50157—2013[S]. 北京:中国建筑工业出版社,2014.
[2] 永秀. 城市轨道交通车站运作管理[M]. 北京:机械工业出版社,2021.
[3] 刘莉娜. 城市轨道交通客运组织[M]. 3 版. 北京:人民交通出版社股份有限公司,2021.
[4] 裴瑞江. 城市轨道交通客运组织[M]. 3 版. 北京:机械工业出版社,2019.
[5] 刘菊美,韩松龄. 城市轨道交通站务[M]. 北京:高等教育出版社,2022.
[6] 管莉军. 城市轨道交通票务管理[M]. 北京:人民交通出版社股份有限公司,2018.
[7] 张丹丹,张恩平. 城市轨道交通客运服务[M]. 北京:机械工业出版社,2021.
[8] 孟祥虎,王青青. 城市轨道交通行车组织[M]. 2 版. 北京:人民交通出版社股份有限公司,2024.